世界传世藏书

【图文珍藏版】

地理知识大博览

地理博览

赵征◎主编

第一册

线装书局

图书在版编目（CIP）数据

地理知识大博览：全6册 / 赵征主编. -- 北京：线装书局, 2016.3
ISBN 978-7-5120-2128-0

Ⅰ. ①地… Ⅱ. ①赵… Ⅲ. ①地理－世界－普及读物
Ⅳ. ①K91-49

中国版本图书馆CIP数据核字(2016)第014095号

地理知识大博览

主　　编：赵　征
责任编辑：高晓彬
装帧设计：博雅圣轩藏書馆 Boyashengxuan Cangshuguan
出版发行：线装書局
　　地　址：北京市西城区鼓楼西大街41号（100009）
　　电　话：010-64045283（发行部）　64045583（总编室）
　　网　址：www.zgxzsj.com
经　　销：新华书店
印　　制：北京彩虹伟业印刷有限公司
开　　本：787mm×1092mm　1/16
印　　张：150
字　　数：1826千字
版　　次：2016年3月第1版第1次印刷
印　　数：0001－3000套

更多资讯请访问官网

定　　价：1580.00元（全六册）

最高的山峰——珠穆朗玛峰

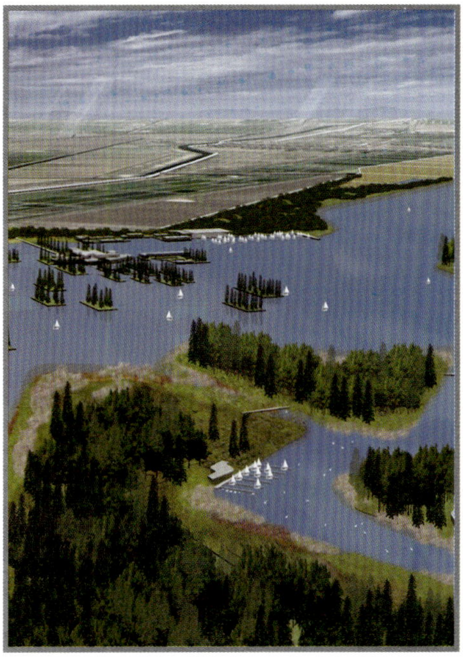

最大的河口冲积岛——崇明岛

岛屿最多的湖泊——千岛湖

最高的火山湖——长白山天池

最艳丽的大地——张掖丹霞地貌

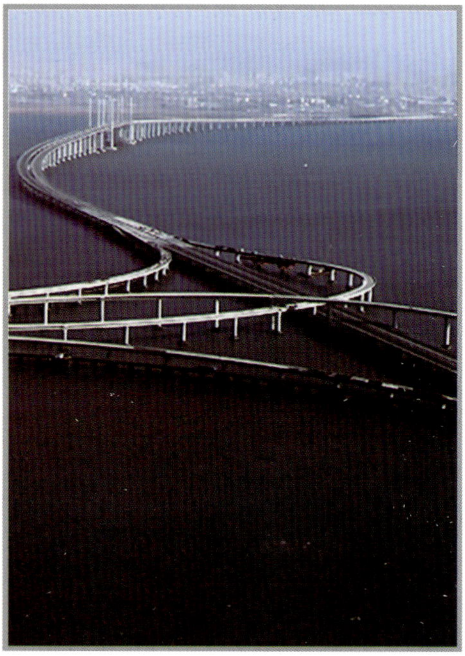

最长的跨海大桥——青岛海湾大桥

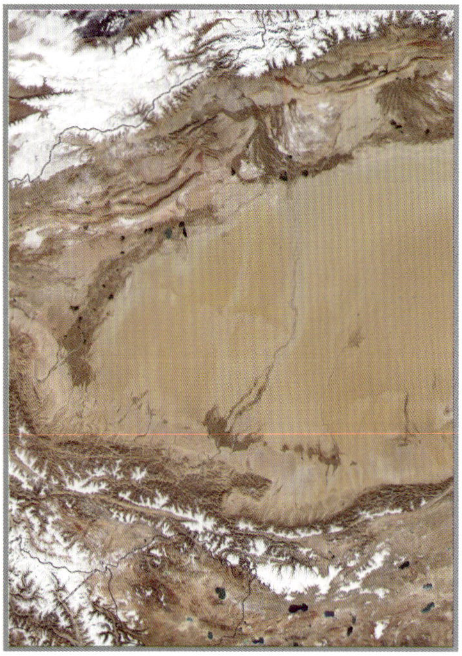

最低的盆地——吐鲁番盆地

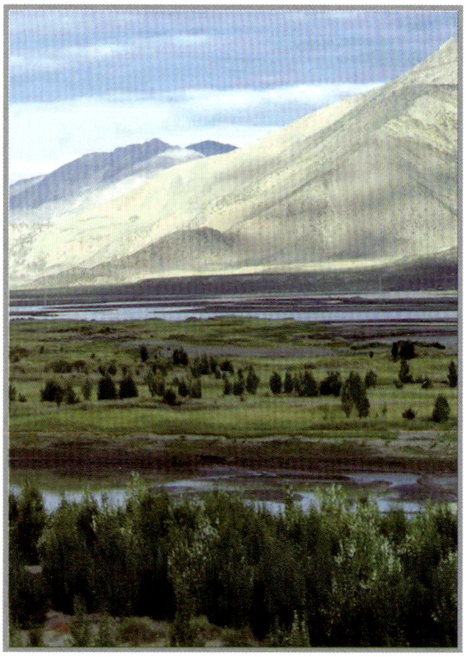

最高的高原——青藏高原

最长的人工建筑——长城

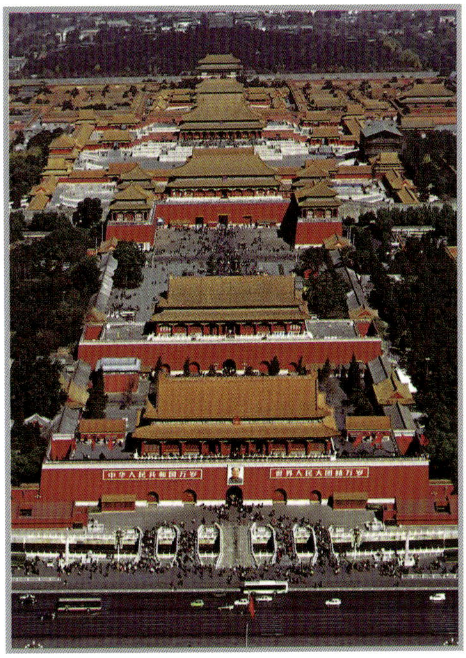

最大的宫殿建筑群——故宫

最长的地下河——坎儿井

最长的运河——京杭大运河

最深的峡谷——雅鲁藏布大峡谷

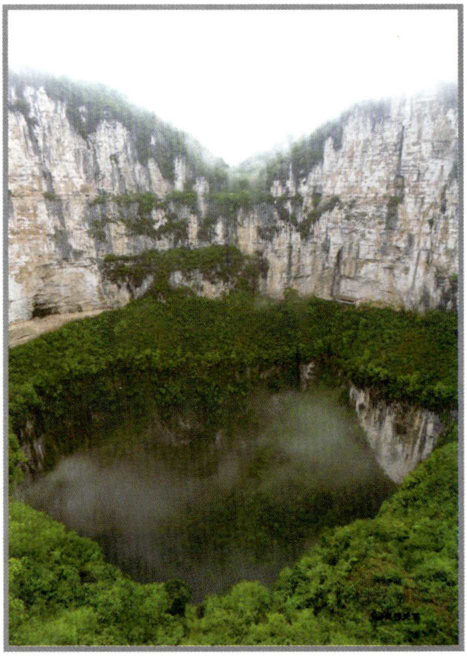

最大的天坑——小寨天坑

最大的陵墓——秦始皇兵马俑

最大的皇家园林——承德避暑山庄

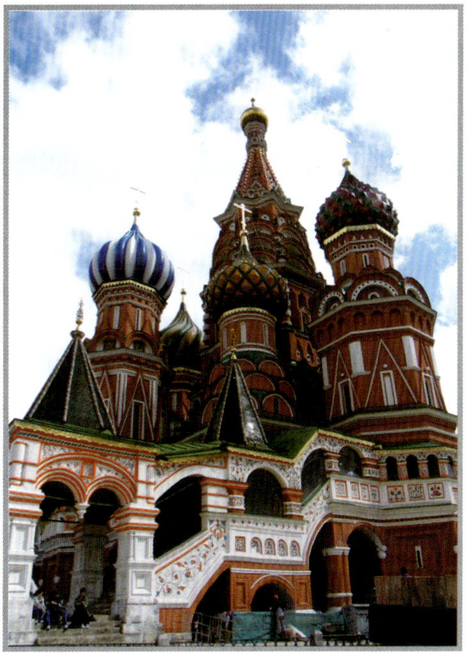

面积最大的国家——俄罗斯

面积最小的国家——梵蒂冈

海拔最低的冰川——达古冰川

最大的内陆河——伏尔加河

最大的淡水湖——苏必利尔湖

最大的沙漠——撒哈拉沙漠

最大的海港——鹿特丹

最大的瀑布——安赫尔瀑布

前　言

地理是研究地球表面的地理环境中各种自然现象和人文现象，以及它们之间相互关系的学科。在我们祖先留下的文献中，最早出现“地理”一词的是公元前四世纪成文的《易经·系辞》，里面有“仰以观于天文，俯以察于地理”的文句。东汉思想家王充对天文、地理有相当深入的研究，他的解释是：“天有日月星辰谓之文，地有山川陵谷谓之理。”

在地球这片神奇伟大的土地上，山河壮美，文化灿烂，自然资源极为丰富。从冰雪覆盖的喜马拉雅、莽莽昆仑、阿尔卑斯山，到波澜壮阔的深海大洋，从朔风凛冽的茫茫大漠、蓝天白云的万里草原，到奇美幽邃的山川大泽，国土民风、环境资源、经济文化都各具特色，共同构成了自然与人文景观。

地理与我们日常生活息息相关，地理知识就在我们身边。从衣食住行、旅游观光、建设家乡和祖国，到国际交流合作、人民友好往来，都需要一定的地理知识；从地球上的天气变化、自然灾害、战乱，到每天收看的报纸、广播、电视等媒体，最主要涉及信息量最多的还是地理知识。如一年为什么会有春夏秋冬的四季变化，而有的地方却感觉不到？为什么月有圆缺、海有潮汐？为什么天气会变化、海陆会变迁、地壳会变动？我国为什么要实施西部大开发？又如联合国是个什么样的组织？什么叫“南南合作”？什么叫“南北对话”？什么叫“世界贸易组织”？人类为什么要走可持续发展的道路？……学习这些内容，既可帮助我们揭开地理知识奥秘，又可增加生活情趣和学习兴趣，其乐无穷。

一个人如果缺少地理知识，那他的生活也就失去了色彩，也就不可能成为一个情趣广泛、知识渊博的人。一个人不管将来会成为什么样的人才，从事何种工作，都必须具备一定的地理知识。做农民要科学种田，因地因时制宜合理安排农业生产；经商做生意要研究各地的生产生活习惯、资金的周转和商品的流通；兴建工厂企业要考虑原料、能源、市场、交通、信息等区位的选择；交通建设要注意各地的地质构造以及人流、物流等，科学合理规划；资源开发利用要注意合理有序、有度，保护生态环境；经济建设要讲求区位优势，促进可持续发展。总之，学习地理，可以为我们将来参加人类各种生产建设活动学得丰富的、终身受用的知识和技能。

我们所处的多样而美丽的地理环境是世界各民族赖以生存和发展的基础。而我们祖国的繁荣昌盛要靠具有高水平文化素质的全体人民的共同努力，只有如此，国家才能更加文明进步，中华民族的复兴大业才能早日实现。地理教育同其他教育一样是国民素质教育的重要组成部分，它能使接受教育的国民基本掌握中国乃至世界的地理与风土人情的知识，牢牢建立自然资源有限性与合理利用和环境保护的意识。因此，《地理知识大博览》的编辑出版，目的在于为全面提升全民族的文化素质提供一部好教材，满足广大读者的需要。

地理学是研究人与地理环境的关系的学科，与人类的生存密切相关，人们的衣、食、住、行都与地理知识有着密切的联系。服饰的材料、样式、饮食习惯和方式，住房的式样与特点等，都与地理有着千丝万缕的关系。本套丛书分为中国和世界上下两篇，系统详细地介绍了我国和世界各地区各国家的地形、气候、水文、自然资源以及行政区划、人口、民族、历史、文化等方方面面的知识，并配以精美的图片，十分形象地再现了世界各国地理状况，融知识性、实用性以及形象性、趣味性于一体。书中还特意选加了一些各地最著名的旅游文化景点，使您在读书之时，亦能感受到世界的幽幽古韵和文化情怀。在这个生动的地理王国里，读者将近距离认识地球，不仅从自然科学，而且从社会科学角度深入理解地理的完整含义，从而有效地协调自然与人类的关系。

科学知识是人类进步的阶梯，深入浅出的百科知识是成为广大读者提高自身知识储备的快捷途径。本书内容全面，将天文地理及人文社会等方面的内容，集中而全面地展示在读者面前。在新的时代和新的学习概念要求下，我们尽可能地整理与编辑了比较详尽的地理百科知识，力争使每一位读者都能在轻松愉悦的阅读中，学好知识，励志成才。总之，《地理知识大博览》致力于地理知识的传播，而不是高深的学术研究。您既可以系统阅读，也可以通过它查找资料。如果本书能使您感受到地理的无穷魅力，使您获得一些知识或启迪，那么，我们编辑此书的愿望也就得到了实现。

目 录

上篇 中国地理百科

下篇 世界地理百科

地理知识大博览

上篇

中国地理百科

第一章　中国地理概述

一、国名、国旗、国徽、行政区划

（一）国名

中国是世界文明古国，全称为“中华人民共和国”。原意是指国都、京师，后指华夏族、汉族活动及其文化所及的地区。夏朝是中国历史上第一个朝代，于公元前2070年建立，立国号曰“夏”，自此中国历朝都立国号。“中华人民共和国”成立后，“中国”作为其简称，国名远播世界各地，成为世人所向往的东方文明国度。

（二）国旗

中华人民共和国国旗又称五星红旗，是中华人民共和国的象征，颜色为红色，象征革命。旗面左上方有五颗黄色五角星，大五角星代表中国共产党，四颗小五角星环拱于大五角星，且都有一个角尖对着大五角星的中心，象征中国共产党领导下的全国各族人民大团结和全国各族人民对党的衷心拥护。

（三）国徽

中华人民共和国国徽中间是五星照耀下的天安门，周围是谷穗和齿轮，象征中国人民自五四运动以来的新民主主义革命斗争和以工人阶级为领导的工农联盟为基础的人民民主专政的新中国的诞生。

（四）行政区划

中国现行的行政区，是根据《中华人民共和国宪法》规定划分的。中国行政区域划分如下：

全国分为省、自治区、直辖市，国家在必要时，设立特别行政区，实行“一国两制”；省、自治区下分市、县、自治州、自治县；市、县、自治县下分镇、乡、民族乡；乡、镇以下设村。

中国目前有4个直辖市、5个少数民族自治区、23个省、2个特别行政区、333个地级行政单位、2859个县级行政单位。自治区、自治州、自治县都是民族自治的地方。北京是中华人民共和国首都。

二、疆　域

（一）地理位置

中国位于亚洲的东部和中部，面临太平洋，是一个海陆兼备的国家。北起漠河以北的黑龙江江心，南达南海南沙群岛南缘的曾母暗沙，南北相距约5500千米。由于南北纬度的不同，太阳高度角的大小和昼夜的长短就有差别，广州和漠河两地，夏至日太阳高度角相差达30°左右。海南岛一年内白昼最短为11时2分，最长为13时14分，相差约两小时。但在漠河附近，一年中白昼最长达17小时以上，最短为7小时多，相差约10小时。西起新疆维吾尔自治区乌恰县以西的帕米尔高原，东至黑龙江省抚远市境黑龙江和乌苏里江汇合处，东西相距约5200千米，东西两端的时差在4小时以上，当东北松花江上将近中午的时候，帕米尔高原刚迎来旭日东升的晨曦。

（二）国土

1. 陆疆

中国陆地领土面积约为960万平方千米，约占世界陆地面积的6.42%，占亚洲面积的21.80%，仅次于俄罗斯和加拿大，居世界第三位。中国陆疆长两万多千米。陆上相邻的国家，东北面有朝鲜，北面有俄罗斯和蒙古，南面有越南、老挝和缅甸，西面和西南面有哈萨克斯坦、吉尔吉斯斯坦、塔吉克斯坦、阿富汗、巴基斯坦、印度、尼泊尔和不丹。大陆海岸线北自鸭绿江口，南至中越边境的北仑河口，长达 18000 多千米。与日本、韩国、菲律宾、马来西亚、文莱、印度尼西亚等国家隔海相望。

2. 海洋与岛屿

我国领海及内水面积约为 37 万平方千米，管辖的海域面积约为 300 万平方千米，是世界上为数不多的海洋大国之一。中国大陆所濒临的海洋，由北至南分别为渤海、黄海、东海和南海，渤海为中国的内海。这四个海区中，除南海具有大洋海盆特征、深度较大外，大部分为深度较浅的大陆架，最适于鱼类繁殖洄游，为海洋水产事业的发展提供了有利条件。中国有广阔的大陆架并蕴藏着丰富的石油，在经济上具有重要意义。沿海岛屿共有 6500 多个，其中约 85%分布在杭州湾以南的大陆近岸和南海之中。台湾是中国第一大岛，面积约 3.58 万平方千米。海南岛次之，面积 3.39 万平方千米。钓鱼岛等岛屿位于台湾岛东北的海面上，是中国最东的岛屿；南沙群岛则是中国最南的岛屿群。

中国近海冬夏季风交替显著。渤、黄海为暖温带季风气候区，东海为亚热带季风气候区，南海大部分海域为热带季风气候区。中国近海海域辽阔，自然条件优越，海洋资源十分丰富，计有鱼类 2000 多种，虾、蟹、贝、藻类数千种，近海石油储量 100 多亿吨，其他海洋能源总蕴藏量共约 9 亿千瓦，以及适合发展盐业的滩涂数百万公顷。

［渤海］　渤海是中国的内海，也是中国最北、最浅的半封闭海域。渤海三面环陆，与辽、冀、津、鲁相邻，辽东半岛和山东半岛从北、南钳形扼守，形成渤海海峡与黄海相通。渤海南北长约 556 千米，东西宽约 236 千米，面积约 7.7 万平方千米，平均深度约 18 米。入海主要河流有黄河、海河、滦河和辽河，年径流总量达 888 亿立方米。地势由沿岸向中央和海峡倾斜，地势平缓。海底为前寒武纪变质岩。渤海为中、新生代沉降盆地，第四纪沉降物厚达 500 米，主要为陆源物质。

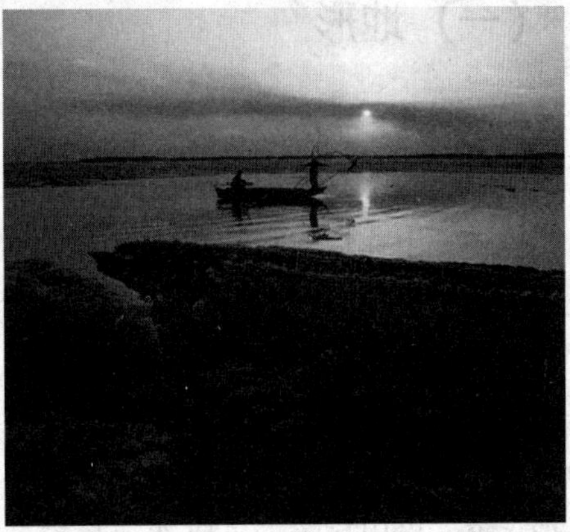

渤海

［黄海］　黄海是中国大陆与朝鲜半岛之间的大陆架浅海，因海水呈黄褐色而得名。黄海南北长 870 千米，面积约 38 万平方千米，平均水深 44 米。黄海南与东海毗连。主要入海河流有淮河河系、中朝界河鸭绿江和朝鲜的大同江、韩国的汉江等。地势由北和东西两侧向中央和东南倾斜。南黄海

西部沿岸较浅，西北沿岸多辐射状沙脊群，为船只航行的险滩。东部沿岸较深。

［东海］　东海是中国大陆架最宽的边缘海。东海西岸是上海、浙江和福建的东部，东面是中国台湾岛和日本琉球群岛的西部，西北与黄海相接，东北与朝鲜海峡沟通，南经台湾海峡与南海相连。东北—西南长约 1296 千米，面积约 77 万平方千米。平均水深 370 米，最大水深在冲绳海槽，为 2719 米。主要入海河流有长江、钱塘江、闽江、瓯江和浊水溪。东海为地震活跃区，地震发生较频繁。

［南海］　南海为中国近海中面积最大、水最深的海区，位于中国最南端。南海东接太平洋，西南通印度洋，与越南、马来西亚、菲律宾等国相邻。面积约 350 万平方千米，平均水深 1212 米，最大深度为 5559 米。入海的主要河流有中国的珠江、越南的红河、湄公河和泰国的湄南河等。地形似菱形，从四周呈梯状向中部加深，可分大陆架、大陆坡和深海盆地等地貌单元。南海岛屿和暗礁星罗棋布，中国的东沙、西沙、中沙和南沙诸群岛都位于该海域。

三、地形和地貌

地球是一颗岩石的行星。经过亿万年的演化，地球上出现了丰富多彩的地形、地貌，形成了山川河流，平原沙漠，高原山地，为地球生命提供了理想的家园。

（一）地形

1. 丘陵

丘陵是由连绵不断的低矮山丘组成的。一般分布在山地、高原与平原的过渡地带，丘陵一般海拔在 200 米以上，500 米以下。相对高度一般不超过 200 米，起伏不大，坡度也较缓。按相对高度分为：200 米以上为高丘陵，200 米以下为低丘陵；按坡度陡峻程度分为：大于 25°以上称为陡丘陵，小于 25°称为缓丘陵，按不同岩石特征组成可分为：花岗岩丘陵、火山岩丘陵、各种沉积岩丘陵，按成因则分为：构造丘陵、剥蚀—夷平丘陵、火山丘陵、风成沙丘丘陵、荒漠丘陵、岩溶丘陵及冻土丘陵等，按分布位置可分为：山间丘陵、山前丘陵、平原丘陵，在海底的洋底里，称为海洋丘陵。我国由北至南主要有辽西丘陵，江南丘陵和淮阳丘陵等。黄土高原上有黄土丘陵。长江中下游河段以南有江南丘陵。辽东和山东两半岛上的丘陵分布也比较广。

2. **平原**

陆地上海拔高度相对较小的地区称为平原。一般在沿海地区的海拔多在 0~500 米。海拔 0~200 米称低平原，200~500 米的叫高平原。平原地势比较低平，起伏不大，相对高度一般不会超过 50 米，坡度也一般在 5°以下。平原它以较低的高度区别于高原，以较小的起伏区别于丘陵。按成因一般可分为：构造平原、侵蚀平原、堆积平原、洪积平原、冲积平原，海积平原全部都属于堆积平原。侵蚀平原，也叫剥蚀平原，并且根据海拔高度，平原也可分为低平原和高平原。世界平原总面积约占全球陆地总面积的四分之一，平原不但广大，而且土地肥沃，水网密布，交通发达，是经济文化发展较早较快的地方。

3. **山地**

山地是一个多山地域，它们海拔大都在 500 米以上，相对高差也在 200 米以上。起伏很大，坡度陡峻，沟谷幽深，一般呈脉状分布。山地的表面形态奇特多样，按山的高度分，可分为高山、中山和低山。海拔在 3500 米以上的称为高山，海拔在 1000~3500 米的称为中山，海拔低于 1000 米的称为低山。按山的成因又可分为褶皱山、断层山、褶皱—断层山、火山、侵蚀山等。山地是大陆的基本地形，分布十分广泛。尤其是亚欧大陆和南北美洲大陆分布最多。我国的山地大多分布在西部。

4. **盆地**

盆地主要形成的原因是由于地壳的运动。在地壳运动作用下，地下的岩层受到挤压或者是拉伸，形成四周高、中间低，整体地形就像一个大盆。盆地中常有流域水系、湖泊及巨厚沉积物堆积。按盆地的位置，可以分为内陆盆地、大陆边缘弧盆地和深海盆地。盆地主要有两种类型。一种是由地壳构造运动形成的盆地，称为构造盆地，如我国新疆的吐鲁番盆地、江汉平原盆地。另一种是由流水、冰川、风和岩溶侵蚀而成的盆地，称为“侵蚀盆地”，如我国云南西双版纳的景洪盆地。

5. **高原**

高原是海拔高度一般在 1000 米以上，面积广大、地形开阔、周边以明显的陡坡为界，高原与平原的主要区别是海拔高，它以完整的大面积隆起的海拔区别于山地。它主要是在长期连续的大面积地壳抬升运动中形成的。高原海拔高，气压也相对较低，含氧量少，按高原面的形态将高原分几种类型：第一种是顶面较平坦的高原，第二种是地面起伏较大，顶面仍相当宽广的高原，第三种是分割高原，高原大部分为厚层黄土覆盖。陕西黄土高原地层出露完整，地貌形态多样，是中国黄土自然地理最典型地区。

（二）地貌

1. 构造地貌

构造地貌主要是指由地球内力作用直接造就及承受地壳运动的岩层或岩体，在地应力的作用下发生变形变位的结果。在山区里经常可以看到裸露在底边的岩层，他们有的是倾斜弯曲的，有的却是断裂错开的，这都是地壳运动形成的，被称为“地质构造”。构造地貌可分为三个等级：第一级是大陆和洋盆，第二级是山地、平原、高原和盆地，第三级是方山、单面山、背斜脊、断裂谷等小地貌单元。

2. 喀斯特地貌

喀斯特又称“岩溶”。是指岩石裸露、草木不生，具有洞穴、落水洞、地下河而缺乏地表河流和湖泊为特征的地区。这主要是地下水对可溶性块状石灰岩溶蚀的结果，喀斯特地貌可分为地表和地下两种基本类型。喀斯特分布极为零散，如法国的科斯、中国的广西、美国的肯塔基州等。

3. 黄土地貌

黄土地貌就是在黄土地层上发育的地貌。是淡黄色粉砂质土状堆积物。分布面积约站地球陆地面积的 1/10，它具有多孔隙、垂直节理发育、透水性强、富含碳酸钙、易塌陷等特点。在流水作用、重力崩塌作用和风力吹蚀作用下，形成沟深、坡陡、沟壑纵横、地面支离破碎的黄土地貌景观。根据沟谷的发育阶段和形态特征，黄土沟又分为：黄土沟谷地貌、黄土沟间地貌、黄土潜蚀地貌。我国黄土总面积约 63.5 万平方千米，主要集中在黄河中下游的陕西北部、甘肃中、东部、宁夏南部和山西西部。由于这个地区的地势较高，称为黄土高原。

4. 丹霞地貌

丹霞地貌属于红层地貌，是一种水平构造地貌。它是红色砂岩经长期风化剥离和流水侵蚀而形成的孤立山峰和陡峭的奇岩怪石，是巨厚红色砂、砾岩层中沿垂直节理发育的各种丹霞奇峰的总称。发育时期主要是侏罗纪至第三纪的水平或缓倾的红色地层中，大多分布在中国、美国西部、中欧和澳大利亚等地，其中以中国分布最广。

5. 雅丹地貌

雅丹地貌是指风对干旱区的湖积冲积平原吹蚀，形成的地面支离破碎的垄槽地形，

维吾尔语称“雅丹”，意谓险峻的土丘。由于其日夜不断地受到大自然水流与风力的刻蚀，许多地方被塑造出了千奇百怪的形态，形成各种特殊的地貌，同时千姿百态的地貌也造就了许多旅游名胜，如举世闻名的美国科罗拉多大峡谷、中国云南的石林、贵州的地下溶洞等。

（三）中国的山脉

1. 冈底斯山脉

藏语冈底斯山脉意为“众山之主”。“冈底”在藏语和“斯”在印地语中都是“雪”的意思。主峰冈仁波齐藏语中意为“雪山宝贝”。冈底斯山脉横贯中国西藏自治区西南部，与喜马拉雅山脉平行，其走向受噶尔藏布—雅鲁藏布江断裂的控制，呈西北—东南走向，属褶皱山。冈底斯藏语意为众山之主。东接念青唐古拉山脉。海拔约6000米。长1100千米。玛法木错以北的主峰冈仁波齐峰，海拔6656米。主峰冈仁波齐自古以来是西藏、中亚和南亚各地人们仰慕、朝圣和旅游的圣地，是佛教、苯教、印度教、耆那教教徒心目中“世界的中心”。尼泊尔人、印度人则以此冈仁波齐为湿婆的乐园。其脚下的圣湖玛旁雍错位居西藏三大神山中的圣湖之首，被称为“圣湖中的圣湖”。位于普兰县。其中海拔为7095米的冷布岗日为最高峰，喇嘛教里以冈底斯山为宇宙中心，并尊为圣地。冈底斯山脉南侧即通称的藏南地区，冈底斯山脉南侧气候温凉稍干燥，以亚高山草原为主。北侧气候严寒干燥，以高山草原为主。

2. 阿尔金山脉

阿尔金山脉在蒙古语中，意即“有柏树的山”。位于新疆维吾尔自治区的东南部。是青藏高原北部边缘山脉之一，也是塔里木盆地和柴达木盆地的界山，海拔3500~4000米，全长720千米，最宽处超过100千米，面积6.2万平方千米。平均高度3000~4000米。其中西段较高，最高峰为尤苏巴勒塔格，海拔6161米。山脉地势总体西高东低，西宽东狭，从山麓、中山、亚高山以至高山带，均以荒漠植被类型占统治地位。其中主要代表植物有：合头草、昆仑蒿、驼绒蒿和玉柱琵琶柴等。

3. 昆仑山脉

昆仑山脉属亚洲中部大山系，中国西部山系的主干。西起帕米尔高原，横贯新疆维吾尔自治区与西藏自治区，向东伸入青海省西部，直抵四川省西北部。长2500千米。为古老的褶皱山脉。昆仑山脉西高东低，按地势分西、中、东3段。西段主要山口有乌孜别里山口、明铁盖山口、红其拉甫达坂及康西瓦等，平均海拔为5500~6000

米；中段包括克里雅山口和喀拉米兰山口，平均海拔 5000~5500 米；东段昆仑山垭口是青藏公路必经之道，平均海拔 4500~5000 米。昆仑上口属于多年冻土区，山坡谷地生长着地点梅、虎爪耳草、马先蒿等植物，特有动物藏羚羊、野牦牛、野驴等能利用高寒草场繁育。

4. 太行山脉

太行山脉位于中国山西高原与河北平原之间。呈东北—西南走向，其中局部地段近于南北走向。北起拒马河谷地，南至山西省、河南省边境的沁河平原。长 700 千米，山脊海拔 1500~2000 米。是中国陆地地形第二阶梯的东部边缘，山中多关，如紫荆关、娘子关、虹梯关、壶关、天井关等。山西高原的河流经过太行山后流入华北平原，曲流深切，多瀑布湍流。其中河谷及山前地带多泉水，以娘子关泉最大。并且河谷两岸有多层溶洞，有陵川黄崖洞、黎城黄崖洞、晋城黄龙洞、北京房山云水洞等。著名的河北易县狼牙山亦为中国北方地区典型的喀斯特山地。

5. 祁连山脉

祁连山脉位于中国青海省的东北部与甘肃省的西部边境。因位于河西走廊南侧，又名南山。由多条西北—东南走向的平行山脉和宽谷组成，山脉西端在当金山口与阿尔金山脉相接。东端至黄河谷地，与秦岭、六盘山相连。长达近 1000 千米。最宽处是在酒泉市与柴达木盆地之间，长达 300 千米。祁连山东段的山势走向是由西向东降低，其中包括走廊南山—冷龙岭—乌鞘岭，大通山—达坡山，青海南山—拉背山三列平行山系。其间夹有大通河谷地、湟水谷地和青海湖盆。并一共有冰川 3306 条，面积达到 2063 平方千米。平均海拔都在 4000 米以上。主峰冷龙岭为 4843 米。

6. 天山山脉

天山山脉是亚洲内陆中部的著名山系，同时也是世界干旱区域的多雨山地之一。在中国境内，纬向横亘于新疆维吾尔自治区中部，将古突厥斯坦一分为二。山地耸立于准噶尔与塔里木盆地之间，海拔大多在 4000 米以上。其中东段的高峰是博格达峰，海拔 5445 米。西段的最高峰是天山山脉的托木尔峰，海拔 7435. 3 米，海拔山脉是由一系列大致平行的北天山、中天山和南天山所组成，山体之间夹有着许多宽谷与盆地。雄阔的天山山脉全长达到 2500 千米，横亘亚洲腹地，是塔里木盆地和准噶尔盆地的天然分界线，天池古称“瑶池”，天池风景区以高山湖泊为中心，雪峰倒映，云杉环拥，碧水似镜，风光如画，据说神话中西王母宴群仙的蟠桃盛会便设在此处。“天池”一名来自清代，取“天镜，神池”之意，可见此地风光之美。

7. 横断山脉

横断山脉为世界年轻山系之一，位于青藏高原的东南部，是川、滇两省西部和西藏自治区东部南北向山脉的总称。东起邛崃山，西抵伯舒拉岭，北达昌都、甘孜至马尔康一线，南抵中缅边境的山区，面积60余万平方千米。是中国最长、最宽和最典型的南北向山系，并兼有太平洋和印度洋水系的地区。横断山脉是世界年轻山系之一，主要是因“横断”东西间交通而得名。横断山脉由喜马拉雅运动时期印度洋板块与亚欧板块碰撞，形成褶皱山脉，并形成的一系列断陷盆地。大雪山的主峰贡嘎山海拔高7556米，为横断山脉最高峰。金沙江、澜沧江和怒江，两岸陡峻，江面狭窄，属典型的“V”字型深切峡谷。因此山崩、滑坡、泥石流和地震频繁，是中国主要地震带之一。

8. 阴山山脉

阴山山脉蒙古语名即“达兰喀喇”，位于中华人民共和国北部，东起河北省东部的桦山，西止于内蒙古巴彦淖尔市中部的狼山，东西长1200多千米，南北宽50至100千米，横亘于内蒙古自治区中部，山脉的平均海拔高度在1500至2300米，山脉的主峰是西端的呼和巴什格山，海拔2364米。在土默特右旗东北有大青山主峰，海拔2338米。在黄河北岸还有大狼山、大桦背山，都是河套地区的北部屏障。阴山山脉还是中国季风与非季风区的北界，属温带半干旱与干旱气候的过渡带。其中西部的狼山尤为干旱，大青山则较为湿润。山坡低处为草地，中部有栎、榆、桦等树种。

9. 秦岭

秦岭是位于中国西北的一座山脉，西起甘肃省境内，东到河南省西部，其中主体位于陕西省南部与四川省北部交界处，呈东西走向，长约1500千米。秦岭—淮河是中国地理上最重要的南北分界线，秦岭同时也是长江流域与黄河流域的一个分水岭。最高峰是太白山，高3763.2米。是中国大陆东半壁的第一高峰（号称“群峰之冠”）。秦岭是中国南北气候的分界线。岭南为副热带季风气候，最冷月均温在0摄氏度以上，1月平均气温在0℃以下，河流全都冻结，植物以落叶阔叶树为主，土壤富钙质。秦岭山地、白龙江流域尚保存连片森林，并有珍贵动物和植物。佛坪为大熊猫产地之一。商洛地区的核桃、岷县的当归等均以高产优质著称。

10. 长白山山脉

中国东北的著名山地。松花江、图们江和鸭绿江发源地。位于东北的东部。因主峰白头山顶多白色浮石和积雪得名。广义长白山是指整个长白山地，为中国东北地区东部山地的总称。北起完达山脉北麓，南延千山山脉老铁山，形状呈纺锤形。由多列东北—西南向平行褶皱断层山脉和盆、谷地组成。山地海拔大部 500~1000 米，仅部分超过千米。2000 米以上大都在白头山附近，最高峰将军峰（朝鲜一侧）海拔高达 2749.2 米，是亚洲大陆东部高山之一。长白山是中国东北地区年降水量最多之地，其代表植被针叶树种以红松、沙冷杉占优势，其他则为臭冷杉、红皮云杉等。海拔 500~800 米排水不良低洼沼泽常形成以黄花松为主针叶林或纯林，俗称“黄花松甸子”，500 米以下河谷或盆地主要植被为草甸，称为“五花草塘”；而河漫滩、旧河道或牛轭湖沼泽植被发育。

11. 大兴安岭

位于中国内蒙古自治区东北部和黑龙江北部，是内蒙古自治区的主要山系，长 1220 千米，宽 200~300 千米。平均海拔 1200~1300 米，最高峰达 2035 米，大兴安岭是我国最北、面积最大的现代化国有林区，总面积达 8.46 万平方千米，主要树木有兴安落叶松、樟子松、红皮云杉、白桦、蒙古栎、山杨等多种植物。大兴安岭资源丰富，覆盖着广阔无垠的森林，素有“绿色宝库”之美誉。

（四）中国的平原

1. 东北平原

东北平原是中国最大平原，又称松辽平原，原位于中国东北角，由黑龙江、松花江、乌苏里江三江流经得名。由松嫩平原、辽河平原和三江平原组成。位于大、小兴安岭和长白山之间，南北长约 1000 千米，东西宽约 300~400 千米，面积 3.5 万平方千米，大部分海拔在 200 米以下。东北平原处于温带和暖温带范围，有大陆性和季风型气候特征。因土地肥沃，资源丰富，是中国重要的粮食、大豆、畜牧业生产基地。

2. 华北平原

华北平原是中国第二大平原。西起太行山脉和豫西山地，东到黄海、渤海和山东丘陵，北起燕山山脉，西南到桐柏山和大别山，东南至苏、皖北部，与长江中下游平原相连。延展在北京市、天津市、河北省、山东省、河南省、安徽省和江苏省等 7 省、市的境域。面积约 31 万平方千米。主要由黄河、淮河、海河、滦河冲积而成，故又称黄淮海平原。华北平原以黄河为“分水岭”分为南北两部分，北部属于海河流域，叫海河平原，南部属于淮河流域，叫黄淮平原。华北平原地势平坦，农业发展历史悠久，井灌发达，是我国重要的小麦、棉花产区。此外，华北平原地区还蕴藏着极其丰富的石油，天然气等矿产资源。

3. 长江中下游平原

长江中下游平原是中国三大平原之一。位于湖北宜昌以东的长江中下游沿岸，系由两湖平原（湖北江汉平原、湖南洞庭湖平原总称）、鄱阳湖平原、苏皖沿江平原、里下河平原和长江三角洲平原组成，长江中下游平原主要由长江及其支流所夹带的泥沙冲积而成，总面积约 20 多万平方公里，绝大部分的高度都在海拔 50 米以下，境内港汊纵横，湖泊密布，著名的洞庭湖、鄱阳湖、太湖、高邮湖、巢湖、洪泽湖等大淡水湖都分布在此，向有“水乡泽国”之称。盛产鱼、虾、蟹、菱、莲、苇。气候温和，无霜期 240~280 天，江南可种植双季稻，粮、棉、水产在全国占重要地位，素称“鱼米之乡”。

4. 成都平原

成都平原又称盆西平原或川西平原，四川话则称为“川西坝”，位于四川盆地西部。面积约 7000 平方千米，属亚热带湿润季风气候。年均温 18℃左右。年均降水量在 1000 毫米以上，一年中雨天平均约 300 天，且多雾，是中国阴雨天气最多的地区之一。其地形倾斜，易灌易排，气候温和，土质肥沃，历来是人口稠密的重要农业区。成都平原为四川省种植业发展最早的地区之一。

5. 三江平原

三江平原是东北平原组成部分之一，又称三江低地。三江平原位于黑龙江省东部，北起黑龙江、南抵兴凯湖、西邻小兴安岭、东至乌苏里江，三江平原的“三江”即黑龙江、乌苏里江和松花江，三条大江汇流、冲积而成了这块低平的沃土。区内水资源丰富，总量 187. 64 亿立方米，总面积 5. 13 万平方千米。历史上，三江平原曾经是以狩猎和捕鱼为生的满族、赫哲族的生息之地，人烟稀少，沼泽密布，故有“北大荒”之称。20 世纪 50 年代有 14 万转业官兵和 45 万知识青年“屯垦戍边”，昔日“棒打獐子瓢舀鱼，野鸡飞到饭锅里”的荒芜景象，才渐至今日“北大仓”——国家重要的商品粮生产基地。

6. 珠江三角洲平原

珠江三角洲平原位于广东省中南部，面积约 11000 平方千米，平均海拔 50 米左右，是由东、西、北三条大河汇流堆积而成，由于珠江三角洲实际上是几个三角洲合成，故又被称为“复合三角洲”。成为我国商品粮基地之一。其为热带地区开发最好的平原，所以被称为“南海明珠”。由于地处热带，流量丰富，又因地表植被覆盖度大，夹沙少，故成为我国优良河川。

（五）中国的草原

1. 呼伦贝尔东部草原

呼伦贝尔市位于内蒙古自治区的东部，辖世界著名大草原——呼伦贝尔大草原和富有森林自然宝库之称的大兴安岭于一体，北以额尔古纳河为界与俄罗斯接壤，西同蒙古国交界。总面积25万平方千米，如果把祖国的版图比作啼晨报晓的雄鸡，那么呼伦贝尔就是雄鸡冠上的一颗明珠。所以被誉为“北国碧玉”。呼伦贝尔东部草原天然草场面积占80%。地势呈波状起伏，坡高平缓，一般海拔为650～1200米，其中天然种子植物高达653种，天然芦苇70多万亩，药材428种，兽类35种，禽类241种，鱼类60余种。草原白蘑、秀丽白虾、三河牛、蒙古羊、享誉国内外。

呼伦贝尔东部草原

2. 伊犁草原

伊犁草原因东南北三面环山，西部有湿润的气流进入，促成草原的垂直带发育。它从高至低依次分布着高寒草甸、山地草甸、山地草甸草原、山地草原、山地荒漠草原、平原荒漠、河谷草甸，种类多样性，十分丰富。伊犁草原广泛分布的草原土墩墓、神秘多彩的伊犁岩画与粗犷风趣的草原石人，堪称伊犁草原上的“三大文物奇观”。

3. 锡林郭勒草原

位于内蒙古自治区锡林浩特市境内，面积107.86万公顷，地形比较平坦开阔，可利用优质天然草场面积18万平方千米。由一系列垄岗沙带组成，多为固定和半固定沙丘。海拔在800～1200米之间，寒冷、多风、干旱，年平均气温1～2℃，无霜期90～120天。年降水量从西北向东南为150～400毫米，属中温带半干旱、干旱大陆性季风气候。锡林郭勒盟四季分明，是我国境内最有代表性的丛生禾草枣根茎禾草（针茅、羊草）温性真草原，区内已发现有种子植物74科、299属、658种，苔藓植物73种，大型真菌46种，其中药用植物426种，优良牧草116种。哺乳动物有黄羊、狼、狐等33种，鸟类有76种。目前是我国最大的草原与草甸生态系统类型的自然保护区，同时也是欧亚大陆草原区亚洲东部草原亚区保存比较完整的原生草原部分。

4. 川西高寒草原

川西高寒草原位于四川甘孜州中部，以理塘、甘孜、新龙、白玉、巴塘草原为核心，面积达7万平方千米，海拔达3800~4500米，是自古以来汉藏彝等民族交流通商的要道所在地，《中国国家地理》评其为中国最美的六大草原之一。

5. 那曲高寒草原

那曲藏语意为“黑河”，整个地区在唐古拉山脉、念青唐古拉山脉和冈底斯山脉怀抱之中，西边的达尔果雪山和东边的布吉雪山，形状好似两头猛狮，守护着这块宝地。那曲县属高原亚寒带半干旱季风型气候，其特点是气温低、空气稀薄、大气干洁、太阳辐射强、日温差大。年平均气温-1.5℃，年平均霜日103天，中西部地形辽阔平坦，多丘陵盆地，湖泊星罗棋布，河流纵横其间。东部属河谷地带，多高山峡谷，是藏北仅有的农作物产区，并有少量的森林资源和灌木草场，还栖息着野牦牛、藏羚羊、野驴等许多国家一级保护动物，那曲高寒草原被《中国国家地理》评为中国最美的六大草原之一。

6. 祁连山草原

祁连山在古代匈奴语中意为“天之山”。其平均山脉的海拔在4000~5000米之间，高山积雪形成的硕长而宽阔的冰川地貌奇特壮观。海拔高度在4000米以上的地方，称为雪线，祁连山的雪线之上，常常会有逆反的生物奇观现象发生。在浅雪山层之中，有名为雪山草甸植物的蘑菇状蚕缀，还有珍贵的药材——高山雪莲，以及一种生长在风蚀的岩石下的雪山草。其中雪莲、蚕缀、雪山草又合称为祁连山雪线上的“岁寒三友”。在藏族史诗《格萨尔》中说这一片草原是“黄金莲花草原”。而尧熬尔人和蒙古人均称之为“夏日塔拉”，意为“黄金牧场”。

（六）中国的盆地

1. 塔里木盆地

塔里木盆地，是世界第一大内陆盆地。位于新疆维吾尔自治区南部。西起帕米尔高原东麓，北至天山山脉南麓，南至昆仑山脉北麓，东到罗布泊洼地，总面积56万平方千米，周边被天山、昆仑山和阿尔金山环绕，是中国最大的内陆盆地，盆地中部是33.7万平方千米的中国最大沙漠——塔克拉玛干沙漠（维吾尔语意为：死亡之海），是世界上第二大流动性沙漠，也是中国油气资源蕴藏最多的地区之一。

2. 准噶尔盆地

准噶尔盆地位于新疆维吾尔自治区北部，位于阿尔泰山脉与天山山脉之间，东至北塔山麓，西侧为准噶尔西部山地。准噶尔盆地是中国第二大盆地，东西总长1120千米，南北最宽处约800千米。面积约38万平方千米，整体呈不等边三角形，东高西低，其中沙漠占了约30%。风蚀地貌明显，面积较小。盆地边缘为山麓绿洲，日平均气温大于10℃的温暖期约140~170天，栽培作物多，一年一熟，盛产棉花、小麦。准噶尔盆地内蕴藏着丰富的石油、煤和各种金属矿藏，石油总资源量为86亿吨。盆地西部的克拉玛依是中国较大的油田。

3. 柴达木盆地

柴达木盆地是青藏高原北部的“低地”，盆地呈不等边三角形，西北倚阿尔金山，北和东北临祁连山，南为昆仑山，面积约22万平方公里。海拔2600~3000米，盆地内气候极干旱，植被稀疏，种类单纯，种类总共不足200种，其中种类大多以具有高度抗旱能力的灌木、半灌木和草本为主，以具有高度抗旱能力的灌木、半灌木和草本为主，盐生植物较多。柴达木不仅是盐的世界，而且还有丰富的石油、煤，以及多种金属矿藏，如冷湖的石油、鱼卡的煤、锡铁山的铅锌矿等都很有名。所以柴达木盆地有“聚宝盆”的美称。

4. 四川盆地

四川盆地位于四川盆地在四川省东部，西面是青藏高原，南面有云贵高原，东面是巫山，北面有大巴山，面积达17多万平方千米，是我国典型的盆地类型。四川盆地是中国四大盆地之一，盆周山地海拔多在1000~3000米之间；盆底地势低矮，海拔200~750米四周山地环绕，四川盆地因地表为大面积的中生代紫红色砂岩和泥岩，故有红色盆地或者是紫色盆地之称，因土壤富含磷，钾等养分，多为紫色土，这里气候暖和，利于亚热带作物生长，是我国古代重要的农耕地区，有“天府之国”的美誉。

（七）中国的沙漠

1. 腾格里沙漠

腾格里沙漠位于内蒙古自治区阿拉善左旗西南部和甘肃省中部边境，是中国第四大沙漠。面积4.27平方千米，沙漠内部有沙丘、湖盆、草滩、山地、残丘及平原等交错分布。沙丘面积占71%，主要以流动沙丘为主，其中腾格里沙漠中还分布着数百个存留千万年的原生态湖泊。沙漠中共有大小湖盆422个，其中有251个积水，主要为泉水补给和临时集水，大部分为第三纪残留湖，是居民的主要集居地。

2. 巴丹吉林沙漠

巴丹吉林沙漠位于内蒙古西部，沙漠东部是阿尔腾山、宗乃山、雅布赖山，西部是额济纳河平原的东部戈壁，南部是合黎山和龙首山，北部是阿拉善中部戈壁。沙漠东西长约270千米，南北宽约220千米，面积约4.7万平方千米，地势南高北低，东部高西部低，是中国第三大沙漠，面积约4.7万平方千米，地处阿拉善荒漠中心，气候干旱，流动沙丘占全部沙漠面积的83%，中部有密集的高大沙山，一般高200~300公尺，最高的达500公尺。以复合型沙山为主，高大沙山的周围为沙丘链，最高的沙山相对高度超过500多米，沙山之间分布有许多内陆小湖（俗称海子）被誉为“沙漠珠穆朗玛峰”，其中西北部还有1万多平方公里的沙漠至今没有人类的足迹。沙峰、鸣沙、湖泊是巴丹吉林沙漠的三绝。

3. 古尔班通古特沙漠

古尔班通古特沙漠“古尔班通古特”的语意为“野猪出没的地方”，位于玛纳斯河以东及乌伦古河以南地区，准噶尔盆地中心，是中国境内第二大的沙漠，占地面积4.5万平方千米，仅次于塔克拉玛干沙漠，是世界第三大的沙漠。面积4.88万平方千米，海拔300~600米，由4片沙漠组成：东部为霍景涅里辛沙漠，西部为索布古尔布格莱沙漠，中部为德佐索腾艾里松沙漠，其北为阔布北—阿克库姆沙漠。年降水量70~150毫米，由于气候比较湿润，许多耐旱植物得以生长，有利于防止沙丘流动，因此，沙漠中的绝大部分是固定或半固定的沙丘，固定沙丘上植被覆盖度40%~50%，半固定沙丘达15%~25%，为优良的冬季牧场，沙漠内植物种类较丰富，达百余种。沙漠的西部和中部以中亚荒漠植被区系的种类占优势，广泛分布以白梭梭、梭梭、苦艾蒿、白蒿、蛇麻黄、囊果苔草和多种短命植物等，沙漠西缘有甘家湖梭梭林自然保护区，为中国唯一以保护荒漠植被而建立的自然保护区，面积上千公顷。

4. 塔克拉玛干沙漠

塔克拉玛干沙漠，维吾尔族语意思是“进去出不来的地方”，人们通常称它为“死亡之海”，位于中国新疆的塔里木盆地中央，整个沙漠东西长约1000余千米，南北宽约400多千米，总面积33.76万平方千米，是中国最大的沙漠，也是世界第二大的流动沙漠。塔克拉玛干沙漠，系暖温带干旱沙漠，酷暑最高温度达67.2℃，昼夜温差达

40℃。平均年降水量不超过100毫米，年日照时数3000~3500小时，无霜期高达180~240天，是中国最干旱的地区。

（八）中国的高原

1. 青藏高原

青藏高原旧称为青康藏高原，面积为230万平方千米，是亚洲中部的一个高原地区，它是世界上最高的高原，平均海拔高度在4500米以上，有“世界屋脊”和“第三极”之称。由于海拔高，青藏高原的空气干燥，稀薄，太阳辐射强，气温低。并且地震较频繁，但是地热资源丰富，是世界上最年轻的一个高原。

2. 内蒙古高原

内蒙古高原又称北部高原。整体为蒙古高原的一部分。位于阴山山脉之北，大兴安岭以西，北至国界，面积约34万平方千米。是中国的第二大高原。内蒙古高原开阔平坦，地面起伏和缓。又因为从飞机上俯视高原就像烟波浩瀚的大海，古人称之为“瀚海”。草原面积约占高原面积的80%，高原上不仅有碧野千里的草原，还有沙浪滚滚的沙漠，是中国天然牧场和沙漠分布地区之一。

3. 黄土高原

黄土高原位于中国中部偏北，东起太行山，西至乌鞘岭，南连秦岭，北抵长城，主要包括山西、陕西以及甘肃、青海、宁夏、河南等省部分地区，面积约40万平方千米，海拔1500~2000。占世界黄土分布70%，为世界最大的黄土堆积区。黄土厚50~80米，最厚的地方达200米。黄土高原矿产丰富，煤、石油、铝土储量大。由于历代战乱、盲目开荒放牧及乱砍滥伐导致高原的植被遭到严重的破坏，加之黄土的土质疏松，又因气候较干旱，降水集中，植被稀疏，于是水土流失问题特别严重，形成了“千沟万壑”的黄土地貌。

4. 云贵高原

云贵高原位于中国西南部，在雪峰山以西，大娄山以南，哀牢山以东，包括云南省东部、贵州省全部、广西壮族自治区西部以及四川、湖南、湖北的边境地区。海拔1000~2000米，地势崎岖不平，呈西北高东南低状，高原中多山间盆地（当地人称“坝子”）。云贵高原是典型的喀斯特地貌，石灰岩广布，到处都有溶洞、石钟乳、石笋、石柱、地下暗河、峰林等。因高原地处多雨季风区，雨量充足，因此有“天无三日晴”的说法。也因为云贵高原纬度低的关系，故冬季时也不比中国温带地区那么寒冷，即使夏天也不会有很热的天气，所以云贵高原有“四季如春”的美名。

（九）中国活火山

1. 黑龙江五大连池火山

一般认为五大连池火山群由 14 座火山组成，如果包括火山区西部的莲花山，五大连池火山群应由 15 座火山组成，火山岩分布面积达 800 多平方千米。老黑山、火烧山在 1719～1721 年的喷发距今还不到 300 年，是我国活火山中有历史记载、喷发时间和地点最为确切的一处活火山。

2. 黑龙江镜泊湖火山

黑龙江镜泊湖全新世火山，共有 13 个火山口，均为复式火山。推测镜泊湖全新世火山最晚一期活动可能在 1000 年左右。从现有火山地质和年代学证据，镜泊湖发生的全新世火山喷发活动是没有异议的。

3. 吉林长白山天池火山

吉林长白山天池火山是目前我国境内保存最为完整的新生代多成因复合火山，主峰将军峰位于朝方，海拔 2749 米。天池火山的火山活动经历了造盾（2. 77－1. 203Ma 早更新世）、造锥（1. 12－0. 04Ma 中－晚更新世）和全新世喷发三个发展阶段，三个阶段岩浆成分从玄武质—粗面质—碱流质代表其演化过程。历史上长白山地区有过多次喷发的“史料记载”，1668 年和 1702 年两次天池火山喷发是可信的。通过火山地质学和精细的 14C 年代学研究，全新世以来天池火山至少有两次（公元 1199 年和约 5000 年前）大规模喷发。公元 1199～1201 年天池火山大喷发是全球近 2000 年来最大的一次喷发事件，当时喷出的火山灰降落到远至日本海及日本北部。

4. 吉林龙岗火山

龙岗火山群有 160 余座星罗棋布低矮火山锥，显示高密度、多中心爆炸式喷发特点。靖宇县城以西至靖宇—辉南交界以龙湾为代表的低平火山口（Maar）成为龙岗火山群的一大景观，其中大龙湾和三角龙湾已开发成为我国境内唯一的、风景优美的低平火山口旅游风景区。就在龙湾环绕的地区一座高耸的火山锥—金龙顶子火山拔地而起。龙岗火山是中国少数几个近代仍有喷发活动的第四纪火山之一。

5. 云南腾冲火山

西南边陲的云南腾冲火山由于徐霞客记载的1609年打莺山火山喷发。根据火山地质、地貌、岩浆演化和水热活动特点，一般都把黑空山、打莺山、马鞍山作为全新世火山。对徐霞客游记中记载的1609年打莺山火山“山火”是否为火山喷发起因，迄今没有找到年代学等有关方面的证据。从李根源《烈遗山记》中描述的“腾冲多火山，志载明成化、正德、嘉靖、万历年间（公元1465～1620年）火山爆发多次”，说明几百年前，腾冲火山区有过喷发活动。腾冲火山区是我国活火山区地热显示最显著的地区，如热海地区的水温都在100℃左右，近年的水热活动似有增强趋势，发生多起水热爆炸事件。微震观测存在岩浆冲击型地震与地震测深剖面和大地电磁测深结果都指示了可能存在壳内岩浆房的信息，所有这些是否酝酿着新的喷发危险，不能不对腾冲火山未来的活动投以特别的关注。

6. 新疆阿什库勒火山

阿什库勒火山群位于新疆于田县以南约120km的青藏高原西北缘的西昆仑山，由10余座主火山和数十个子火山组成，包括西山、阿什山、大黑山、乌鲁克山、迷宫山、月牙山、牦牛山、黑龙山、马蹄山、东山和椅子山等。这些火山几乎均为中心式喷发，形成圆锥状或截顶圆锥状火山锥，绝大多数火山是第四纪形成的，最近的一次为1951年5月27日阿什火山喷发。

据新疆日报1951年7月5日报道：“在于田县苏巴什以南，昆仑大坂西沟一带，5月27日上午9时50分发生火山爆发。第一次爆发时只见一个山头上发出轰隆巨响，接着烟灰像一条大圆柱似的自山顶冒出。接着又连续爆发了3次，每次只隔几分钟，未发出巨响，只有烟灰上冒。以后几天又看到火山冒烟……”。这也是新中国成立之后第一次关于火山喷发的报道。

7. 台湾岛大屯火山和龟山岛火山

大屯火山群和龟山岛火山分别位于台湾岛西北部和东部海上。大屯火山群由20余座大小不等的火山组成。火山活动始于2.8～2.5Ma（Ma，百万年），最近的喷发活动发生在0.2～0.1Ma左右，但现今的水热活动和地震活动性却令人对火山可能的重新喷发担忧。火山区内温泉遍布，有名的至少就有16处，还有一些无名的温泉，且地表温度可达100℃左右，阳明山等地强烈的喷气活动和地表的泉华足以证明大屯火山区水热活动的强度。He同位素示踪表明，大屯火山区的He主要是来自岩浆的气体，自然使人联想到可能存在地下岩浆房。按照现有定义，大屯火山与黄石公园火山均属“死”火山，但它们都有强烈的地表和地下活动性，与世界上绝大多数活火山相似，而被视为可能会死灰复燃的活火山。

8. **海南琼北火山**

雷琼地区是华南沿海新生代火山岩分布面积最大的一片火山岩，火山活动始于早第三纪，延续至全新世。火山岩面积达7300平方千米，可辨认的火山口共计177座，海拔均低于300米。海南岛北部（琼北）第四纪火山区的石山、永兴一带大小三十几个火山口明显地呈北西方向排列，形成典型的中心式火山群，是琼北最新期火山。

（一）中国主要河流

1. **长江**

长江为中国第一长河，全长有6397千米。发源于青藏高原唐古拉山的主峰各拉丹东雪山。是世界第三长河，仅次于尼罗河与亚马逊河，水量在世界排名中也占第三。长江流域从东到西约3219千米，由北至南966千米余。流经青藏高原—青海—西藏—四川—云南—湖北—湖南—江西—安徽—江苏—上海—东海。有3/4以上的流程穿越山区。有雅砻江、岷江、嘉陵江、沱江、乌江、湘江、汉江、赣江、青弋江、黄浦江等重要支流。

2. **黄河**

黄河是我国第二长河，世界第五长河，也是世界上含沙量最多的河流。黄河源于青海巴颜喀拉山，干流贯穿九个省、自治区：青海、四川、甘肃、宁夏、内蒙古、陕西、山西、河南、山东，年径流量574亿立方米，平均径流深度79米。巴颜喀拉山北麓的约古宗列曲是黄河的正源，源头于巴颜喀拉山脉的雅拉达泽峰，海拔也达到4675米，平均流量17745立方米/秒，由山东省注入渤海。

黄河

上、中游的分界点：山西省河口镇；中、下游分界点：河南省旧孟津。黄河的入海口河宽1500米，大多都在500米左右，较窄处只有50米，水深一般为2.5米，有的地方深度只有1.2~1.3米。

3. 黑龙江

黑龙江的东亚大河同时也称阿穆尔河，形成在东南西伯利亚与中国之间的边界，发源地是在蒙古肯特山南侧，是由石喀勒河与额尔古纳河交汇处形成。经过中国黑龙江省北界与俄罗斯哈巴罗夫斯克区东南界，一直流到鄂霍次克海的鞑靼海峡，总长度大约有 5498 千米，流域面积约 185.5 万平方千米，是北亚最长的河流。

4. 珠江

珠江旧称粤江，是中国境内第三长河流，按年流量来分是中国第二大河流。原指的是广州到入海口的一段河道，到后来逐渐成为西江、北江、东江和珠江三角洲诸河的总称。全长 2400 千米，流域面积约 45.3 万平方千米，其中在我国境内的面积约有 44.2 万平方千米。

5. 松花江

松花江发源于中、朝交界的长白山天池，西北流向，在扶余市三岔河的附近与嫩江汇合，并后折向东流，即松花江干流。在同江附近汇入黑龙江，全长 1927 千米，流域面积约 55 万平方千米，跨越辽宁、吉林、黑龙江和内蒙古四省区。它的流域位于中国东北地区的北部，东西长 920 千米，南北宽 1070 千米。流域面积 55.68 万平方千米。松花江在黑龙江右岸是最大支流。

6. 嫩江

在黑龙江省，古名“难水”“脑温江”。在清朝初期称为“嫩江”。嫩江发源于鄂伦春自治旗大兴安岭支脉伊勒呼里山南坡，是内蒙古的最大河流。全长 1369 千米，流域面积约 28.3 万平方千米，是松花江最大的支流。

7. 乌苏里江

中国黑龙江支流，属于中国与俄罗斯的界河。上游由乌拉河和道比河汇合而成。两河都全部发源于锡霍特山脉西南坡。乌苏里江长 909 千米，流域面积约 18.7 万平方千米。乌苏里江是黑龙江右岸的一大支流，同时也是中国东北部俄罗斯边境上的一条重要界河。

8. 淮河

位于中国东部，介于长江和黄河两流域之间，全长 1000 千米，总落差 200 米，流域面积约 18.7 万平方千米。淮河发源于河南省桐柏山老鸦叉，东流经河南、安徽、江苏三省，并在三江营入长江，干流全长为1000千米。

9. 海河

“海河”是北运河、永定河、大清河、子牙河、南运河五条河流自北、西、南三面汇流至天津后的统称。它起自天津金刚桥，到大沽口入渤海湾。海河和上游的北运河、永定河、大清河、子牙河、南运河五大河流及300多条支流组成海河水系。以卫河为源，全长达1090千米，流域总面积约为29000平方千米，占全国总面积的3.3%，山区约占其中的54.1%，平原占45.9%。同时海河也是中国华北地区主要的大河之一。

10. 鸭绿江

鸭绿江位于吉林省、辽宁省东部边境，是中国与朝鲜的界河。主要因其江水清澈，水色深绿似鸭头而得名。发源于长白山南麓，流经长白、临江市、宽甸、丹东等地，是中国与朝鲜的界河。鸭绿江干流全长795千米，流域面积达64万多平方千米。

11. 澜沧江

澜沧江在东南亚为湄公河，是亚洲流经国家最多的河，流经中国、缅甸、老挝、泰国、柬埔寨和越南，是世界第六大河，全长4900公里。国境处多年平均年水量约640亿立方米，为黄河的1.1倍。澜沧江在中国境内的流程为2198千米，境外长度2711千米。

12. 怒江

怒江又名潞江，它深入高原内部，向东南流经平浅谷地，发源于青藏高原唐古拉山南麓的吉热拍格，雪水聚集成溪，溪流相汇成河。是中国西南地区大河。水域丰富，从河源至入海口全长3240千米，中国部分2013千米；总流域面积约32.5万平方千米，中国部分1378万平方千米。径流总量约70000000000立方公尺。

13. 乌江

乌江又称黔江、延江。跨中国贵州省北部和重庆市东南部，交于涪陵。发源于省境威宁县香炉山的花鱼洞，流经黔北及川东南，在四川省涪陵区注入长江，干流全长1037千米，流域面积8.792万平方千米。乌江水系呈羽状分布，流域地势西南高，东北低，流域内喀斯特发育。六冲河汇口以上为上游，汇口至思南为中游，思南以下为下游。地形以高原、山原、中山及低山丘陵为主。由于地势高差大，切割强，自然景观垂直变化明显。以流急、滩多、谷狭而闻名于世，号称“天险”。

14. **雅鲁藏布江**

雅鲁藏布江发源于海拔5300米以上的喜马拉雅山脉中段北坡冰雪山岭，自西向东奔流于号称“世界屋脊”的青藏高原南部，最后在巴昔卡附近流出国境，它在中国境内全长约2057千米，在全国大川中位居第五，流域面积约24万平方千米，居全国第六，流出国境处的年径流量为1400亿立方米，居全国第三位，天然水仅次于长江，居全国第二，蕴藏量高达7911.6亿立方米，河床一般高度在海拔3000米以上，是世界上最高的大河。

15. **雅砻江**

发源于四川省与青海省交界的玉树州境内的巴颜喀拉山，途经石渠、甘孜、新龙，然后南出雅江县。在新龙县境内的雅砻江大峡谷长达175千米，均以奇、险、峻、幽、著称。为长江上游金沙江的支流。长1187千米，流域面积144万平方千米。

16. **嘉陵江**

古称阆水、渝水，是长江上游的支流，发源于陕西省宝鸡市凤县西北凉水泉沟，因流经凤县东北嘉陵谷而得名。嘉陵江是长江水系中流域面积最大的支流，流域面积16万平方千米，超过汉水，居长江支流之首，长1.119千米，流量仅次于岷江的大河。

17. **大渡河**

大渡河位于四川省西部，古称“沫水”。源于青海省境内的果洛山东南麓，是中国岷江最大的支流，同时也是长江的二级支流。其中它的主源大金川发源于青海、四川边境的果洛山，在四川丹巴县与小金川汇合后称大渡河，流至乐山市入岷江。全长达909千米，流域面积82.700平方千米。沿途多峡谷，水流急，其中在金口河段的金口大峡谷最为著名，被誉为“世界最具魅力的天然公园”。

18. **汉江**

汉江又名汉水，发源于陕西省西南部宁强县北的米仓山，是中国长江的最大支流。东南流经陕西南部、湖北西部和中部，在武汉市入长江。流域涉及鄂、陕、豫、川、渝、甘6省市的20个地（市）区、78个县，全长1532千米，流域面积174000平方千米。

19. **湘江**

湘江是中国湖南省的最大河流，长江湘江为长沙的母亲河，过昭山进长沙城，经三汊矶转向西北，至乔口出望城区，再过岳阳才入洞庭，流经长沙市境的大约 25 千米。湘江发源于广西壮族自治区东北部兴安、灵川、灌阳、全州等县境内的海洋山，上游又称海洋河，在湖南省永州市市区与发源于湖南省永州市蓝山县的潇水汇合，开始称湘江，向东流经永州、衡阳、株洲、湘潭、长沙，至湘阴县入洞庭湖后归长江。全长 817 千米，流域面积 92. 300 平方千米。

20. 赣江

赣江是中国江西省最大河流，是长江的第 7 大支流，占江西省面积的 51%。位于长江以南、南岭以北。西源章水出自广东省毗连江西南部的大庾岭，东源贡水出自江西省武夷山区的石城县的赣源岽，在赣州汇合称赣江。北流经万安、泰和、吉安、吉水、峡江、新干、清江、丰城到南昌市注入鄱阳湖，后洩入长江，长 758 千米，流域面积 81. 600 平方千米。赣江属中亚热带湿润季风气候，雨量充足，气候温和，年均降水量 1400~1800 毫米。流域内耕地近 118. 5 万公顷，主要粮食作物为水稻。经济作物有甘蔗、烟叶、茶叶、油茶、油菜、柑橘等。赣江下游地区，河流纵横，汊港密罗，是江西主要水产基地之一，鱼类多达 60 余种，其中以鲥鱼最为名贵。矿藏资源主要有钨、锡、铜、铅、锌、钴、煤、铀及稀土等。非金属矿主要有石灰石、石膏等。

21. 渭河

渭河，中国黄河的最大支流。流域范围主要在陕西省中部。发源于甘肃省渭源县鸟鼠山，东至陕西省渭南市潼关县汇入黄河。南有东西走向的秦岭横亘，北有六盘山作为屏障。渭河流域可分为东西二部，其中西为黄土丘陵沟壑区，东为关中平原区。渭河全长 818 千米，流域面积 13. 43 万平方千米。上游以及北岸泾河、洛河等支流，流经黄土高原，夹带有大量泥沙。渭河接纳的支流有葫芦河、泾河、洛河。渭河中下游渠道纵横，有泾惠渠、渭惠渠、洛惠渠等灌溉工程，是历史上著名的产粮区。

22. 岷江

岷江发源于岷山，位于四川中部，是汇入长江的重要支流之一。发源于岷山南麓，流经松潘、汶川等县到灌县出峡，分内外两江到江口复合，经乐山接纳大渡河，到宜宾汇入长江。全长 793 千米，流域面积约 13. 3 万平方千米。其中，岷江口是长江中上游的分界点，岷江水流量大、流速湍急。而流经的四川盆地西部是中国多雨地区，因此水量丰富，年径流量 900 多亿立方公尺，为黄河的两倍多。水力资源蕴藏量占长江水系的 1/5 灌县都江堰是中国古代著名的水利工程，公元前 250 年秦蜀郡守李冰在此地筑堤堰，引岷江水灌溉，工程一直沿用至今。现在灌溉面积已扩大到 800 多万。

23. **辽河**

辽河被称为辽宁人民的“母亲河”。辽河有东西两源：正源为老哈河，发源于河北平泉市，流经河北、内蒙古、吉林和辽宁4个省区，在辽宁盘山县注入渤海。全长1430千米，流域面积22.9万平方千米，是中华民族和中华文明的发源地之一，同时也是中国东北地区南部的最大河流，属于中国七大河流之一。

24. **塔里木河**

世界第五大内流河，中国最长的内流河，位于新疆塔里木盆地北部。古突厥语中塔里木河的意思是“沙中之水”。历史上曾是“丝绸之路”上重要的生命线。在新疆维吾尔自治区塔里木盆地北部。塔里木河由发源于天山的阿克苏河、发源于喀喇昆仑山的叶尔羌河以及和田河汇流而成，流域面积19.8平方千米，最后流入台特马湖。它是中国第一大内流河，全长2179千米，仅次于俄罗斯的伏尔加河，为世界第5大内流河。长806千米，中游横穿400千米的塔克拉玛干沙漠，由于在沿途蒸发渗漏，河道断流，所以只有在洪水期才有水流入塔里木河。

25. **伊犁河**

为亚洲中部内陆河流，还是中国和哈萨克斯坦的国际河流。发源于新疆天山西段，水量居新疆众河之首，径流量约占全疆河流径流量的确1/5，大约有3/4的水量流出国境。中、下游在哈萨克斯坦境内。中国史书对伊犁河记述很早，《汉书陈汤传》作伊列水，《唐书突厥传》作伊丽水，元为察合台汗封地，《元史》及耶律楚材《西游录》均作亦剌河，据在《西域同文志》称，“准语伊犁即伊勒，光明显达之谓”。

26. **额尔齐斯河**

额尔齐斯河在新疆维吾尔自治区准噶尔盆地北部，为我国唯一流入北冰洋的河流，源出我国阿尔泰山西南坡，山间两支源头。喀依尔特河和库依尔特河汇合后成为额尔齐斯河，自东南向西北奔流出国，一路上将喀拉额尔齐斯河、克兰河、布尔津河、哈巴河、别列则克河等北岸支流汇入后，流入哈萨克斯坦境内斋桑湖，再向北经俄罗斯的鄂毕河注入北冰洋。额尔齐斯河上游主要靠融雪、融冰和降水补给；下游主要来源于融雪、降水和壤中水。上游汛期始于4月，大汛多在4~6月；下游汛期为5月末至10月，6月最大，约占全年的50%。全长4248千米，在我国境内546千米，流域面积5.7万平方千米，年径流量多达119亿立方米、水量仅次于伊犁河居新疆第二位，号称新疆第二大河。流域内众多的支流均从干流右岸汇入，是典型的梳状水系。额尔齐斯河沿岸风光雄美，有“金山”和“银水”之美称。

27. **京杭运河**

京杭运河是世界上里程最长、工程最大、最古老的运河之一。它和万里长城并称为我国古代的两项伟大工程，闻名于全世界。它北起北京（涿郡），南到杭州（余杭），经北京、天津两市及河北、山东、江苏、浙江四省，贯通海河、黄河、淮河、长江、钱塘江五大水系。全长约1794千米，距今已有2500多年的历史。京杭运河对中国南北地区之间的经济、文化发展与交流起了巨大作用。

（十一）中国四大内海

1. **黄海**

黄海是西太平洋的边缘海，也是中国大陆与朝鲜半岛之间的陆架浅海，它位于中国与朝鲜半岛之间，北面和西面临中国，东邻朝鲜半岛。黄海平均深44米，海底平坦，因鸭绿江、大同江、汉江、淮河等河流流入黄海，由于河水携带泥沙过多，使近海水呈黄色而因此得名。

2. **渤海**

渤海中国的内海，在辽宁省、河北省、天津市、山东省之间，三面被陆地环抱，面积77000平方千米，平均深度18公尺，沉积物以淤泥和粉沙淤泥为主。东部以渤海海峡与黄海相通，北面的辽东湾、西面的渤海湾、南面的莱州湾。由于辽河、滦河、海河、黄河等带来大量泥沙，海底平坦，饵料丰富，是中国大型海洋水产养殖基地，也是中国北方的海上门户和海防要区。

3. **东海**

东海是中国三大边缘海之一，也是中国陆架最宽的边缘海。西接中国大陆，北与黄海相连，南面通过台湾海峡与南海相通，为一较开阔的大陆边缘浅海。面积77万平方千米，平均深度为1000多米，因海底平坦，水质优良，又有多种水团交汇，为各种鱼类提供良好的繁殖、索饵和越冬条件，是中国最主要的良好渔场。

4. **南海**

南海亚洲三大边缘海之一，也是中国近海面积最大、水最深的海区，因位于中国南边而得名。南海北接中国广东、广西，属中国海南省管辖。东面和南面分别隔菲律宾群岛和大巽他群岛与太平洋、印度洋为邻，西临中南半岛和马来半岛，面积350万平方千米的深海盆。

四周较浅，中间深陷，平均深度1212米，最深处达5559米。位居热带，海底高台上多珊瑚礁，大陆架富含石油。盛产鱼、虾和名贵海产。

（十二）中国名湖

1. 鄱阳湖

中国第一大淡水湖，中国第二大湖。位于江西省北部、长江南岸，鄱阳湖南北长173千米，东西最宽处74千米，平均宽16.9千米，湖岸线长1200千米，湖口水位21.71米时湖面面积3283平方千米，平均水深8.4米，最深处25.1米左右，蓄水量约276亿立方米，是中国最大的淡水湖。为中国淡水渔业主要基地之一。鱼类达90余种，以鲥、银鱼著名。鄱阳湖不仅鱼类资源丰富，湖泊边的湿地也是许多珍禽和动物的栖息地。冬季的鄱阳湖湖水剧降，洲滩裸露，湖面仅剩几条蜿蜒的水道，形成“洪水一片、枯水一线”的景观。

鄱阳湖

2. 洞庭湖

洞庭湖位于中国湖南省北部，长江荆江河段以南，是中国第三大湖，也是中国第二大淡水湖，湖区面积1.878万平方千米，天然湖面2740平方千米，另有内湖1200平方千米。因湘、资、沅、澧四水常遇较大暴雨，导致洪峰流量常超过河道安全泄量，造成洪水灾害。洞庭湖平原区为湖南农业主产区，以种植粮食、棉花为主，也是中国主要淡水养殖区之一。

3. 太湖

太湖古称震泽、具区、又名五湖、笠泽，是古代滨海湖的遗迹，也是中国的第三大淡水湖。位于江苏和浙江两省的交界处，长江三角洲的南部。太湖南北长68千米，东西平均宽35.7千米，湖水面积2425平方千米，整个太湖水系共有大小湖泊180多个，湖中现存岛屿40多个，以洞庭西山最大。太湖富营养化明显，磷、氮营养过剩，历年各月平均水温均高于气温，湖中现有鱼类百余种。是中国东部近海区域最大的湖泊。

4. 洪泽湖

洪泽湖是中国第四大淡水湖，位于江苏省洪泽区西部淮河中游的冲积平原上，是一个浅水型湖泊，在古时称：富陵湖，两汉以后称破釜塘，隋称：洪泽浦，唐（618～907年）始名洪泽湖。明清以来湖水全凭洪泽湖大堤作为屏障，形成“悬湖”。现洪泽湖正常水位12.5米，面积2069平方千米，最深5.5米。湖水除大气降水外，主要靠河流汇入洪泽湖，主要较大河流有淮河、濉潼河、濉河、徐洪河、怀洪新河等。

5. 巢湖

巢湖是中国第五大淡水湖，位于安徽省中部，面积769.5平方千米。其源头起自英、霍二山，有杭埠河、丰乐河、上派河、南淝河、柘皋河等注入，湖水经裕溪河入长江。有蓄水、灌溉之利，并以产银鱼著名。巢湖的美，不仅在于它辽阔浩大，而且还因物产丰富，文脉深厚和遍布两岸的风景名胜著称。

6. 西湖

杭州西湖位于浙江省杭州市西面，西湖古称为钱塘湖，同时又名西子湖，是我国著名的旅游胜地，也被誉为“人间天堂”。西湖的水面面积约4.37平方千米，水的平均深度在2.27米，苏堤和白堤将湖面分成里湖、外湖、岳湖、西里湖和小南湖五个部分。1982年西湖被确定为国家风景名胜区，1985年被选为“全国十大风景名胜”。

7. 千岛湖

千岛湖位于浙江省杭州市淳安县，面积595平方千米，最大深度117米，平均深度31米，千岛湖有两江一湖（富春江、新安江、千岛湖），是国家级重点风景名胜区的主要组成部分。它地处长江三角洲的腹地，是上海经济区和我国东南一流风景旅游城市杭州的“后花园”。

8. 滇池

滇池位于昆明市西南，又称昆明湖、昆明池，中国云南省大湖。滇池东南北三面有盘龙江等20余条河流汇入，湖水由西面海口流出，经普渡河然后入金沙江。形似弦月，湖岸线长约200千米；湖面面积300平方千米，居云南省首位，俗称“五百里滇池”。是中国第六大内陆淡水湖。

9. 镜泊湖

镜泊湖，历史上称阿卜湖、阿卜隆湖、后改称呼尔金海，唐玄宗开元元年（公元713年）称忽汗海，明志始呼镜泊湖，清朝称为毕尔腾湖。今通称镜泊湖，意指清平如镜。湖面平均海拔350米。湖水长45千米，镜泊湖的形成历经五次火山爆发，由熔岩阻塞河流形成的高山堰塞湖，是世界上鲜有的高山湖泊。它以天然无饰的独特风姿峻奇神秘的景观而闻名于世，是国家著名风景区和避暑胜地。

10. 日月潭

日月潭旧称水沙连、龙湖、水社大湖、珠潭、双潭，亦名水里社。台湾地区最大的天然湖泊，又称龙湖，潭中有小岛名拉鲁岛（旧名称为珠屿岛、光华岛），以此岛为界，由于潭面北半部形如日轮，南半部形似月钩，故名日月潭。是台湾最大的天然淡水湖泊，堪称明珠之冠。在清朝时就已被选为台湾八大景之一，有“海外别一洞天”之称。

11. 博斯腾湖

博斯腾湖古称西海，唐谓鱼海，清代中期定名为博斯腾湖。为中国最大内陆淡水湖，位于新疆天山南坡是位于焉耆盆地的一个山间陷落湖。又称巴喀赤湖，湖面海拔1048米、水面面积1030平方千米，博斯腾湖，湖水域辽阔，烟波浩渺；西南小湖区，河道蜿蜒，荷花草怒放，禽鸣鱼跃，芦苇丛生，呈现出一派江南水乡景色，因此有“塞外明珠”之美称。

12. 玛旁雍错

玛旁雍错于11世纪在此湖畔进行的一场宗教大战而得名，它在藏语中意为“不可战胜的湖泊”。藏传佛教噶举派与苯教的争斗逐渐获胜后，便把已经沿用了很多世纪的“玛垂错”改名为“玛旁雍错”，即“永远不败之碧玉湖”。玛旁雍错海拔将近4588米，是世界上海拔最高的淡水湖之一，坐落在冈仁波齐东南30千米，面积400多平方千米，浩瀚、宁静、清澈的玛旁雍错湖是世界上多个宗教认定的圣湖，也是亚洲乃至整个世界最负盛名的湖泊之一。在诸多古经书中，它都被称为“圣湖”之王。

13. 青海湖

青海湖古称“西海”，又称“鲜水”或“鲜海”。蒙语称“库库诺尔”，藏语称“错温波”，意为“青色的海”“蓝色的海洋”。由于青海湖一带早先属于卑禾羌的牧地，所以又叫“卑禾羌海”，汉代也有人称它为“仙海”。从北魏起才更名为“青海”。

位于青海省东北部的青海湖盆地内。是我国第一大内陆湖泊，也是我国最大的咸水湖。长 105 千米，宽 63 千米，周长 360 千米，面积达 4583 平方千米，是大自然赐予青海高原的一面巨大宝镜。

14. 纳木错

因为在藏语中错即湖的意思，纳木错又叫纳木湖。“纳木错”意为天湖、灵湖或神湖。位于拉萨以北当雄县和榜额县之间，在念青唐古拉山主峰以北，距离拉萨 240 千米，湖面海拔 4718 公尺，湖面东西长 70 千米，南北宽 30 千米，面积 1940 平方千米。是西藏第一大咸水湖也是我国第二大咸水湖，世界海拔最高的大湖。

15. 呼伦湖

呼伦湖也称呼伦池、达赉湖，是中国四大淡水湖之一，是中国第五大湖，同时也是内蒙古第一大湖。由地处祖国北部边疆的呼伦湖和贝尔湖的两湖名字合在一起，便有了呼伦贝尔的称号。呼伦湖同时又称“达赉湖”。其中“呼伦”为突厥语，意为海的意思。北齐称大泽，唐称“俱伦泊”，元称“阔夷海子”，清朝称“库木湖”，达赉诺尔为蒙语，意为海一样的湖。呼伦湖方圆八百里，碧波万顷，像极了一颗晶莹硕大的明珠，镶嵌在呼伦贝尔草原上。

16. 艾丁湖

艾丁湖位于吐鲁番市以南 50 千米的恰特喀勒乡境内，湖面低于海平面 155 米，是我国最低的地方，并且是仅次于约旦死海的世界第二洼地。艾丁湖在维吾尔语中叫“觉洛院”，意思是“月光湖”。湖面比海平面低 155 米，湖盆东西长越 40 千米，南北最宽处约 8 千米，面积约 150 多平方千米，艾丁湖是一个内陆咸水湖，湖水矿化度极高，湖区气候极其干旱，湖区景观荒凉，地表盐壳发育奇特，由此构成了一幅壮观的原始画面。

17. 察尔汗盐湖

察尔汗盐湖位于青海西部的柴达木盆地，是中国最大的盐湖，也是世界上最著名的内陆盐湖之一，号称“盐湖之王”。又名察尔汗盐池。海拔最低点为 2200 多米，由达布逊、南霍布逊、北霍布逊、涩聂 4 个盐湖汇聚而成。面积 5800 平方千米，海拔 2670 米。湖中储藏着 500 亿吨以上的氯化钠，可供全世界的人食用 1000 年。还出产闻名于世的光卤石，镁、锂、硼、碘等多种矿产，钾、盐资源极为丰富。

18. 茶卡盐湖

青藏高原从前是海洋的一部分，由于长期的地壳运动，这块地面抬起便变成了世界上最大的高原，结果留在了一些低洼地带的海水形成了许多盐湖和池塘，其中茶卡盐湖就是其中一个，“茶卡”，藏语意为“盐海之滨”。盐湖总面积105平方千米，是柴达木盆地有名的天然结晶盐湖，盐粒晶大质纯，盐味醇香。

19. 天山天池

天池古称“瑶池”，天池位于天山东段最高峰博格达峰的山腰，海拔1928米，是中国新疆维吾尔自治区著名湖泊。天山天池风景区以高山和湖泊为中心，雪峰倒映，碧水似镜，云杉环拥，风光如画。以天池为中心是指包括天池上下4个完整的山地垂直自然景观带，总面积380.69平方千米。天池湖面呈半月形，长3400米，最宽处约1500米，面积4.9平方千米，最深处约105米。享有“天山明珠”的盛誉。

20. 白头山天池

白头山天池又名长白山天池，天池形状呈椭圆形，坐落在吉林省东南部，是中国和朝鲜的界湖，湖的北部在吉林省境内。是松花江、图们江、鸭绿江三江之源。其周围长约13千米，南北长4.85千米，东西宽3135千米，湖面面积10平方千米，海拔2194米，平均水深204米。因为它所处的位置之高，水面海拔高达2150米，因此被称为“天池”。

（十三）中国著名岛屿

1. 台湾岛

台湾是中国的第一大岛，位于祖国东南沿海的大陆架上，位于东海南部，岛内有五大山脉、四大平原、三大盆地，高原和丘陵面积占全部面积的2/3以上，东临太平洋，南临巴士海峡，西隔台湾海峡，与福建省相邻，再加上东北方与琉球群岛遥相呼应，构成了我国东南海面上的天然屏障。台湾地跨亚热带与热带两个气候，常年湿热，水量十分丰沛，物产丰富，使台湾赢得了“米仓”“糖库”“水果之乡”“森林之海”等美名。

2. 海南岛

海南岛位于我国雷州半岛的南部，是中国的第二大岛，是中国面积最小、海洋面积最大、最年轻的省和最大的经济特区，海南岛北隔琼州海峡，与雷州半岛相望。从平面上看海南岛就像一只雪梨，横卧在南海之上。其中琼州海峡宽约20千米，不仅是海南岛和大陆间的海上“走廊”，还是北部湾和南海之间的海运通道。海南岛，是一个

“四时常花，长夏无冬”的地方，年平均气温在24℃左右，为全国之冠，被誉为东方的夏威夷。

3. 崇明岛

崇明岛位于西太平洋沿岸中国海岸线的中点地区，位于中国最大河流长江入海口，是中国面积最大的河口冲积岛。崇明岛东濒东海，南与浦东新区、宝山区和江苏省太仓市隔江相望，北同江苏省海门、启东两市一水之隔。总面积约1000余平方千米，是中国第三大岛，全岛林木茂盛，物产富饶，地势平坦，土地肥沃，是有名的鱼米之乡。因此有“长江门户、东海瀛洲”之称。

4. 舟山群岛

舟山群岛位于浙江省北部海域，杭州湾外的东海中。它是中国沿海最大的群岛。古称海“中州”。境内有舟山岛、岱山岛、朱家尖岛、六横岛、金塘岛等岛屿，1390座岛屿，海岛渔俗景观达1000余处，舟山群岛面积468.7平方千米，属亚热带季风气候，是华东旅游资源最丰富的地区之一，为全国第四大岛。

5. 东沙群岛

东沙群岛是一个典型的珊瑚环礁，散布在东南—西北方向，长约111千米，宽约26千米的海域中。位于南海北海北缘的大陆坡上，主要由东沙岛、东沙礁、南卫礁、北卫礁等珊瑚礁构成。东沙群岛属于热带海洋性气候，年平均气温在25℃，气候适宜，雨量充足，岛上植物丛生，呈现出一派南国的美丽风光。

6. 西沙群岛

两沙群岛位于海南岛东南330千米的大陆架边缘，主要散布在南北长约240千米、东西宽160千米的海域内，主要岛屿有永兴岛、东岛、石岛、赵述岛、北岛、中岛和南岛七个小岛，称为“东七岛”或“七连屿”。西沙群岛自然资源丰富，有大量海底矿藏，群岛附近的海面是中国水产丰富的热带鱼场，盛产红鱼、石斑鱼、龙虾、玳瑁和藻类。这里地处南海的中部，是中国大陆和海南岛中具有十分重要的战略地位。

7. 中沙群岛

中沙群岛位于西沙群岛东南100多千米，分布略成椭圆形，海域呈微绿色。中沙群岛是南海中最大的珊瑚环礁，是一群呈东北向西南延伸走向的暗礁。散布在长约140千米、宽约70千米的椭圆形海域内。主要由中沙大环礁和20多个暗浅滩和珊瑚礁组成。中沙附近海域营养盐分丰富，是南海重要渔场，盛产金带梅鲷、旗鱼、箭鱼、金枪鱼等多种水产。珊瑚礁的生物量也较高，形成五光十色的“海底花园”。

8. 南沙群岛

南沙群岛是中国南海诸岛四大群岛中位置最南、岛礁最多、分布最广的群岛。主要岛屿有太平岛、南威岛、中业岛、郑和群礁、万安滩等由 230 个岛、洲、沙、滩组成，其中 180 多个已定名。分布在南北长约 960 千米、东西宽 930 千米海域内，西起万安滩，东至海马滩，北自雄南滩，一直伸展至南纬 4 度附近的曾母暗沙，处于中国海域的最南端，是挺立在南海上的南疆国门。南沙群岛中水产资源十分丰富，是中国最大的热带渔场和磷肥产地。

9. 青海湖鸟岛

青海湖位于青海东北部，是我国最大的内陆咸水湖泊。湖面海拔 3195 米，含盐度为 6%，平均水深 19 米以上。最深处达 30 米。青海湖的西北隅，距布哈河三角洲不远的地方，有两座大小不一，形状各异的岛屿，它们一东一西，左右对峙，相互傍依在湖边。从远处看，这两个岛屿就像一对相依为命的孪生姊妹，在湖畔相向而立，翘首遥望远方。这两座美丽的小岛，就是举世闻名的鸟岛。鸟岛，是因岛上栖息着数以十万计的候鸟而得名。因青海湖鸟岛有着独特的地理条件和自然环境，是鸟类繁衍生息的天然场所。

青海湖鸟岛

四、气候和天气

当今流行的手机应用，天气预报软件占据了显赫的位置。人们的生活、生产与天气息息相关，对气候和天气的深入认识和预警，可以帮助我们预防天灾人害，提高人们的生活品质和战胜自然的能力。

（一）我国的天气系统

1. 寒潮

寒潮即大规模的冷空气强烈南下，其势如潮水，造成沿途的剧烈降温和以及大风，群众习惯把寒潮称为寒流，寒潮一般多发生在秋末、冬季、初春时节。由于北极地区太阳光照弱，地面和大气获得热量少，常年冰天雪地。到了冬天，太阳光的直射位置越过赤道，到达南半球，北极地区的寒冷程度增强，范围扩大，气温一般都在零下40~50℃以下。范围很大的冷气团聚集到一定程度，在适宜的高空大气环流作用下，就会大规模向南入侵，形成寒潮天气。我国位于欧亚大陆的东南部。我国往北，就是蒙古国和俄罗斯的西伯利亚。西伯利亚是气候很冷的地方，再往北，就到了地球最北的地区——北极了。那里比西伯利亚地区更冷，寒冷期更长。入侵我国的寒潮主要有三条路径：①西路：从西伯利亚西部进入我国新疆，经河西走廊向东南推进；②中路：从西伯利亚中部和蒙古进入我国后，经河套地区和华中南下；③从西伯利亚东部或蒙古东部进入我国东北地区，经华北地区南下。

2. 梅雨

梅雨与同纬度地区的气候迥然不同，梅雨是指一定地区和一定季节内发生的天气气候现象。在中国长江中下游地区、台湾、日本中南部、韩国南部等地，每年6月中下旬至7月上半月之间持续天阴有雨的自然气候现象。由于梅雨发生的时段，正是江南梅子的成熟期，故中国人称这种气候现象为“梅雨”，这段时间也被称为“梅雨季节”。梅雨季节开始的一天称为“入梅”，结束的一天称为“出梅”。梅雨季节里，空气湿度大、气温高，衣物等容易发霉，所以也有人把梅雨称为同音的“霉雨”。

3. 台风

台风（或飓风）是发生在北太平洋西部热带洋面上的一种强烈的热带气旋，只是随着发生地点不同，叫法不同。台风在欧洲、北美一带称“飓风”，在东亚、东南亚一带称为“台风”，在孟加拉湾地区被称作“气旋性风暴”，在南半球则称“气旋”。在热带海洋面上由于受到太阳直射使洋面气温升高，海水蒸发成水升空。而周围较冷空气流入补充，然后再上升，如此循环，最终使整个气流不断扩大而形成“风”。由于海面之广阔，气流循环不断加大直径乃至有数公里。地球由西向东高速自转，致使气流柱和地球表面产生摩擦，越接近赤道摩擦力越强，这就引导气流柱逆时针旋转（南半球系顺时针旋转），地球自转的速度快而气流柱跟不上地球自转的速度而形成感觉上的西行，这就形成我们现在说的台风和台风路径。根据世界气象组织规定，于北太平洋西部及南中国海发生的热带气旋，分为热带低气压、热带风暴、强烈热带风暴及台风；连同可能发展成为热带气旋的低压区，共五级。各地向外公布的分级和名称有时略有不同（另外，测量方式也有些微差异。中华人民共和国采用 2 分钟平均风速，美国联合台风警报中心采 1 分钟平均风速，其他机构均采 10 分钟平均风速）。

（二）气温与热量资源

1. 气温分布

我国属季风性气候区，冬夏气温分布差异很大。

气温分布特点为：冬季气温普遍偏低，南热北冷，南北温差大，超过 50℃。主要原因在于：冬季太阳直射南半球，北半球获得太阳能量少；纬度影响：冬季盛行冬季风。夏季全国大部分地区普遍高温（除青藏高原外），南北温差不大。主要原因在于：夏季太阳直射北半球，北半球获得热量多，夏季盛行夏季风，我国大部分地区气温上升到最高值，夏季太阳高度大，纬度越高，白昼时间越长，减缓了南北接受太阳光热的差异。冬季最冷的地方是漠河镇，夏季最热的地方是吐鲁番，重庆、武汉、南京号称我国“三大火炉”。

2. 气温年变化与四季

由于我国处于西风带内欧亚大陆的东岸，冬季半年受极地高压的强烈影响，绝大部分地区最冷月在 1 月，最热月在 7 月，表现为大陆性气候的气温年变型特征。目前，流行用天文法来划分春夏秋冬四季，即：春分至夏至为春季；夏至到秋分为夏季；秋分到冬至为秋季；冬至到春分为冬季。另有一个方法是把 3 月至 5 月划为春季，6 月至 8 月划为夏季，9 月至 11 月划为秋季，12 月至下一年 2 月划为冬季。把 1 年平均分为四等分来划分四季，虽然简单易记，但不能反映不同地区的季节差异。为此，我国气候学家提出用 5 天的平均温度（候温）为标准，并兼顾各地某些能反映季节来临的植物或动物的生长和活动规律来划分四季。即：当候温达到 10℃以上、低于 22℃时为春季；候温大于 22℃为夏季；候温在 22℃到 10℃之间为秋季；候温在 10℃以下时，则为冬季。

3. 生长期和霜期

生长期是一年中植物显著可见的生长期间，称为生长期。生长期与温度条件有着密切的关系，在一定温度以上植物可继续生长的期间就成为生长期。通常，日平均气温 5℃作为界限。在干旱地区，水分条件往往决定着生长期的长短。进行正常生活周期所必需的生长期，每因植物种类而异。生长期的长短多决定着植物（尤其是树木）分布的北限。生长期越短，植物可生育的纬度和海拔高度也越高。

人们把入春后最后出现的一次霜，叫作“终霜”，入秋后出现的第一次霜，叫作“初霜”。所谓“无霜期”，就是指“终霜”之后，“初霜”之前，这一段没有霜出现的时期。一个地区“无霜期”的长短，主要与这个地区寒冷季节的长短有关。也就是说，寒冷季节长的地区，它的“终霜”结束时间迟，“初霜”开始时间早，“无霜期”就较短；与此相反，寒冷季节短的地区，它的“终霜”结束时间早，“初霜”开始时间迟，“无霜期”就较长。

（三）气温与湿度

1. 气温变化的原因

气温的变化是有规律的。一天当中，凌晨的气温最低，早上随着太阳的升起气温越来越高，午后 1-2 点钟达到当日最高气温，随后气温随太阳高度而下降，直到凌晨。这是因为使大气升温的热量不是直接来自太阳辐射，而是太阳首先使地球表面升温，地面升温后再发出长波辐射给大气加温，因此有一个滞后过程。同样的道理，对某一地区，某一时间而言，气温的变化受多种因素综合影响。

2. 气温日变化

气温日变化是以一日为周期有规律的升高和降低，称为气温日变化。这种变化离地面越近越明显，大陆最高气温出现在 14 时左右，最低气温出现在日出之前的凌晨。一天中最高气温和最低气温的差值，称为气温日较差。日较差夏季大于冬季，但最大值并不出现在夏至日。气温日较差可反映一个地方的气候特征。它的大小随纬度、地表性质、季节、天气状况等而异。

3. 气温年变化

气温在每一年里周期性、有规律地升高和降低，称为气温的年变化。地球上绝大部分地区，在一年中月平均气温有一个最高值和一个最低值。最高值出现在春分和秋分之后，最低值出现在通天和夏至之后，由于太阳辐射在一年中是周期性变化的，因此在北半球中、高纬度大陆上每年里最高气温和最低气温分别出现在 7 月份和 1 月份；由于海陆性质不同，海洋上每年的最高、高低气温的出现则要落后一个月左右（8 月与 2 月）。南半球恰好相反，南半球则为“先寒后暑”。另外，热带地区和寒带地区的气温年变化不大，而温带地区则是四季分明。

（四）影响中国气候的主要因素

1. 纬度因素

纬度位置是影响气候的基本因素。因地球是个很大的球体，纬度不同的地方，太阳照射的角度就不一样，有的地方直射，有的地方斜射，有的地方整天或几个月受不到阳光的照射。因此，各地方的太阳高度角不同，接受太阳光热的多少就不一样，气温的高低也相差悬殊。

一般是纬度越低，气温越高；纬度越高，气温越低。各地区所处的纬度位置不同，是造成世界各地气温不同的主要原因。

2. 地形因素

不同的地形对气候有不同的影响。在同一纬度地带，地势越高，气温越低，降水在一定高度的范围内，是随高度的升高而增加。因此，在热带地区的高山，从山麓到山顶，先后出现从赤道到极地的气候变化。另外，高大的山脉可以阻挡气流的运行，山脉的迎风坡和背风坡的气温与降水有明显的差异。洋流对其流经的大陆沿岸的气候也有一定的影响。从低纬度流向高纬度的洋流，因含有大量的热能，对流经的沿海地区，起有增温增湿的作用，从高纬度流向低纬度的洋流，水温低于周围海面，对所流经的沿海地区有降温减湿作用。因而在气温上，洋流可以调节高、低纬度间的温差，在盛行气流的作用下，使同纬度大陆东西岸气温显著不同，破坏了气温纬度地带性的分布。

3. 海陆位置因素

海陆分布改变了气温和降水的地带性分布。由于海洋和陆地的物理性质不同，在强烈的阳光照射下，海洋增温慢，陆地增温快；阳光减弱以后，海洋降温慢而陆地降温快。海洋与陆地表面空气中所含水汽的多少也不同，一般说来，在海洋或近海的地区，气温的日变化和年变化较小，降水比较丰富，降水的季节分配也比较均匀，多形成海洋性气候。因此，在相同的纬度，处于同一气压带或风带控制之下的地区，由于所处的海陆位置不同，形成的气候特征也不同。

（五）中国气候之最

1. 漠河

漠河是1月平均气温最低的地方，平均温度-30.6℃，同时也是极端气温最低的地方，平均温度-52.3℃。另外，还是冬至日，昼最短、夜最长的地方。昼长：7时30分，夜长：16时30分。也是夏至日，昼最长、夜最短的地方。昼长：16时30分，夜长：7时30分。

2. 南海西沙

南海西沙是1月平均气温最高的地方，平均温度22.8℃。同时也是气温年较差最小的地方，平均温度6.1℃。还是全年平均气温最高的地方，平均温度26.4℃。

3. 青藏高原的伍道梁

7月平均气温最低的地方，平均温度5.5℃。同时也是全年平均气温最低地方，平均温度-5.8℃。

4. 吐鲁番盆地

吐鲁番盆地是7月平均气温最高的地方，平均温度33℃。同时也是极端气温最高的地方，平均温度49.6℃。

5. 黑龙江的嘉荫

嘉荫是气温相差最大的地方，平均温差为（49.2℃）。

6. 吐鲁番盆地的托克逊

年平均降水量最少的地方，平均降水量为5.9毫米。

7. 台湾的火烧寮

年平均降水量最多的地方，平均降雨量为6558毫米。

8. 峨眉山

年平均降雨量最多的地方，平均降雨天数264天。

9. 新疆民丰安得河

年平均降水天数最少的地方，平均降雨天数 9.6 天。

（六）中国气候类型与特点

1. 显著的季风气候

我国绝大多数地区一年中风向发生着规律性的季节更替，这是由我国所处的地理位置主要是海陆的配置所决定的。由于大陆和海洋热力特性的差异，冬季严寒的亚洲内陆形成一个冷性高气压，东方和南方的海洋上相对成为一个热性低气压，高气压区的空气要流向低气压区，就形成我国冬季多偏北和西北风；相反夏季大陆热于海洋，高温的大陆成为低气压区，凉爽的海洋成为高气压区，因此，我国夏季盛行从海洋向大陆的东南风或西南风。由于大陆来的风带来干燥气流，海洋来的风带来湿润空气，所以我国的降水多发生在偏南风盛行的夏半年 5~9 月。

可见，我国的季风特色不仅反映在风向的转换，也反映在干湿的变化上。形成我国季风气候特点为：冬冷夏热，冬干夏雨。这种雨热同季的气候特点对农业生产十分有利，冬季作物已收割或停止生长，一般并不需要太多水分，夏季作物生长旺盛，正是需要大量水分的季节。我国降水量的季节分配与同纬度地带相比，在副热带范围内和美国东部、印度相似，但与同纬度的北非相比，那里是极端干燥的沙漠气候，年雨量仅 110 毫米，而我国华南年雨量在 1500 毫米以上，撒哈拉沙漠北部地区降水只有 200 毫米，而我国长江流域年雨量可达 1200 毫米，黄河流域年雨量 600 多毫米，比同纬度的地中海多 1/3，而且地中海地区雨水集中在秋冬。由此可见，我国东部地区的繁荣和发达与季风给我们带来的优越性不无关系。

2. 温带大陆气候

主要分布在亚欧大陆和北美洲大陆的内陆地区。由于远离海洋，湿润气候难以到达，因而干燥少雨，气候呈极端大陆性，气温年、月较差为各气候类型之最。终年受大陆气团控制，干旱少雨。冬季严寒，夏季炎热，气候变化大。年降雨<300mm

3. 温带沙漠气候

主要分布在南北纬 40°~60°的亚欧大陆和北美大陆内陆地区和南美南部。由于远离海洋，湿润气候难以到达，因而干燥少雨，气候呈极端大陆性，气温年、月较差为各气候类型之最。

4. 青藏高寒气候

青藏高原是世界上最高的高原，平均海拔 4000 米以上，有“世界屋脊”之称。青藏高原海拔高，气温随高度的升高而降低。日照强烈，气温低，变化大，降水稀少，地高天寒。“高”和“寒”是青藏高原最主要的特征。

5. 高山气候

主要分布在高原。山地之上随着高度增加，高山上的气候较平地要显得极端的不稳定，变化急剧。这是因为高山上的气温变化迅速，气温的高低差比较大，气温低、气压低。

6. 多样的气候类型

中国大部分地区处于温带，南方部分地区处于热带和亚热带，北部则靠近寒带，因此各地气温差异很大。北方夏季温暖短促，冬季严寒漫长，东部温暖湿润，四季分明，西北部“早穿皮袄午穿纱”，寒暑变化大，西南的青藏高原全年气温较低，是中国特殊的高寒地区。

7. 明显的大陆性气候

是指处于中纬度大陆腹地的气候，一般也就是指温带大陆性气候。在大陆内部，海洋的影响很弱，大陆性显著。内陆沙漠是典型的大陆性气候地区。草原和沙漠是典型的大陆性气候自然景观。在大陆性气候条件下，太阳辐射和地面辐射都很大。所以夏季温度很高，气压很低，非常炎热，且湿度较大。冬季受冷高压控制，温度很低，也很干燥。冬冷夏热，使气温年变化很大，在一天内也有很大的日变化，气温年、日较差都超过海洋性气候。春季气温高于秋季气温，全年最高、最低气温出现在夏至或冬至后不久。最热月份为 7 月，最冷月份为 1 月。

（七）气候的分布与特点

1. 冬季气温分布特点

冬季 1 月：主要分布在南暖北寒、南北温差大。漠河是我国冬季最冷的地方。0℃等温线大致经过青藏高原东部边缘，东至秦岭—淮河一线。主要的形成原因是①我国跨纬度大，冬季太阳直射南半球，我国纬度越高，白昼越短，正午太阳高度越低，因而北方获得热量大大小于南方，气温低得多；②北方靠近冬季风源地，深受冬季风影

响，更加剧北方的寒冷，越往南去，冬季风受山岭的重重阻挡，势力和频度都大为减弱，使南北温差增大。

2. 夏季气温分布特点

夏季7月：主要分布在除青藏高原和天山、大小兴安岭以外，全国普遍高温、南北温差小。吐鲁番盆地是我国夏季最热的地方。主要的形成原因是①太阳直射北半球，虽然我国南方正午太阳高度仍大于北方，但北方的白昼却比南方长，太阳照射时间和获得太阳光热量南北相差不大；②受夏季风影响程度不同，北方晴天多，气温回升快，南方雨季长，阴雨天多，日照时间短。

3. 中国气温带的主要分布

（1）热带主要分布在琼全部和台南部、粤南部（雷州半岛）、滇南部（西双版纳）。

（2）亚热带主要分布在秦淮一线以南的大部分地区，青藏高原以东。

（3）暖温带主要分布在黄河中下游大部分地区即鲁全部和陕、晋、冀大部分和南疆。

（4）中温带主要分布在吉全部和黑、辽、内蒙古大部，北疆。

（5）寒温带主要分布在黑、内蒙古的最北部。

（6）高原气候区主要分布在青海、西藏大部和四川西部。

4. 我国雨带的推移规律及影响

五月中旬，夏季风开始在南部沿海登陆，并在此形成锋面雨带，南部沿海地区最早进入雨季。

六月中旬，夏季风北跃，雨带随之移到长江中下游地区，形成长达一个月之久的阴雨连绵的梅雨天气。

七月中旬，夏季风北进到淮河以北，雨带也北移到华北，东北地区。

九月开始，冬季风增强南下，夏季风开始南撤，雨带随之南移。

十月份，夏季风在大陆上消失，雨季随之结束，根据雨带推移规律，分析南北方各地雨季的长短和出现的早晚，分析各地河流径流的季节变化及原因，旱涝灾害出现的时间和危害，如北方春旱夏涝，南方春涝伏旱等。

5. 我国干湿地区的分布

我国根据降水量和蒸发量的关系，自东南向西北分布湿润地区、半湿润地区、半干旱地区和干旱地区。

湿润区：主要分布在东南大部、东北的东北部，平均降水量>800 毫米，气候湿润，主要为森林。

半湿润区：主要分布在东北平原、华北平原、黄土高原南部和青藏高原东南部，平均降水量 400~800 毫米，气候较湿润，主要为草原和森林。

半干旱区：主要分布在内蒙古高原、黄土高原和青藏高原大部分，平均降水量 200~400 毫米，气候较干燥，主要为草原。

干旱区：主要分布在新疆、内蒙古高原西部、青藏高原西北，平均降水量<200 毫米，气候干旱，主要为荒漠。

6. 气候特征及评价

大陆性季风气候显著：大多数地方冬季寒冷干燥，夏季暖热多雨，与同纬度其他地区比，冬温偏低，夏温偏高，气温年较差大，气温年较差和降水的季节变化和年际变化都较大我国冬季受寒冷的冬季风影响，寒冷干燥，夏季受来自海洋的夏季风影响，暖热多雨。降水过分集中在夏季，造成春旱、夏涝现象严重，降水的年际变化大，水旱灾害多，寒潮带来严寒，大风、霜冻等恶劣天气，台风造成水灾、风灾。

雨热同期：夏季，我国除高原、高山外，高温期与多雨期一致，水热配合好。夏季，我国各地得到的太阳光热多，且受夏季风影响，带来充沛的降水。我国气候资源的一大优势，使广大北方地区都能种植棉花，水稻、玉米等喜温作物。降水过分集中在夏季，造成春旱、夏涝现象严重；降水的年际变化大，水旱灾害多；寒潮带来严寒，大风、霜冻等恶劣天气，台风造成水灾、风灾。

气候复杂多样：我国有多种多样的温度带和干湿地区，由于地域广阔，南北纬度差异大，东西距海远近不同，地形复杂多样，使我国的农作物及各种动植物资源极其丰富，高原、干旱气候区不利于农业发展。

7. 二十四节气歌

春雨惊春清谷天，夏满芒夏暑相连
秋处露秋寒霜降，冬雪雪冬小大寒
每月两节不变更，最多相差一两天
上半年来六、廿一，下半年是八、廿三

（八）气候的危害与影响

1. 梅雨

一般所说的梅雨指的是江淮梅雨，这是由于初夏 6 月中下旬至 7 月上旬副热带高压北抬至华南时，其西北边缘的西南气流和北方南下的弱冷空气交汇，由于势均力敌，从而形成静止锋徘徊在该地区，形成该地区出现一个降水集中的现象。其特点是阴雨连绵，间有中断，雨量较大，但气温变化一般不大。梅雨到来时要严防暴雨洪涝及雷电灾害，以及在山区引发的地质灾害。

2. 伏旱

一般所说的伏旱是指 7 月中旬梅雨结束后副热带高压北抬控制长江中下游地区，使得该地区出现长时间大面积的炎热潮湿天气的现象。由于此时准静止锋北抬至黄河流域，使得长江中下游地区受到单一副高控制，盛行下沉气流，使得天气炎热潮湿，风力一般较小，令人感觉十分难受。当伏旱到来时，要做好防暑降温工作，尽量减少白天的户外活动，无法避免的要采取措施以防中暑和灼伤。同时此时也是水电消耗很大的时期，有关部门要做好保证供水供电的工作。

3. 台风

夏秋时期出现在西太平洋和南海的，具有强烈暖心结构性质的热带气旋，影响我国的台风大多产生在南海和菲律宾以东洋面和关岛附近。由于这些地区表面海水温度高于 26 度，且具有较大的厚度，使得在这些地区产生的热带扰动能够吸收海洋表面的热量和水汽，在适宜的环境下不断发展，最终形成具有中心暖心结构的强大的热带气旋。我国东部沿海，北至辽宁，南至海南广西，均会受到台风的影响，尤其是浙闽粤台琼，以及港澳是台风影响频繁的地区。台风影响沿海时带来的主要灾害是风雨潮（狂风，暴雨，风暴潮），内陆地区主要是强降水，因此加强台风的预报和监测工作，沿海地区做好防风雨潮的工作，内陆要防暴雨洪涝和地质灾害。

4. 春旱

由于春季来自大陆的干空气依旧控制北方地区，因此春旱一般发生在北方，发生时间在 3~5 月，此时由于太阳直射点北移，使得地表升温迅速，但地表空气只能得到地表的热量却得不到地表释放的水汽，因此使得空气干燥，不易成云致雨，且此时虽然暖空气开始活跃但一般活动在南方地区，到不了北方，也使得该地区降水稀少，出现旱情。春旱是北方地区春季常见的灾害，时间长时，地表水干涸，地表龟裂，人畜饮水困难，因此做好预报工作，实时检测天气变化，节约用水，实行人工降雨，以及南水北调均可以缓解春旱。

5. 夏涝

由于我国大部分地区属季风气候，降水集中在夏季，因此夏涝便是夏季降水集中引起洪涝灾害的简称，南方地区一般出现在6~9月，北方一般出现在7~8月，由于夏季降水具有强度大，时间持续长短不一的特点，因此进行监测，做好预报，并采取各种措施雨幡洪涝和地质灾害是主要的防御措施。

6. 倒春寒

由于春季冷空气依旧具有一定的实力，也不断频繁南下，因此有的年份冷空气势力较强，使得春季气温严重低于常年平均的现象。一般来说，3月是倒春寒发生最严重的季节，由于此时正处于初春，且冷空气依旧实力强劲，因此频繁南下便可以导致温度降低，出现倒春寒。北方地区要比南方要重，且发生频率更频繁。由于此时处于冬小麦开始生长，果树开始开花的季节，因此倒春寒会严重影响作物的生长，出现的春季大雪和晚霜冻甚至造成作物死亡，从而造成严重损失，因此做好预报工作，加强防冻措施是必要的。

7. 寒潮

寒潮是指强冷空气影响使得该地区24小时降温10度以上，且最低气温低于5度的现象，这股强冷空气便可以称为寒潮。我国除了南海诸岛之外均会受到寒潮影响，但北方和长江中下游地区是较频繁的地区。由于影响我国的寒潮大多来自北冰洋、西伯利亚平原和蒙古高原，这些地区冬季寒冷出现低温，使得地表空气遇冷收缩，气压增大，在合适的条件下这些及其寒冷空气会南下影响我国大部分地区，便形成一次寒潮。寒潮影响时，强烈的北风和降温，以及带来的霜冻和降水均会造成灾害，因此做好预报工作，采取各种保暖防寒和防强降雪的措施是主要的。

8. 风沙

风沙一般发生在春季北方地区，是由于大风将裸露地表的沙尘泥土卷到天空，在风力减弱时大颗粒物质沉降而出现的现象。由于春季地表裸露，且大风频繁，降水稀少，使得地表土质疏松，极易被风卷入天空，颗粒大的当风力减弱时会沉降，而颗粒小的会进入高空，随高空气流到达很远的地方。由于当风沙来袭时空气质量会大为降低，因此做好个人和设备防护工作，做好预测，且多进行地表植被覆盖工作是有效减少风沙影响的措施。

9. 暴雨

24小时降水量到达或超过50毫米的降雨，全国除沙漠地区和高寒地区均会出现，且各个季节均会有分布，但集中在夏季，以及季风影响区均较为频繁。做好排水工作，加强预报，严防次生灾害是主要的防御措施。

10. 洪涝

我国分布面积仅次于干旱的一种自然灾害，是由于降水过多使得地表水泛滥，出现积水的现象。除了沙漠和高寒地区外，我国其他地区均会出现洪涝灾害，因此加强对河流水位的检测，做好强降雨预报，严防次生灾害是主要的防护措施。

11. 干旱

我国影响最大，分布面积最广，造成损失最严重的自然灾害，一般是由于长时间没有有效降水形成的。全国各地均可以出现干旱，尤其是北方地区，有时会出现秋冬春三季连旱和全年干旱。鉴于干旱的影响面积和影响程度，做好预报，采用节水措施，实行水资源调度和充分利用，适宜条件下进行人工降雨是主要的防护措施。

（九）中国气候环境最好的城市

1. 烟台

烟台市地处山东半岛中部，属山东一半岛：依山傍海，气候宜人，冬无严寒，夏无酷暑，东连威海，西南与青岛毗邻，北濒渤海、黄海，与辽东半岛对峙，并与大连隔海相望，共同形成拱卫首都北京的海上门户。2005 年 10 月 3 日，烟台获得联合国人居奖。当年世界上共有六个项目获得联合国人居奖，烟台是中国唯一的获奖城市。这是烟台市继 2003 年获中国人居环境范例奖、2005 年获中国人居环境奖之后，在人居领域获得的又一大奖。

2. 连云港

古典名著《西游记》中描写的花果山下，有一座“烟霞散彩，日月耀光”的海港山城就是如今的连云港市。连云港素有“淮口巨镇”之称，作为“亚欧大陆桥”的东方桥头堡和中国沿海开放城市，已被中国政府确定为华东地区新兴的港口城市。连云港市漫长、宽阔、幽静的海岸，是避暑、疗养的胜地。海浴、楫舟、散步、垂钓，无一不宜。这里文物古迹丰富，自然风光优美，具“海、古、神、幽、奇、泉”六大旅游特色气候温暖湿润，冬无严寒，夏无酷暑，年平均气温 14℃。最冷为正月，平均气温-0. 2℃；最热为 7 月，平均气温 26. 8℃。年均降水量 93 毫米，集中降雨期为夏季。主要自然灾害为干旱、雨涝、冰雹、寒潮、霜冻、大风。

3. 大连

大连市地处欧亚大陆东岸，中国东北辽东半岛最南端，东濒黄海，西临渤海，南

连云港

与山东半岛隔海相望，北依辽阔的东北平原。大连的环境基础设施建设在全中国名列前茅，空气质量非常好，街道干净，濒临海洋，是非常理想的居住地。全区年平均气温 10℃左右，其中 8 月最热，平均气温 24℃。日最高气温大于 30℃的最长连续日数为 10 至 12 天，年极端最高气温 35℃左右。1 月最冷，平均气温南部-4.5 到-6.0℃，北部-0.7 到-9.5℃，年极端最低气温南部-21℃左右，北部-24℃左右。无霜期 180~200 天。

4. 北海

北海位于广西壮族自治区南部，紧靠北部湾，三面环海，有涠洲、斜阳两个海岛，辖海城区、银海区、铁山港区和合浦县 3 区 1 县，是一个花园式港口城市。北海最大的特点就是突出一个“海”字，海水、海滩、海岛、海鲜、海洋珍品、海洋运动、海洋文化都是北海的宝贵资源。北海银滩因“滩长平、沙细白、水温净、浪柔软、无鲨鱼”而被誉为“中国第一滩”。属亚热带海洋性季风气候。年平均气温 22.9℃，极端最高温度 37.1℃，极端最低温度 2℃。主要气象灾害是台风，10 级以上每 10 年 6 次。

5. 苏州

苏州位于长江三角洲中部，东邻上海，南接浙江，西抱太湖，北依长江。境内气候温和，土地肥沃，物产丰富，自古以来被誉为“人间天堂”。苏州是江南水乡古镇的典范，其中颇具代表性的有昆山的周庄、锦溪，吴中的木渎、角直，吴江的同里。这些古镇完整地、大量地保留着明、清两代的古宅，保持着原有的古朴风貌、水乡特色、民俗风情和田园风光。

6. 三亚

三亚市地处海南省的最南端，四季如夏，鲜花盛开。素有“东方夏威夷”之称。环境极为独特，山、海、河三种自然美景集中一地，构成了三亚市特有的自然景观。属热带海洋季风气候。气候独特，年平均气温 25.4℃，气温最高为 7 月，平均 28.4℃；气温最低为 1 月，平均 21℃，6 月气温最高，平均为 28.5℃，冬季平均气温 20℃，这里四季如夏，可谓三冬不见霜和雪，四季鲜花常盛开。

7. **湛江**

湛江陆地大部分由半岛和岛屿组成，地势北高南低。海岸线绵长，港湾密布，港口资源十分丰富。其中，位于雷州半岛东北部的湛江港，是得天独厚的天然良港，其条件之优越，堪与世界上最著名的港口相媲美，属亚热带气候，受海洋气候调节，冬无严寒，夏无酷暑，暑季长，寒季短，温差不大。气温年平均23.2℃，7月最高，月平均为28.9℃，最高曾达38.1℃；1月最低，月平均为15.5℃，最低曾达2.8℃。气温宜人，草木常青，终年无霜雪。

8. **海口**

处于热带滨海，热带资源呈现多样性，富于海滨自然特色风光景观。既是热带滨海城市，又是自然风光旅游城市，属于季风性热带海洋气候，春季温暖少雨多旱，夏季高温多雨，秋季多台风暴雨，冬季冷气流侵袭时有阵寒。全年日照时间长，辐射能量大，年平均气温23.8℃，最高平均气温28℃左右，最低平均气温18℃左右，终年无冰雪。

9. **珠海**

珠海市位于中国广东省南部，是一座著名的花园式海滨城市，东与香港水域相连，南与澳门陆地相接，为中国最早设立的经济特区之一。拥有146个海岛，有“百岛之市”的美称。珠海市依山傍海，气候温和，风景秀丽，属南亚热带与热带过渡型海洋性气候。全市太阳能丰富，热量充足，全市气温比邻近珠江三角洲各县市都高，年平均气温为22.4℃，大部分地区全年无霜冻，是我省南亚热带地区热量最丰富的地区之一。

10. **桂林**

桂林市是世界著名的风景游览城市和历史文化名城，享有山水甲天下之美誉。境内气候温和，雨量充沛，无霜期长，光照充足，热量丰富，夏长冬短，四季分明且雨热基本同季，属亚热带湿润季风气候，有“三冬少雪，四季长花”之说。全年无霜期309天，最冷的1月，平均气温28.3℃，每年4月至10月为最佳旅游季节。

五、植被与土壤

（一）植物种丰富

中国是世界上植物种属最多的国家之一。北半球所有的自然植被类型在中国几乎都可见到。中国种子植物总计约有 301 科、2980 属、24500 余种。与世界上植物种属丰富的国家比较，仅次于巴西和印度尼西亚，居世界第三位。仅云南一省的植物种数，就有 12000 种，是整个欧洲植物种数的一倍。若以森林树种而言，中国亦有 2800 种之多。世界上现有被子植物的木本属中，95%可见于中国。中国古遗留种属和特有种属计有 72 种、190 个属，如珙桐科、杜仲科、钟萼树科（单科一属一种）等，金钱松、香果树等，以及被称为世界三大“活化石”的银杏、水杉和鹅掌楸；世界现存裸子植物 11 个科，除南洋杉科外，中国都有分布；中国是全球竹类起源中心之一，计有竹类 300 多种。上述三类居世界第一位。中国植被类型复杂多样，在森林植被中有针叶林、落叶阔叶林、常绿阔叶林、热带季雨林和它们之间的过渡类型；局部地区出现热带稀树草原类型；在草原植被中有温带森林草原、温带草原、高山草甸草原等；在荒漠植被中有干旱荒漠和高寒荒漠。隐域性植被类型中如盐生植被，草甸植被、沼泽植被等，在中国均有分布。

（二）土壤发育古老

中国境内除极地苔原土、热带黑土和热带荒漠土之外，世界上各主要土壤类型都有分布，而且具有中国的特色。中国北方草甸草原植被下发育的黑土与黑钙土，就有特殊草甸化过程，较北半球其他地区的草原黑钙土，有着更高的肥力。中国南方砖红壤，富铝化作用不如世界其他热带地区那样深刻，肥力较高。此外，如四川盆地的紫色土、黄土高原的黑垆土等，都是在中国特有环境下发育的土壤类型。中国境内土壤的形成过程年代十分久远。特别是亚热带和热带地区，迄今还保存着第三纪的风化壳和古土壤，在古代富铝化酸性风化产物及现代土壤作用过程下，红壤、黄壤与砖红壤分布甚广。就是中国北方的黑土、棕壤、褐色土等，也有不同程度的粘化。所有这一切，说明中国土壤发育古老。

（三）植被与土壤的水平分布

中国植被与土壤的水平分布受季风和地形影响，从东南向西北依次出现森林、草原、荒漠三大基本区域。大致从大兴安岭经黄土高原东南边缘到横断山脉，迄于藏南，此线以东为森林区域，以西为草原和高山灌丛草甸、草原区域，从内蒙古自治区中部向西南到青藏高原西部，此线以西为荒漠区域。

1. 森林

中国东部的森林区域约占全国总面积的1/2，该区雨量丰沛，植被—土壤的变化主要受热量的控制，从北到南具有明显的纬度地带性。大兴安岭北部为寒温带落叶针叶林，主要为兴安落叶松林。自此向南，随着热量的递增依次有：温带以槭、椴、桦为主的落叶阔叶林、红松混交林，暖温带以辽东栎为主的落叶阔叶林，亚热带以槠、栲、樟为主的常绿阔叶林，热带的有许多热带典型乔木（木棉、龙脑香、蝴蝶树、青梅等）的季雨林等。土壤的分布也主要与气候有关。东部森林区域在排水良好的情况下，土壤中的可溶性盐类（盐、石灰、石膏）易被淋溶，形成各类酸性的森林土。从北到南与上述植被带相适应，依次出现棕色针叶林土、暗棕壤、棕壤、红壤、黄壤、砖红壤等。

2. 平原

东部地势比较平坦，除东西走向的秦岭山脉成为暖温带落叶阔叶林区和亚热带常绿阔叶林区的分界线以外，在平原上，植被—土壤都是逐渐过渡的，因而出现很多的过渡类型。亚热带就是温带与热带间的过渡类型，在中国东部占有很大的面积。

3. 荒漠

秦岭—淮河以北，自东向西降水逐渐减少，植被—土壤随之发生有规律地递变，经度地带性规律明显，植被依次为森林、森林草原、草原、半荒漠和荒漠。由于降水渐少，土壤中的盐分、石膏虽被淋溶，但石灰仍保存在各层中，依次有黑钙土、黑垆土、栗钙土等各类草原土。到最西部的荒漠地区，土壤中的石灰、石膏都保存在表土内或接近表土，出现了各类荒漠土，即灰棕漠土、棕漠土和高寒漠土。其中，荒漠面积的广大是中国植被—土壤分布的一个显著特点。中国西部位于亚欧大陆中心，极端干旱是地势极高、降水极少两个因素造成的，高寒荒漠成为世界上植被—土壤的一个独特类型。

（四）植被与土壤的垂直分布

中国是一个多山的国家，山地植被—土壤类型十分丰富，其分布服从于垂直地带性规律，它们也深受纬度和经度的影响，与水平地带有密切联系。在一定的水平地带内，山地随着海拔高度上升，形成一系列植被—土壤类型，构成垂直带谱。由于山地水热条件的特殊性，山地植被—土壤类型和与其相当的水平地带植被—土壤类型有所不同。一般来说，山地植被—土壤垂直带谱的结构既随水平地带不同而有不同，也随山地的高度和坡向不同而有差异。因此，山地植被—土壤垂直带谱十分复杂，可根据基带的水热情况分成若干类型，如热带湿润地区、热带半干旱地区、温带湿润地区、温带干旱地区等类型，它们的垂直带谱结构各具特色。中国西北部山地，从山麓到山顶，随着高度的增加，气温逐渐降低，湿度增加，在一定的范围内还有较多的降水量。因此植被—土壤垂直带的变化，主要受湿润程度的影响，自下而上依次为荒漠、荒漠草原、山地灌木草原或草甸草原、森林、亚高山草甸，土壤则从荒漠土依次递变为山地栗钙土、山地黑钙土、山地灰褐色森林土、高山草甸土等。中国东部的山地，从山麓到山顶，湿度的增加不甚显著，垂直带谱结构的形成主要反映热量程度的改变，基本上以各种类型的森林为主。温带山地包括落叶阔叶林—棕壤、针叶落叶阔叶混交林—山地暗棕色森林土、冷杉云杉林—山地棕色针叶林土，山顶才有亚高山草甸—高山草甸土出现。亚热带山地下部为典型常绿阔叶林—红壤，混有杉木和竹林，高山山坡或中山上部为常绿阔叶与落叶阔叶混交林或含有常绿成分的落叶阔叶林或含有铁杉、柳杉等针叶林—山地黄棕壤，山顶出现南方杜鹃灌丛和中山草甸—山地灌丛草甸土。

1. 热带湿润地区

本地区最有代表性的是海南岛五指山，最高海拔为1867米，植被垂直带自下到上都有热带科属植物成分，到1800米也没有亚热带的常绿阔叶与落叶阔叶混交林，而是出现热带所特有的热带山地松林和常绿矮林。其土壤垂直带谱为：砖红壤—山地砖红壤性红壤—山地黄壤—山地灰化黄壤—山顶矮林草甸土。

2. 热带亚热带地区

中国热带亚热带地区分别受到东亚季风和西南季风的影响，水热状况差异显著，以致山地垂直带谱结构明显不同。东部地区山地基带是湿性常绿阔叶林，分布上限一般为800~1300米；同纬度西部地区如横断山地，基带干热河谷环境下往往出现热带稀树草原，其上才是干性常绿阔叶林带，分布上限可达2000~2500米或更高。

3. 青藏高原南缘的喜马拉雅山南坡

喜马拉雅山南坡受西南季风影响，且由于主脉山体的屏障，气候湿热，山前为热带季雨林和雨林，其垂直带谱结构的特点是各种森林植被及森林土壤发育，分布界限很高，完全没有草原植被及草原土壤。表现为海洋性垂直带谱类型。

4. 青藏高原北缘的祁连山

祁连山位于内陆荒漠区，受干燥气候的强烈影响，垂直带谱结构中山地草原及山地荒漠分布广泛，而森林植被及森林土壤很少，仅在阴坡呈片状分布。是内陆性垂直带谱类型。

（五）隐域性植被与土壤的特征及分布

中国境内分布面积最广的隐域性植被与土壤，主要有草甸植被—草甸土、盐生植被—盐渍土、石灰岩植被—石灰土等，它们的地理分布虽受地下水、岩性、地表组成物质等非地带性因素的控制，但在形成发展过程中，仍不能脱离地带性因素的影响。

1. 草甸植被

中国天然草甸在各地带内都有分布，多发育于河流三角洲平原、河漫滩或盆地内地势较低的地方，以及青藏高原的长江、黄河源地等，这里地下水水位比较浅，矿物质随地下水水流汇集，并通过毛管上升浸润土层，为中生草甸植物供应充足的水分。在地下水为淡水的情况下，草甸多已被开垦，草甸植被已为栽培植被，以水稻为代表。高寒地区则是优良的牧场。但草甸土还反映出不同的水平地带性特征。黑龙江省的草甸土有很高的有机质含量和深厚的腐殖质层（180~200 厘米），无碳酸盐；华北平原的浅色草甸土一般都含有碳酸盐，或多或少地发生盐渍化作用；长江北岸的草甸土含有碳酸盐，但除滨海地区外，不发生盐渍化；长江以南为无碳酸盐的中性草甸土；热带地区的草甸土不但没有盐渍化的特征，有时还呈酸性。在半干旱和干旱地区的湖滨、河边及局部洼地、地下水较浅之处，大都有盐生草甸分布，发育着草甸盐土。

2. 盐生植被

中国的海岸线漫长，海边盐化沼泽植被也随热量变化有着纬度地带性特征。福州以北，沼泽内没有木本植物，只有香蒲、芦苇等草本植物。福州以南进入热带，海岸盐渍化沼泽上，断续地分布有红树林。由北向南，随着气温的增高，红树林的组成种类逐渐丰富，群落结构由简单变为复杂，高度由矮变高。在热带北部的福建沿海，红树林通常只为高 0.5~2.0 米的灌木层，生长稀疏，组成种类只有 3~5 种。到热带南部的海南岛，即形成茂密的矮林，一般高 4~5 米，最高 10~15 米，组成种类增至 16~18 种。

3. 石灰岩植被

石灰岩地区地表比较干旱，土层亦较薄，发育着石灰性土壤如红色石灰土、黑色石灰土等。因石灰岩透水性强，形成较干燥的生态环境，故亚热带和热带石灰岩地区的森林多为喜钙的旱季落叶树种。局部地区因特别干燥，森林不能成长，也有一些原生石灰岩灌丛、矮林。

（六）珍稀动植物种及保护

中国自然环境复杂，地理条件优越，丰富的植被类型中含有不少珍稀植物种属，在一定的植被条件下，为各类动物栖息、繁衍提供了有利的环境，其中含有若干珍稀或濒于灭绝的动物种。中国是世界上自然保护区类型和值得保护的珍稀动植物种最丰富的国家之一。截至 2007 年底，中国已有各类自然保护区 2531 个，总面积 15188 万公顷（含海域 600 万公顷），约占中国陆地总面积的 15.2%（不含海域所占的比例）。国家一级保护区 303 个，中国参加联合国人与生物圈保护区网的自然保护区 26 个，这些保护区在研究人类与环境关系、陆地生态平衡、古地理环境、拯救濒于灭绝的珍稀动植物种等方面都有着重要的意义。

六、自然资源

中国自然资源种类多，数量大，居世界各国前列，向来有“地大物博”之说。但是由于中国人口多，所以人均占有自然资源量并不多。这是中国自然资源国情的基本特征。中国自然资源地区分布很不平衡，尤以水、能源和矿产三种资源更为突出。中国土地资源类型多样，但耕地、林地面积比重小，难利用土地面积比重大，后备土地资源不足。中国水资源丰富，河流总径流量达 2.7 万亿立方米，水力蕴藏量 6.8 亿千瓦，但水资源的分布不平衡，南方多，北方少。矿产资源方面，煤炭产量居世界第一，但已探明储量有近 80%分布于中国北方；石油探明储量 98%在北方；天然气 67%在四川。中国东、南部矿产资源储量较大，钨、锡、锑、锌、汞、铅等储量居世界前列。

（一）土地资源

中国疆域辽阔，陆地领土面积约 960 万平方千米，占全球陆地面积的 6.4%，居世界第三位。中国丰富的土地资源利用类型有两个显著的地理特色：一是海拔较高、起伏较大的山地所占的面积超过平地；二是土地资源利用类型以耕地为主，但土地资源结构形成草原多、耕地少、林地比例小、难利用土地比例大以及水土流失严重的特点。中国还有约 3300 万公顷的宜农荒地、6000 多万公顷的草地草坡和 19000 多万公顷的宜林荒山、荒地和疏林地有待开发利用。中国的草原面积近 4 亿公顷。主要分布在海拔 1000~5000 米的高原上，属于温带半干旱地区。中国草原从东北到西南，绵延 3000 多千米。广阔的草原上分布着许多畜牧业基地。

（二）水资源

中国河川径流总量为 2.7 万亿立方米，地下水资源为 8700 亿立方米。全国水资源总量为 2.8 万亿立方米。中国水资源的分布情况是南多北少，东多西少，空间分布不均，季节变化也很大。中国水能资源蕴藏量达 6.8 亿千瓦，可开发的水能装机容量约 3.8 亿千瓦，居世界第一位。其中以长江水系的水能蕴藏量为最多，其次为雅鲁藏布江水系。黄河水系和珠江水系也有较大的水能蕴藏量。目前，已开发利用的地区集中在长江、黄河和珠江的上游。中国河流多分布在东部季风区内，夏季降水丰沛，冬季降水稀少，普遍具有丰、枯水期交替循环的现象。

（三）能源资源

中国能源资源丰富。水力资源占世界总量的 30%，蕴藏量达 6.8 亿千瓦，居世界第一位。煤炭地质储量约占世界煤炭地质总储量的 12%，居世界第三位。石油和天然气资源丰富。从水力、煤炭、石油、天然气等常规能源的资源总量来看，中国是世界能源资源丰富国家之一。煤炭是中国的主要能源。除常规能源外，中国的新能源，例如核能、太阳能、地热能、风能、潮汐能等亦有广阔的利用前景。中国的能源资源在地区上分布极不均衡，西部地区能源储藏丰富，经济发达地区的能源储藏极其贫乏。

（四）矿产资源

中国是世界上为数不多的矿产资源种类较齐全、矿产自给程度较高的国家之一。

一部分矿种的储量居世界前列或首位。中国已发现162个矿种，探明储量的矿种有148个。主要有：

能源矿产：煤、石油、天然气、油页岩、铀、钍等。

黑色金属矿产：铁、锰、铬、钒、钛等。

有色金属及贵金属矿产：铜、铅、锌、铝、钨、锡、镍、铋、钼、钴、汞、锑、金、银、铂等。

稀有、稀土和分散元素矿产：铌、钽、锂、铍、稀土族元素、锗、镓、铟、镉、硒、碲等。

冶金辅助原料，熔剂石灰岩、熔剂白云岩、硅石、菱镁矿、耐火黏土、萤石等。

化工原料：硫铁矿、自然硫、磷、钾盐、钾长石、明矾石、硼、芒硝、天然碱等。

建筑材料：云母、石棉、高岭土、石墨、石膏、滑石、水泥用原料、陶瓷粘土、大理石、玄武岩、珍珠岩、膨润土、刚玉、玉石、玛瑙、金刚石等。

中国的矿产资源分布相对集中，有利于大规模开采，如云南东川铜矿、个旧锡矿、贵州汞矿、华北地区的煤矿、鞍山的铁矿、新疆阿尔泰稀有金属矿等。但总体来说，中国的中低品位贫矿多，富矿少，而且人均占有量低于世界水平。

（五）植物资源

中国幅员辽阔，地形复杂，气候多样，植被种类丰富，分布错综复杂。计有高等植物3.28万种，比欧洲还多。在东部季风区，有热带雨林、热带季雨林、南亚热带常绿阔叶林、北亚热带落叶阔叶和常绿阔叶混交林、温带落叶阔叶林、寒带针叶林及亚高山针叶林、温带森林草原等植被类型。在西北部和青藏高原地区，有半干旱草原、干旱草原、半荒漠草原灌丛、荒漠草原灌丛、高原寒漠、高山草原草甸灌丛等植被类型。有些植物，如水杉、银杏等，世界上其他地区现在已经灭绝，成为残存于中国的“活化石”。从用途来说，主要有：药用植物4000多种；用材林木1000多种；油脂植物600多种；纤维植物500多种；果品植物300多种；蔬菜植物80余种。我国是世界上植物资源最丰富的国家之一。

［森林资源］　中国森林面积约175万平方千米。由于各地自然条件的差异，加之植物种类繁多，森林植物和森林类型极为丰富多样。但森林覆盖区相对较少，地区分布不均。东北地区是中国主要天然林区，也是中国第一大林区。这里多为针叶林及针阔叶混交林，经过采伐更新和植树造林，人工林的比重逐渐增加。青藏高原的东南部是中国的第二大林区，主要分布着亚高山针叶林和针阔叶混交林，这是长江的上游，森林涵养水源和保持水土的作用相当重要。南方山区面积大，气候条件好，中国的特有树种多产于此。华北地区林木散生，森林面积相对不大，需要大力保护和培育，从

而改善气候条件，防止水土流失。此外还有华南的热带季雨林，西北地区的胡杨林、云杉林等。中国政府一直很重视植树造林、水土保持工作，在“三北”、南方山区培育了大面积的人工林。

［草原植被］　我国草原大约有45亿亩，其中可利用的草原面积约达33亿亩。草原可以分为天然草原和人工草原。我国天然草原大体可分为草甸草原、干旱草原和荒漠草原三种类型。草甸草原是由多年生禾草及根茎性禾草为主组成的草原植被，主要分布在东北三省、内蒙古东部及新疆部分地区，这里牧草种类多，生长旺盛，是良好的割草场和放牧场，适宜发展肉、乳牛和毛肉兼用的细毛羊。干旱草原是以旱生的多年生草本植物为主组成的草原植被，主要分布在内蒙古中部，东北三省及西北山地、高原和青藏高原。本区水分条件较差，要注意在利用的同时保护好生态。荒漠草原是以非常稀疏的旱生多年草本植物为主组成的，主要分布在内蒙古西部、宁夏、甘肃、新疆等广大地区。我国人工草场建设发展很快，面积不断增加。此外，我国南方还分布着大面积的草山草坡。

（六）动物资源

中国是世界上动物资源最丰富的国家之一。中国陆栖脊椎动物约有2070种，占世界陆栖脊椎动物的9.8%。其中兽类400多种、鸟类1170多种、两栖爬行类184种。中国大陆的动物区系分属于东洋界和古北界两个界。长江中、下游流域以南属东洋界，为亚洲东部热带动物的现代分布中心地区。东北地区经秦岭以北的华北和内蒙古、新疆至青藏高原属古北界，为旧大陆寒温带动物的现代分布中心地区。由于中国东部地区地势平坦，缺乏自然阻隔，因而两大动物界呈现为广阔的过渡地带。中国海南和台湾两岛，动物类与大陆相似，但因地理环境孤立，有某些特有种和亚种的分化。另外，中国在第四纪以来，没有遭受广泛的大陆冰川覆盖，因而保存了一些比较古老或珍稀的动物种类，如大熊猫、金丝猴、白鳍豚、扬子鳄等，为保护这些野生动物及其生态环境我国已建立了一系列自然保护区。

七、自然景观地域分异规律

（一）纬度地带性规律

中国自然景观的纬度地带性分异规律以东部湿润区最为明显，自北到南依次出现的自然带有：

寒温带针叶林—漂灰土景观地带，主要分布在大兴安岭北部地区。这里是我国最寒冷区，多年冻土层分布广泛，代表性的植被类型是耐寒的兴安落叶松，群落外貌是冬季落叶，结构简单。针叶林下发育的土壤是漂灰土。

温带针阔叶混交林—暗棕壤景观地带，主要分布在长白山地与小兴安岭。这里距海较近，气候湿润，分布着以海洋性针叶林为主的针阔叶混交林，例如红松，阔叶树种有枫桦、紫椴、槭、水曲柳、花曲柳等。暗棕壤是针阔叶混交林下的地带性土壤，肥力较高。

暖温带落叶阔叶林—棕壤景观地带，主要分布于辽东半岛及华北的山地丘陵地。这里夏热多雨，冬季干冷，阔叶林冬季落叶，故又称夏绿林带。其建群种主要是由包括辽东栎、槲栎、栓皮栎、麻栎等各种落叶栎类与其他落叶阔叶树组成的地带性森林植被。棕壤土层深厚，自然肥力较高。

亚热带常绿阔叶林—红壤、黄壤景观地带，包括秦岭—淮河以南、南岭以北、横断山脉以东广大地区。

热带雨林、季雨林—砖红壤景观地带，包括广东、广西、云南、台湾诸省区的南部，西至西藏南部的亚东附近，地带性土壤为砖红壤。本带的典型植被类型为热带季雨林、热带雨林、珊瑚岛热带常绿林和红树林。

（二）干湿度地带性规律

中国自然景观的干湿度地带性分异规律决定于东西方向上水分条件的差异，呈与经线斜交、近东西更替的分布状态，主要出现在温带与暖温带的广大地区。

温带森林草原、草甸草原—黑土景观地带，主要分布在大兴安岭西麓的低山丘陵以及东北平原的黑土、黑钙土区，主要由禾本科草类和杂类草组成，如贝加尔针茅与羊草等。黑土系列是森林草原下的地带性土壤，以东北地区分布面积最大。

暖温带森林草原—褐土景观地带，主要分布在黄土高原，乔木以辽东栎、杨、桦为代表。土壤系列包括褐土、黑垆土、绵土。

典型草原—栗钙土景观地带，分布于内蒙古高原东部、鄂尔多斯高原东部与黄土高原的西北部，建群植物主要是乔本科草类，地带性植被是几种针茅。栗钙土是典型干草原下的土壤类型。

荒漠草原—棕钙土景观地带，荒漠草原分布于内蒙古高原的西部，以及荒漠区的山地下部，在极端干旱的昆仑山、阿尔金山可分布到很高的高度，典型植被为旱生性较强的小针茅，荒漠草原草层矮，生长稀疏。棕钙土是温带荒漠草原的地带性土壤。

荒漠—漠土景观地带，包括阿拉善高平原、河西走廊、准噶尔盆地、塔里木盆地等温带和暖温带荒漠带，以及柴达木盆地。在气候干旱条件下，土壤盐分较大，植物种类非常贫乏，以灌木或半灌木为主，其中以藜科的属种最多。漠土系列包括灰漠土、灰棕漠土、棕漠土等。

（三）垂直地带性分异规律

我国山地自然景观类型多，同一水平地带中的山地，其垂直带结构相似，可列入同一类型。我国自然景观垂直带谱也可分为东南湿润海洋型与西北干旱内陆型，两者之间为一些过渡类型。

在西北干旱内陆的山地，从山麓至山顶，气温降低，而湿润程度在一定高度内则随海拔升高而逐渐增加。影响自然景观分布的主要因素是湿润状况。常见的植被垂直带有荒漠、荒漠草原、山地灌木草原或草甸草原、森林、亚高山草甸，土壤则从山地灰漠土依次递变为山地棕钙土、栗钙土、山地黑钙土、山地森林土、山地草甸土。西北干旱区山地垂直带谱可分为半湿润和半干旱森林草原和草原、半干旱荒漠草原、干旱温带荒漠、极端干旱荒漠等类型。

东部湿润地区的山地，自山麓至山顶，湿润程度有一定增加，但其变化不大，这里热量条件的改变是影响自然景观变化的主要因素。垂直带谱中以各种类型的森林植被—土壤为主。自下而上逐渐从暖热地区的类型过渡到寒冷地区的类型。如在亚热带地区常见下列垂直带：山地常绿阔叶林—红、黄壤；山地常绿阔叶与落叶阔叶混交林—黄棕壤；山地落叶阔叶林—棕壤。

八、三大自然区

（一）自然环境的区域差异

我国地势西高东低，从西部的青藏高原到中部的盆地和高原，再到东部沿海平原地区，大致呈阶梯状逐级下降。我国疆域辽阔，地形复杂多变，在广阔的国土上，错杂分布着高原、山地、盆地、平原等各类地形。从海陆分布上来看，我国东临大海，来自太平洋的暖湿气流带来了丰富的降水。但从沿海到内陆，距海渐远，降雨逐渐减少，东南地区湿润多雨，而西北地区则非常干燥。中国自然环境的区域差异十分明显，这对人们的生产生活造成了深刻的影响。

由于地理和传统因素，在经济发展方面，我国形成了东部、中部、西部三大经济地带，东部发展速度最快，中部其次，而西部则最慢。在各经济带里，地区差异也很大。这种差异，就是中国特有的区域格局特点。

（二）自然区的划分

地貌、气候、水文、生物、土壤等自然因素互相联系，互相影响，共同构成自然环境这个整体。而在诸多要素中，地貌和气候则是决定自然环境差异的两个基本要素，是自然地理划分的主要依据。

从地貌方面看，我国地势西高东低，从西到东呈三级阶梯分布。从气候上看，我国的年平均气温从南到北递减，但受青藏高原影响，等温线发生了转向。同时我国受海陆分布影响，年降水量从东南向西北递减。综合这几个因素，我国共分为三个自然区：东部季风区、西北干旱半干旱区和青藏高寒区。西北干旱半干旱区和东部季风区以 400 毫米等降水量线为分界线；青藏高寒区和其他两区的界限北边以昆仑山—阿尔金山—祁连山为界，东边大体以 3000 米等高线为界。

（三）东部季风区

东部季风区背靠内陆高原，面向大海。包括地势第二级阶梯的黄土高原、四川盆地、云贵高原等，以及第三级阶梯的沿海平原和丘陵地区在内。

这一地区约占全国总面积的一半，人口占 95%以上。东部季风区海拔较低，大都在 1000 米以下。受海洋季风气候影响，夏天高温多雨，冬天则寒冷干燥。降水带有明显的季节性，多集中在 5~9 月，年降水量超过 400 毫米。区内河流多为外流河，大多自西向东流入海洋，如长江、黄河、淮河等等。天然植被以森林为主，生物种类繁多，是我国最主要的农耕区。

东部季风区的南北差异

东部季风区跨度比较大，由南向北热量变化非常明显。因此东部季风区由北向南划分为四个自然区域：东北温带湿润半湿润地区、华北暖温带湿润半湿润地区、华中亚热带湿润地区和华南热带湿润地区。东北温带湿润半湿润地区南边以日平均气温≥10℃的积温 3200℃等值线为界，平原广布且多为黑土，土壤很肥沃，是全国的粮食生产基地；植被多为针叶林和针阔叶混交林。华北暖温带湿润半湿润地区南边以秦岭—淮河一线为界，多高原和平原，土壤多为黄壤，植被大多是落叶阔叶林，作物一年两熟，多为旱地作物。华中亚热带湿润地区南部以日平均气温≥10℃的积温 7500℃等值线为界，地形结构复杂，以山地丘陵为主，多为红壤；植被以常绿阔叶林为主，大部分是水田作物，一年两熟。华南热带湿润地区多丘陵，常年高温湿润；水稻一年三熟，并可种植橡胶、可可、咖啡等经济作物。

（四）西北干旱半干旱地区

西北干旱半干旱地区是指我国大兴安岭以西，昆仑山—阿尔金山—祁连山和长城一线以北的广大地区（大体上是400毫米等降水量线以西以北），包括内蒙古高原、塔里木盆地等地区。这个地区地处欧亚大陆腹地，距海比较远，从海上来的湿润气流被山岭阻隔难以到达，所以干燥少雨，年降水量不足400毫米，有些地方还不到100毫米。地貌大部分为荒漠，也有一小部分草原。河流比较短小，且多为内流河，主要靠雨水和冰雪融水补给，如塔里木河。湖泊大多为咸水湖。

1. 西北干旱半干旱区的东西差异

西北干旱半干旱地区大部分地区降雨稀少，气候干燥，只有其中的新疆北部，因受大西洋和北冰洋暖湿气流影响，降水较多。这一地区从东到西，植被依次是森林草原—典型草原—荒漠草原—荒漠。依据干湿程度和距离海洋的远近，该地区分可为两个自然地区：内蒙古温带草原地区和西北温带暖温带荒漠地区，中间以贺兰山为界。

内蒙古温带草原地区位于海拔1000米以上的高原，这里高耸的山脉很少，宽广平坦。年降雨量在150~450毫米，属于半干旱气候。自然景观以草原为主，对发展畜牧业十分有利，在东部，有些地方可以种植旱地作物。冬夏温差较大，冬季长达5~7个月，而且气温较低。

西北温带暖温带荒漠地区位于大陆腹地，地貌以山地和盆地为主。干旱少雨，一年的降水量不足200毫米。其中吐鲁番盆地的托克逊年降水量才有0.5毫米，是全国降水最少的地方。不过正因为这里云量少，所以光照充足。这一地区自然景观以荒漠和荒漠草原为主，在一些山麓和盆地里，人们可以发展绿洲农业。河流虽然很多，但水量不大，而且比较短。

2. 青藏高寒区

青藏高寒区主要指青藏高原，面积占我国陆地面积的四分之一。平均海拔在4000米以上，有很多高达7000米甚至8000米的雪峰，如珠穆朗玛峰等。由于海拔高，所以空气稀薄，气温很低，地表多为冻土。这一地区自然景观多为荒漠、草原和高山草甸灌丛，森林非常少，土层也比较薄。这里动物种类很少，只有牦牛等一些适合高寒气候的动物生存。该本地区东南部是很多大江大河的发源地。青藏高寒区也有很多冰川、湖泊。

这里大部分地区自然环境恶劣，人烟稀少。因受地理条件限制，生产方式大多是畜牧业，但有的地方可以发展林业。

3. 青藏高寒区的垂直差异

青藏高寒区总体地势西北高，东南低。西北部是比较完整的高原，南部和北部都是东西走向的山脉，东南部是南北走向的峡谷。夏天时受太平洋和印度洋的暖湿气流影响，降雨丰富，气温很高，与西北的干燥形成鲜明对比。同时，由于地壳运动激烈，地面强烈隆起，所以自然景观随着海拔的升高出现明显的垂直差异性。比如喜马拉雅山南部从山麓到山顶，自然带变化很明显，有热带雨林带、山地常绿阔叶林带、山地针阔叶混交林带、山地暗针叶林带、高山灌丛草甸带、亚冰雪稀疏植丛带和雪峰等7个自然带。

九、中华民族

1. 阿昌族

阿昌族大部分居住在云南德宏傣族景颇族自治州的陇川、潞西等县。古代不同时期对阿昌族的称谓有“峨昌”“娥昌”“莪昌”或“阿昌”“萼昌”等。都在新中国成立后，统称为阿昌族。阿昌族只有自己的语言，没有本民族文字。阿昌语支属于汉藏语系，藏缅语族，缅语，其中分为梁河、陇川、潞西3个方言。大多数阿昌族人兼通汉语和傣族语，有丰富的口头文。阿昌族喜欢吃酸性食品，大多以米饭为主食。阿昌族的服饰简洁、朴素、美观。男子多穿蓝色、白色或黑色，小伙子缠白色包头，婚后则改换黑色包头，妇女的服饰有年龄和婚否之别。阿昌族信仰原始宗教，崇拜鬼神和神灵，信仰道教，祭天地灶君等神灵。户腊撒地区的阿昌族普遍信仰小乘佛教，梁河地区的阿昌族过去多信鬼神，除宗教节日外，户腊撒的阿昌族，

阿昌族

一年较大的几个节日，如赶摆、蹬窝罗、窝罗节、会街节、尝新节、泼水节、进洼、出洼等。

2. 白族

白族主要分布在云南省大理白族自治州，白族汉称“滇僰”“昆明蛮”，唐代称“白蛮”“西爨”“白爨”或“洱河蛮”“下方夷”，元代称“白人”或“僰人”“民家”等，纳西族称之为“那马”。傈僳族称之为“勒墨”。白族使用白语，有自己的语言和文字，通用汉语。白族以稻米、小麦为主食，住在山区的则以玉米、荞子乳扇为主食。白族服饰，各地略有不同。大理等中心地区男子头缠白色或蓝色的包头，身着白色对襟衣和黑领褂，下穿白色长裤，肩挂绣着美丽图案的挂包。大理一带妇女多穿白色上衣，外套黑色或紫色丝绒领褂，下着蓝色宽裤，腰系缀有绣花飘带的短围腰，足穿绣花的“百节鞋”，臂环扭丝银镯，指带珐琅银戒指，耳坠银饰上衣右衽佩着银质的“三须”“五须”，已婚者挽髻，未婚者将辫子垂于背后或把辫子盘在头上，都缠以绣花、印花或彩色毛巾的包头。白族重要的节日“三月街”又名“观音市”，每年夏历三月十五至二十日在大理城西的点苍山脚下举行。白族崇拜相当于村社神的本主，信仰佛教。

3. 保安族

保安族聚居在甘肃、青海交界的积石山下，北临黄河。保安族用保安族语，属阿尔泰语系，蒙古语族，通用汉语。保安族信仰伊斯兰教，属逊尼派，少部分人也信奉新教。保安族主要从事农业，饮食多以小麦、青稞和玉米为主，禁食猪肉、狗肉、马肉、驴肉、骡肉、蛇肉、火鸡肉等以及一切凶禽猛兽的肉，忌食动物的血，不吃自死的牲畜，不吃非经阿訇念经而屠宰的牛、羊、鸡肉，忌饮酒、抽烟，不能用鼻子闻食物，不能将剩茶、剩饭倒在地上，女主人在厨房做油炸食物时，客人和家人不能进入厨房；保安族严禁与非伊斯兰教民族通婚，如若通婚，对方婚后必须立即改信伊斯兰教；妇女必须戴着盖头出门，不能留长指甲；不能跨越斧子、镰刀、绳子等生产工具，认为这样不吉利。保安族的节日活动，除春节等几个传统节日外，几乎全部节日都属于伊斯兰教的宗教节日。“开斋节”“古尔邦节”“圣纪节”等。

4. 布朗族

布朗族主要分布在云南省西双版纳、临沧、思茅区。布朗族有本民族语言，兼通傣语、佤族语、汉语，无本民族文字，少部分人会汉文与傣文。以大米为主食，辅以玉米、小麦、黄豆、豌豆等杂粮。许多传统节日都与宗教活动有关。其中最具特色的节有：年节、祭寨神、洗牛脚等。布朗族崇拜自然，大部分人过去信仰小乘佛教，崇拜祖先。布朗族是一个能歌善舞的民族，他们常用歌舞来欢度隆重的节日。并用各种乐器伴奏，同时还有武术、杂耍来助兴。

5. 布依族

布依族主要聚居在黔南和黔西南两个布依族苗族自治州，布依族自称“布依”“布雅伊”“布仲”“布饶”“布曼”，布依族用布依语，布依语属汉藏语系，壮侗语族，壮傣语支，他们没有本民族文字。现在大部分人通用汉文。布依族主食以大米为主。统一节日除大年（春节）、端阳节、中秋节基本与汉族相同外，有“二月二”“三月三”“四月八”“六月六”“六月二十四”“牛王节”等富有本民族特色的节日。在布依族人家做客，不得触动神龛和供桌，火塘边的三脚架忌讳踩踏。布依族习惯以酒敬客，客人或多或少都应喝一点。这是一个必要的礼节也是对主人的尊敬。布依族村寨的山神树和大罗汉树，禁止任何人触摸和砍伐。布依族信仰多神，崇拜自然和祖先，也有少数信仰基督教。每年有许多祭日，要祭山神、树神等等。

6. 朝鲜族

朝鲜族主要分布在黑龙江、吉林、辽宁三省。以擅长在寒冷的北方种植水稻著称，生产的大米洁白，油性大，营养丰富，延边朝鲜族自治州被称誉为“北方水稻之乡”。朝鲜族用朝鲜语，有自己的语言和文字。喜食狗肉，但婚丧与佳节不能吃。节日与汉族大致相同，带有民族特色的家庭节日，即婴儿出生满一周年、回甲节（60 岁大寿），回婚节（结婚 60 周年纪念日）。朝鲜族信仰宗教的人较少。信教者有的信佛教，有的信基督教或天主教。

7. 达斡尔族

达斡尔族主要分布在内蒙古莫力达瓦达斡尔族自治旗、鄂温克族自治旗、黑龙江省齐齐哈尔市梅里斯达斡尔族区和新疆西北地区。主要居住在罕伯岱村、洪河村、全和台村、海雅屯。主食中以加牛奶的稷子米和荞麦面、饼为主。达斡尔族有自己的语言，无本民族文字，生活中大部分人主要使用汉文，少数人兼用满文、蒙古文和哈萨克文。主要节日是春节。达斡尔族称春节为“阿涅”，是一年之中最盛大的节日，节日里都身着盛装，逐户拜年，妇女们互赠礼物。达斡尔族大多信仰多神教，供奉天神、山神、火神、财神、祖神等。信仰萨满教，少数人信喇嘛教。

8. 傣族

傣族人民主要聚居在云南省的西双版纳傣族自治州、德宏傣族景颇族自治州、耿马傣族佤族自治县、孟连傣族拉祜族佤族自治县和临沧市。傣族以大米为主食，最具特色的是竹筒饭。傣族有自己的语言和文字，傣族语言主要有德宏傣族语和西双版纳傣语，傣族的重大节日是傣历新年、泼水节、关门节、开门节。忌讳外人骑马、赶牛、挑担和蓬乱着头发进寨子，进入傣家竹楼，要把鞋脱在门外，而且在屋内走路要轻；不能坐在火塘上方或跨过火塘，不能进入主人内室，不能坐门槛，不能移动火塘上的三脚架，也不能用脚踏火，忌讳在家里吹口哨、剪指甲，不准用衣服当枕头或坐枕头；晒衣服时，上衣要晒在高处，裤子和裙子要晒在低处，进佛寺要脱鞋，忌讳摸小和尚的头、佛像、戈矛、旗幡等一系列佛家圣物等。傣族是一个全民信教的民族，信仰小乘佛教，但还信仰万物有灵和多神崇拜的原始宗教。

9. 德昂族

德昂族分布于云南的少数民族，主要居住在云南省芒市与镇康县，曾称“崩龙”族，被称之为“古老的茶农”。德昂族有自己的语言和文字，少数地区通用傣语、汉语、景颇语。有文身习俗。德昂族喜吃酸辣食品，嗜饮浓茶，亦善于种茶。德昂族离不开茶，婚丧嫁娶、探亲访友，都以茶作为礼品，佛龛和祖宗牌位禁止外人触摸，也禁止在此挂放东西。客人不能坐客厅内家长的卧具。禁止砍伐寨神树，也禁止在其周围大小便。此外，德昂族不允许人进入并触动墓地之物。德昂族信仰小乘佛教，还有祭家堂、寨神、地神、龙、谷娘等祭祀习俗。

10. 东乡族

东乡族主要分布在宁夏回族自治区东乡族自治县境内。主要从事农业，善种瓜果，以小麦、青稞、玉米和豆类、洋芋（马铃薯）为主食。使用东乡语，大部分人会说汉语。没有本民族文字，通用汉文。忌食猪肉、狗肉、马肉、骡肉、驴肉和自死动物及动物血；吃饼和馒头要掰开吃，不能整吃。忌用食物开玩笑，忌在人面前袒胸露臂，忌递烟敬酒，禁带污浊之物进入墓地和清真寺。东乡族信仰伊斯兰教，属逊尼派，有老教、新教、新兴教三个教派，主要的三大宗教节日，尔德节、古尔邦节和圣纪日。

11. 侗族

侗族主要分布在贵州省、湖南省及广西壮族自治区交汇处。侗族最早称“仡伶”。明、清两代曾称“峒蛮”“峒苗”“峒人”“洞家”等他称。在新中国成立后统称侗族。民间多称“侗家”。侗族使用侗语，属汉藏语系，分南、北部两个方言。现在大部分通用汉文，他们没有本民族文字。主要从事农业，同时还兼营林木，农业以生产鱼粳稻为主，林业以产杉木著称。侗族户内供奉祖先的神龛，为最神圣之处。如刀、松、剑、戟、戈、矛、弓、弩，甚至棕索等一切凶器，都不准放置其上。否则，是对神大不敬，会招致惩罚。在寨内举行祭礼活动期间，禁忌外人人寨。其中禁忌的标志是用斑茅草打4个结，结成十字，悬于寨子口处。侗族的节日以春节、祭牛神、吃新节、清明、端午、中秋、重阳等节。信仰多神，崇拜自然物，古树、巨石、水井、桥梁均属崇拜对象，以女姓神“萨岁”为至高无上之神。

12. 独龙族

独龙族主要分布在云南省西北部怒江傈僳族自治州的贡山独龙族自治县西部的独龙江峡谷等地。独龙族有自己的语言，无本民族文字。过去多靠刻木结绳记事、传递信息。独龙族主食玉米、荞麦，喜欢饮水酒、吃烤肉、喝茶、抽旱烟。独龙族只有一个节日便是过年，在农历腊月，现在有部分独龙族信仰基督教。独龙族相信万物有灵，崇拜自然物，讲究信用、遵守诺言是独龙族的道德传统，独龙族始终保持着“路不拾遗，夜不闭户”的古老、淳朴的社会风尚。

13. 鄂伦春族

“鄂伦春”是本民族自称，其意思是“住在山岭上的人们”，还有种说法是“使用驯鹿的人们”。鄂伦春族人口主要分布在内蒙古自治区呼伦贝尔市鄂伦春自治旗、布特哈旗、莫力达瓦达斡尔族自治旗，以及黑龙江省呼玛、爱辉、逊克、嘉荫等县。鄂伦春族的日常饮食有许多米面品种，面包、饺子很常见。有自己的语言，但没有本民族文字，现在通用汉文，也有部分鄂伦春族用蒙古文。在每年腊月二十三和春节的早晨，鄂伦春族家庭都要拜火神，鄂伦春族信仰具有自然属性和万物有灵观念的萨满教。他们的宗教形式，表现为自然崇拜、图腾崇拜和祖先崇拜，鄂伦春族崇拜的自然神有太阳神、月亮神、北斗星神、火神、天神、地神、风神、雨神、雷神、水神、青草神、山神等等。

14. 俄罗斯族

俄罗斯族人口主要集中聚居在新疆维吾尔自治区西北部、黑龙江北部和内蒙古自治区东北部的呼伦贝尔市等地，俄罗斯族信仰大多为东正教，俄罗斯族宗教活动分为两种，一种是在家中做晨祷和晚祷，另一种是到教堂去听神父宣经布道。他们有自己的语言和文字，习惯使用俄语俄文，俄罗斯文学在世界文化中占有着重要的地位。主食是自己烤制的面包，副食多为列巴俄式煎菜。俄罗斯族传统的民族节日主要也是与宗教信仰有关，其中主要有圣诞节、复活节、降灵节、旧历年、主领洗节等。

15. 鄂温克族

“鄂温克”是民族自称，意思是“住在大森林中的人们”，鄂温克族是中国人口较少的少数民族之一，主要分布在中国东北黑龙江省讷河市和内蒙古自治区，大部分鄂温克人都是以放牧为生，他们有着自己独立的语言，属阿尔泰语系，满通古斯语族，通古斯语支，分海拉尔、陈巴尔虎、敖鲁古雅三种方言。由于没有本民族文字，牧区人们一般用蒙文，农区和林区则是通用汉文。鄂温克族以乳、肉、面为主食，居住在北部大兴安岭原始森林里的鄂温克族，完全以肉类为日常生活的主食。鄂温克族大部分信仰萨满教，牧区有些人还信仰藏传佛教。习惯上主要有对动物的崇拜，图腾的崇拜和祖先的崇拜。

16. 高山族

台湾当局称高山族为“山地同胞”，简称“山胞”，又称“原住民”“山地人”。主要居住在台湾地区台湾本岛的山地和东部沿海纵谷平原以及兰屿上。高山族人们有自己的语言，属南岛语系，印度尼西亚语族，无本族文字，不同地区的高山族使用不同的语言。主要从事农业和渔猎业。饮食以谷类和根茎类为主，重要节日有：播种祭、平安祭、“阿立”祖祭、丰年祭、竹竿祭、猴祭与大猎祭、矮灵祭以及达悟人的飞鱼祭，等高山族还保留有原始宗教的信仰和仪式。他们崇拜精灵，各地信仰的神不一，有天神、创造宇宙之神、自然神、司理神和其他精灵妖怪。祭仪有农事祭、狩猎祭、渔祭、祖灵祭等。

17. 仡佬族

现今的仡佬族主要分布在贵州省的务川仡佬族苗族自治县和道真仡佬族苗族自治县。仡佬族有自己的语言，属汉藏语系。目前也只有少数老人通仡佬族语。以种植农业为主，山地种植玉米，平地种植水稻，这两种作物是仡佬族人最主要的粮食。仡佬族人的服饰很有特色，男女都穿筒裙，裙料是由染色羊毛和麻所编织而成，女子上着齐腰短上衣，大多绣着鳞状的花纹，下着无褶长筒裙，以青、红、白三色分为三段，外罩为前短后长的青色无袖长袍，头缠青布长头帕，脚穿钩尖鞋。男子的服装多为对襟短衣，头缠青布或白布长头帕。仡佬族大多信奉道教，但也有的信奉佛教。

18. 汉族

汉族是中国的主体民族。“汉”原指天河、宇宙银河，《诗经》云：维天有汉。华夏族称为汉人，始于汉朝。汉族人口约为13亿，占世界总人口的19%，在世界各地广泛分布，在56个民族中位居首位。汉族的语言为汉语，使用汉字书写。汉语属汉藏语系，可分北方方言、吴语、湘语、赣语、客家话、闽语、粤语七大方言，汉字的书写方式分别有正体字和简化字。汉族主食以稻米、小麦为主，辅以蔬菜、肉食和豆制品，茶和酒是汉族的传统饮料，稻米的吃法以米饭为主。汉民族传统中信仰儒家思想、道教、佛教，在儒家文化的社会基础中对道家、佛家诸说多有崇敬！近现代在西方文化的冲击下，民众有许多信仰基督教、天主教等西方宗教。传统节日有：春节、端午节、中元节、重阳节、腊八节、小年等。

19. 哈尼族

哈尼族，是中国的一个古老的民族，主要分布的滇南地区，包括红河哈尼族彝族自治州、西双版纳傣族自治州、普洱市和玉溪市。哈尼族以米饭为主食，哈尼族有许多种自称，以哈尼、卡多、雅尼、豪尼、碧约、布都、白宏等自称的人数较多。哈尼族人使用哈尼语，属汉藏语系藏缅语族彝语支。分为哈雅、碧卡、豪白 3 种方言，各方言中又包含若干种土语。哈尼族没有自己民族的文字，1957 年创制了以拉丁字母为基础的拼音文字，但没有普及。哈尼族信仰多神崇拜和祖先崇拜，信仰原始的万物有灵。

20. 哈萨克族

我国的哈萨克族主要分布于新疆维吾尔自治区伊犁哈萨克自治州、木垒哈萨克自治县和巴里坤哈萨克自治县。国外的哈萨克族主要分布在哈萨克斯坦共和国，以及一些苏联国家，以俄文字母记录语言。哈萨克族有自己的语言文字。语言属阿尔泰语系，突厥语族，文字系以阿拉伯字母为基础的拼音文字。他们的饮食，大部分是肉食和奶食。主要节日有古尔邦节、肉孜节，还有“诺鲁孜”节，哈萨克族相信万物有灵，因而天、地、日、月、星宿、水火成为他们崇拜的对象，哈萨克族大多信仰伊斯兰教。

21. 赫哲族

赫哲族是中国东北地区一个有着悠久历史的民族，主要分布在黑龙江省同江市、街津口，并且是在中国北方唯一以捕鱼为生的民族。使用赫哲语，属阿尔泰语系，满以通古斯语族，满语支。无本名族文字。通用汉文。赫哲族人喜欢吃“拉拉饭”和“莫温古饭”。“拉拉饭”是用小米或玉米小渣子做成的很稠的软饭，“莫温古饭”是鱼或兽肉同小米一起煮熟加盐而成的稀饭。随着社会的发展，赫哲族现在的饮食和汉族相同。赫哲族信仰萨满教，相信万物有灵。他们认为有多少种动物就有多少种神，其中最受尊敬的是人面形天神。宗教形式主要表现为对祖先的崇拜和自然的崇拜。赫哲族先民认为，日月山川都有神灵主宰，因而崇拜。

22. 回族

回族在中国目前是分布最广的少数民族。主要居住在宁夏回族自治区，回族人通用汉语、汉文，其次为阿拉伯语，由于回族分布广，所以食俗也不完全一致，大多还是以面食为主。回族人忌食猪肉、狗肉、马肉、驴肉和骡肉，回族信仰伊斯兰教，生活习俗各方面都受伊斯兰教影响较大，主要节日有开斋节、古尔邦节、圣纪节等三大节日。在居住较集中的地方建有清真寺，又称礼拜寺。由阿訇主持宗教活动，经典主要是古兰经，信徒称穆斯林。

23. 基诺族

基诺族自称“基诺”，主要分布在云南省西双版纳傣族自治州景洪市基诺乡，主要从事农业，并且善于种茶。基诺族使用基诺语，属汉藏语系，藏缅语族，彝语支，有自己的语言，但无本民族文字。基诺族有打铁节、新米节、特懋克节、火把节，但最隆重的节日是过年，基诺族盛行祖先崇拜，并且相信万物有灵。基诺族尊敬长老，崇拜太阳，其中太阳鼓舞是基诺族最具有代表性的舞蹈。人们在生活的各个方面，都反映出对太阳的虔诚和崇拜。

24. 景颇族

景颇族主要分布在云南德宏傣族景颇族自治州的潞西、陇川、盈江、瑞丽、梁河五县，少部分人聚居在怒江傈僳族自治州的片马、古浪、岗房以及耿马、澜沧县等地。主要从事农业，种植水稻、玉米、旱谷等作物。景颇人使用景颇语，也使用汉语，属汉藏语系，藏缅语族，景颇语支，有景颇和载瓦两种方言，有自己的语言和文字。目瑙纵歌，“目瑙”（亦称“目脑”）是景颇语的音译，意即“大伙跳舞”，是景颇族人民祝颂吉祥幸福、欢度丰收的传统节日，一般在农历正月十五之后举行，为期2~3天。景颇族人崇信万物有灵，认为自然界中万物都有鬼灵，都能对人起作用，景颇族过去重鬼魂观念。供奉的鬼有三种：天鬼、地鬼、家鬼，他们认为鬼有好坏之分，有的可为人造福，有的则招灾致祸，于是盛行杀牲祭鬼魂的习俗。

25. 水族

水族人口主要分布在贵州三都水族自治县，少数分布在贵州、广西等地。水族有自己的语言，属汉藏语系，壮侗语族，水语支。水族曾创制过自己的文字，被称为“水书”，但只有400多个单字，且多用于宗教活动使用。水族主要从事农业，兼营林业，以大米为主食，喜爱糯食。水族有自己的历法，其最隆重的节日为端午节，水族过去信仰万物有灵，崇拜多神。认为古树、巨石、井泉都有神灵。生死、疾病、灾荒等都请巫师占卦念经，杀牲祭鬼。

26. 柯尔克孜族

“柯尔克孜”是突厥语，柯尔克孜族族人自称，意思是“四十个姑娘”，也有认为是“四十个部落”“山里游牧人”、“赤红色”等含义。柯尔克孜族主要分布于新疆西部地区，绝大部分在克孜勒苏柯尔克孜自治州，柯尔克孜族用柯尔克孜语，有以阿拉伯字母为基础的文字。居住在南疆者通晓维吾尔语，居住在北疆者通晓哈萨克语。居住在黑龙江省富裕县的柯尔克孜族通用汉语、蒙古语。主要节日有肉孜节、古尔邦节、诺鲁孜节、掉罗勃左节等节日。柯尔克孜族中最受重视的人生礼仪有诞生礼、摇篮礼、满月礼、割礼、丧葬和婚礼。柯尔克孜人最初是崇拜图腾。有名的图腾是雪豹和牛，崇拜太阳，认为火星不吉利。柯尔克孜族人曾长期信仰萨满教，现在柯尔克孜族绝大部分人信仰伊斯兰教。

水族

27. 拉祜族

拉祜族主要分布在云南省澜沧拉祜族自治县和孟连傣族拉祜族自治县，云南省澜沧拉祜族自治县和孟连傣族拉祜族自治县是最主要的聚居区，拉祜族经济主要以锄耕农业为主，旱谷、水稻、玉米是主要作物。他们有自己的语言，属汉藏语系藏缅语族彝语支，大部分人可以兼用汉语和傣族语，通用汉语，其中分拉祜纳和拉祜西两大方言。拉祜族的节日有春节、扩塔节、端午节、尝新节，火把节、新米节、祭祖节、卡腊节、搭桥节、葫芦节等。忌正月初一这一天说不吉利的话，男女客人，即使是夫妇，借宿时也不能同住一室，不许打骂狗，禁止杀狗，忌食狗肉。拉祜族过去信仰原始宗教和大乘佛教，少部分人信仰基督教和天主教，逢节日家家都要赕佛和敬祖。

28. 珞巴族

珞巴族主要分布在中国西藏自治区山南、林芝市，珞巴族大部分居住在雅鲁藏布江大拐弯处以西的高山峡谷地带，珞巴族有自己的语言，属汉藏语系，藏缅语族。因居住地不同，各地的方言差异较大，新中国成立以后，只有少数人通晓藏语和藏文，珞巴族没有本民族文字，长期保留着刻木结绳记数记事的原始方法。珞巴族以崇拜鬼神为主，相信万物有灵。由于珞巴族居住分散，交通不便，各地年节的日期不一，一般定在每年的劳动之后。珞巴族居民多信巫教，主要从事农业，兼营狩猎，擅长射箭。

29. 傈僳族

傈僳族是云南特有民族，主要分布在云南西北部，如丽江、迪庆、大理、德宏、楚雄与四川省的西昌、盐边等地。主要聚居在云南省怒江傈僳族自治州和维西傈僳族自治县，傈僳族有自己的语言，语言属汉藏语系，藏缅语族，彝语支。傈僳族以从事农业为主，种植玉米、水稻、荞麦等。傈僳族的节日众多，其中规模较大的有阔时节、新米节、刀杆节、火把节、收获节、澡塘会、拉歌节、射弩会等。傈僳族能歌善舞，文化艺术丰富多彩。信奉原始宗教，崇拜自然，有的也信仰基督教、天主教。

30. 黎族

黎族主要聚居在海南岛通什镇、保亭、乐东、东方、琼中、白沙、陵水、昌江、宦县等地，黎族自称“孝”“歧”“美孚”等。有自己的语言，属汉藏语系，壮侗语族，黎语支。1957 年用拉丁字母创制文字，并且由于长期与汉族交往，不少黎族人都能兼说汉语。三月三爱情节是黎族人民一年一度的盛会日子，平常忌讳别人当面提及自己先辈的名字，部分地区对猫禁杀忌食。黎族没有统一的宗教，各地均以祖先崇拜为主，也有自然崇拜，个别地区还残留着氏族图腾崇拜的痕迹。黎族信鬼，特别是祖先鬼，祭祖先是黎族的重要宗教活动，以求祖先保家人平安。

31. 满族

满族主要分布在东北三省，以辽宁最多。其次为河北、北京、吉林、内蒙古等地，满族有自己的语言，满语来源于古代女真语，属阿尔泰语系，目前，满族人通用汉语、汉文，满族民间农忙时日食三餐，农闲时日食二餐：主食多是小米、高粱米、粳米、干饭，喜在饭中加小豆或粑豆，如高粱米豆干饭，满族的许多节日均与汉族相同。主要有春节、元宵节、二月二、端午节和中秋节。

32. 毛南族

毛南族大部分居住在以茅难山为中心的环江县一带，是中国人口较少的山地民族之一。毛南族自称“阿难”，意思是“这个地方的人”。毛南族使用毛南语，一般认为属汉藏语系，通用汉语，毛南族没有自己的文字，而是用汉字音义拼记或以汉字为基础创造新字来记录毛南语的民歌和宗教诵本等。毛南族日食三餐，均以大米和玉米做成的各种饭为主食，毛南族的节日是农历五月的庙节，毛南族信仰道教和佛教，崇拜多神，迷信活动也较多。

33. 门巴族

主要聚居在西藏墨脱县和错那县，林芝、察隅等县亦有分布。主要从事农业。擅长编制竹藤器和制作木碗。门巴语属汉藏语系，藏缅语族，藏语支。有自己的语言，无本民族文字，方言差别较大，通用藏语。食物以大米、玉米、荞麦、鸡爪谷为主。

门巴族普遍信仰藏传佛教，信仰喇嘛教，在一些地区也信仰原始巫教。

34. 蒙古族

蒙古族自称蒙古，又被称为马背民族或者是游牧民族。主要分布在内蒙古自治区、新疆、东北三省等地，蒙古族有自己的语言文字。蒙古语属阿尔泰语系，蒙古语族，有内蒙古、卫拉特、巴尔虎布利亚特、科尔沁四种方言。现在通用的文字是13世纪初用回鹘字母创制，传统节日有白节、祭敖包、那达慕。蒙古民族有很多禁忌如火忌、水忌、奶忌，禁忌年小者摸其头部，忌虐待牲畜、禁忌在居住地或者是牲口附近大小便等。藏传佛教为蒙古族的全民信仰。因此，喇嘛和诵经便成为敖包祭祀活动中的主角和重要内容。此外，藏传佛教法事活动还遍及蒙古族日常生产、生活的各个方面。

35. 苗族

苗族主要分布在贵州、湖南、云南、湖北、海南、广西壮族自治区等地，苗族主要是大散居，小聚居，聚居的人多，散居的人少。主要从事农业，兼营油茶、油桐、漆树等经济林业类。苗族有自己的语言，属汉藏语系，苗瑶语族，苗语支，通用汉语。苗族信仰万物有灵，崇拜自然，祀奉祖先。期间“祭鼓节”是苗族民间最大的祭祀活动。大部分地区的苗族一日三餐，均以大米为主食。油炸食品以油炸粑粑最为常见。苗族的主要信仰有自然崇拜、图腾崇拜、祖先崇拜等原始宗教形式，苗族传统社会迷信鬼神、盛行巫术。也有一些苗族信仰基督教、天主教。苗族信仰佛教、道教的极少。

36. 仫佬族

仫佬族是我国人口较少的一个山地民族。他们自称“伶”“谨”。仫佬族绝大多数居住在广西罗城仫佬族自治县，仫佬族有自己的语言，仫佬语属汉藏语系，壮侗语族，水语支，无本族文字，多数人通汉语和壮族语，使用汉文。仫佬族节日较多，一年中除十月、十一月外，其他每个月都有节日。其中三年一次的“依饭”是仫佬族最隆重的节日，有庆丰收、保人畜的意思。仫佬族忌挖煤时讲不吉利的话，进门时不能踏门槛，忌食猫肉、蛇肉，有的地方还忌食狗肉和猪心。仫佬族崇信多神，有的信奉道教，有的信佛教。

37. 纳西族

纳西族主要分布在云南丽江市及其周遍各县，四川的盐源、盐边、木里等地也有分布，主要聚居于云南省丽江纳西族自治县，纳西族讲纳西语，纳西族人早在公元7世纪就创建了象形表意文字东巴文与音乐文字哥巴文，但没有通用，被称为“活着的象形文字”的东巴文是目前世界上唯一保留完整的象形文字，纳西族通用汉文。主要从事农业和畜牧业，以享有“植物仓库”之称闻名于世。纳西族普遍信奉东巴教，但还有一部分人是信仰喇嘛教，佛教，道教以及天、地、山、水等自然神，具有多神信仰的性质。纳西族骑马到寨前必须下马，不能把马拴在祭天堂的地方，不能蹬踏三脚架。也不能翻弄灶里的灰，祭天堂、祖先、战神时，外人不许观看。忌在门槛上坐或用刀斧在门槛上砍东西。有的地方还忌在家里唱山歌，不许杀耕牛、驮马和报晓的雄鸡，忌食狗肉。

38. 怒族

怒族自称怒苏、阿怒和阿龙，史称怒人、弩人、怒子等，主要分布在云南省怒江傈僳族自治州的泸水、福贡、贡山、兰坪县等地。怒族有自己的语言，怒族语属汉藏语系，藏缅语族。由于长期和傈僳族相处，怒族人民普遍通晓傈僳语。无本民族文字，新中国成立后使用汉语。主要从事山地农业，怒族传统节日过年、鲜花节和祭谷神、祭山林节，其中以过年的节日气氛最浓，既隆重又古朴。怒族崇拜图腾，并信万物有灵。其中怒族中的部分人信仰喇嘛教或天主教。

39. 普米族

普米族自称普英米、普日米或培米，古代史籍称之为西番或巴苴，属于中国古代西北游牧民族氐羌支系，“普米”意为白人。普米族主要从事农牧业生产，兼营家庭手工业。大多居住在云南西北高原的兰坪老君山和宁蒗的牦牛山麓。节日大都与祭祀活动密切相关。如春节、清明、立夏、端午节、火把节、尝新节等节日。普米族的语言属汉藏语系，藏缅语族，羌语支。普米族大都使用汉文。普米族群众崇拜神，祭祀祖先，还有信仰喇嘛教和道教的。崇拜巴丁刺木，对老虎的崇拜来自古代的图腾，此外还有崇拜多神的信仰习俗，把日、月、山、川等自然现象和动物均视为精灵，加以崇敬，祭祀。普米族禁止打狗，忌食狗肉，忌用手摸火塘上的三架和在灶上烘烤衣服，不准背着枪进门，须拿在手里进门，若门口立有经幡旗杆，旗色为白色或红色，杆顶插把尖刀，表示家里有病人，外人不得入内，妇女分娩时，男子不得进入产房。

40. 羌族

主要分布在四川省阿坝藏族羌族自治州的茂县、汶川、理县、北川等地，现主要聚居在四川西部茂汶，羌族自称尔玛，意为本地人。羌族无本民族文字，通用汉文，有自己的语言。羌语属汉藏语系藏缅语族，分南北两大方言。羌族的禁妇女分娩时在门外挂枷单或背篼，忌外人入内，家有病人时在门上挂红纸条，忌人来访，不能跨火塘或用脚踩三脚架，也不能在三脚架上烘烤鞋袜衣物，忌坐门槛和楼梯；饭后不可把筷子横在碗上，也不能倒扣酒杯。羌族的宗教信仰还停留在多神崇拜的原始宗教信仰阶段，以自然崇拜和祖先崇拜为主。此外，道教、佛教、基督教、天主教、伊斯兰教在羌区均有影响，尤以藏传佛教最为显著。

41. 撒拉族

撒拉族主要聚居在地处黄河沿岸的青海省循化地区。撒拉族人民自称撒拉尔，简称撒拉而得名。撒拉族使用撒拉语，属阿尔泰语系，突厥语族，西匈奴语支。部分撒拉族人民会讲汉语和藏语。没有本民族文字，一般使用汉文。现青壮年多通汉语。撒拉族主要节日有开斋节、古尔邦节、圣纪节三大节日。撒拉族人民信仰伊斯兰教。撒拉族的禁食猪肉、狗肉、驴肉、骡肉和死的畜禽肉及动物的血，严禁在清真寺内及其附近地吐痰或携带污浊之物进入清真寺，做礼拜时，他人不得从面前走过，在水井、水塘附近洗涤衣物，与人谈话时忌咳嗽和擤鼻涕，在老人面前不能有失礼的行为。

42. 畲族

畲族主要分布在福建福安、浙江景宁、广东、江西、安徽等省，多数与汉族杂居。畲族自称山哈，意思为住在山里的客人，畲族是我国人口较少的民族之一，主要以农业为主。畲族有自己的语言，无本民族文字，99%的畲族使用汉语客家方言，通用汉文。畲族的传统节日主要有农历的三月三、农历四月的分龙节、七月初七、立秋日、中秋节、重阳节、春节等。畲家很重视传统节日，主要是祖先崇拜和图腾崇拜，畲族十分重视祭祖。正月初一忌挑粪，忌抬轿、吹喇叭，忌当乞丐，忌食狗肉。

43. 塔吉克族

塔吉克族主要分布在新疆维吾尔自治区西南部的塔什库尔干塔吉克自治县，许多塔吉克人兼通维吾尔语和柯尔克孜语，塔吉克族大多数说塔吉克语的色勒库尔话，少数说塔吉克语的瓦汗话均，属印欧语系，伊朗语族，帕米尔语支，没有本民族的文字，普遍使用维吾尔文。塔吉克族主要从事畜牧业，兼营农业。塔吉克族的节日有春节、播种节、引水节等。民族和宗教的节日有古尔邦节、巴罗提节、肉孜节、台合木兹瓦目脱节（播种节）、兹完尔节（引水节）等。塔吉克族人曾经信奉过袄教、佛教等多种宗教，居民现在普遍信仰伊斯兰教伊斯玛仪派，清真寺很少。

44. 塔塔尔族

塔塔尔族是我国少数民族之一，属于白色人种。主要分布在新疆伊宁、塔城、乌鲁木齐等城市。塔塔尔族现通用维吾尔文或哈萨克文。主要经营商业、牧业和手工业。信仰伊斯兰教，其中萨邦节是塔塔尔族独有的节日，也称犁头节，一般定在每年的六月份举行。不吃猪肉。禁食驴、狗、骡肉和自死牲畜以及凶禽猛兽，禁食一切动物的血。与人交谈和吃饭时，最忌讳擤鼻涕、吐痰、打哈欠和放屁。忌与妇女开玩笑和动手动脚。在有群众的地方，忌光着上身，更忌穿背心、裤衩到塔塔尔人家里去。不准在住房附近、水源旁边、清真寺、墓地周围大小便、吐痰或倒脏水。

45. 土家族

土家族自称毕兹卡（意为本地人），主要分布在湖南、湖北、重庆、贵州毗连的武陵山地区，主要从事农业。织绣艺术是土家族妇女的传统工艺。土家族的传统工艺还有雕刻、绘画、剪纸、蜡染等。土家织锦又称西兰卡普，是中国三大名锦之一。土家语有自己的语言，土家语属汉藏语系藏缅语族中的一种独立语言，土家族无本民族文字，通用汉文。还有说法主张白语（白族的语言）、土家语也属于汉语族。土家族处于原始宗教崇拜阶段。有祖先崇拜、自然崇拜、英雄崇拜、图腾崇拜等多种形式。对自然崇拜，认为万物皆有神。受汉族影响在宗教方面，主要迷信鬼神，崇拜祖先。

46. 土族

土族主要聚居在青海省互助、民和、大通等县，其余散居在乐部、门源和甘肃天祝等地。土族自称蒙古勒或蒙古尔孔（意为蒙古人），旧称青海土人，藏族称之为霍尔。土族有自己的语言，土族语属阿尔泰语系蒙古语族。主要从事畜牧业和农业，尤其精于养羊。土族人民的重要节日有，农历正月十四日佑宁寺官经会，二月二威远镇擂台会，“七日会”是土族庆祝丰收的狂欢节。土族居民原信奉多神教，也有一些人信奉道教。忌讳有人在牲畜圈附近解手。忌讳当客人的面吵架或打骂孩子。土族的寺庙大殿或家庭佛堂内禁止去过暗房（月房）的人和服丧的人进入。土族有忌门的习惯，比如生了孩子、发现传染病等时，别人不得进入庭院。忌门的标志是：大门旁边贴一方红纸，插上柏树枝，或在大门旁煨一火堆，有时在大门旁挂上系有红布条的筛子。

佤族

47. 佤族

佤族主要聚居在云南省的西盟、沧源、孟连、耿马、双江、镇康、永德等县，佤族自称佤、巴饶克、布饶克、阿佤、阿卧、阿佤莱、勒佤等。意思是住在山上的人。1962年定名为佤族。佤族有自己的语言，佤族语属南亚语系佤崩龙语支，分为三大方言。过去佤族没有文字，1957年，创制了以拉丁字母为形式的文字。佤族主要从事农业生产，居民多用竹筒煮饭，吃饭时由主妇分配食物，依次平均分配完毕，喜食红米，饮浓茶，食辣椒，嚼槟榔，喝水酒。受傣族影响信奉小乘佛教，部分地区传入基督教。禁骑马进寨，须在寨门口下马，忌别人摸头和耳朵，忌任意进入木鼓房，忌讳送给少女装饰品，忌送人辣椒和鸡蛋，忌讳客人在家里坐妇女坐的鼓墩或数钞票，若门前放一木杆，说明家里有病人，忌外人进入。

48. 维吾尔族

维吾尔族自称维吾尔，意为团结或联合。主要聚居在新疆维吾尔自治区天山以南的喀什、和田一带和阿克苏、库尔勒地区，维吾尔族以农业为主，种植棉花、小麦、玉米、水稻等农作物。此外还擅长园林艺术。全民族使用维吾尔语，维吾尔语属于阿尔泰语系突厥语族。历史上维吾尔族人民曾先后使用过古突厥文、回鹘文、古维吾尔文等。传统节日有肉孜节、古尔邦节、诺鲁孜节等。维吾尔族古代信仰过萨满教、摩尼教、景教、祆教和佛教。现在维吾尔族信仰伊斯兰教，多属于逊尼派。

49. 乌孜别克族

乌孜别克族主要分布在新疆维吾尔自治区伊宁、塔城、喀什、莎东、叶城、乌鲁木齐等地，主要从事畜牧业，日食三餐，主食以面米为主。乌孜别克族有自己的语言，乌孜别克语属阿尔泰语系，突厥语族，无文字，由于长期与维吾尔族、哈萨克族杂居，所以语言与维吾尔语、塔塔尔语十分接近，现一般通用维吾尔文或哈萨克文。主要节日有圣纪节、肉孜节、古尔邦节等。乌孜别克族全民信仰伊斯兰教。

50. 锡伯族

主要分布在辽宁、吉林、黑龙江、新疆等地。其中以新疆察布查尔锡伯自治县为锡伯族最大的聚居区。锡伯族有自己的语言，锡伯族属阿尔泰语系，满通古斯语族，满语支，跟满语很接近。锡伯族兼用汉语、维吾尔语、哈萨克语。锡伯文是 1947 年在满文基础上改变而成的，一直沿用至今。锡伯族民间许多传统节日，大都与汉族相同。锡伯族的主要节日有春节、清明节、抹黑节、杜因拜扎坤节、端午节、中秋节等，早期的锡伯族人世代以狩猎、捕鱼为业。锡伯族过去信仰多神，也有信仰喇嘛教的，普遍重视祭祖扫墓。锡伯族人忌食狗肉，忌穿戴狗皮制品；不许坐、踩或跨过衣帽、被、枕，穿过的裤子、鞋袜不能放高处。不许坐、踩锅灶，也不许坐或站立在门槛上，不能在屋内吹口哨，不能用筷子敲桌子和碗碟等，若大门口挂有红布条或一束草，表示家里有病人或产妇，外人不得入内。晚辈路上遇见长辈要问安并让路；平辈见面要相互问好。客人来访，儿媳要出来装烟、倒茶，若装烟、倒茶的与客人辈分相等，客人应起立或欠身双手接；客人告别时，全家要出来送至大门口。

51. 瑶族

瑶族主要分布在广西、湖南、云南、广东、江西、海南等省区的山区。是中国南方一个典型的山地民族，大部分居民居住在海拔1000米以上的高原和密林之中。瑶族自称勉、金门、布努、炳多优、黑尤蒙、拉珈等，主要从事山地农业。瑶族有自己的语言，属汉藏语系，苗瑶语族，瑶语支。由于长期与汉、壮、苗等族接触，各地瑶族人们大多又兼通汉语，部分兼通壮族语言和苗语。瑶族的主要节日有盘王节、春节、达努节、中元节、社王节、清明节等。瑶族的宗教信仰比较复杂，有些地区原始的自然崇拜、祖先崇拜或图腾崇拜占有一定地位，其中有些地区则主要信奉巫教和道教。

52. 彝族

彝族主要分布在云南、四川、贵州三省和广西壮族自治区的西北部。是中国具有悠久历史和古老文化的民族之一，有诺苏、纳苏、罗武、米撒泼、撒尼、阿西等不同自称。彝族语言属汉藏语系，藏缅语族，彝语支，有六种方言。中国最早的音节文字便是彝族自己的文字，彝族的节日主要有火把节、彝族年、拜本主会、密枝节、跳歌节等，火把节是彝族地区最普遍而最隆重的传统节日，多在夏历六月二十四日或二十五日。彝族宗教具有浓厚的原始宗教色彩，崇奉多神，主要是万物有灵的自然崇拜和祖先崇拜。

53. 裕固族

裕固族聚居在甘肃省河西走廊肃南地区，民族自称尧乎尔、西拉玉固尔。主要从事畜牧业，兼营农业。用东部裕固语、西部裕固语，无文字，通汉语文字。由于本民族的文字失传，民间口头创作便成了裕固族民族艺术的主要形式。《黄黛成》《萨里玛珂》《我们来自西至哈至》是裕固族的著名民歌。裕固族主要信奉喇嘛教格鲁派（黄教）。

54. 藏族

藏族自称“博巴”，意为农业人群，主要分布在西藏自治区以及青海、甘肃、四川、云南等临近省。主要从事畜牧业，并同时兼营农业。藏族有自己的语言和文字。藏语属汉藏语系藏缅语族藏语支，分为藏、康方、安多三种方言。转山会是藏族传统节日，又称沐佛节、敬山神。藏族信奉大乘佛教，大乘佛教吸收了藏族土著信仰本教的某些仪式和内容，形成具有藏族色彩的藏传佛教。藏族对活佛高僧尊为上人，藏语称为喇嘛，故藏传佛教又被称为喇嘛教。

55. 壮族

壮族是我国少数民族人口最多的一个民族，主要分布在广西、云南、广东、湖南、贵州、四川等省区。以广西最多。壮族是多节日的民族，几乎每个月都有节日。其中，春节、三月三、七月十四是壮族最重要的节日。壮族有自己的语言，属汉藏语系，壮侗语族，20 世纪 50 年代创制了拉丁拼音文字，壮族信仰多神，崇拜祖先，佛教、道教对壮族影响也很大。

56. 京族

京族是中国南方人口最少的少数民族之一，也是中国唯一的一个海滨渔业少数民族，主要分布在广西壮族自治区。主要居住在江平镇的巫头、万尾、山心三个海岛上，被称为“京族三岛”。京族有自己的语言，与越南语基本相同。没有文字，现在京族通用汉语（广州方言）和汉文。京族传统节日有春节、清明节、端午节、中秋节、唱哈节等。其中，最隆重、最热闹的节日是唱哈节（唱歌的节日）。京族崇拜祖先，多神崇拜，特别是与海有关的神尤为敬仰。京族过去一般多信奉佛教、道教，其中也有少数人信奉天主教。

十、中国古代国家名称的由来

1. 夏

相传禹曾受封于夏伯，因用以称其政权为“夏”。据历史学家范文澜先生说，禹的儿子启西迁大夏（山西南部汾浍一带）后，才称“夏”。

2. 商

传商（今河南商丘南）的始祖契曾帮助禹治水有功而受封于商，以后就以“商”来称其部落（或部族）。汤灭夏后，就以“商”作为国名。后盘庚迁殷（今河南安阳西北）后，又以“殷”或“殷商”并称。

3. 周

周部落到古公父时，迁居于周原（今陕西岐山）。武王灭殷，以“周”为朝代名。周前期建都于镐（今陕西西安西南），后来平王东迁洛邑（今河南洛阳），因位于镐的东方，就有“西周”和“东周”的称号。

4. 秦

据《史记》记载，本为古部落，其首领非子为周孝王养马有成绩，被周孝王赐姓为“嬴”，并赐给了一小块土地（今甘肃天水市，另说是陇西谷名）。后襄救周有功被封为诸侯，秦始皇统一六国，始建秦国。

5. 汉

项羽封刘邦为汉王，以后刘邦击败项羽，统一中国，国号称“汉”。汉朝前期建都长安，后期迁都洛阳，故从都城上有“西汉”和“东汉”，从时间上有“前汉”和“后汉”之分。

6. 魏

汉献帝曾封曹操为“魏公”“魏王”爵位，曹丕代汉后便称“魏”。以皇室姓曹，历史上又称“曹魏”。

7. 蜀

刘备以四川为活动地区，蜀是指四川，其政权称“蜀”。历史上也称“蜀汉”。汉指东汉的继续。

8. 吴

孙权活动于长江下游一带，历史上曾建吴国，曹魏曾封孙权为“吴王”，故史称“孙吴”；又以地位在东，也称“东吴”。

9. 晋

司马昭威逼魏帝封他为“晋公”，灭蜀后进爵为晋王。后来他的儿子司马炎继承他的爵位，逼令魏帝退位，自立为皇帝，国号“晋”。

10. 隋

隋文帝杨坚之父杨忠，曾被北周封为“随国公”。隋文帝后袭用此卦爵，称为“随朝”。他认为随有走的意思，恐不祥改为“隋”。

11. 唐

唐高祖李渊的祖父李虎，佐周有功，被追卦为“唐国公”，爵位传至李渊。太原起兵后，李渊称“唐王”，废杨侑建唐朝。

12. 辽

辽原称“契丹”，改“辽”是因居于辽河上游之故。

13. 宋

后周恭帝继位后，命赵匡胤为归德节度使，德军驻宋州（今河南商丘），赵匡胤为宋州节度使。故陈桥兵变后，发迹在宋州，国号曰“宋”。

14. 西夏

拓跋思恭占据夏州（今山西横山区），建国时以夏州得名，称“大夏”。因其在西方，宋人称“西夏”。

15. 金

金都城上京会宁（今黑龙江阿城南），位于按出虎水（今阿什河），相传其水产金，女真语“金”为“按出虎”。

16. 元

据《元史》记载：“元”的命名，是元世祖忽必烈定的。是取《易经》上“大哉乾元”句中的“元”，有大、首等意思。但也有人认为与蒙古人的风俗与图腾有关，有的认为与佛教有关。

17. 明

朱元璋是元末起义军之一，是继承郭子兴而发展起来的，郭子兴属于白莲教组织。白莲教宣称“黑暗即将过去，光明将要到来”，借以鼓舞人民反对黑暗的元朝统治。所以又称“光明教”。白莲教的首领韩山童称“明王”（他的儿子韩林儿称“小明王”），都体现其教义宗旨。朱元璋不仅曾经信仰白莲教，而且承认自己是白莲教起义军的一支（他曾为小明王左副元帅）。朱元璋取得政权后，国号称“明”。

18. 清

满族是女真族的一支。女真族在北宋时建立金国。明末女真势力复强，重建金国（后金）。后金为了向外扩展，割断了同明朝的臣属关系，清太宗皇太极把“女真”改为“满洲”，把“金”改为“清”。在宋时女真人受制于契丹人，针对“辽”字在契丹语中是“铁”的意思，因此命名“金”，表示比铁更坚强有力，可以压倒“辽”。

十一、中国历代疆域面积变迁

面积指数说明

下文中的各代疆域面积中引入了“历代面积指数”专属名词。历代面积指数=某朝面积/中华人民共和国面积×100。例如：中华人民共和国陆地疆域面积960万平方千米，面积指数：100。统计非官方数据，仅供参考。

1. 秦

秦（公元前211年）：面积347万平方千米：面积指数：36.2。

2. 西汉

西汉（始元四年，前83年）：面积381万平方千米；面积指数：39.7。

3. 东汉

东汉（永和五年，140年）：面积579万平方千米；面积指数：60.3。

4. 隋

隋（大业元年，605年）：面积429万平方千米；面积指数：44.7。

5. 唐

唐（总章二年，669年）：面积1239万平方千米；面积指数：130.1。

6. 北宋

北宋（政和元年，1111年）：面积280万平方千米；面积指数：29.2。

7. 南宋

南宋（绍兴十二年，1142年）：面积200万平方千米（精确）；面积指数：20.8。

8. 元

元本部（至元十七年，1280年）：面积2267平方千米；面积指数：236.1。

9. 明

明（宣德八年，1433 年）：面积 936 万平方千米；面积指数：97.5。

10. 清

清（康熙二十六年，1687 年）：面积 997 万平方千米；面积指数：103.9。

11. 民国

中华民国（民国十五年，1926 年）：面积 1131 万平方千米；面积指数：117.8。

12. 中华人民共和国

新中国成立后，在边界线上的领土，略有回缩。现公布面积：960 万平方千米。

十二、中国省级行政区分布

1. 北京市

北京是中国七大故都之一，也是世界著名的历史文化名城。全市面积约 1.64 万平方千米，地处内蒙古高原和华北平原交界处，南、北、西三面与河北省相邻，东南接连天津市。1949 年设为直辖市，取全称中的“京”字作为简称。是春秋战国时燕国的都城。辽金时期将北京作为陪都，称为燕京。金灭辽后，迁都于北京，称中都。元代时期改称大都。明成祖朱棣从南京迁都于此，改称为北京。名称一直沿用至今。北京是中华人民共和国的首都，中国中央四个直辖市之一，全国政治、经济、交通和文化中心，也是中国陆空交通的总枢纽。北京市成功举办夏奥会与冬奥会，成为全世界第一个“双奥之城”。

2. 上海市

上海是世界著名的港口城市，面积约 6340.5 平方千米。是中国最大的工业城市，上海位于我国大陆海岸线中部的长江口，地处亚洲大陆东岸，太平洋西岸，西接江苏、浙江两省。上海简称“沪”，别称“申”，上海名称始于宋代，当时上海地区有十八大浦，其中一条叫上海浦，它的西岸设有上海镇。1949 年上海设为直辖市，是中国第一大城市，是中国最大的经济、金融、贸易和航运中心。拥有中国最大的工业基地和最大的外贸港口。上海历史代表文化有“吴越文化”“江南文化”“海派文化”等。

3. 天津市

天津位于华北平原东北部、渤海西岸与海河五大支流会合处，面积约 1.1966 万平方千米。唐宋以前，天津被称为直沽。金代形成集市后被称“直沽寨”。元代设津为海镇，是天津建城的开始。明永乐二年筑城设卫，始称天津卫，取“天子经过的渡口”之意。1949 年设为直辖市。天津市简称“津”。中国北方的经济中心，国际港口城市，生态城市。天津市是中国北方最大的港口城市、中蒙俄经济走廊主要节点、海上丝绸之路的战略支点、“一带一路”交汇点、亚欧大陆桥最近的东部起点；在海河五大支流南运河、子牙河、大清河、永定河、北运河的汇合处和入海口，素有“九河下梢”“河海要冲”之称。天津最具代表性的文化有天津时调、天津快板和京东大鼓。

4. 重庆市

重庆原是四川省的一部分，位于长江上游、四川盆地的东南部，面积 8.24 万平方千米，古称巴、秦时称江州、隋称渝州、北宋称恭州，重庆之称始于 1190 年，因南宋光宗赵敦先封恭王，后登帝位，遂将恭州升为重庆府，取“双重喜庆”之意。1997 年，重庆设为直辖市，简称“渝”，因城市依上而建被称为“山城”，因春冬时节的云轻雾重，又被称为雾都。重庆是中国四大直辖市之一，重要的中心城市之一，国家历史文化名城，规划中的长江上游地区的经济中心，国家重要的现代制造业基地之一，中国长江上游地区城乡统筹的特大型城市。重庆市是中国山地城市典范、世界温泉之都、中国火锅之都。为成渝金融法院驻地，中欧班列首发城市，截至 2022 年，集聚各类研发平台 964 家；驻渝高校 70 所，有中国（重庆）自由贸易试验区、中新（重庆）战略性互联互通示范项目、西部陆海新通道等战略项目。重庆最具代表性的文化有巴渝文化、三峡文化、抗战文化、革命文化、统战文化和移民文化等。

5. 黑龙江省

黑龙江省是中国重要的粮食生产基地，位于中国东北边陲，东、北依邻俄罗斯，边界长达 3000 千米，总面积约 47.30 万平方千米。黑龙江省简称“黑”，省会哈尔滨市（原省会齐齐哈尔市）。古为肃慎地，汉朝属夫余地，辽属东京、上京道，金属上京路，元属岭北和辽宁行省，明为女真地，清初为抵御沙俄东侵，清政府在黑龙江沿岸修筑黑龙江城（黑河旧城），设置黑龙江将军，管辖黑龙江流域，清末置黑龙江省。全省面积约 46 万多平方千米。黑龙江省主要的工业城市有哈尔滨、大庆、齐齐哈尔、双鸭山等地，黑龙江有“白山黑水”的美称。黑龙江历史代表文化为“东北文化”。

6. 吉林省

位于中国东北地区中部，吉林省是我国农业大省，东西最长约 750 千米，南北最宽约600千米，总面积约18.74万平方千米。吉林省东界俄罗斯，东南隔图们江、鸭绿江与朝鲜民主主义人民共和国相望，南连辽宁省，西接内蒙古自治区，北邻黑龙江省。吉林一名源于满语的“吉林乌拉”，满语意为沿松花江的城市。1673年建城。1907年将其辖区改称吉林省。简称“吉”，因境内吉林城而得名。省会是长春市。吉林省在历史上长期是汉族、满族、蒙古族等少数民族活动和聚居之地。吉林省的历史文化遗产最为著名的就是长白山，被誉为东北的“神山”。

7. 辽宁省

辽宁是我国最大的重工业基地，省会沈阳，辽宁省南临渤海、黄海，隔鸭绿江与朝鲜为邻，辽宁省总面积约14.80万平方千米。秦汉魏晋时代，在辽河以东设辽东郡，以西设辽西郡。北宋时，在今天的河北、辽宁一带，契丹族建立辽国，辽金时代设置辽阳府。元设辽阳行省。明代设辽东都司。清设辽东将军。后因辽河流域为清朝发源地，取“奉天承运”之意，改为奉天省。1929年，取“辽河流域永远安宁”之意，改称辽宁省。辽宁位于中国东北地区的南部，是中国东北经济区和环渤海经济区的重要结合部。辽宁是东北地区通往关内的交通要道，也是东北地区和内蒙古通向世界、连接欧亚大陆桥的重要门户和前沿地带。辽宁省最具代表性的文化有关东文化、渤海文化等。

8. 内蒙古

内蒙古地处中国北部边境，西北紧邻蒙古和俄罗斯，面积约118.3万平方千米。“蒙古”为部落名，始见于唐代。晚清以后，大漠以南、长城以北、东起通辽市、西至套西厄鲁特所以盟旗为内蒙古。内蒙古是清朝内扎克蒙古的简称，内蒙古自治区1947年5月1日成立于王爷庙（今兴安盟乌兰浩特），是我国成立最早的少数民族自治区。内蒙古工业在新中国成立后发展较快，以采矿、冶金和稀土工业为骨干，毛纺、森工、机械、食品、建材、化工全面发展。为全国重要的畜牧业基地之一。内蒙古自治区历史悠久，文化灿烂，是中华民族的一个重要组成部分。著名的“河套文化”“大窑文化”“红山文化”等遗迹，

9. 河北省

河北省位于我国北部沿海，黄河下游，东临渤海，北京、天津两市外围，省会石家庄。面积约18.88万平方千米，属温带、暖温带大陆性季风气候。战国时，黄河以北的齐国土地称为河北。汉设置为河北县。唐设置为河北道。1928年设河北省，河北省简称“冀”，河北省是著名的资源之乡，如邯郸市的永年区是蔬菜之乡、邢台市临城县是芦笋之乡、新乐市是西瓜之乡等等，农业主要以小麦、谷子、玉米、棉花、花生、

芝麻等为主，河北是旅游资源大省，拥有承德避暑山庄、外八庙、北戴河、赵周石桥、山海关、秦皇岛等旅游胜地。2017 年 4 月 1 日，中共中央、国务院印发通知，决定设立河北雄安新区。2023 年 3 月 30 日，雄安新区启用专属车牌冀 X 序列，“X”是雄的第一个字母，这标志着河北省和全国都多了一个新的车牌字母序列。河北省最具代表性的文化有长城文化和大运河文化。

10. 新疆维吾尔自治区

新疆位于我国西北部，地处亚欧大陆中心，从东北到西南与蒙古、俄罗斯、哈萨克斯坦、吉尔吉斯斯坦、塔吉克斯坦、阿富汗、巴基斯坦、印度接壤，与甘肃、青海、西藏等地相邻，是中国土地面积最大的一个省。全区总面积约 166.49 万平方千米，简称“新”。中国 1955 年 10 月 1 日成立了新疆维吾尔自治区。自治区行政区包括 23 个市、7 个地区、5 个自治州、68 个县和自治县，新疆总面积占中国陆地面积六分之一，边界线长度占四分之一，是中国陆地面积第一大，国土面积第二大的省级行政区，为中国最大的省级行政区。新疆维吾尔自治区最具代表性的文化遗产是敦煌艺术。

11. 甘肃省

甘肃省位于我国西北部，黄河上游。东邻陕西，东北与宁夏相连，西南与青海、四川接壤，西与新疆相连，北与内蒙古相连，西北与蒙古国交界。省会兰州。总面积约 42.58 万平方千米。甘肃省是古丝绸之路的锁匙之地和黄金路段，并与蒙古国接壤，甘肃一名始于 11 世纪西夏王朝设置的十二监军之一，治所在甘州（今张掖县），辖甘州、肃州（今酒泉）二州，取二州首字组成甘肃。元设甘肃行省，明代并入陕西省，清代恢复省治。取全称中的“甘”字作为简称。由于甘、陕两省间有陇山，于是甘肃古时别称陇西，故又简称“陇”。甘肃省矿藏、水利资源丰富，除了著名的风景名胜外还有著名的历史文化名城敦煌、天下雄关嘉峪关、鸣沙山的月牙泉等。甘肃历史代表文化为“河陇文化”。

12. 青海省

青海省位于中国的西部、长江和黄河上游，青藏高原东北部，东邻四川，南于西藏接壤，西与新疆毗连，北依甘肃。面积约 72.23 万平方千米。是长江、黄河、澜沧江的发源地，被誉为江河源头、中华水塔。境内有全国最大的内陆咸水湖青海湖，青海省因此而得名。据《水经注》记载，早在公元前 5 世纪时，这里就称青海了，1928 年设青海省。取全称中的“青”字作为简称。青海属大陆性高原气候，温差大、日照长、降水少。农业以小麦、青稞、蚕豆、马铃薯、油菜为主。青海是中华文明的重要源头；形成了以昆仑文化为主体、不同民族文化构成的多元文化。

13. 陕西省

陕西省地处中国西北地区东部、黄河中游、汉水下游，面积约为20.56万平方千米。陕西由南至北具有北亚热带潮湿气候、暖温带半湿润气候与暖温带、温带半干旱气候特征。陕西一名，源于周代周、召二公“分陕而治”，现陕县张汴塬一带古称陕塬，当时的陕西就是陕塬以西的泾渭平原。唐安史之乱后设陕西节度使，陕西始转化为政区名称。宋设陕西路。元设陕西行省。清设陕西省。取全称中的“陕”字作为简称。又因辖区在春秋时为秦国地，故又简称“秦”。陕西矿产资源丰富，矿产种类较齐全，是我国资源大省之一，许多矿种在全国占有重要地位。陕西历史悠久，旅游资源丰富，境内的秦岭被亲切地称为“父亲山”，称渭河和汉江为“母亲河”。而朱鹮因为其分布地被称为陕西的省鸟。陕西从北到南的延安、西安、安康被称为“三安”，寓意三秦大地福泰安康。拥有秦始皇兵马俑、大雁塔、华清池、华山、太白山、柞水溶洞、古汉台、褒斜栈道、武侯墓、丹江漂流、延安革命圣地等著名旅游胜地。历史代表文化为“三秦文化”。

14. 宁夏

宁夏回族自治区位于我国西北的黄土高原，黄河中下游，西南接甘肃，东连陕西，北部与内蒙古自治区相邻，辖区面积约6.64万平方千米。属于温带大陆性气候。宁夏是中华民族远古文明发祥地之一。公元5世纪初，匈奴贵族赫连勃勃自以为是夏后氏后裔，故将建立的割据政权定国号为“夏”。宋代，党项族拓跋氏首领李元昊称帝，定都兴庆府（今银川），立国号“夏”，创立文字，建西夏王朝。13世纪，元灭西夏，取“平定西夏永远安宁”之意，在这里设宁夏行省，始有宁夏之名。1958年设宁夏回族自治区。取全称中的“宁”字作为简称。宁夏平原引黄河灌溉历史久远，素有“天下黄河富宁夏”之称，兼日照充沛，雨热同期，故又被称为“塞上江南”，是中国西北地区重要的商品粮生产基地。

15. 河南省

河南省地处中国黄河中下游，与山西、河北、山东、安徽、湖北等6省接壤。全省土地面积约16.57万平方千米，因大部分地区位于黄河以南而得名。由于辖区相当于《禹贡》中的豫州，故简称“豫”。另外还有“中州”和“中原”之称。历史上绝大部分时间的政治、经济和文化中心都在河南。并且河南工业发展迅速，农业发达，小麦、烟草、芝麻、轴承等总产量居全国重要地位，所以河南不愧是中华文明和中华民族最重要的发源地。河南历史代表文化为“中原文化”。

16. **山东省**

山东位于中国东部沿海，黄河下游，太行山以东，渤海、黄海之滨。省会济南市，山东省陆地总面积约15.58万平方千米，水域面积约2100平方千米。属温带季风气候，降水集中，雨热同季，春秋短暂，冬夏较长。省会济南。在战国至秦汉时，峭山、函谷关以东的地区称为山东。清初设山东省。辖区为春秋时鲁国地，故简称“鲁”。别称齐鲁、东鲁、鲁东，因发展迅速近年来山东已成为中国经济最发达的省份之一。山东是全国重要的能源基地之一。胜利油田是中国第二大石油生产基地，中原油田的重要采区也在山东，山东原油产量占全国1/3。矿产资源丰富，金、金刚石储蓄量居全国首位。文物古迹众多。“世界自然文化遗产”“五岳之尊”泰山，“五镇之首”东镇沂山，“世界文化遗产”孔子故里曲阜“三孔”，齐国故都临淄，“人间仙境”蓬莱，“道教圣地”崂山，“世界风筝都”潍坊，等著名的旅游资源。山东历史代表文化为“齐鲁文化”。

17. **山西省**

山西位于华北平原西部，黄土高原东部，地处黄河以东，太行山之西，与河北、河南、陕西、内蒙古等省区相邻，全省总面积约15.67万平方千米。属于大陆性季风气候，山西之名，因居太行山之西而得名。自古被称为“表里山河”。战国至秦汉时，峭山、函谷关以西的地区称为山西。元时，称太行山以西为山西，设河东山西道宣慰司，山西作为政区名称正式开始。明初设山西省。辖区为春秋时晋国地，故简称“晋”，战国初期，韩、赵、魏三家分晋，因而又称“三晋”。山西省矿产资源丰富，以煤炭开采而闻名全国，有“煤海”之称。也是全国重要的交通枢纽。山西历史代表文化为“三晋文化”。

18. **安徽省**

安徽位于华东腹地，是我国东部襟江近海的内陆省份，跨长江、淮河中下游，东领江苏、浙江，北接河南，西界湖北，南有江西，它独特的承东启西、连南接北的区位优势，被称为中国长江三角洲的腹地。面积约为14.01万平方千米，属温带季风气候。安徽于清康熙1667年建省，取当时的政治中心安庆（今安庆市）和经济都会徽州（今歙县）二府首字组成安徽省。安庆府是春秋时皖国故地，别称为皖，故安徽简称“皖”。“皖”为“美好”之意，“皖山皖水”意为“锦绣河山”，安徽省简称“皖”即由此而来。安徽省历史悠久，在繁昌县人字洞发现距今约250万年前人类活动遗址。在和县龙潭洞发掘的三、四十万年前旧石器时代的“和县猿人”遗址，表明远古时期已有人类在安徽这块土地上生息繁衍。安徽历史代表文化有徽州文化、淮河文化、皖江文化、庐州文化等。

19. 湖北省

湖北省位于我国中南部，长江中游。因处于洞庭湖以北，故称湖北，简称“鄂”。北接河南省，东连安徽省，东南和南邻江西、湖南两省，西靠重庆市，西北与陕西省为邻。湖北是中国开发较早的省份之一。全省设有12个省辖市，1个自治州，38个市辖区、24个县级市，37个县、2个自治县。总面积约18.59万平方千米，主要属北亚热带季风气候，湖北的粮、油、棉花在全国占重要地位，自然资源丰富。有保存完好的神农架原始森林。湖北历史代表文化为“荆楚文化”

20. 湖南省

湖南省地处中国中南部，长江中游，东临江西省，南靠广东省、广西壮族自治区、西达贵州省、重庆市，北接湖北省。全省土地总面积约为21.18万平方千米，属大陆性中亚热带季风湿润气候，雨量充沛，为我国雨水较多的省区之一。唐代在洞庭湖以南，包括湘资二水流域设湖南节度使，出现湖南一名。宋置荆湖南路，简称湖南路。元明两代设湖南道。清代设置湖南省。因湘江纵贯全省，故简称“湘”。湖南植物资源和矿产资源丰富，素有“有色金属之乡”的美誉，工业以金、电子、机械、建材、化工等为主，其中有色制金工业在全国占重要地位，湖南是一个农业大省，自古以来就享有“九州粮仓”“鱼米之乡”的美誉，物产丰富，人民勤勉，精耕细作，种植水稻已有万余年历史。湖南省历史代表文化为“湖湘文化”。

21. 江苏省

江苏省位于我国上江中下游，黄海之滨，地处中国大陆沿海中部和长江、淮河下游，东濒黄海，北接山东，西连安徽，东南与上海、浙江接壤，江苏省地图是长江三角洲地区的重要组成部分。总面积约10.72万平方千米，属暖温带季风气候和亚热带季风气候过渡地带。江苏得名于清朝江宁府和苏州府二府之首字，简称“苏”。省会南京。地形以平原为主，南部有丘陵错落，土地肥沃，物产丰富，江河湖泊密布，五大淡水湖中的太湖、洪泽湖在此横卧，历史上素有“鱼米之乡”的美誉。历史悠久，是中国吴文化和汉文化的发祥地。

22. 四川省

四川省位于我国西南地区、长江上游，东邻重庆市，北连青海、甘肃、陕西，南接云南、贵州，西部隔金沙江与西藏相望。全省总面积约48.6万平方千米。共有52个民族在此居住，属温带和寒温带气候。辖区秦时设蜀郡。汉设益州部。唐设剑南道，又分剑南东川、剑南西川两节度使。宋设西川路和峡路，后将西川、峡二路分为益州、梓州、利州、夔州四路，合称“川峡四路”，简称“四川路”，四川由此得名。元时合并四路，设为四川省。自此，四川省治沿用至今。取全称中的“川”字作为简称。又因辖区西部古为蜀国地，故又简称“蜀”。四川农业发达，有天府之国之称，旅游资源也极为丰富，历来有“天下山水在于蜀”之说，并有“峨眉天下秀，九寨天下奇，剑门天下险，青城天下幽”之誉。四川历史代表文化为“巴蜀文化”。

23. 贵州省

贵州省东邻湖南省、南接广西壮族自治区、西南毗邻云南省、西北与四川省接壤、北面与重庆市相邻。地处云贵高原，属亚热带湿润季风气候，气候呈多样性，曾用“一山分四季，十里不同天”来形容，全省土地总面积约 17.62 万平方千米。宋代以前设“矩州”，因当地语音“贵”“矩”难分，故也写作贵州，元初正式命名为贵州。明设贵州布政使司。清设贵州省。简称“黔”和“贵”，贵州省是中国西南地区的三大省份组成部分之一，省会贵阳市，新中国成立前曾用“天无三日晴，地无三分平，人无三分银”来形容贵州。现贵州旅游资源丰富，人文古迹与别致景区众多，如气势磅礴的黄果树瀑布、典雅肃静的遵义会议会址、武陵仙境的梵净山、了无边际的威宁草海等。贵州茅台镇所产的茅台酒被誉为中国的国酒，也是与英国威士忌、法国白兰地一同齐名的世界三大蒸馏酒。贵州是我国的能源大省，犹以水力和煤最为突出。“黔电东送”是南方电网中“西电东送”的主力。贵州历史代表文化为“黔贵文化”。

24. 云南省

云南省位于中国西南边陲。因在云岭以南，故名云南。简称“云”或“滇”，全省总面积约 39.41 万平方千米，属南亚热带季风、东亚季风及青藏高原气候的结合部位，但大部分地区处于热带高原型季风气候。西汉时设云南县。三国蜀汉时设云南郡。元设云南行省。明设云南布政使司。清设云南省。取全称中的“云”字作为简称。云南省设有地级市 8 个、少数民族自治州 8 个，其下管辖的市辖区 12 个、县级市 9 个、县 79 个、少数民族自治县 29 个，是个多民族省份。云南省气候丰富多样，全省大部分地区冬暖夏凉、四季如春。在云南，全国 162 种自然矿产云南就有 148 种，其中铜矿、锡矿等有色金属矿产产量居全国前列。云南省号称“动物王国”“植物王国”和“有色金属王国”。云南历史代表文化为“滇文化”

25. 广西壮族自治区

广西南临北部湾，面向东南亚，西南与越南毗邻，东邻粤、港、澳，北连华中，背靠大西南。陆地面积约 23.76 平方千米，广西地处中、南亚热带季风气候区。广西全称广西壮族自治区，宋朝设广南西路，简称广西路，“广西”一名由此产生。元设广西两江道。明设广西省。1958 年设广西僮族自治区，1965 年改为广西壮族自治区。因自宋至清，广西的行政中心在桂州（或桂林府），故广西简称“桂”。首府南宁是东盟十国和中国团结合作的聚会地点，素有“绿城”之美称。是海上丝绸之路的重要枢纽，在西部大开发战略格局和国家对外开放大局中具有独特地位。是西南地区最便捷的出海通道，也是中国西部资源型经济与东南开放型经济的结合部，在中国与东南亚的经济交往中占有重要地位。广西河流众多，其中红河水每年平均水量是黄河的 2.8 倍，被称为中国水电资源的富矿。八桂文化是广西民族文化为主要内容，是岭南文化的组成部分。

26. 西藏自治区

西藏自治区位于我国的西南边陲，青藏高原的西南部。北部与新疆、青海为邻，东部与四川、云南相依，南边以喜马拉雅山为界，与缅甸、印度、不丹、尼泊尔等国家接壤，西北部与巴基斯坦相交。面积约 120.28 万平方千米，属高原气候。元时称西藏地区为“乌思藏”。“乌思”在藏语中是“中央”的意思，“藏”是“圣洁”的意思。明代设立两个都指挥使司。清代称西藏东部为“康”（喀木），中部为“卫”，西部日喀则一带为“藏”（阿里），因其在中国西部，故称西藏。唐宋时期又称其为“吐蕃”，1965 年设立西藏自治区，取全称中的“藏”字作为简称。地处世界上最大最高的青藏高原，平均海拔 4 千米以上，有着“世界屋脊”之称。藏传佛教文化艺术是西藏文化艺术的主体。

27. 浙江省

浙江省地处我国东南沿海，长江三角洲南部，因境内最大的河流钱塘江（古称为浙江）而得名，省会杭州。陆域面积约 10.55 万平方千米，属热带季风气候，是中国面积最小的省份之一。浙江意为江流盘回曲折。战国时浙江指今天的富春江、钱塘江和新安江。东汉将浙江分为浙东、浙西两个地区。唐以后这两个地区转化为政区名称。明初设浙江省。取全称中的“浙”字作为简称。浙江是中国古代文化发源地之一，旅游资源丰富，主要有西湖、千岛湖、雁荡山、杭州西湖龙井等驰名中外，素有“文化之邦，旅游胜地”之称。浙江历史代表文化为“吴越文化”，又称“江浙文化”。

28. 江西省

江西省东邻浙江、福建，南连广东，西靠湖南，北临湖北、安徽而共接长江，为长江三角洲、珠江三角洲和闽南三角洲地区的腹地。江西省总面积约为 16.69 万平方千米，属亚热带湿润气候，唐代设置江南西道，简称江西道，江西由此得名。因赣江纵贯全省，故简称“赣”。江西历史悠久，人文荟萃，山川秀丽，名胜古迹众多，拥有丰富灿烂的文化，滕王阁、白鹿洞书院、瓷都景德镇等地，被称为“江南昌盛之地，文章节义之邦”。江西由于为环西太平洋成矿带的组成部分。所以区内地层出露齐全，岩浆活动频繁，地质构造复杂，成矿条件优越，矿产资源丰富，铜、钨、铀、钽、稀土和金、银被誉为江西省的“七朵金花”。江西省自古以来人文荟萃、物产富饶，素有“物华天宝、人杰地灵”之誉。江西孕育了红色文化、山水文化、陶瓷文化、书院文化、戏曲文化、农耕文化、商业文化、中医药文化等特色文化和临川文化、庐陵文化、豫章文化、客家文化等地域文化。

29. 广东省

广东地处我国大陆最南部，与香港、澳门、广西、湖南、江西和福建接壤，与海南隔海相望。广东省面积约 17.98 万平方千米，属亚热带和热带季风气候。宋置广南东路，简称广东路，广东由此而得名。元代设置广东道。明代设置广东省。辖区汉初为南粤之地，故简称“粤”。全省地处低纬度，横贯陆地中部，地势呈北高东低，境内山地、平原、丘陵交错。河流大多自北向南流，主要有珠江、韩江、鉴江等。广东资源丰富，其中高岭土、泥炭土、水泥用粗面岩、锗、碲的储量列全国第一位，雷州半岛的养殖海水珍珠产量居全国首位。广东也是中国著名的侨乡，华侨、华人约为 2200 万人。广东是岭南文化的重要传承地。

30. 福建省

福建地处我国大陆东南沿海，东临台湾海峡，是中国的重要门户。福建省全境陆地面积 12.4 万平方千米，海域面积约 13.6 万平方千米。属温暖湿润的亚热带海洋性季风气候，气候温和，多数地区为长夏无冬，年平均气温 17～21℃，秦始皇统一中国后，在此设闽中郡。汉时称福建为闽越国。唐开元年间设福建节度使，管辖福、建、泉、漳、汀五州，福建是前两州的名字组成的。元设福建行省。明设福建省至今。辖区古为闽越族聚居地，故简称“闽”。又因境内有闽江，故简称“闽”。居于中国东海与南海的交通要冲，是中国距东南亚、西亚、东非和大洋洲最近的省份之一。福建历史代表文化为“八闽文化”。

31. 台湾省

台湾地处我国东南海面上，西隔台湾海峡与福建省相望，东临太平洋，南界巴士海峡，与菲律宾相隔约 300 千米，北面向东海。总面积约 3.6 万平方千米。属热带亚热带过渡型气候。台湾由台湾岛、周围属岛和澎湖列岛组成，有大小 88 个岛屿，被称之为“多岛省”。台湾一名源于西拉雅族的台窝湾支族。台湾在秦汉时称“东鳀”。三国时称“东夷”。元时称“瑠求”。明万历年间正式在公文上使用台湾一名。清光绪十一年（1885 年）设台湾省。取全称中的“台”字作为简称。中国历代政府对台湾行使管辖权。是太平洋地区各国海上联系的重要交通枢纽。台湾岛多山，高山和丘陵面积占全部面积的三分之二以上。农耕面积约占土地面积的四分之一，盛产稻米，主要经济作物是蔗糖和茶。蔬菜品种超过 90 种，栽种面积仅次于稻谷。台湾素有“水果王国”美称。台湾文化以中华文化为主体，是中华文化的重要组成部分，近现代融合日本和欧美文化，呈现多元风貌。

32. 海南省

海南省位于中国最南端，北以琼州海峡与广东省划界，西临北部湾与越南民主共和国相对，东濒南海与台湾地区相望，东南和南边位于南海中与菲律宾、文莱和马来西亚为邻。全岛陆地总面积 3.54 万平方公里，管辖海域总面积约 200 万平方公里，属热带季风气候。境内最大岛屿又称海南岛，故名海南省。1988 年建省。因秦以后称这一带为琼台、琼州或琼崖，故简称“琼”。海南地处热带，年平均气温 23~25℃，长夏无冬。岛上终年气候宜人，四季鸟语花香，矿物、动植物资源丰富，尤其石油与天然气蕴藏量可观。所孕育的热带雨林和红树林为中国少有的森林类型，药用植物 2500 多种、抗癌作用的植物 137 种、果树 142 种、油料植物 89 种，海南是我国最年轻的省份和最大的经济特区，海南岛则是中国南海上的一颗璀璨的明珠，是仅次于台湾的全国第二大岛。海南省是中国陆地面积最小，海洋面积最大的省。海南省是中国的经济特区、自由贸易试验区。海南历史代表文化为“黎族文化”。

33. 香港特别行政区

香港位于我国广东省南面，珠江口东侧，背靠中国大陆，面朝南海，为珠江内河与南海交通的咽喉，陆地面积 1113.76 平方千米，海域面积 1641.21 平方千米，总面积 2754.97 平方千米。香港包括香港岛、九龙半岛、新界、离岛四大部分，属于亚热带气候。宋代以前，是海上渔民捕鱼生活的地方。宋元以后，岛上有个小村，叫“香港村”，为转运南粤香料的集散港，香港因此得名。19 世纪中叶清朝战败后，领域分批被割让及租借予英国并成为殖民地，于 1984 年签订《中英联合声明》，决定 1997 年 7 月 1 日中华人民共和国对香港恢复行使主权。1997 年成立香港特别行政区，取全称中的“港”字作为简称，实行“一国两制”。第二次世界大战以后，香港经济和社会迅速发展，不仅成为“亚洲四小龙”之一，也是全球最富裕、经济最发达和生活水准最高的地区之一。香港是亚洲重要的金融、服务、航运中心和国际创新科技中心，以廉洁的政府、良好的治安、自由的经济体系以及完善的法治闻名于世。香港是中西方文化交融之地，把华人智慧与西方社会管理经验合二为一，有“东方之珠”美誉的国际大都会，与纽约、伦敦并称为“纽伦港”。

34. 澳门特别行政区

澳门位于我国南海之滨，珠江口西侧，北与广东珠海相连，西跨莲花大桥与珠海市横琴岛相通。东与香港隔海相望。陆地面积32.9平方公里，属亚热带气候。由澳门半岛、氹仔岛、路环岛和路氹城四部分组成，澳门名字最早记录于明朝史书，叫作“蚝镜”（濠镜），意为海湾如明镜，盛产“蚝”。后又被称“澳”，即船只停航寄泊的地方，故称“蚝镜澳”，因隶属广东香山，亦称“香山澳”。“门”字的来历有多种说法，一种说法是本地南面的氹仔、小横琴、路环、大横琴四岛离立对峙，海水贯流其中呈十字门状，另一种说法是本地南台山（妈阁庙山）和北台山（莲峰山）相封成门。既是澳，又是门，故曰澳门。澳门地区原属于广东省，1535年起被葡萄牙殖民者逐步强占，历时400年，1999年12月20日，中国恢复对澳门的行使权，成立澳门特别行政区。取全称中的“澳”字作为简称。澳门是“世界四大赌城”之一。其著名的纺织品、玩具、旅游业、酒店和娱乐场使得澳门长盛不衰。因此，澳门也是全球最富裕的城市之一。澳门文化中最能够代表其本身世界定位的便是其赌场文化。

十三、直辖市、自治区与特别行政区

1. 4个直辖市

（1）北京（京）：1949年设为直辖市。取全称中的“京”字作为简称。

（2）天津（津）：1949年设为直辖市。取全称中的“津”字作为简称。

（3）上海（沪）：1949年，上海设为直辖市。因为当时这里被称为“沪渎”，故上海简称“沪”。春秋战国时上海是楚春申君黄歇封邑的一部分，故上海别称“申”。

（4）重庆（渝）：1997年，重庆设为直辖市。隋时，嘉陵江称渝水，重庆因位于嘉陵江畔而置渝州，故重庆简称“渝”。

2. 5个民族自治区

（1）新疆维吾尔自治区（2）西藏自治区

（3）宁夏回族自治区

（4）广西壮族自治区

（5）内蒙古自治区

3. 2个特别行政区

（1）香港特别行政区
（2）澳门特别行政区

4. 怎样快速记忆省级行政区

（1）华北：北京市、天津市、河北省、山西省、内蒙古自治区
（2）东北：辽宁省、吉林省、黑龙江省
（3）华东：上海市、江苏省、浙江省、安徽省、福建省、江西省、山东省
（4）中南：河南省、湖北省、湖南省、广东省、广西壮族自治区、海南省
（5）西南：重庆市、四川省、贵州省、云南省、西藏自治区
（6）西北：陕西省、甘肃省、青海省、宁夏回族自治区、新疆维吾尔自治区
（7）港澳台：香港特别行政区、澳门特别行政区、台湾

十四、中国城市

960万平方千米土地，14亿人口的泱泱大国，当代中国人正创造着崭新的历史。现代的城市高楼替代了低矮的土木瓦，璀璨的夜景灯火点亮了东方时空。中国城市正展现着新时代的文明和进取精神。

（一）中国省会城市

1. 北京（京）

天安门

北京有据可查的第一个名称为“蓟”，是春秋战国时燕国的都城。辽金是将北京作为陪都，称为燕京。金灭辽后，迁都于此，称中都。元代改称大都。明成祖朱棣从南京迁都于此，改称“北京”。名称一直沿用至今。1949年设为直辖市，取全称中的“京”字作为简称。是中华人民共和国首都，四个中央直辖市之一，全国第二大城市及政治、交通和文化中心。位于华北平原北端，东南局部地区与天津相连，其余为河北省所环绕。北

京有3000余年建城史和850余年建都史，是全球拥有世界文化遗产最多的城市。截至2022年末，北京常住人口2184.3万人，比上年末减少4.3万人。

2. 天津（津）

天津是中国北方的经济中心，国际港口城市，生态城市。唐宋以前，天津称为直沽。金代形成集市称“直沽寨”。元代设津海镇，这是天津建城的开始。明永乐2年（1404年）筑城设卫，始称天津卫，取“天子经过的渡口”之意。1949年设为直辖市，成为中国四个直辖市之一，位于环渤海经济圈的中心，市中心距北京137千米。是中国北方最大的沿海开放城市、近代工业的发源地、近代北方最早对外开放的沿海城市之一、成为我国北方的海运与工业中心。有超过1000万人居住和生活在天津地区。在经济上一度落后于其他城市。自从2006年滨海新区发展上升为国家政策后，天津重新走上了高速发展的道路。天津承办了2013年第六届东亚运动会。

3. 上海（沪）

古时，上海地区的渔民发明了一种竹编的捕鱼工具“扈”，当时还没有上海这一地名，因此，这一带被称为“沪渎”，故上海简称“沪”。春秋战国时上海是楚春申君黄歇封邑的一部分，故上海别称“申”。上海之称始于宋代，当时上海已成为我国的一个新兴贸易港口，那时的上海地区有十八大浦，其中一条叫上海浦，它的西岸设有上海镇。1292年，上海改镇为县。这是上海这一名称的由来。1949年，上海设为直辖市。

上海面临大海，自古以来都是经济繁荣之地，如今作为中国大陆第一大城市，它是中国大陆的经济、金融、贸易和航运中心。上海创造和打破了中国世界纪录协会多项世界之最、中国之最。上海位于我国大陆海岸线中部的长江口，拥有中国最大的工业基地、最大的外贸港口。有超过2000万人居住和生活在上海地区，成为我国大陆地区人口密度最高的城市。上海也是一座新兴的旅游目的地，具有深厚的近代城市文化底蕴和众多的历史古迹，今日的上海已经发展成为一个国际化大都市，并致力于建设成为国际金融中心和航运中心。2010年世界博览会在此举行。

4. 重庆（渝）

重庆古称“巴”。秦时称江州。隋称渝州。北宋称恭州。重庆之名始于1190年，因南宋光宗赵敦先封恭王，后登帝位，遂将恭州升为重庆府，取“双重喜庆”之意。1997年，重庆设为直辖市。

隋时，嘉陵江称渝水，重庆因位于嘉陵江畔而置渝州，故重庆简称“渝”。它地处中国西南。是中国重要的中心城市之一，长江上游地区经济中心和金融中心，内陆出口商品加工基地和扩大对外开放的先行区，中国重要的现代制造业基地，长江上游科研成果产业化基地，长江上游生态文明示范区，国家高技术产业基地，长江上游航运中心，也是中国政府实行西部大开发的开发地区以及国家统筹城乡综合配套改革试验区。重庆历史悠久，被评为国务院公布的第二批国家历史文化名城之一。因为重庆的地理环境，重庆多山多雾，故又有雾都、山城的别名。

5. 内蒙古自治区（内蒙古）——呼和浩特

呼和浩特，为蒙古语，汉译为“青色的城市”，即青城，也称“呼市”，为内蒙古自治区首府，也是全区政治、经济、文化和商业中心。全市总面积 17224 平方千米，市辖 4 个市辖区、4 个县、1 个旗和一个国家级开发区。呼和浩特是内蒙古最重要的工业城市，也是我国重要的毛纺织工业中心之一，现已成为一个门类比较齐全的综合性工业城市。除传统的民族用品工业、轻纺工业外，制糖、卷烟、乳品、医药、化工、冶金、电力、建筑材料等工业都已形成较大规模。涌现出了仕奇集团、伊利乳业、蒙牛乳业、呼和浩特市卷烟厂、亚华水泥厂、三联化工厂等大型企业。近年来，呼和浩特借助得天独厚的自然条件，乳业发展迅速，已成为闻名遐迩的“乳都”。与松原、包头、鄂尔多斯一起被称为“中国北方经济增长四小龙”。

6. 新疆维吾尔自治区（新）——乌鲁木齐

乌鲁木齐市是新疆维吾尔自治区首府，简称乌市，总面积 10900. 77 平方千米。它位于新疆维吾尔自治区北部，是全疆政治、经济、文化、科技的中心。历史上，乌鲁木齐就是古丝绸之路新北道上的重镇，地处亚洲大陆地理中心，联系着东西方经济文化的交流，是西方文化和中国文化的荟萃之地，呈现出多元文化的特质，其特点是开放、热情、豪爽和奋进，是中亚地区最具活力的城市。现辖七区一县，两个国家级开发区和一个出口加工区。其中居住着汉、维吾尔、哈萨克、回、蒙古等 47 个民族，各民族的文化艺术、风情习俗，构成了具有浓郁民族特色的旅游人文景观，独特的服饰和赛马、叼羊、姑娘追、达瓦孜表演、阿尔肯弹唱等民族文化活动以及能歌善舞、热情好客的各族人民，对异国他乡的游客颇具吸引力。该市自然资源也十分丰富，北有准东油田，西有克拉玛依油田，南有塔里木油田，东有吐哈油田，且地处准噶尔储煤带的中部，市辖区内煤炭储量就达 100 亿吨以上，被称为“油海上的煤船”。此外还蕴藏丰富的各种有色、稀有的矿产资源。境内天山冰川和永久性积雪被称为“天然固体水库”。山区有繁茂的天然森林和天然草场，可利用的野生植物 300 余种。光、热和风能资源也非常丰富，有亚洲最大风力发电厂。这些自然资源，为乌鲁木齐的经济发展奠定了坚实的基础。

7. 西藏自治区（藏）——拉萨

“拉萨”在藏语中为“圣地”或“佛地”之意，长期以来就是西藏政治、经济、文化、宗教的中心。金碧辉煌、雄伟壮丽的布达拉宫，是至高无上政教合一政权的象征。早在公元七世纪，松赞干布兼并邻近部落、统一西藏后，就从雅隆迁都逻娑（即今拉萨），建立吐蕃王朝。1951 年，西藏和平解放，拉萨成为西藏自治区首府，总面积 31662 平方千米，总人口 42 万人，以藏族为主。截至 2021 年，全市下辖 3 个区、5 个县，面积 2. 964 万平方千米，常住人口 86. 7891 万人。

拉萨位于青藏高原的中部，海拔 3650 米，是世界上海拔最高的城市之一。1960 年，国务院正式批准拉萨为地级市，1982 年又将其定为首批公布的 24 座国家历史文化名城之一。

8. 宁夏回族自治区（宁）——银川

银川市是宁夏回族自治区的首府，城区面积约为 107 平方千米。是新亚欧大陆桥沿线的重要商贸城市，位于“呼—包—银—兰—青经济带”的中心地段，也是宁蒙陕甘周边约 500 千米范围内的区域性中心城市。区位优势明显。银川交通便捷，现已形成了公路、铁路、航空为主的立体交通网。银川自古有塞上明珠的说法，城西有著名的国家级风景区西夏王陵。城区内多穆斯林风格建筑，以鼓楼为中心，城南有大型的清真寺和承天寺塔等著名古迹。

9. 广西壮族自治区（桂）——南宁

南宁，广西壮族自治区首府，位于广西西南部，与越南社会主义共和国毗邻，是红豆的故乡，也是一座历史悠久的边陲古城，具有深厚的文化积淀，古称邕州，是一个以壮族为主的多民族和睦相处的现代化城市。城市总面积为 22112 平方公里，居住着壮、苗、瑶等 36 个少数民族，2022 年末南宁市常住人口达 889. 17 万人，人口总量居广西第一。南宁别称绿城、凤凰城、五象城，分别因市内有凤凰岭，五象岭而得名。

2003 年 10 月 8 日，温家宝总理在印度尼西亚巴厘岛第七次东盟与中国 10+1 领导人会议上建议，从 2004 年起，每年 11 月在中国广西南宁举办中国——东盟博览会。因此南宁成为东盟博览会永久举办地。另有，南宁每年都会在民歌广场举行民歌节，届时，各族同胞载歌载舞，欢庆一堂。

10. 香港特别行政区（港）——香港

宋代以前，这里是海上渔民捕鱼歇息的地方。宋元以后，岛上有个小村，叫“香港村”，为转运南粤香料的集散港，香港因此得名。1997 年成立香港特别行政区，取全称中的“港”字作为简称。香港是亚洲繁华的大都市、地区及国际金融中心之一，条件优越的天然深水港，1842 年至 1997 年是英国的殖民地，1997 年 7 月 1 日回归中国。面积约 1104 平方千米，2022 年年底香港人口 733. 32 万人，主要产业包括地产业、银行及金融服务业、旅游业、工贸服务业、社会和个人服务业。香港以廉洁的政府、良好的治安、自由的经济体系以及完善的法治闻名于世。

11. 澳门特别行政区（澳）——澳门

名字最早记录于明朝史书，叫作“蚝镜”（濠镜），意为海湾如明镜，盛产“蚝”。后又称做“澳”，即船只停航寄泊的地方，故称“蚝镜澳”，因隶属广东香山，亦称“香山澳”。“门”字的来历有多种说法，一说是本地内港的妈祖庙，隔海同湾仔的银坑相望，形成的海峡象门；另一说是本地南面的氹仔、小横琴、路环、大横琴四岛离立对峙，海水贯流其中呈十字门状；再一说是本地南台山（妈阁庙山）和北台山（莲峰山）相封成门。总之，既是澳，又是门，故曰澳门。1999 年成立澳门特别行政区。取全称中的“澳”字作为简称。

澳门是中华人民共和国的特别行政区，位于中国东南沿海的珠江三角洲西侧，由澳门半岛、氹仔岛、路环岛和路氹城四部分组成，总面积共 32.8 平方千米，2022 年 12 月底总人口为 672800 人，这也使澳门成为全球人口密度最高的地区。另外，澳门是“世界四大赌城”之一。其著名的纺织品、玩具、旅游业、酒店和娱乐场使得澳门长盛不衰。因此，澳门也是全球最富裕的城市之一。

12. 黑龙江省（黑）——哈尔滨

哈尔滨是黑龙江省省会，全市土地面积 5.31 万平方千米，2021 年末，哈尔滨市常住人口 988.5 万人，居住着 48 个少数民族，是中国省辖市中管辖面积最大、管辖总人口居第二位的特大城市（仅次于成都），属于东北北部的政治、经济、文化和交通中心，也是中国著名的历史文化名城和旅游城市，素有“共和国长子”“东方莫斯科”“东方小巴黎”等美称。哈尔滨气候属中温带大陆性季风气候，冬长夏短，冬季 1 月平均气温约零下 19℃，美丽的雪景又让这个城市获得“冰城”“天鹅项上的珍珠”美称。

哈尔滨拥有中西合璧的城市风貌、粗犷豪放的北方民族风情，一年一度的哈尔滨之夏音乐会、冰灯游园会、冰雪大世界等大型活动显示了哈尔滨深厚的文化底蕴。其著名的人文自然景观还有：哈尔滨极地馆、防洪纪念塔、文庙、极乐寺、圣索菲亚教堂、俄罗斯风情的中央大街、萧红故居等文物古迹和东北林园、亚布力滑雪旅游度假区、原始森林等 500 余处。

13. 吉林省（吉）——长春

长春，吉林省省会，地处东北平原中央，是东北地区天然地理中心、东北亚十字经济走廊核心，也是全省政治、经济、文化、科技和交通中心。这里拥有最大的汽车工业城市和新中国电影工业摇篮，有“东方底特律”和“东方好莱坞”“东方洛杉矶”

的美誉。其地理位置独特，自然与人文景观俱佳，拥有丰富而独具特色的旅游资源，著名景区有：净月潭、伪满皇宫博物馆、长影世纪城、吊水壶风景旅游区、农安古塔、卡伦湖、旧八大部、长春世界风景园、辽黄龙府遗址、长春以马内利大教堂、长春书山广场等。

14. 辽宁省（辽）——沈阳

沈阳，辽宁省省会，中国七大区域中心城市之一，东北地区最大的国际大都市。是东北地区政治，金融，文化，交通，信息和旅游中心，同时也是我国最重要重工业基地，素有“东方鲁尔”的美誉。沈阳地区孕育了辽河流域的早期文化，是闻名遐迩的历史文化名城，因地处古沈水（今浑河）之北而得名。著名的人文资源有：1625年，清太祖努尔哈赤建立的后金迁都于此，更名盛京。1636年，皇太极在此改国号为“清”，建立清朝。1644年，清军入关定都北京后，以盛京为陪都。清初皇宫所在地——沈阳故宫，是中国现今仅存最完整的两座皇宫建筑群之一。另外，沈阳有众多文物保护单位，除了沈阳故宫，还有沈阳北陵、中共满洲省委旧址、无垢净光舍利塔、周恩来少年读书旧址、张氏帅府等。

15. 河北省（冀）——石家庄

石家庄旧称“石门”，简称“石”。今为河北省省会，位于河北省中南部，东与衡水接壤，南与邢台毗连，西与山西为邻，北与保定为界。1948年新中国成立之前全国第一个解放的省会城市；该市区历史文化悠久，交通便利，旅游资源丰富，名胜古迹众多，著名景点有：赵州桥、隆兴寺、苍岩山、西柏坡、天桂山、驼梁等。随着社会主义经济发展，石家庄已经屹立在近现代化城市行列，经济发展十分迅速，交通网完善，人民生活水平显著提高。

16. 山西省（晋）——太原

太原，山西省的省会，濒临汾河，三面环山，自古就有“锦绣太原城”的美誉。太原是山西省的政治、经济、文化中心，有丰富的煤炭资源，现在，太原已经发展成为一个以冶金、机械、化工、煤炭工业为主体，轻纺、电子、食品、医药、电力和建材工业具有相当规模，工业门类比较齐全的现代化工业城市。

太原以其悠久的历史、灿烂的文化、丰富的资源而闻名天下，与全国任何一个城市相比，包括著名的古都北京、西安、杭州、苏州、开封、洛阳在内，都毫不逊色。唐代大诗人李白曾经盛赞太原“天王三京，北都其一。”2500年的历史文化使太原积淀了丰富的历史文化遗产，如“晋祠”园林，称得上是华夏文化的一颗璀璨明珠；建于明代的永祚寺，“凌霄双塔”是我国双塔建筑的杰出代表；龙山石窟是我国最大的道教石窟；始建于北齐、毁于元末明初的蒙山大佛，堪与巴米扬大佛和乐山大佛相媲美！此外还有隋末唐初建造的佛教名刹崇善寺和富有民族特色的道教寺宫纯阳宫、多福寺等文物古迹，这些景观都值得一赏。

17. 青海省（青）——西宁

西宁市，青海省的省会，是全省政治、经济、文化、教育、科教、交通和通讯中心。地处青藏高原河湟谷地南北两山对峙之间，统属祁连山系，黄河支流湟水河自西向东贯穿市区。全市总面积 7665 平方千米，截至 2021 年，西宁市常住人口为 247.56 万人。

西宁历史悠久。商周秦汉时期，河湟地区是古羌人聚居的中心地带。五代北宋时称青唐城，是吐蕃唃厮啰的国都，成为东西商贸交通的都会，兴盛一时。这是个典型的移民城市，多民族聚集、多宗教并存，因地处黄土高原与青藏高原，农业区与牧业区、汉文化与藏文化交流频繁，有共通之处。西宁市曾被评为“中国优秀旅游城市”“国家园林城市”等，著名景区有：老爷山、娘娘山、五峰山、虎台等。

18. 山东省（鲁）——济南

济南是山东省省会，位于山东省中西部，具有 4000 多年的历史，是闻名世界的史前文化——龙山文化的发祥地。是“全国城市综合实力 50 强”和“全国投资硬环境 40 优”的城市之一。该市各种资源都十分丰富，矿产资源主要有铁、煤、花岗石、耐火粘土以及钾、铂、钴等多种有色金属、稀有金属和非金属矿产等，特别是石灰岩品位高、储量大。花岗石中的黑色花岗石，质地纯正，为国内独有。南部山区盛产苹果、黄梨、柿子、核桃、山楂、板栗等，北部临黄平原的大枣也有很高的产量。另外，白莲藕、大葱、玫瑰花、芦苇等植物也有较高的产量，并在省内外享有盛名。

此外，济南素以泉水众多、风景秀丽而闻名天下，据统计有四大泉域，十大泉群，733 个天然泉，这在国内外城市中罕见，是举世无双的天然岩溶泉水博物馆，除“泉城”外，济南也常被称为“泉都”，“家家泉水户户垂柳”，有著名的七十二泉，一派江南风光而得名。而在这些泉中，以趵突泉最为著名。

19. 河南省（豫）——郑州

郑州，是河南省省会，地处中华腹地，九州通衢，北临黄河，西依嵩山。有 3600 年的历史，是中国八大古都之一。这里还是中华人文始祖轩辕黄帝的故里、商朝开国君主商汤所建的亳都，今河南省政治、经济、教育、科研、文化中心。

悠久的历史给郑州留下了丰富的文化积淀，嵩山风景名胜区是全国 44 个重点风景名胜区之一和全国文明风景旅游区示范点，“天下第一名刹”少林寺就坐落在嵩山脚下，威震海内外的少林功夫从这里走向世界。这里还有我国最早的天文建筑周公测景台和元代观星台、中国宋代四大书院之一嵩阳书院、我国现存最大的道教建筑群中岳庙等。在郑州周围，还有星罗棋布的古城、古文化、古墓葬、古建筑、古关隘和古战场遗址，著名历史人物轩辕黄帝、列子、子产、申不害、韩非子、郑国、陈胜、张良、潘安、杜甫、白居易、李商隐等都出生在郑州所辖县市。

20. 江苏省（苏）——南京

南京市，战国时楚威王始置金陵邑、以为“王之地也”，简称“宁”，古时是“中国四大古都”之一，有“六朝古都”之称。现在是江苏省省会，位于长江下游沿岸，是长江下游地区重要的产业城市和经济中心，中国重要的文化教育中心之一，也是华东地区重要的交通枢纽。为亚热带季风气候，夏季炎热，有“火炉”之称。重要旅游资源有：总统府、中山陵、鸡鸣寺、阅江楼、玄武湖、夫子庙、紫金山等。

中山陵

21. 安徽省（皖）——合肥

合肥，因东淝河与南淝河在此汇合而得名，现为安徽省省会，位于安徽中部，长江淮河之间、巢湖之滨，通过南淝河通江达海，具有承东启西、接连中原、贯通南北的重要区位优势，是全省政治、经济、文化和商贸中心。合肥还是一座绿色城市、生态城市，1992 年成为国家首批命名的 3 个“全国园林城市”之一。建成区园林绿地面积达 8744. 8 公顷，城市绿地率达到 38. 91%、绿化覆盖率达到 43. 93%，建有敞开式环城公园，构成了“园在城中、城在园中”的城景交融格局，为全国所独有。在对环城园林做进一步绿化的基础上，于环绕古城的“绿色锦带”上新辟建了四处自然景区，被誉为“一根项链，四颗明珠”。城市著名的景区有：龙泉山、丰乐生态园、岱山湖、大蜀山、包公墓园、李鸿章故居、清风阁、吴王庙等。

22. 浙江省（浙）——杭州

杭州是浙江省省会，位于长江三角洲南翼，是中国东南重要交通枢纽，有“东南第一州”的美称，是浙江省政治、经济、文化、科教中心，有着 2200 年的悠久历史的杭州还是我国八大古都之一。也是中国最著名的风景旅游城市之一，“上有天堂、下有苏杭”，表达了古往今来的人们对于这座美丽城市的由衷赞美。元朝时曾被意大利著名旅行家马可·波罗赞为“世界上最美丽华贵之城”。其中最著名的有：西溪三堤十景、西湖、洪园、千岛湖、京杭大运河、钱塘江等名胜古迹，享誉中外，吸引游人无数。

23. 福建省（闽）——福州

福州，福建省省会，江南名城，因市区城内有屏山、福州乌山、于山三山鼎立，别称“三山”；北宋治平三年太守张伯玉，亲自在衙门前种植榕树 2 棵，并号召百姓普遍种植后满城绿荫蔽日，暑不张盖，故又有榕城之美称。福州是离台湾地区最近的省会中心城市，也是中国市场化程度和对外开放度较高的地区之一。近年来，福州经济社会持续快速协调健康发展，初具经济繁荣、科教发达、设施完善、环境优美的现代城市风貌，被评为中国持续发展最快的省会城市之一。

24. 江西省（赣）——南昌

南昌，又名豫章、洪城，为江西省省会，地处江西省中部偏北，赣江、抚河下游，濒临鄱阳湖。既是国家历史文化名城，又是革命英雄城市。城市建设风格和大陆诸多的城市有所不同，南昌的城市风格譬如台北，清新的空气，干净的街道和南昌八一广场充满台湾本土气息的中国式建筑，走在南昌的街头或俯瞰南昌时，让人仿佛置身于台北，给人一种不一样的视觉传达和精神寄托，所以许多台湾人生活在南昌，都能找到家的感觉。南昌的红色革命根据地，著名的南昌起义发生于此，被誉为中华“未来都市，绿色之都”。

25. 湖南省（湘）——长沙

长沙，又称“星城”，为湖南省的省会，地处湖南东部偏北，属亚热带季风气候，四季分明。春末夏初多雨，夏末秋季多旱；春湿多变，夏秋多晴，严冬期短，暑热期长。著名河流有湘江和浏阳河等。

长沙有文字可考的历史有 3000 多年，因屈原和贾谊的影响而被称为“屈贾之乡”。长沙又称“楚汉名城”，马王堆汉墓和走马楼简牍等重要文物的出土反映其深厚的楚文化以及湖湘文化底蕴，位于岳麓山下的岳麓书院为湖南文化教育的象征。历史上涌现众多名人，留下众多的历史文化遗迹，成为首批国家历史文化名城。长沙经济原本偏重于第三产业，尤以媒体和娱乐业闻名，为中南地区重要工商业城市。近年来，由于长沙大力推进新型工业化，一大批高新技术产业以及机械重工业产业得到了迅速发展。

26. 湖北省（鄂）——武汉

武汉为湖北省省会，是华中地区最大都市及中心城市。世界第三大河长江及其最长支流汉江横贯市区，将武汉一分为三，形成了武昌、汉口、汉阳三镇隔江鼎立的格局。作为中国水域面积最大的城市，武汉的水域面积约占四分之一，湖泊数量达到170个。武汉的东湖则是中国最大的城中湖。唐朝诗人李白在此写下“黄鹤楼中吹玉笛，江城五月落梅花”，因此武汉自古又称“江城”。

在清末、民国及中华人民共和国初期，武汉经济繁荣，汉口一度成为中国内陆最大的通商口岸，有“东方芝加哥”的美誉。武汉是中国近代工业的摇篮，是中国近代规模最大的城市，也是中华民国的诞生地，著名的武昌起义便在这里发生。武汉文化底蕴深厚，有“京剧之母”美誉的汉剧，便鼎盛于汉口，最终与徽剧合流，诞生了国粹京剧。到武汉旅游，龙泉山、道观河风景区、盘龙城遗址、木兰山等风景区很值得游览一番。

27. 广东省（粤）——广州

广州是广东省的省会，简称穗，别称羊城、仙城、花城等；新中国成立前旧称省城。地处中国南方，广东省南部，珠江三角洲的北缘，西江、北江、东江水道在此汇合，濒临南中国海，珠江入海口，毗邻港澳，地理位置优越，对外经贸发达。广州也是海上丝绸之路的起点，被称为中国的“南大门”。广州属南亚热带季风气候，气候宜人，是全国年平均温差最小的大城市之一，于2010年举办亚洲体育盛事——第16届亚洲运动会。广州也是一个历史悠久的城市，文物古迹众多。现有国家、省、市三级文物保护单位共219处，其中全国重点文物保护单位19处，中山四路一带先后发现了秦汉造船遗址和南越国宫署遗址。其他著名旅游景点还有五仙观、南越王墓等。

28. 台湾地区（台）——台北

台湾岛是中国的第一大岛，位于祖国东南沿海的大陆架上，是中国神圣领土不可分割的一部分。历史上，台湾曾被西班牙、荷兰、日本先后占领过。抗日战争胜利后，台湾重归中国的版图。1949年后，由于众所周知的原因，台湾与祖国大陆处于分离的状态。60多年来，台湾的政治、经济、文化、社会等发生了巨大变化。台湾扼西太平洋航道的中心，是祖国大陆与太平洋地区各国海上联系的重要交通枢纽，经济发达，曾被誉为“亚洲四小龙”之一。此外，台湾旅游业也很发达，

日月潭

其地貌复杂，处于太平洋火山地震带上，又有喀斯特地貌与海蚀地貌，故多山水胜境、火山群与温泉群。西海岸沙滩平缓，多海水浴场，而东海岸断崖陡峭，奇石怪岩，森林茂密，动植物资源丰富，更有“蝴蝶王国”之称。名胜中最为著名的是日月潭，吸引了中外不少游客。

29. 海南省（琼）——海口

海口市，海南省省会。位于海南岛北部，北濒琼州海峡，标志性建筑是世纪大桥。海口从发端至今已有近千年的历史。1988 年，海南建省办经济特区，海口市成为海南省省会，全省政治、经济、科技、文化中心，交通邮电枢纽，海口市地处热带滨海，热带资源呈现多样性，富于海滨自然特色风光景观，曾荣获“中国人居环境奖”。并被誉为十佳城市、国家环境保护模范城市、中国优秀旅游城市、国家历史文化名城等，著名旅游景点有：五公祠、海瑞墓、李硕勋烈士纪念亭、秀英炮台、万绿园、假日海滩、热带海洋世界、金牛岭烈士陵园、滨海公园、石山火山口等。

30. 甘肃省（甘或陇）——兰州

兰州是甘肃省省会，是中国西北区域中心城市，位于中国陆域版图的几何中心，境内有中国七大军区之一的兰州军区本部。市区南北群山环抱，东西黄河穿城而过，具有带状盆地城市的特征，地处黄河上游，属中温带大陆性气候，日照充足，全年日照时数平均 2446 小时，无霜期 180 天以上。兰州是唯一黄河穿城而过的省会城市，市区依山傍水，山静水动，形成了独特而美丽的城市景观。南北群山对峙，东西黄河穿城而过，蜿蜒百余里。因为兰州是古代“丝绸之路”重镇，留下了许多名胜古迹，并曾两次入选全国十佳避暑旅游城市，国家级森林公园有徐家山、吐鲁沟、石佛沟、兴隆山；市区有五泉山、白塔山、白云观、白衣寺等名胜古迹，还有兰山公园、南湖公园、西湖公园、滨河公园、水上公园等风格各异的景点。另外，兰州是驰名中外的瓜果名城，夏秋季节更是具有避暑兼品瓜果的旅游特色。

31. 陕西省（陕或秦）——西安

西安，现在陕西省省会城市，古称“长安”，意为“长治久安”，是举世闻名的世界四大文明古都之一，居中国古都之首，是中国历史上建都时间最长、建都朝代最多的都城，是中华文明的发祥地。当今的西安是中国七大区域中心城市之一，也是新欧亚大陆桥中国段和黄河流域最大的中心城市，那里有中国大飞机的制造基地，也拥有中国中西部地区最大最重要的科研、高等教育、国防科技工业和高新技术产业基地。2009 年西安被列为继北京、上海之后，我国第三“国际化大都市”。作为华夏文明的发源地，西安的历史悠久，文化的积淀非常厚重，它的旅游资源得天独厚，其中享誉中外的景点有：秦始皇兵马俑、西安古城墙、半坡遗址、碑林博物馆、大雁塔、大清真寺、黄帝陵、唐乾陵、唐大明宫遗址等。自然景观峭拔险峻，独具特色，境内及附近有西岳华山、终南山、太白山、王顺山、骊山、楼观台、辋川溶洞等风景名胜区。人文山水、古城新姿交相辉映，构成古老西安特有的神韵风姿。近年来，西安旅游业发展迅猛，旅游设施不断完善，旅游业已成为西安市真正的支柱产业和先导产业。西安市还首批获得“中国优秀旅游城市”称号。

32. 四川省（川或蜀）——成都

成都市，四川省的省会城市，位于四川省中部，是中西部地区重要的中心城市。简称“蓉”，别称“锦城”、“锦官城”，自古被誉为“天府之国”，现在经济发展迅速，成为西南地区科技中心、商贸中心、金融中心和交通通信枢纽，在全国率先建立社会主义市场经济体制试点、金融对外开放。2003年《中国城市发展报告》成都综合实力位列第九位。2004年当选《CCTV》“全国十大最具经济活力城市”，经济总量在西部12个省会城市中排名第一。先后荣获“国家园林城市”“中国最佳旅游城市”“国家森林城市”称号，其中著名景点有：青羊宫、杜甫草堂、大熊猫繁育基地、武侯祠、金沙遗址、都江堰等。还于2010年2月获批加入联合国教科文组织创意城市网络并被授予“美食之都”称号，著名小吃有：陈麻婆豆腐、双流兔头、夫妻肺片、二姐兔丁、传统锅魁、龙抄手、韩包子、蒸糕、三大炮、赖汤圆等。

都江堰

33. 贵州省（贵或黔）——贵阳

贵阳因位于境内贵山之南而得名，沿用至今，已有400多年历史。古代贵阳盛产竹子，以制作乐器“筑”而闻名，故简称“筑”，也称“金筑”，别名“林城”“筑城”，素有“避暑之都”之美称。现在贵阳是中国贵州省的省会，位于中国西南云贵高原东部，是我国西南地区重要的中心城市之一。作为贵州省的政治、经济、文化、科教、交通中心和西南地区重要的交通通信枢纽、工业基地及商贸旅游服务中心，贵阳还被誉为“高原明珠”。另外，作为喀斯特地貌发育典型地区，贵阳拥有以“山奇、水秀、石美、洞异”为特点的喀斯特自然景观和人文旅游资源。其中著名景点有：黔灵山、弘福寺、南郊公园、百花湖景区、青岩古镇、甲秀楼、阳明祠、龙里大草原、情人谷、香纸沟、鱼洞峡、仙人洞、东山塔等。

34. 云南省（云或滇）——昆明

昆明是云南省省会，位于西南边境，是中国面向东南亚、南亚开放的门户枢纽。它也是西部地区第四大城市，仅次于成都、重庆、西安，是中国唯一面向东盟的第一城，还是滇中城市群的核心圈！昆明属北纬亚热带，然而境内大多数地区夏无酷暑，冬无严寒，气候宜人，具有典型的温带气候特点，年温差为全国最小，这样的气候特征在全球少有，因此昆明素以“春城”而享誉中外。昆明具有千年悠久的历史，被评为国家级历史文化名城，也是我国重要的旅游、商贸城市。著名的旅游景点有：石林，滇池，翠湖，陆军讲武学堂等。

（二）中国容易被读错的城市

1. 辽宁省

阜新——正确的读音是 fù（富），迟家崴——正确的读音是（chí jiā wǎi）。

2. 天津市

洵河——应读作（xún hé）。

3. 河北省

蔚县——正确读音是（yù 玉）县，井陉（xíng）县；蠡（lǐ）县；瀑河——（bào hé）；妫水——（guī shuǐ）贾家疃——（jiǎ jiā tuǎn）鄚州——（mào zhōu）洨河——（xiáo hé）。

4. 河南省

浚县——（xùn 训）被误读成浚（jùn 俊）县；泌阳（地名）——（bì yáng）；柘（zhè）城，武陟（zhì）；鄌阳——（cuó yáng）；缑氏——（gōu shì）；繁塔——（pó tǎ）；漯河——（luò hé）；洧川——（wěi chuān）；荥阳——（xíng yáng）。

5. 陕西省

邠（1、同“豳”；2、邠县，旧县名）——读作（bīn）；鄜县（陕西旧县名，今已改作富县）——读作（fù xiàn）；马嵬坡——读作（mǎ wéi pō）；沔水——读作（miǎn shuǐ）；汧河——（水名，今作千河）读作（qiān hé）。

6. **内蒙古**

巴彦淖尔（nào 闹）被误读成卓（zhuó）。

7. **青海省**

贞乃亥——（地名，即泽库县）读作（suō nǎi hài）。

8. **新疆**

龟兹——（古西域国名）读作（qiū cí）；喀什（shí“十”）；巴音郭楞（léng）——被误读成愣（lèng）。

9. **山西省**

繁峙县——峙的正确读音是 shì（是）；长子县——长的正确读音是 zhǎng（掌）；隰县（xí）；核桃凹——读作（hé táo wā）；匼河——读作（kē hé）；龙王辿——读作（lóng wáng chān）；南窊子——读作（nán wā zi）。

10. **山东省**

徂徕山，读作 cú laí shān；莘（shēn 深）县，与“莘莘学子”中的莘读音一致；莒（jǔ）县；茌（chí）平县；东阿（读作 e 县）；鄄城，读作（juàn chéng）；刘家夼，读作（liú jiā kuǎng）；临朐，读作（lín qú）；牟平，读作（mù píng）；郯城，读作（tán chéng）；单县，读作（shàn xiàn）。

11. **安徽省**

亳（bó 驳）州，几乎经常被读作多了一横的毫；歙县，正确读音是（shè 社）；六安，六的正确读音是 lù（路）；黟（yī）县；枞阳（zōng）；蚌埠——正确读音是（bèng bù）；砀山，正确读音是（dàng shān）；涡阳，正确读音是（guō yáng）。

12. **湖北省**

监利——（jiàn 见）易被误读成监（jiān 尖）利；郧（yún）县；还有白水畈，（bái shuǐ fàn）；白家疃，（bái jiā tuǎn）；黄陂——（huáng pí）；岘山——（xiàn shān）。

13. **湖南省**

枨冲——应读作（chéng chōng）；筻口——（gàng kǒu）；耒阳（lěi 垒）——被

误读成来阳；郴州（chēn 抻）——被误读成彬（bīn 宾）州。

14. **四川省**

郫县——（应读作 pí）；珙县——（gǒng）；犍为——（qián 前），筠连——读作（jūn lián）；邛崃——读作（qióng lái）。

15. **澳门**

凼仔——应读作（dàng zǎi）。

16. **贵州省**

川硐——读作（chuān dòng）。

17. **江西省**

婺源——读作（wù yuán）。

18. **江苏省**

盱眙——（xū yí）县；邗（hán）江；邳（pī）州；拼茶——读作（bēn chá）；六合——读作（和 lù hé）。

19. **浙江省**

丽水——（lí 离）被误读成丽（lì 立）水；台州（tāi）——被误读成台（tái 抬）州；鄞（yín）县——被读为（jǐn 紧）县；崔家岙——读作（cuī jiā ào）；甪堰——读作（lù yàn）。

20. **广东省**

大埔——读作（dà bù）；大夼——读作（dà kuǎng）；东莞——读作（dōng guǎn）。

21. **广西**

百色——应读作（bó sè）；广笪——应读作（guǎng dá）。

22. **海南省**

儋州，应读作（dān zhōu）。

23. **北京市**

畲仓屯——应读作（hǎ bā tún）；漷县——应读作（huǒ xiàn）；峪峪——应读作（tóng yù）。

24. **上海市**

陆家浜——应读作（lù jiā bāng）。

25. **吉林省**

珲春——应读作（hún chūn）。

16. **香港**

尖沙咀——应读作（jiān shā zuǐ）。

27. **重庆市**

涪陵——读作（fú líng）。

（三）中国部分城市名称原意

1. **哈尔滨**

满语是“晒渔网的场子”的意思。它原为一渔村，铁路通车后兴起。

2. **呼和浩特**

蒙古语意为“青色的城市”。

3. **包头**

蒙古语“包克图”意为“有鹿的地方”。

4. **锡林浩特**

蒙古语意为“高原的城”。

5. **乌兰察布市**

因为清朝时各旗会盟曾经在红螺谷（蒙古语称乌兰察布）而得命。

6. **锡林郭勒盟**

因为清朝时各旗会盟曾经在锡林郭勒河而得名。

7. **海拉尔**

蒙古语意为“流下来的水”。

8. **乌兰浩特**

蒙古语意为“红色的城”。

9. **西安**

古名长安。明初设西安府，是控制中国西部的战略要地，所以叫西安。

10. **鄂尔多斯市**

因为清朝时各旗会盟于伊克昭（蒙古语意为“大庙”）而得名。

11. **乌鲁木齐**

蒙古语是“优美的牧场”的意思。

12. **白云鄂博**

蒙古语意为“宝山”。

13. **银川**

银川是著名的塞上古城。一称宁夏城，简称夏城，又称银城。银川地名来自对贺兰山与黄河之间渠道纵横、田园密布的“塞上江南”美好地理景象的描述。

14. **吉林市**

旧称船厂。原名吉林乌拉，满语意为“沿江”。

15. **济南**

因城在古济水的南面，所以名济南。

16. **无锡**

周、秦时盛产铜锡，至汉代，锡矿开采完，故名无锡。

17. 阿克苏

维吾尔语意为“白水”。

18. 连云港

因位于云台山与海中的东西连岛之间而得名。

19. 杭州

传说大禹治水时，到了这里才舍航登陆的，航杭同音，所以后来才叫杭州。

20. 蚌埠

相传古时曾在此采蚌取珠。船舶聚集的地方叫埠头，称蚌埠集。市因蚌埠集而得名。1946 年设蚌埠市。

21. 镇江

因这地方常受水害，所以在水名之前加一吉祥词，以示祈望而得名。

22. 徐州

以古代徐夷或以古“九州”之一的徐州而得名。

23. 盐城

以产盐而得名。

24. 基隆

港外有小鸡笼屿，港以东有大鸡笼山，当初称它为“鸡笼”。后来感到名字不文雅，清代光绪便谐音取“其地昌隆”的意思，称为“基隆”。

25. 合肥

合肥以肥水出紫蓬山，分为二支，流至此地后合二为一，故名合肥。

26. 衡阳

因在衡山之南，故名衡阳。

27. 拉萨

藏语意为“圣地”。因全年日照充足，阴雨日或雾少，经常晴空无云，阳光灿烂，故有“日光城”的美誉。

（四）中国城市名称的由来

1. 南京

南京为中国历史文化名城之一，濒临长江天堑，历史上多个朝代在此建都。南京又称金陵，因楚威王灭越国之后，于此筑金陵邑。据说楚威王以此地有王气，因埋金镇之，故曰金陵。南京又有“石头城”之城，因三国时孙吴于此修建了“石头城”，以固守南京。至明洪武六年（1368 年），在此建都，曰南京，沿用至今。

2. 西安

西安古称长安，长安之名系汉王朝为了“长治久安”，袭用秦时当地一个乡名，将新都取名长安。西安从西周始，先后有十二个王朝在此建都，明代始名西安。寓安定西部地区之意。1928 年设西安市。

3. 昆明

昆明最早是古代“西南夷”中的部族名称，是夷语用汉字记录下来的称谓。彝语“昆明”为“嘿咪”，“嘿”是海，“咪”是地，意为海边之地。这种民族最初分布于海南洱海、大姚一带和四川西昌地区，后迁于滇西、滇中定居下来。昆明人栖居之地，衍变为今昆明地名。昆明三面环山，一面临池（滇池），气候湿润，“天气常如二三月，花枝不断四时春”，故名“春城”。

西湖

4. 杭州

杭州之名始于隋，杭州的“杭”是从“余杭”简化而来。余杭是越语地名，“越人谓盐曰余”，由于当时余杭位置濒海，在春秋于越时代，自然会出现与盐有关的地名。而“杭”古人解释为方舟或几条船相并的浮桥。杭州 1927 年设市。

5. 北京

北京古代称“蓟”，春秋战国时是燕国国都，辽代称燕京，金代称中京，元代为大都，明代始改称北京。1928年改称北平。1949年10月1日，中华人民共和国恢复北京的名称。古时，帝都称“京师”。北京的“北”字，是根据其地理位置而取的，故金陵为南京，长安（西安）为西京，汴梁（今开封）为东京。洛阳、辽阳也称过东京。

6. 天津

清代乾隆初年，从浙江来天津的诗人汪沆，写出描写天津民俗的第一本《竹枝词》（通俗诗），诗中说：“天津名自长陵赐”。长陵是指十三陵中埋葬的明代皇帝成祖朱棣。天津就是在他登基做皇帝的第二年（永乐二年，公元1404）给起的名字。当时不是作为地名，而是作为军事建置而命名的，它就是天津卫。燕王朱棣当了皇帝后，把首都定在现在的北京，北京的故宫就是他逐步建成的。燕王朱棣当了永乐皇帝，想到天津（当时还叫直沽）是一个既通海又通内河的军事要地，就想派他的军队到直沽一边种地一边防守。事后回忆到自己在直沽顺利渡河，就建立起天津卫。卫是一处警备小区的意思，每卫5600人。“津”是渡口的意思，永乐皇帝认为这里是“天子的津梁”，即皇帝的渡口，通过这个渡口，眼前就是康庄大道。

7. 上海

上海简称“沪”，名称最早见于北宋郊旦之《水利书》。上海因何得名？一说“其地居海上之洋”（《弘治上海志》），即当时渔民商船出海的地方；另一说是由于当时的渔民用“沪”这种捕鱼的工具劳作，干活就是上“沪”，因而得名。宋代开始设上海镇，元代称上海县。宋代之后贸易日盛，一跃而为“东南名城”，至清道光年间，“商贾云集，海艇大小以万计，城内外无隙地”。1928年设上海特别市，1930年改称上海市，沿用至今。

8. 广州

广州是一座具有两千多年历史的文化名城，是国务院颁布的62座国家级历史文化名城之一。据史书记载，在公元前9世纪的周朝，这里的“百越”人民和长江中游的楚国人民已有来往，特建“楚庭”来纪念这种友谊，这是广州最早的名字。公元前214年（秦始皇三十三年），秦始皇统一岭南，在岭南地区设立了南海、桂林、象三个郡，郡下面设县。其中南海郡管辖番禺、龙川等四个县。南海郡治，即政治、军事机构所在地，设在这里，当时称蕃禺，并在此建城，此为广州建城之年。公元226年（吴黄武五年），东吴孙权由原交州分出南海、苍梧等4郡，新设置广州，因州治原在广信（今梧州、封开一带），广州之名取自广信的“广”字。交广分治后，广州州治迁到番禺，广州之名由此而来。

9. 西安

历史上的西安叫作长安，还有过大安府（后梁）、京兆府（后唐）、陕西路（宋）、安西路（元）、奉元路（元）等不同名称，一直是“八百里秦川”的中心。1368 年，朱元璋在南京建立了明朝，第二年春，大将军徐达攻下奉元路，将奉元路改名为西安，就是安定的大西北的意思。

10. 拉萨

我国西藏自治区的首府拉萨，海拔 3650 米，是世界上海拔最高的城市，相当于安徽黄山主峰的两倍高度。那么这个名称是怎样来的呢？拉萨，藏文意为“圣地”或“佛地”，古称为“逻娑”。相传在一千三百多年前，吐蕃赞普松赞干布娶得大唐文成公主入藏。为了庆祝此事，决心要好好建设王都。但当时的吐蕃王都，还是一片荒草沙滩之地。文成公主由于精通天象地气，善观五行风水，她观察拉萨的地形，发现其好像一个仰卧的罗刹女（即母夜叉），认为选拉萨作为国都实在是对国极为不利。于是公主建议在拉萨外围建立四个寺庙，以镇住女魔的四肢。她又算出拉萨中心的卧马湖是母夜叉的心脏，湖水便是母夜叉的血液，都应想办法镇住。于是，公主根据五行之说，主张用白羊背土填湖。藏王松赞干布听从了公主的意见，就在卧马湖动工，填湖造寺，建成了著名的大昭寺。拉萨原称“山羊地”，便由此得名。大昭寺建成后，藏王便把文成公主由长安带来的释迦牟尼佛像供在庙内，从此各地善男信女纷纷前来朝拜。久而久之，这块神圣的“逻娑”（山羊地）因音似，便被称为“拉萨”即“圣地”了。

11. 苏州

公元前 514 年，吴王阖闾下令伍子胥督造水陆双棋盘格局的城池，自此，苏州的地理位置沿革至今。公元前 522 年，秦始皇在吴都城设会稽郡、吴县，自此，当时的苏州称为吴县，或有时称为吴州。公元 589 年，隋改吴州为苏州（以苏州城西姑苏山得名，苏州的名称始此。另姑苏山由吴王阖闾建姑苏台得名，现山上仍有遗迹）。公元 778 年，唐朝设苏州为江南唯一的“雄州”（唐制州分七等，“雄州”为二等）从此，苏州名称被固定作为通称。公元 1113 年，宋改苏州为平江府。1995 年吴县撤销划归苏州。

12. 澳门

据记载，明代前期，广东珠江三角洲一带沿海有许多供外国商船停泊的地方，如浪白、广海、望峒、奇潭、十字门、虎头门、屯门、鸡楼等处，海边这些可供船只停泊的地方，在粤语中被通称为“澳”。至于“门”，其由来则有多种传说：一、“门”

是中国内河通往海洋的海峡总称，澳门内港的妈阁庙，隔海同湾仔的银坑相望，形成海峡像门，故称“澳门”；二、澳门南面对开的氹仔、小横琴、路环、大横琴四岛离立对峙，海水贯流其间，成十字门状，所以亦有“十字门”之称，故称“澳门”；三、澳门南台山（妈阁庙山）和北台山（莲峰山），两山相封成门，故称“澳门”。总之，既是澳，亦有“门”，便称“澳门”了。

13. **香港**

原意为出口香料的港口。历史上东莞的莞香树受虫蛀或人为砍伤后，由木质分泌而出，经多年沉积而成，有特别香气，故名“沉香”。可作中药，又是制作多种香的主要原料。东莞一带所产的这种香料最有名，故称“莞香”。今香港新界沙田、大屿山等地，古属东莞，亦产莞香。当时莞香多数先运到香土步头（今尖沙咀），再用小艇运至港岛南边的香港仔与鸭月利洲相抱形成的石排湾，然后换载“在眼鸡”帆役转运广州，再行销北方，远至京师。莞香所经之地，多被冠以“香”字：运莞香出口的石排湾，就被称为香港仔、香港围；1860~1870年间，在旧围之外又建起新围，叫香港村，即今黄竹坑。至于莞香生产，自清康熙年间，海禁迁界之后，已经衰落，今香港地区只剩少量野生香木。

香港维多利亚港

14. **开封**

开拓的疆土，春秋时期，郑庄公在今开封城南筑城，定名开封，取之开拓疆土之意。此地在战国时期为魏国都城，称大梁。由古代的国都到今天的城市，开封的城址始终没有改变，地下叠压着6座城池，其中包括3座国都，两座省城及1座中原重镇。

15. **重庆**

双重的喜庆。800多年前，重庆叫恭州，宋朝恭王在此先封王，后称帝，是双重喜庆，故改此地为重庆。

16. **唐山**

割据的地盘，五代十国时期的后唐，明宗李嗣源带兵在冀东一带作战，屯兵在现唐山市内的大城山上，并在山上修筑了200余丈的一座石头城，取名“大城山”。李嗣源取后唐的“唐”字，称这座山为“唐山”。

17. 哈尔滨

在满语中意为晒鱼场。说法二：哈尔是努尔哈赤旗下一个将军的姓氏，滨是松花江边的意思。哈尔滨曾是这位将军在江边的分地，一个小渔村。

18. 西宁

青海省因青海湖而得名。秦，羌族。西平宁简称西宁。让西平这个地方安宁。青藏高原最北端。没有夏天，四季凉爽，海拔相对较低。藏回族较多。花儿名歌。塔尔寺（西宁郊区黄远县）藏传佛教。黄教。宗喀巴出生在塔尔寺。塔尔寺非常壮观，三绝：酥油花、堆秀、唐卡。

（五）中国汉语方言语系

1. 北方方言

北方方言——又称官话方言，占汉族总人口的四分之三，以北京话为标准语，主要通用于我国中原、东北、西北和西南的广大地区。北方方言分为 4 大次方言，主要是华北东北次方言、西北次方言、西南次方言、江淮次方言。

2. 吴方言

吴方言——又称吴语，也叫江浙话或江南话。以苏州话为代表，通行于江苏南部、上海、浙江北部、江西东北部、和安徽东南部等地区。

3. 湘方言

湘方言——也称湘语，又被称为湖南话，以长沙话为代表。主要用于湖南省大部分地区以及广西北部等地。

4. 赣方言

赣方言——又称赣语，以南昌话为代表。主要通用于江西中部、北部、西部，湖南东部，湖北东南部，安徽南部部分地区，福建西北部。

5. 客家方言

客家方言——又被称为客方言，客话，客家话。以梅县话为标准语，主要通用于中国大陆南方、台湾、港澳、海外华人。

6. 粤方言

粤语——又称广东话，当地人称白话。以广州话为代表，主要通用于广东省、香港、澳门和海外华人中间。

7. 闽方言

闽方言——又称闽语，俗称“福佬话”，以厦门话为标准语，主要通行于福建、广东、台湾、浙江省南部以及江西、广西、江苏及个别地区。闽方言按语言特点可分为5个方言，闽南方言、闽东方言、闽北方言、闽中方言与莆仙方言。

十五、中国交通

经济的发展，促进了中国交通的持续进步；高铁、高速公路促进了人才和物质的快速流动。水、陆、空、地下，现代交通立体交叉；东南西北，现代交通四通八达。

（一）铁路分类

1. 铁路的等级

Ⅰ级铁路：在路网中起着骨干作用的铁路，远期年客货运量≥200万吨。

Ⅱ级铁路：1. 在路网中起骨干作用的铁路，远期年客货运量<200万吨。2. 在路网中起联络、辅助作用的铁路，远期年客货运量≥100万吨。

Ⅲ级铁路：为某一区域服务，具有地区运输性质的铁路，远期年客货运量<100万吨。

2. 世界第一条铁路

世界上第一条铁路是英国在1825年修建完或的斯托克顿——达林顿铁路。斯托克顿和达林顿相距约21千米，1822年5月23日在斯托克顿开工，用了三年多的时间修建成功。1825年9月27日，世界上第一条铁路正式通车营业。

3. 中国第一条铁路

我国自己修建的第一条铁路是京张铁路，从北京至张家口，全长201.2千米，1905

年开工，由铁路之父詹天佑任总工程师，1909 年建成。

4. 中国第一条城际高速铁路

京津城际铁路全长 115.4 千米，这条铁路建成后，列车时速将达 350 千米，届时，从北京至天津 30 分钟可到，最快时只需 28 分钟。京津城际铁路，设置北京南站、亦庄站、永乐站、武清站、天津站五个站，已于 2008 年 8 月 1 日通车运营。它是中国第一条城际高速铁路。

（二）中国重要铁路干线

1. 南北交通的中枢：京广线

从北京南下经石家庄、郑州、武汉、长沙直达祖国南大门广州。沿途跨越五大流域，纵贯六省市，途经华北平原、两湖平原、江南丘陵，穿越南岭山地，连接珠江三角洲，沿线人口稠密、物产富饶、经济发达、城镇密布、运输十分繁忙。南运货物主要有煤炭、钢铁、木材及出口物资，北运货物主要有稻米、有色金属及进口物资。

2. 东西沿海地区交通大动脉：京沪线

京沪线始于北京，经天津、济南、徐州、南京直抵我国最大城市上海。贯穿京、津、沪三个直辖市和冀、鲁、苏、皖四省，跨越四大水系，连接华北平原、江淮平原和长江三角洲。京沪线北接京沈线，南接沪杭。京沪线沿线地势低平、人口稠密、城镇众多、煤炭资源丰富、经济发达，是我国重要的工农业生产基地。南运的货物主要是煤炭、钢铁、木材、棉花等；北运货物主要有机械、仪表、百货等。

3. 纵贯南北的第二大交通中枢：北同蒲——太焦——焦柳

全线北起山西大同，经太原、焦作、枝城达柳州。基本上与京广线平行。沿线经过五省（区），跨越三大流域，纵贯黄土高原、豫西山地、江汉平原、湘西山地和两广丘陵：全长 2395 千米，沿线盛产粮、棉、油、烟叶等农副产品及煤、有色金属等矿产，该线对改善我国铁路布局，提高晋煤外运能力，分流京广运量，都具有重要作用。

4. 纵贯南北的第三大交通中枢：京九线

京九线始于北京，以天津、河北、山东、河南、安徽、湖北、江西、广东直抵香港九龙。全长 2538 千米，沿线跨越海河、黄河、淮河、长江、珠江五大水系，纵贯华北平原、鄱阳湖平原、大别山、井冈山、两广丘陵。沿线地区不仅是我国粮棉油等农副产品的重要产区，也是矿产资源、旅游资源非常丰富的地区。该线对促进沿线经济的发展，维持香港的长期稳定和繁荣，都有重要作用。

5. 纵贯西南地区的南北干线：宝成——成昆线

北起宝鸡，翻越秦岭、大巴山，穿越川西平原、飞越岷江，横跨金沙江，到达昆明，全长 1754 千米，沿途多崇山峻岭、急流险滩，有许多“地下铁路、空中车站”。成昆铁路桥、隧道总长度占线路总长度的 40%，工程之艰巨为世界铁路建筑史上所罕见。该线在宝鸡与陇海线衔接，在成都与成渝线相接。沿线是我国特产丰富的多民族聚居地区，蕴藏着丰富的矿产资源和森林资源，铁路的建成促进了西南地区经济建设，加强了民族团结，也是连接西北地区的重要通道。

6. 横贯中原和西北的大动脉：陇海——兰新线

东起黄海之滨的连云港，经郑州、西安、兰州进抵乌鲁木齐，途径六省区，横贯黄淮平原、豫中平原、关中平原、黄土高原、穿过河西走廊、吐鲁番盆地，翻越天山山脉到达北疆，全长 3652 千米，是我国最长的一条铁路干线，沿途经过我国许多古都和历史文化名城，沿线有丰富的煤炭、石油等矿产和棉花、畜产品等。这条铁路的修建，沟通了经济发达的东部地区与正在发展的西北地区的经济联系，促进了西部地区经济和旅游事业发展，对巩固边防有着重大的意义。

7. 京包——包兰线

京包线自北京西行经呼和浩特至包头，全长 833 千米，包兰线自包头西行南下经银川至兰州，全长 980 千米。该线东起北京，越冀北山地、跨张北高原、内蒙古高原、过河套平原、宁夏平原至兰州，连接六省（市、区），沟通了华北和西北。沿线煤、铁、池盐、磷矿等资源丰富，分布着我国重要的畜牧业基地和商品粮基地。西运货物主要有钢铁、机械、木材等；东运货物以煤炭、矿石、畜产品为主。该线对促进华北和西北经济的联系、分担陇海线运输的压力、建设少数民族地区以及巩固边防都有着不可估量的重要意义。

8. 横贯江南的东西干线：沪杭——浙赣——湘黔——贵昆线

全线东起上海，经浙江、江西、湘、黔、滇等六省市，连接长江三角洲，江南丘陵和云贵高原，全长 2677 千米。是横贯江南的东西大动脉。该线东段人口密集、工农业发达，西段煤、铁等资源丰富。东运的货物主要有粮食、木材、有色金属等，西运的货物主要有钢铁、机械、水泥、日用百货等。这是一条与陇海经和长江航线平行的密切联系东西部的铁路主干线，对加快赣、湘、贵、滇的经济建设有重要意义。

9. 自成体系的东北铁路网主干线：哈大、滨州——滨绥线

东北铁路网以哈尔滨、沈阳为中心，由哈大、滨州——滨绥线相接构成“丁”字型骨架，连接全区 70 多条干支线，独具一格，自成体系。哈大线北起哈尔滨，经长春、沈阳、鞍山到大连，全长 944 千米。哈大线联结东北三省主要的工业中心、政治中心和最大海港，通过重要的农业区和人口密集地带，是我国通运能力最强、客货量最大的主干线之一，成为东北地区经济发展的支柱。滨州——滨绥线，西起满洲里，经哈尔滨至绥芬河，全长 1483 千米。两端都与俄罗斯的铁路接轨，是一条重要的国际铁路线，沿途特产丰富，是我国木材、粮食、畜产品供应基地，也是石油、煤炭、木材等的产地。

10. 沟通关内外的干线：京沈线、京通线

京沈线南起北京，经天津、秦皇岛出山海关，沿辽西走廊到沈阳，全长 850 千米，沿途是我国重要城市以及煤炭、钢铁、机械、石油等生产基地集中的地区，是我国客货运密度最大的铁路干线之一。也是联系关内外的最主要通道。京通线自北京郊区昌平，经内蒙古赤峰至通辽，全长 870 千米，是晋煤出关和东北木材外运的重要铁路，也是沟通华北和东北的第二条铁路干线，对减轻京沈线的运输压力和内蒙古东部的经济开发有很大意义。

（三）中国铁路干线分布

1. 京沪线的分布

跨越省市区：京—津—冀—鲁—苏—皖—沪。

经过的城市：北京、天津、德州、济南、徐州、蚌埠、南京、镇江、常州、无锡、上海。

经过的地形区：华北平原、江淮平原、长江三角洲。

2. 京九线的分布

跨越省市区：京—津—冀—鲁—豫—皖—鄂—赣—粤—港

经过的城市：北京、霸州、衡水、商丘、潢川、麻城、九江、南昌、赣州、龙川、深圳、九龙。

经过的地形区：华北平原—江淮平原—鄱阳湖平原—江南丘陵—珠江三角洲。

跨越省市区：京—冀—豫—鄂—湘—粤

经过的城市：北京、石家庄、邯郸、新乡、郑州、武汉、长沙、株洲、衡阳、韶关、广州。

经过的地形区：华北平原—洞庭湖平原—江南丘陵—南岭—珠江三角洲。

3. 焦柳线的分布

跨越省市区：豫—鄂—湘—桂

经过的城市：焦作、洛阳、襄樊、枝城、怀化、柳州。

经过的地形区：豫西山地—江汉平原—湘西山地—两广丘陵。

4. 宝成——成昆线的分布

跨越省市区：陕—甘—川—滇

经过的城市：宝鸡、成都、攀枝花、昆明。

经过的地形区：秦巴山地—成都平原—云贵高原。

5. 京包——包兰线的分布

跨越省市区：京—冀—晋—内蒙古—宁—甘

经过的城市：北京、大同、集宁、呼和浩特、包头、银川、中卫、兰州。

经过的地形区：冀北山地—内蒙古自高原—河套平原—宁夏平原。

6. 陇海——兰新线的分布

跨越省市区：苏—皖—豫—陕—甘—新

经过的城市：连云港、徐州、商丘、开封、郑州、洛阳、西安、宝鸡、兰州、乌鲁木齐、阿拉山口。

经过的地形区：黄淮平原—黄土高原—河西走廊—吐鲁番盆地—准噶尔盆地。

7. 沪杭—浙赣—湘黔—贵昆线的分布

跨越省市区：沪—浙—赣—湘—黔—滇

经过的城市：上海、杭州、鹰潭、萍乡、贵阳、六盘水、昆明。

经过的地形区：长江三角洲—江南丘陵—云贵高原。

（四）中国铁路之最

1. 唐胥铁路

它是英国人在上海修建的中国的第一条铁路。唐胥铁路长 9.7 公里。起自唐山，止于胥各庄（今河北省丰南区），由于在唐胥铁路建成后，清政府以机车行驶震及皇帝陵园为由，只准许以骡马拽引车辆，因此被世人称为“马车铁路”。直到1882年始才改用机车牵引。1887年唐胥铁路延修至芦台，1888年展筑至天津，全长130千米，命名为“津唐铁路”。是真正成功并保存下来加以实际应用的第一条铁路。

2. 淞沪铁路

淞沪铁路是中国最早建成的一条铁路，原名“吴淞铁路”，1876年由英资怡和洋行投资兴建，自上海经江湾至吴淞。翌年由清政府赎回拆除。1897年，清政府以官款再建淞沪铁路，线路大体按原来走向，终点延至河南北路，全长16.09千米，1898年通车。在“一·二八”“八·一三”两次淞沪抗战中，铁路遭侵华日军损毁。新中国成立后，淞沪铁路经政府的多次改造，一直使用到1970年后才逐步拆除。

3. 上海浦东高速磁浮铁路

上海浦东高速磁浮铁路全长30千米，将上海市区与东海之滨的浦东国际机场连接起来，是中国第一条高速磁浮铁路。平均运行速度达到每秒60~70米。除启动加速和减速停车两个阶段外，列车大部分时间时速为300多千米，达到最高设计时速430千米的时间有20多秒。

4. 成渝铁路

成渝铁路从宝成线上的终点站——成都站向东引出，过陈家湾站后折向正南进入简阳市，经资阳、资中、内江、隆昌后折向正东，过永川又向南延引，在白沙站返向东北，沿长江北岸前行抵达重庆市。全长504千米。于80年代末实现了电气化。是新中国自行设计施工的第一条铁路，并且完全是采用国产材料修建的第一条铁路。

5. 粤海铁路

粤海铁路自广东省湛江至徐闻县海安，经过琼州海峡跨至海轮渡到海南省海口市，沿叉河西环铁路途经澄迈县、儋州市至叉河车站，全长345千米，是中国第一条跨海铁路。

6. 包兰铁路

包兰铁路自包头东站至兰州站，全长990千米。穿越茫茫腾格里沙漠的中国第一条沙漠铁路。至今已安全畅通41年。经过当地人民防沙治沙，在铁路沿线建起的绿色屏障，这治沙工程被誉为“世界奇迹”，并荣获联合国“全球500佳环境保护奖”。

7. 宝成铁路

宝成铁路北起陕西省宝鸡，南行达四川省成都，与成渝、成昆两线衔接，全长669千米四川境内374公里。是四川与全国沟通的第一条铁路，又是中国第一条电气化铁路。

8. 京九铁路

北起北京西客站，跨越京、津、冀、鲁、豫、皖、鄂、赣、粤九个省级行政区的98个市县，南至深圳，连接香港九龙，包括同期建成的天津至霸州和麻城至武汉的两条联络线在内，全长2553千米。是我国铁路建设史上规模最大、投资最多、一次建成里程最长、工期最短的纵贯南北、跨越九省市的铁路大干线。

9. 成昆铁路

成昆铁路全长1085千米，自成都经彭山、眉山、夹江、峨眉、峨边、甘洛、喜德、西昌、德昌、米易、攀枝花、元谋、禄丰、安宁抵达昆明，是在禁区建成的铁路。成昆铁路所在的路线，曾是外国专家断言根本不能修建铁路的“禁区”。这条铁路贯穿成都至昆明，三分之一的路段在地震地区，沿线山高谷深，川大流急，地质复杂，凿穿大山数百座，修建隧道427座，架设桥梁653座，桥梁隧道总长400多千米，平均每1.7千米一座桥梁，每2.5千米一座隧道，其工程之艰巨，为世界铁路建设上所罕见。

10. 南疆铁路

南疆铁路目前运营的自兰新铁路上的新疆吐鲁番，沿着塔克拉玛干沙漠的北边缘，经库尔勒、阿克苏，至新疆最西部的喀什，全长1446.37千米。南疆铁路经过最低的陆地之一吐鲁番盆地，进入天山山区，这两处一处奇热，一处奇冷。全线除戈壁荒漠和盐渍地外，一半以上是深山峡谷。

11. 南昆铁路

南昆铁路全长899.7千米。是风景最美最险峻的干线。南昆铁路东起南宁，西至昆明，北接红果，是连接广西、贵州、云南的国家一级电气化铁路干线。很多的世界第一和亚洲第一都在这条干线上创造出来。其中包括：世界铁路第一高桥——清水河大桥，亚洲第一险隧道——家竹菁隧道，亚洲第一墙——石头寨车站锚拉式椿板墙，单线最长电气化隧道——米花岭隧道。

12. 青藏铁路

青藏铁路东起青海省省会西宁，西至西藏自治区首府拉萨，全长1956千米。世界海拔最高的一条干线。修建在“世界屋脊”的青藏高原的青藏铁路，沿线海拔在3000米左右，最高达5000米，是中国一条高原铁路，也是目前世界上海拔最高的铁路。

（五）公路常识

1. 公路的等级划分

公路根据使用任务、功能和适应的交通量分为高速公路、一级公路、二级公路、三级公路、四级公路五个等级。

2. 过路费按车型分类收费常识

根据车辆的车型不同，过路费收费标准也有所不同，具体如下（元/千米）：

（1）型车

7座以下（包括七坐）2轴车0.35。

（2）型车

8座~19座2轴车0.60。

（3）型车

20座~39座2轴3轴车1.00。

（4）型车

40座以上3轴半挂1.20。

（5）型车

4轴或4轴半挂1.40。

3. 各车道常识

（1）超车道

适用于救火车、急救车、有任务的军车、警车车道。

（2）小车行驶道

小中型车120千米/时，客车110千米/时。

（3）货车行驶道

80~100千米/时。

（4）客货车道

60~100千米/时。

（5）四车道

120千米/时。

（6）紧急停车带

①发生交通事故后，按规定允许自行处理的。

②行驶中发生故障的。

③交警示意机动车立即停车的。

除上述三种情形外，其他的一般情况，就不允许在“紧急停车带”停车了，当然，极特殊情况仍然例外，如驾驶员突发紧急病症等。

（7）慢车道

小客车和货车都可以通行的道路。

（8）快车道

小客车的专用道路。

（六）高速公路

1. 高速公路的时速要求

高速公路为快速通行通道，高速公路计算行车速度一般为 120 千米/小时。当受条件限制时，可选用 100 千米/小时或 80 千米/小时的计算行车速度。行车速度快，通行能力强，但并非无限速，计算行车速度一般即为行车限速。

2. 高速公路的路面要求

要求路线顺畅，纵坡尽量平缓，路面要有 4 个以上车道的宽度。中间设置分隔带，需采用沥青混凝土或水泥混凝土铺设路面，有保证行车安全设有齐全的标志、标线、信号及照明装置，禁止行人和非机动车在路上行走，与其他线路采用立体交叉、行人跨天桥或地道通过。

3. 高速公路的车道划分

高速公路行车道分超车道、主车道两部分，车辆正常行驶时应在主车道上，在条件允许时可通过超车道超越前方车辆。在主车道的外侧，一般设有紧急停车带，供车辆在紧急状态下停车使用。

4. 高速公路的使用禁忌

高速公路为专供汽车分向、分车道行驶并全部控制出入的干线公路。汽车在高速公路上行驶时不能掉头、后退或逆向行驶，自行车、摩托车、拖拉机等非标准汽车不准上高速公路，行人更不能上高速公路。

5. **我国高速公路的规模**

目前，已拥有高速公路共计 22000 余千米。

6. **我国第一条高速公路**

1988 年上海至嘉定高速公路的建成，结束了我国大陆没有高速公路的历史。1990 年，被誉为“神州第一路”的沈大高速公路全线建成通车，标志着我国高速公路发展进入了一个新的时代。这是第一条严格意义上的高速公路。全封闭的双向十车道，让车跑在上面十分舒适。而且，这条路在众多特殊路段。因为这些路段是近千米的直道，没有弯角，可以作为临时的战时飞机场使用。1993 年京津塘高速公路的建成，使我国拥有了第一条利用世界银行贷款建设的、跨省市的高速公路。

7. **我国最长的高速公路**

中国最长的高速公路是连霍高速公路，（045 国道）横贯中国大陆的东、中、西部。连接江苏连云港和新疆霍尔果斯，全长 4395 千米，途经 6 个省。连霍高速公路目前有 41%的部分为高速公路，其他为一级公路，是中国建设的最长的横向快速陆上交通通道，最终将成为中国高速公路网的横向骨干。途经省市：江苏、安徽、河南、陕西、甘肃、新疆。

（七）全国高速公路编号、名称及途径城市

1. **G1—京哈高速**

北京—唐山—秦皇岛—锦州—盘锦—辽中—沈阳—四平—长春—哈尔滨，总里程 1303 千米。

2. **G2—京沪高速**

北京—天津—河北—山东—江苏—上海，总里程 1318 千米。

3. **G3—京台高速**

北京—天津—沧州—德州—济南—泰安—曲阜—滕州—徐州—蚌埠—合肥—铜陵—黄山—衢州—南平—福州—台北，总里程 2030 千米。

4. **G4—京港澳高速**

北京—保定—石家庄—邯郸—新乡—郑州—漯河—信阳—武汉—长沙—衡阳—郴

州—韶关—广州—深圳—香港，总里程 2285 千米。

5. G5—京昆高速

北京—保定—石家庄—太原—临汾—西安—汉中—广元—绵阳—成都—雅安—西昌—攀枝花—元谋—禄劝—昆明，总里程 2865 千米。

6. G6—京藏高速

北京—张家口—集宁—呼和浩特—包头—巴彦淖尔—乌海—银川—吴忠—中卫—白银—兰州—西宁—格尔木—拉萨，总里程 3710 千米。

7. G7—京新高速

北京—张家口—集宁—呼和浩特—包头—临河—额济纳旗—哈密—吐鲁番—乌鲁木齐，总里程 2540 千米。

8. G11—鹤大高速

鹤岗—大连通鹤岗—佳木斯—鸡西—牡丹江—敦化—白山—通化—丹东—大连，总里程 1390 千米。

9. G15—沈海高速

沈阳—大连—烟台—青岛—连云港—上海—宁波—台州—温州—福州—莆田—泉州—晋江—厦门—漳州—深圳—广州—湛江—海安—海口，总里程 3710 千米。

10. G25—长深高速

长春—双辽—阜新—朝阳—承德—唐山—天津—黄骅—滨州—临沂—连云港—淮安—南京—溧阳—宜兴—湖州—杭州—金华—丽水—南平—三明—梅州—河源—惠州—深圳，总里程 3585 千米。

11. G35—济广高速

济南—菏泽—商丘—阜阳—六安—安庆—景德镇—鹰潭—南城—瑞金—河源—广州，总里程 2110 千米。

12. G45—大广高速

大庆—松原—双辽—通辽—赤峰—承德—北京—霸州—衡水—濮阳—开封—周口—麻城—黄石—吉安—泰和—赣州—龙南—连平—广州。全长 3550 千米。

13. G55—**二广高速**

二连浩特—集宁—大同—朔州—太原—长治—晋城—洛阳—平顶山—南阳—襄樊—荆门—宜昌—常德—娄底—邵阳—永州—连州—广州，总里程 2685 千米。

14. G65—**包茂高速**

包头—鄂尔多斯—榆林—延安—铜川—西安—安康—达州—重庆—南川—黔江—吉首—怀化—桂林—梧州—茂名，总里程 3130 千米。

15. G75—**兰海高速**

兰州—广元—南充—重庆—遵义—贵阳—麻江—都匀—河池—南宁—北海—湛江—海安—海口，总里程 2570 千米。

16. G85—**渝昆高速**

重庆—内江—宜宾—会泽—昆明，总里程 838 千米。

17. G10—**绥满高速**

绥芬河市—丹江市—海林市—尚志市—哈尔滨市—肇东市—安达市—大庆市—林甸县—齐齐哈尔市—甘南县—内蒙古自治区阿荣旗—牙克石市—呼伦贝尔市—满洲里市，总里程 1527 千米。

18. G12—**珲乌高速**

珲春—敦化—吉林—长春—松原—白城—乌兰浩特，总里程 885 千米。

19. G16—**丹锡高速**

丹东—海城—盘锦—锦州—朝阳—赤峰—锡林浩特，总里程 960 千米。

20. G18—**荣乌高速**

荣成—威海—烟台—新河—东营—黄骅—天津—霸州—涞源—朔州—鄂尔多斯—乌海，总里程 1820 千米。

21. G20—**青银高速**

途经山东—河北—山西—陕西—宁夏 5 个省区，总里程 1610 千米。

22. G22—青兰高速

青岛—莱芜—泰安—聊城—邯郸—长治—临汾—富川—庆阳—平凉—定西—兰州，总里程 1795 千米。

23. G30—连霍高速

连云港—徐州—商丘—兰考—开封—郑州—洛阳—三门峡—西安—宝鸡—天水—定西—兰州—武威—嘉峪关—红柳园—哈密—吐鲁番—乌鲁木齐—奎屯—霍尔果斯，总里程 4280 千米。

24. G36—宁洛高速

南京—滁州—蚌埠—阜阳—周口—漯河—平顶山—洛阳，总里程 712 千米。

25. G40—沪陕高速

上海—南通—泰州—扬州—南京—合肥—六安—信阳—南阳—商洛—西安市，总里程 1521 千米

26. G42—沪蓉高速

上海—苏州—无锡—常州—南京—合肥—六安—麻城—武汉—孝感—荆门—宜昌—奉节—万州—垫江—南充—遂宁—成都，总里程 1960 千米。

27. G50—沪渝高速

上海—湖州—宣城—芜湖—铜陵—安庆—黄梅—黄石—武汉—荆州—恩施—忠县—垫江—重庆，总里程 1876 千米。

28. G56—杭瑞高速

杭州—黄山—景德镇—九江—黄石—咸宁—岳阳—常德—吉首—遵义—毕节—六盘水—曲靖—昆明—楚雄—大理—瑞丽，总里程约 3405 千米。

29. G60—沪昆高速

杭州—金华—衢州—上饶—南昌—宜春—萍乡—株洲—湘潭—邵阳—怀化—麻江—贵阳—安顺—曲靖—昆明，总里程 2730 千米。

30. G70—福银高速

福州—南平—南城—南昌—德安—九江—黄梅—黄石—武汉—孝感—襄樊—十堰

—商州—西安—咸阳—平凉—中卫—银川，总里程 2485 千米。

31. G72—泉南高速

泉州—三明—吉安—衡阳—永州—桂林—柳州—南宁，总里程 1635 千米。

32. G76—厦蓉高速

厦门—福建漳州—龙岩—江西瑞金—湖南郴州—广西桂林—贵州榕江—都匀—贵阳—毕节—四川成都，总里程 2295 千米。

33. G78—汕昆高速

汕头—梅州—连平—韶关—贺州—柳州—河池—兴义—石林—昆明，总里程 1710 千米。

34. G80—广昆高速

广州—佛山—肇庆—南宁—百色—富宁—开远—石林—昆明，总里程 1610 千米。

（八）国家高速公路网布局

1. 七条放射线

（1）北京—上海（北京—天津—沧州—德州—济南—泰安—临沂—淮安—江阴—无锡—苏州—上海）

（2）北京—台北（北京—天津—沧州—德州—济南—泰安—曲阜—徐州—蚌埠—合肥—铜陵—黄山—衢州—南平—福州—台北）

（3）北京—港澳（北京—保定—石家庄—邯郸—新乡—郑州—漯河—信阳—武汉—长沙—株洲—衡阳—郴州—韶关—花都—广州—中山—珠海—澳门和广州—深圳—香港）

（4）北京—昆明（北京—保定—石家庄—太原—临汾—西安—汉中—广元—绵阳—成都—雅安—西昌—攀枝花—元谋—禄劝—昆明）

（5）北京—拉萨（北京—张家口—集宁—呼和浩特—包头—临河—乌海—银川—中宁—白银—兰州—西宁—格尔木—拉萨）

（6）北京—乌鲁木齐（北京—张家口—集宁—呼和浩特—包头—临河—额济纳旗—哈密—吐鲁番—乌鲁木齐）

（7）北京—哈尔滨（北京—唐山—山海关—锦州—沈阳—铁岭—四平—长春—哈

尔滨）

2. **九条南北纵向线**

（1）鹤岗—大连（鹤岗—佳木斯—鸡西—牡丹江—敦化—白山—通化—丹东—大连）

（2）沈阳—海口（沈阳—鞍山—大连—烟台—日照—连云港—盐城—南通—上海—宁波—台州—温州—宁德—福州—泉州—漳州—汕头—汕尾—深圳—广州—佛山—开平—阳江—茂名—湛江—海安—海口）

（3）长春—深圳（长春—双辽—阜新—朝阳—承德—唐山—天津—黄骅—滨州—临沂—连云港—淮安—南京—溧阳—宜兴—湖州—杭州—金华—丽水—南平—三明—梅州—河源—惠州—深圳）

（4）济南—广州（济南—菏泽—商丘—阜阳—六安—安庆—景德镇—鹰潭—南城—瑞金—河源—广州）

（5）大庆—广州（大庆—松原—双辽—通辽—赤峰—承德—北京—霸州—衡水—濮阳—开封—周口—麻城—黄石—吉安—赣州—龙南—连平—广州）

（6）二连浩特—广州（二连浩特—集宁—大同—朔州—太原—长治—晋城—洛阳—平顶山—南阳—襄樊—荆门—荆州—常德—娄底—邵阳—永州—连州—广州）

（7）包头—茂名（包头—鄂尔多斯—榆林—延安—富川—铜川—西安—安康—达州—重庆—涪陵—黔江—吉首—怀化—桂林—梧州—茂名）

（8）兰州—海口（兰州—广元—南充—重庆—遵义—贵阳—麻江—都匀—河池—南宁—北海—湛江—海安—海口）

（9）重庆—昆明（重庆—内江—宜宾—昭通—昆明）

3. **十八条东西横向线**

（1）绥芬河—满洲里（绥芬河—牡丹江—哈尔滨—大庆—齐齐哈尔—阿荣旗—满洲里）

（2）珲春—乌兰浩特（珲春—敦化—吉林—长春—松原—白城—乌兰浩特）

（3）丹东—锡林浩特（丹东—海城—盘锦—锦州—朝阳—赤峰—锡林浩特）

（4）容城—乌海（容城—威海—烟台—新河—东营—黄骅—天津—霸州—涞源—朔州—鄂尔多斯—乌海）

（5）青岛—银川（青岛—潍坊—淄博—济南—石家庄—太原—离石—靖边—定边—银川）

（6）青岛—兰州（青岛—莱芜—泰安—聊城—邯郸—长治—临汾—富川—庆阳—平凉—定西—兰州）

(7) 连云港—霍尔果斯（连云港—徐州—商丘—兰考—开封—郑州—洛阳—三门峡—西安—宝鸡—天水—定西—兰州—武威—嘉峪关—红柳园—哈密—吐鲁番—乌鲁木齐—奎屯—霍尔果斯）

(8) 南京—洛阳（南京—滁州—蚌埠—阜阳—周口—漯河—平顶山—洛阳）

(9) 上海—西安（上海—南通—扬州—南京—合肥—六安—信阳—南阳—商州—西安）

(10) 上海—成都（上海—苏州—无锡—常州—南京—合肥—六安—麻城—武汉—孝感—荆门—宜昌—万州—垫江—南充—遂宁—成都）

(11) 上海—重庆（上海—宜兴—宣州—芜湖—铜陵—安庆—黄梅—黄石—武汉—荆州—恩施—忠县—垫江—重庆）

(12) 杭州—瑞丽（杭州—黄山—景德镇—九江—咸宁—岳阳—常德—吉首—遵义—毕节—六盘水—曲靖—昆明—楚雄—大理—瑞丽）

(13) 上海—昆明（上海—杭州—金华—衢州—上饶—南昌—宜春—萍乡—株洲—邵阳—怀化—麻江—贵阳—安顺—曲靖—昆明）

(14) 福州—银川（福州—南平—南城—南昌—德安—九江—黄梅—黄石—武汉—孝感—襄樊—十堰—商州—西安—咸阳—平凉—中宁—银川）

(15) 泉州—南宁（泉州—三明—吉安—衡阳—永州—桂林—柳州—南宁）

(16) 厦门—成都（厦门—龙岩—瑞金—赣州—郴州—桂林—麻江—贵阳—毕节—泸州—内江—成都）

(17) 汕头—昆明（汕头—梅州—连平—韶关—贺州—柳州—河池—兴义—石林—昆明）

(18) 广州—昆明（广州—佛山—肇庆—南宁—百色—富宁—开远—石林—昆明）

4. 五条地区环线

(1) 辽中环线（辽中—新民—铁岭—抚顺—本溪—鞍山—辽中）

(2) 成渝环线（成都—绵阳—遂宁—重庆—泸州—宜宾—乐山—雅安—成都）

(3) 海南环线（海口—琼海—万宁—三亚—东方—海口）

(4) 珠三角环线（香港—澳门—珠海—顺德—佛山—花都—增城—东莞—深圳—香港和东莞—顺德—佛山—花都—增城—东莞）

(5) 杭州湾环线（舟山—宁波—杭州—上海—宁波）

5. 十九条横向联络线

(1) 黑河—哈尔滨（黑河—明水—哈尔滨，连接绥满、京哈高速，同哈、鹤哈、哈沈联络线）

（2）同江—哈尔滨（同江—双鸭山—佳木斯—哈尔滨，连接鹤大高速，绥满、京哈高速，黑哈、鹤哈、哈沈联络线）

（3）哈尔滨—沈阳（哈尔滨—五常—舒兰—吉林—梅河口—抚顺—沈阳，连接绥满、京哈高速，珲乌高速，沈海高速，黑哈、鹤哈、同哈、集双、沈丹联络线及辽中环线）

（4）黄骅—石家庄（黄骅—沧州—石家庄，连接荣乌、长深高速，京沪、京台高速，大广高速，京港澳、京昆、青银高速）

（5）青岛—新河（青岛—新河，连接荣乌、青银、青兰高速）

（6）扬州—宜兴（扬州—镇江—宜兴，连接沪西、沪蓉、长深高速）

（7）南京—芜湖（南京—马鞍山—芜湖，连接沪西、沪蓉、长深、高速，沪渝高速及合芜联络线）

（8）合肥—芜湖（合肥—巢湖—芜湖，连接京台、沪西高速，沪渝高速，宁芜联络线）

（9）合肥—安庆（合肥—安庆，连接沪西、济广、沪渝高速）

（10）南宁—友谊关（连接泉南、广昆、兰海高速）

（11）开远—河口（连接广昆高速）

（12）丽江—大理（连接杭瑞高速）

（13）襄樊—天水（襄樊—安康—天水，连接二广，福银高速，包茂高速，京昆高速，连霍高速）

（14）定边—武威（定边—中宁—武威，连接青银高速，福银、京拉高速，连霍高速）

（15）红柳园—格尔木（红柳园—敦煌—格尔木。连接连霍、京拉高速）

（16）阿勒泰—奎屯（阿勒泰—克拉玛依—奎屯，连接连霍高速、塔克联络线）

（17）塔成—克拉玛依（连接阿奎联络线）

（18）吐鲁番—喀什（吐鲁番—库尔勒—库车—阿克苏—喀什，连接连霍，京乌高速，伊和联络线）

（19）伊尔克斯坦—和田（伊尔克斯坦—喀什—和田，连接吐喀联络线）

6. 十七条纵向联络线

（1）鹤岗—哈尔滨（鹤岗—伊春—绥化—哈尔滨，连接鹤大高速，绥满高速、京哈高速、黑哈、同哈、哈沈联络线）

（2）集安—双辽（集安—梅河口—辽源—四平—双辽，连接鹤大高速，哈沈联络线，京哈高速，长深、大广高速）

（3）丹东—阜新（丹东—本溪—沈阳—新民—阜新，连接鹤大、丹锡高速，京哈、

沈海高速，长深高速，新鲁、阜锦联络线及辽中环线）

（4）新民—鲁北（新民—通辽、鲁北，连接长深高速，大广高速，沈阜、阿集联络线及辽中环线）

（5）阜新—锦州（阜新—锦州，连接长深高速，京哈、丹锡高速，沈新联络线）

（6）阿荣旗—集宁（阿荣旗—乌兰浩特—鲁北—集宁，连接绥满高速，珲乌高速，丹锡高速，二广、京拉、京乌高速，新鲁联络线）

（7）日照—兰考（日照—曲阜—济宁—菏泽—兰考，连接沈海、长深、京沪、京台、济广、大广、连霍高速）

（8）新乡—晋城（新乡—焦作—晋城，连接京港澳、二广高速）

（9）淮安—徐州（淮安—宿迁—徐州，连接长深、京沪高速，京台、连霍高速）

（10）南通—台州（南通—苏州—嘉兴—台州，连接沈海、沪西高速，京沪、沪蓉高速，沪渝高速，沪昆高速，甬金联络线及杭州湾环线）

（11）宁波—金华（连接沈海高速，长深、杭瑞高速，南台联络线及杭州湾环线）

（12）温州—丽水（连接沈海、长深高速）

（13）宁德—上饶（连接沈海、长深、京台、杭瑞高速）

（14）龙南—河源（连接大广高速，汕昆高速，长深、济广高速）

（15）长沙—张家界（长沙—常德—张家界，连接京港澳高速，二广、沪昆高速）

（16）昆明—磨憨（昆明—玉溪—景洪—磨憨，连接京昆、沪昆、杭瑞、渝昆、汕昆、广昆高速至泰国曼谷）

（17）防城港（连接兰海高速、防城港至中越边境）

（九）著名的大桥

1. 南京长江大桥

南京长江大桥位于江苏省南京市鼓楼区下关和浦口区桥北之间，是长江上第一座由中国自行设计和建造的双层式铁路、公路两用桥梁。是中国东部地区交通的关键节点，上层为公路桥，长4589米，车行道宽15米，可容4辆大型汽车并行，两侧各有2米多宽的人行道，连通104国道、312国道等跨江公路，是沟通南京江北新区与江南主城的要道之一；下层为双轨复线铁路桥宽14米、全长6772米，连接津浦铁路与沪宁铁路干线，是国家南北交通要津和命脉。大桥由正桥和引桥两部分组成，正桥9墩10跨，长1576米，最大跨度160米。通航净空宽度120米，桥下通航净空高度为设计最高通航水位以上24米，可通过5000吨级海轮。长江大桥是南京的标志性建筑、江苏的文化符号、中国的辉煌，也是著名景点，被列为新金陵四十八景。1960年以“世界最长的公铁两用桥”被载入《吉尼斯世界纪录大全》，2014 年 7 月入选不可移动文物，2016 年 9 月入选首批中国 20 世纪建筑遗产名录。

南京长江大桥

2. 宜昌长江公路大桥

宜昌长江公路大桥是中国湖北省宜昌市境内连接宜都市和猇亭区的过江通道，位于长江水道之上，是上海—重庆高速公路（国家高速 G50）的重要构成部分。于 1997 年 12 月 30 日动工兴建；2000 年 11 月 30 日，完成主桥合龙工程，大桥全线贯通；于 2001 年 9 月 19 日通车运营。宜昌长江公路大桥西起岳阳—宜昌高速公路（鄂高速 S88），上跨长江水道，东至桥北互通；线路全长 6074.948 米，主桥长 1206 米；桥面为双向四车道一级公路，设计速度为 80 千米/小时。

3. 西陵长江公路大桥

位于湖北省宜昌市，主跨 900 米，全长 1113.06 米，桥宽 18 米，塔高 120 米，1997 年建成。现已成为三峡坝区和鄂西干线公路过江的永久性大桥和观光景点，是我国最先建成的长江上跨度最大的悬索公路大桥。

4. 虎门大桥

位于广东省珠江三角洲中部，跨越珠江干流狮子洋出海航道，线路全长 15.76 千米，主桥全长 4.6 千米，主跨 888 米，桥面为双向六车道高速公路，设计速度 120 千米/小时；工程项目总投资额 30.2 亿元人民币。1997 年五月建成通车。为跨海公路桥与威远炮台遥相呼应的虎门大桥是由我国自行设计建造的第一座特大型悬索桥，被誉为“世界第一跨”，是东莞标志性的建筑物以及旅游景点。以跨度大且不用钢锁吊住的高难度造桥技术闻名。虎门大桥的建成通车，跨海连接了虎门、番禺两地，使东莞成为沟通穗、港以及珠江两岸和深圳、珠海两个特区的交通枢纽。2020 年 5 月 5 日下午，虎门大桥由于特定风环境条件下沿桥跨边护栏连续设置水马，改变了钢箱梁的气动外形，在特定风环境条件下，产生桥梁涡振现象发生异常抖动，截至 2020 年 5 月 15 日 9 时，虎门大桥恢复通车 。

5. 汕头海湾大桥

汕头海湾大桥位于汕头港东部出入口妈屿岛海域处，为跨海公路桥，全长 2500 米，主跨 452 米，1995 年建成。是深汕两地一级汽车专用公路的配套设施，是联结深圳、珠海、汕头、厦门等4个经济特区的陆地交通纽带。是我国第一座大型预应力混凝土悬索桥。

6. 江阴长江公路大桥

位于江苏省江阴市黄田港以东3200米的西山，江阴大桥通过广靖高速和锡澄高速南连沪宁高速公路，北接宁通高速公路，主跨1385米，桥塔高190米，1999年建成。是我国首座跨径超千米的特大型钢箱梁悬索桥梁，也是20世纪“中国第一、世界第四”大钢箱梁悬索桥，是国家公路主骨架中同江至三亚国道主干线以及北京至上海国道主干线的“跨江咽喉”工程，是江苏省境内跨越长江南北的第二座大桥。著名的隧道

（十）我国最长的铁路隧道

乌鞘岭隧道长达20.05千米，于2006年8月23日实现双线开通，位于兰新线兰武段打柴沟车站和龙沟车站之间，为两座单线隧道。兰新铁路兰武段（兰州西至武威南）新增二线铁路全面建成，欧亚大陆桥通道上的“瓶颈”制约被消除，连云港至乌鲁木齐3651千米间全部实现双线通车。

1. 我国自主建成的一座铁路隧道

京张铁路八达岭隧道。它由中国杰出的工程师詹天佑亲自规划督造，是完全依靠中国人自己力量建成的第一座铁路隧道。这座单线越岭隧道全长达1091米，工期仅用了18个月。它与京张铁路的建成，至今仍为世人称道。

2. 我国第一条长铁路隧道

西（安）（安）康铁路秦岭隧道。1999年9月6日，秦岭隧道整体贯通，隧道长达18.46千米，居当时世界山岭隧道第六位、亚洲第二位。这条隧道的建成在中国铁路建设史上具有划时代的意义。它也是在兰（州）新（疆）线乌鞘岭特长隧道建成前，我国最长的铁路隧道。

3. “世界第一高隧道”

青藏铁路风火山隧道。它坐落于海拔超过5000米的青藏高原风火山上，轨面海拔标高4905米，全长1338米，全部位于永久性冻土层内，是目前世界上海拔最高的高原永久性冻土隧道。

4. 世界上最长的高原冻土隧道

青藏铁路昆仑山隧道。全长1686米的昆仑山隧道地处高原多年冻土区，地质结构复杂，自然条件恶劣，隧道穿越多条断裂带，进口处有厚层地下冰，出口处有乱石堆积体，中间有裂隙水、地下水、融冻泥流等。2001年9月开始施工，2002年9月贯通。

5. 世界最长的双洞公路隧道

秦岭终南山公路隧道，是陕西“三纵四横五辐射”公路网西安至安康高速公路重要组成部分。隧道北起西安市长安区青岔，终止于商洛市柞水县营盘镇，接西安至柞水高速公路岭南段，设计等级为高速公路，双洞单向四车道，隧道长18.02千米（双洞长36.04千米），是亚洲第一、世界第二的超长隧道（世界上最长公路隧道为挪威洛达尔隧道，长度24.5千米，单洞双向双车道）。

6. 我国各线铁路上最长的隧道

成昆线：沙马拉打隧道，6383米。

襄渝线：大巴山2号隧道，5334米。

南昆线：米花岭隧道，9392米。

焦柳线：彭莫山隧道，5608米。

宝中线：六盘山隧道，5240米。

京九线：五指山隧道，4465米。

京广线：大瑶山隧道，14294米。

湘黔线：新雪峰山隧道，3809米。

宝成线：新会龙场隧道，4245米。

西康线：秦岭1线隧道，18456米。

京原线：驿马岭隧道，7032米。

贵昆线：梅花山隧道，3968米。

京通线：红旗隧道，5848米。

侯月线：云台山2线隧道，8178米。

陇海线：松树湾隧道，2224米。

大秦线：军都山隧道，8460米。

朔黄线：长梁山隧道，12782米。

阳安线：台子山隧道，3625米。

滨州线：兴安岭隧道，3100米（新线），3078米（沙俄时期小双线隧道）。

滨绥线：杜草隧道，3849米（上行，1942年），3900米（下行，1978年）。

渝怀线：园梁山隧道，11068 米。
内昆线：黄莲坡隧道，5306 米。
沈丹线：福金岭隧道，2326 米（上 2558 米（下行）。
溪田线：八盘岭隧道，6340 米。
白阿线：南兴安岭隧道，3218. 5 米。
牡图线：北老松岭隧道，1900 米。
长图线：老爷岭隧道，1820 米。
西延线：韩家河隧道，3512 米。
横南线：分水关隧道，7252 米。
广九线：笔架山隧道，2212 米。
宝兰线：新曲儿岔隧道，4010 米。
渡口支线：新庄隧道，3004 米。
京承线：夹马石隧道，2387 米。
南回线：中央隧道，8070 米。
北回线：观音隧道，7757 米。
宜珙线：轿顶山隧道，3376. 77 米。
南疆线：奎先隧道，6152 米。
青藏线：关角隧道，4010 米。
京秦线：丁庄隧道，13491 米。
承隆联络线：兴隆岭隧道，1071 米。
太岚线：峙头隧道，2865. 50 米。
邯长线：皇后岭隧道，2820 米。
太焦线：小东沟隧道，3283. 9 米。
北同蒲线：段家岭 2 线隧道，3540 米。
南同蒲线：刘家寨隧道，1577 米。
川黔线：凉风垭隧道，4270 米。
梅七线：崔家沟隧道，3834 米。
嫩林线：西罗奇山隧道，1770 米（1 号）1160 米（2 号）。
牙林线：岭顶隧道，720 米。
平汝线：贺兰山隧道（位于平罗与阿拉善左旗交界），2054 米，1971 年建成。
凤上线：长岭隧道（电影铁道卫士），2489. 3 米，1939 年建成。
京包线：旗下营隧道，1567. 9 米（上行），1586. 2 米（下行），1958 年建成。
嘉镜线：大落海子隧道，3408. 8 米，1966 年建成。
外福线：前洋隧道，2797 米，1989 年建成。

鹰厦线：大禾山隧道，1460-3 米，1956 年建成。

魏塔线：顺山岭隧道，1577.6 米，1972 年建成。

漳泉线：西坑仔隧道，4652 米，1979 年建成。

大沙线：陈家冲隧道（位于咸宁阳新县兴国镇东南 10 千米）1417 米，1972 年建成。

包兰线：窦家沟隧道，1268.36 米，1952 年建成。

林东线：奎山隧道（奎山一大庆岭），1836 米。

兰新线：乌鞘岭特长隧道，20050 米（截至 2006 年底为中国第一长隧道）。

京沪线：栖霞山隧道，750 米。

浙赣线：上金隧道，4452 米。

十六、经济地理

（一）三大经济地带

1. 三大经济地带的范围

在我国的沿海地区与中西部地区之间，社会经济水平发展存在很大的差距，客观上形成了东部、中部和西部三大经济地带。东部经济地带包括辽宁、河北、北京、天津、山东、江苏、浙江、上海、福建、广东、广西和海南在内的 12 个省市区（不包括港澳台），面积占全国的 16%，人口约占全国的 41.1%。中部地带包括黑龙江、吉林、内蒙古、山西、河南、湖北、江西、安徽和湖南在内的 9 个省区，面积约占全国的 27%，人口约占全国的 35.7%。西部地带是指包括陕西、甘肃、青海、宁夏、新疆、四川、重庆、云南、贵州和西藏在内的 10 个省市区的广大地区，面积占全国的 57%，人口约占全国的 23.2%。

2. 三大经济地带的差异

三大经济地带存在很多方面的差异，比如自然资源、基础设施、经济水平等等，其中最为突出的是社会经济发展水平和经济发展速度两方面。东部社会经济发展水平高，中部其次，而西部最弱。据统计，2006 年，西部 12 个省市区 GDP（国内生产总值）总和不到 4 万亿元，约占全国 GDP 的 17%；而东部地区 GDP 达到 2 万亿元的省份就有3个，人均GDP东部地区达到了西北地区的2.2倍。东部地区的经济发展速度也是最快的，中部其次，西部最慢。东部从20世纪80年代起飞速发展，中西部与东部的经济差距越来越大。

3. 差异的形成原因

我国东部和中西部的差距如此之大是由一系列的自然因素和社会经济因素造成的。

从自然因素上说，东部受海洋季风气候影响很大，比较湿润，加上地势较平，利于人们开展各种生产活动；而中西部多是高原、山地，海拔很高，很多地区干旱少雨，农业受到很大影响。海洋为东部地带提供了开放、方便的地理优势；而相比之下中西部则比较闭塞。

从社会和经济因素上说，从19世纪40年代近代工业在东南沿海一带出现，东部地带的工业一直在发展和进步；而直到20世纪30年代抗日战争爆发，才有部分近代工业搬迁到中西部地区。新中国成立后，虽然很多工厂搬迁到中西部地区，但工业重心依然在东北和沿海地区。1978年中国实行改革开放政策，国家在沿海地区开放第一批经济特区，之后又开放了14个沿海城市；但是，直到1992年，才陆续开放长江沿岸和内陆沿边各省省会城市。东部利用政策优势和地理优势，吸收海外资金，引进先进的生产管理技术，在全国领先。

长期处在中国经济最前沿的东部，人们思想观念比较开放，接受新事物比较快，竞争意识比较强。并且，东部的社会经济结构比较平衡，第二、三产业比重都在35%以上，城市化程度较高，生产力水平较高。而中西部经济发展相对落后，第一产业比重比较大，经济发展速度相对缓慢。

4. 东部地带的现状及发展方向

东部地带位于沿海一带，是城市化程度最高、科技水平最高和发展最快的经济地带。它集聚了我国最具实力的几大工业区——辽中南工业区、京津塘工业区、沪宁杭工业区和珠江三角洲工业区。东部地带也是我国最主要的农业生产基地，最主要的几个农业生产区，如黄淮海平原、长江三角洲、珠江三角洲等几大农业基地，还有我国重要的海洋水产区都在这里。东部地带拥有全国45%的高等院校和约60%的高科技人才。交通便利，商品经济发达，经济国际化程度比较高，也是城市分布最密集的地带。

东部地带虽然经济发展迅速，但也存在很多问题。如能源、原材料不足，北方各省市水资源不足，有些地方存在严重环境污染，大江大河下游涝期容易发生水灾等问题。

这一地区的发展方向是，充分发挥地理优势，对内成为为全国输送高级人才和提供信息的基地，对外成为中国开展对外贸易和金融活动的前沿阵地。大力发展第三产业，发展新农业方式以解决能源短缺、缺水、环境污染等问题。东部发展经济的重点应在于充分发挥高新技术的优势，完成对传统工业的改造，发展高新技术产业。

5. 中西部地带的现状及发展方向

我国中西部面积广阔，煤炭、有色金属等矿产资源非常丰富，这里也是粮食、棉花以及食糖的主要生产基地。东北还有全国最大的林区，内蒙古则是我国重要的牧区。中部的钢铁和冶金工业等重工业比较发达，比如哈尔滨、武汉等。另外在沿边贸易上也具有优势。

中西部的经济发展缓慢，基础建设落后，运输能力远远不能满足经济发展的需求。同时黄土高原严重的水土流失，长江中游的洪水等生态问题，大大阻碍了中西部地区的发展。

中西部应该充分发挥资源优势，加快煤炭、有色金属等矿产能源的开发，使这里成为全国的原材料、能源生产基地。着力建设水利、交通、电力等基础设施，发展沿边贸易。改善生态环境，重点治理水土流失、草原沙化等问题。因地制宜发展农业、林业等，使其成为粮食流通和深加工的新基地。

6. 西部大开发

由于自然、历史、社会等原因，我国西部经济发展相对落后，与东部的差距越来越大，迫切需要改革加快建设步伐。2000 年，国家成立了西部大开发小组，正式开始着手实施“西部大开发”战略。西部大开发是国家为了协调区域经济发展，促进东西部的共同发展。国家在政策上予以扶持，希望吸收更多的国内外资金参与西部的开发和建设。同时利用西部的能源和资源优势，结合自身特点，找到一条解决西部贫困的最佳途径。其目的是既促进西部发展，也促使东部地带进行产业升级。

西部大开发最先解决的是基础建设问题，国家花大力气解决交通运输问题，陆续进行了青藏铁路、“西气东输”“西电东送”等几个重大工程建设。为了搞好生态环境建设，国家启动了退耕还林工程。出台措施重点发展科技教育，提高劳动者素质。同时推进科技创新，调整产业结构，积极发展中西部的特色产业，提高经济发展水平。西部大开发是一个宏伟的工程，它的实施能够促进西部地区的经济发展，使广大人民生活水平得到极大的提高。

7. 长江经济带的优势

长江是我国第一长河，干流流经青、藏、川、滇、渝、鄂、湘、赣、皖、苏、沪九省二市，自西向东横贯中国，流域面积达到 180 万平方千米，约占全国总面积的五分之一。长江流域是我国农业、工业、商业、科技最发达的地区之一。长江经济带东到上海，西连攀枝花，沿江多达 43 个城市，地区生产总值约占全国 GDP 的 46%，是全国密度最大的经济走廊之一。

长江经济带具有得天独厚的地理优势，横贯我国东、中、西部，经济腹地很深，还与京沪、京九、京广、焦柳等铁路干线相交，交通十分便捷。这里还具有非常大的资源优势，不仅有丰富的淡水资源，而且还有丰富的矿产资源、旅游资源和农业生物资源。长江经济带农业发达，工业基础雄厚，集中了钢铁、石化、机械、电子等一大批在国内处于领先地位的大企业。长江经济带城市化程度较高，已形成了我国最密集的城市带，特别是以上海为中心的长江三角洲城市群，对国内外投资具有很强的吸引力。长江经济带劳动者素质较高，科技支撑能力强。它拥有极为广阔的经济腹地和发展空间，是全国除沿海地区外经济最发达的经济带，也是我国今后一段时期内经济增长潜力最大的地区。

8. 珠江三角洲的优势

珠江三角洲，简称珠三角，位于广东省东部沿海，是西江、北江共同冲积而成的大三角洲与东江冲积成的小三角洲的总称。总、体上呈倒三角形，地面起伏很大，中部是平原，四周是丘陵、山地。经济上的珠三角是指珠江沿岸的广州、深圳、佛山、珠海、东莞、中山、惠州、江门、肇庆 9 个城市组成的区域，也就是通常所说的“小珠三角”。有“南海明珠”之称。

珠江三角洲属于亚热带气候，终年高温多雨，对发展农业十分有利。这里发展了桑基鱼塘等混合农业，成为中国生态农业的典范。丝织、食品、造纸、机械、化工、建筑材料、造船等工业非常发达，被称作“南海明珠”。2008 年珠三角 GDP 总值达 29745.58 亿元（4342.843 亿美元），占全国的 10%。

珠三角地区具有临近港澳的区位优势，侨乡众多，并且拥有优良的海港，成为吸引国内外投资的风水宝地。此地吸引了大批内地务工人员，劳动力资源丰富。珠三角地区主要是外向型经济，外贸出口占总产值的 10%以上。珠三角产业结构基本合理，基本实现了从传统农业到工业化，再到产业多元化发展的转变。世界银行报告显示，珠江三角洲已在 2010 年超越日本东京，成为世界人口和面积最大的城市群。如今，珠三角在国家战略的推动下，正携手香港、澳门两个特别行政区建设粤港澳大湾区，成为与美国纽约湾区、旧金山湾区和日本东京湾区比肩的世界四大湾区之一。

9. 长江三角洲的优势

长江三角洲是指长江和钱塘江在入海处冲积形成的三角洲。北起通扬运河，南抵杭州湾，西至南京，东到海滨，包括上海市、江苏省南部、浙江省北部以及邻近海域。这里气候温暖湿润，水道纵横，有“水乡泽国”之称。土壤肥沃，农业发达，是我国人口最稠密的地区之一。

长江三角洲是以上海为龙头的江苏、浙江经济带，也是我国发展最快、经济规模最大、最有发展潜力的地区之一。长三角工业实力雄厚，交通便捷，汇集了一大批优秀的金融、贸易、教育、科技、文化等企业。这里优良的基础设施建设和商业氛围吸引着国内外大批投资。2004 年度统计数据表明，长三角地区占全国土地的 1%，人口占全国的 5.8%，创造了全国 18.7%的国内生产总值、全国 22%的财政收入和 18.4%的外贸出口。2008 年的 GDP 为 53952.91 亿人民币，合 7877.1249 亿美元。根据 2008 年国家下发的关于长江三角洲的指导意见，长江三角洲正式扩大到江浙两省全部地区和上海市。这个战略提高了长三角的经济实力和潜力，对拉动经济增长和进行长三角的产业配置有很大意义。2019 年长三角区域铁路网密度达到 325 千米/万平方千米，是全国平均水平的 2.2 倍。

10. 黄河三角洲的优势

黄河三角洲位于渤海南部黄河入海口，是全国最大的三角洲。黄河三角洲包括山东省的东营、滨州和潍坊、德州、淄博、烟台市的部分地区，共涉及 19 个县（市、区）。

黄河三角洲属于温带季风气候，是我国最完整、最广阔、最年轻的湿地，生态系统类型独特，湿地生物资源丰富，产业基础较好，具备发展高效生态经济的天然优势。同时黄三角地区有丰富的石油资源，人口稠密，并拥有较完善的交通网络，这些都为黄三角的发展提供了良好的条件。

随着 2009 年 11 月国务院对黄河三角洲发展计划的批示，黄河三角洲的开发已经上升到国家战略层面，成为国家区域经济战略的重要组成部分。国务院要求黄河三角洲以资源高效利用和生态建设为主线，提高竞争力，打造全国乃至全球绿色生态生活区样板。黄河三角洲作为环渤海经济带的重要组成部分，潜力巨大，它的开发将形成新的黄三角城市群，将成为中国又一个新的经济增长点。

11. 名产之乡

广东新会县——香蕉之乡
广东增城区——荔枝之乡
浙江桐乡市——李子之乡
山东茌平县——乌枣之乡
陕西富平县——柿子之乡
云南大理市——木瓜之乡
重庆涪陵区——榨菜之乡
四川渠县——黄花之乡
河南洛阳市——牡丹之乡

福建漳州市——水仙之乡
山东平阴县——玫瑰之乡
浙江桐乡——菊花之乡
湖北成宁县——桂花之乡
宁夏中宁县——枸杞之乡
吉林抚松县——人参之乡
山西稷山——红枣之乡
海南岛——椰子之乡
广东新会县——葵乡
浙江黄岩县——蜜橘之乡
河南商丘市——桐木之乡
甘肃岷县——当归之乡
贵州玉屏县——箫笛之乡
辽宁丹东市——柞蚕之乡
浙江兰溪市——毛竹之乡
山东崂山县——矿泉之乡
福建永定区——烤烟之乡
江苏宜兴县——陶瓷之乡
江西景德镇——瓷器之乡
湖南浏阳市——花炮之乡
浙江绍兴市——黄酒之乡
新疆库车县——歌舞之乡
福建上杭县——山歌之乡
广东东莞市——游泳之乡
广东台山县——排球之乡
山东烟台市——绒绣之乡
安徽萧县——国画之乡
安徽宿州符离镇——烧鸡之乡

海南岛

（三）因地制宜发展农业

1. 我国农业分布的地区差异

我国幅员辽阔，气候复杂，农业类型也多种多样。我国农业的地区分布主要表现为东部和西部、南部和北部的差异。西部地区草场遍布，有我国的四大牧区。而东部受季风气候影响，在东部湿润半湿润的平原地区以种植业为主，东部地区是我国主要的产粮区。林业主要集中在东北和西南地区，规模较大的人造林在东南地区。沿海一带是我国渔业的主要集中地，长江中下游的淡水渔业比较发达。

我国农作物的主要类型有粮食作物、油料作物、糖料作物和棉花等。受我国自然条件和社会经济条件的影响，这些农作物的地区分布有明显的差异性。粮食生产形成了“南稻北麦”的格局；油料作物形成了长江油菜带和黄淮花生带两个生产区；糖料作物北方以甜菜为主，南方以甘蔗为主；棉花生产形成了黄河流域、长江流域、西北内陆三大棉区。

2. 四大农业区

（1）北方地区

北方地区夏季高温，降水也多。其中东北平原土壤肥沃，华北平原平坦广阔，黄河中下游地区农业生产历史悠久。这里以旱作为主，一年两熟或者两年三熟。东北平原是我国最大的商品粮基地和林业基地，农业机械化程度较高，华北平原、黄河中下游地区是我国最大的粮棉产地。主要农产品有小麦、玉米、大豆、甜菜、花生、亚麻等。

（2）南方地区

南方地区水热资源丰富，长江中下游地区、珠江三角洲地势低平，土壤肥沃，河流纵横，是富饶的鱼米之乡。这里是我国重要的农耕区，以水田为主。长江以北一年两熟，以南一年三熟。主要农产品有水稻（最大产区）、小麦、棉花、油菜籽（长江流域）、甘蔗。这里是我国重要的商品粮、桑蚕、糖料作物、亚热带热带作物和淡水渔业产区。沿海地区渔业发达。横断山区森林资源丰富，利于林业发展。

（3）西北地区

夏天气温高，光照时间长，牧场多，有河西走廊、宁夏平原、河套平原等水土肥美的粮棉生产基地。以旱作为主，灌溉农业突出（新疆为绿洲农业），一年一熟或两年三熟。有全国最重要的畜牧业基地，如新疆、内蒙古等；有全国最大的长绒棉基地，也是糖料作物基地，如内蒙古、新疆等。主要农作物有小麦、甜菜、瓜果、棉花、胡麻等。

（4）青藏地区

青藏地区太阳辐射强，日照时间长，草场广阔，河谷地带有水灌溉。这里是我国著名的高寒牧区，也是我国重要的畜牧业基地，主要农作物有青稞（春小麦）、小麦、豌豆等。

3. 我国的经济作物种植

经济作物是指具有某种特定用途的农作物，一般自然条件要求很高，而且产品的经济价值较高，它主要包括棉花、油料、麻类、蚕丝、茶叶、糖料、蔬菜、烟叶、果品、药材等。我国自然条件复杂多样，经济作物的种类非常丰富。如我国棉花生产主要集中分布在黄河、长江中下游地区，新疆是我国的优质长绒棉产区，华南是我国热带经济作物基地。辽东半岛、山东半岛苹果很出名，南方地区则主要种植柑橘、香蕉、荔枝、桂圆、菠萝、茶树等。

4. 九大商品粮基地

商品粮基地就是大规模商品化的粮食生产基地，这些地区粮食生产条件较好，高产稳产，商品率高。粮食生产集中，便于统一规划，而且交通运输非常方便。我国主要有九大商品粮基地：黑龙江西部的松嫩平原，盛产大豆、小麦、玉米、甜菜、亚麻、马铃薯等；三江平原位于黑龙江东部，林区广布，主产水稻和高油大豆；江汉平原位于湖北省中南部，以水稻、棉花、油菜、芝麻、花生为主；成都平原位于四川盆地，是中国重要的水稻、棉花、油菜籽、小麦、柑橘、柚子、油桐、茶叶、药材、蚕丝、香樟产区；洞庭湖平原位于湖南省北部，是理想的粮、棉、麻、水产和蚕丝的重要生产基地；鄱阳湖平原位于江西省北部，是江西省的粮仓和棉花、油料、生猪等生产的重要基地；江淮地区位于江苏、安徽两省南部，盛产水稻、棉花等，有大量的亚热带水果种植；太湖平原是我国重要的商品粮基地，位于江苏省长江以南，盛产稻米，此外丝绸、棉布、茶叶也很有名；珠江三角洲位于广东省东部，主产水稻、荔枝、柑橘、香蕉、菠萝、龙眼、杨桃、芒果、柚子、柠檬等。

5. 我国的油料作物种植

我国油料作物品种很多，主要有花生、油菜、芝麻、胡麻、大豆、向日葵等。同时我国也是世界上油料种植最多的国家。我国主要的油料作物有：

花生跟其他油料作物相比，单产高，含油率高，对种植条件的要求不高，因此全国除了西藏、青海外，其他各省基本都有种植，主要集中在山东、广东、河南、河北等省，其中山东种植面积最大，广东其次。

油菜是我国种植面积最大的油料作物，我国也是世界上种植油菜最多的国家。油菜喜凉，土壤条件要求不高，分为春、冬油菜。长江流域是我国冬油菜的最大产区，其中四川省的播种面积和产量居全国之首；春油菜则主要集中于东北、西北地区。

我国是世界上生产芝麻最多的国家，芝麻含油率很高。我国芝麻分布广泛，主要集中于河南、湖北、安徽等省，其中河南省产量最高。

大豆既是粮食，也是油料作物，营养价值很高，在农产品中具有特殊的地位。我国大豆分布广泛，主要集中在松辽平原和黄淮平原。其中哈尔滨、辽源、长春被称为我国大豆的“三大仓库”。

6. 三大棉区

我国主要有三大棉区：长江流域棉区、黄河流域棉区、西北内陆棉区。

长江流域棉区是我国生产水平最高的棉区，南起福建戴云山，北到秦岭—淮河一线，西起川西高原东麓，东至海滨。包括上海、浙江、江苏、湖北、安徽、四川、江西、湖南等地。这里水热条件好，光照充足，春雨多。但也因常有连绵秋雨，不利于棉花生长。此地适宜栽种中熟陆地棉。棉田面积占全国的44%，产量约占53%。

黄河流域是我国植棉面积最大的地区，位于长江流域棉区以北。北到山海关，南到河南济源，西起陇南，东至海滨。包括河南、河北、山东、山西、陕西等地。水热条件适中，春秋两季光照充足，有利于棉花生长。植棉面积占全国的50%，大多栽种中、早熟陆地棉。

西北内陆棉区历史悠久，开发潜力很大。本区包括新疆全境、甘肃河西走廊和沿黄灌区。这里空气干燥，温差大，日照时间充足，非常利于棉花生长。可种植中、早熟陆地棉或中、早熟海岛棉。种植面积占全国的5%，新疆境内东疆和南疆是目前国内最大的长绒棉生产基地。

还有一些棉区分布于东北地区等。

7. 我国的热带作物种植

热带作物是热带地区栽种的各类热带经济作物的总称。在我国，热带作物通常指热带地区栽种的特种经济作物。热带经济作物包括橡胶、油棕、椰子、咖啡、可可、橡胶、荔枝、芒果等。这些作物一般对热量要求很高，在绝对低温平均值0℃以上、≥10℃积温7000~7500℃以上、年降水量1000毫米的条件下，才能正常生长。我国适合热带作物生长的地方主要是中国台湾地区南部和海南省、云南省西双版纳及河口地区、两广南部、闽南沿海一带，尤以海南岛和西双版纳最适合。海南岛是国内主要的橡胶产地，天然橡胶产量要占到全国一半以上。橡胶树品种经过改良，已扩种到北纬24°的地区等，但有一定的限度。

8. 五大草原区

我国在北部和西部一带有着广阔无边的草原，从黑龙江到内蒙古一直到大西北，绵延数千里，其面积约占全国面积的2/5。我国也是世界上草原面积最大的国家。

我国草原目前可以划分为五个大区：东北草原区、蒙宁甘草原区、新疆草原区、青藏草原区和南方草山草坡区。

东北草原区位于东北地区的东北部，面积约占全国草原面积的2%，覆盖在东北平原的中、北部以及周围的丘陵，呈马蹄形。这里属于半干旱半湿润地区，土壤肥沃，地势低平，植物种类多，是中国最好的草原之一。优良畜牧品种有三河马、三河牛。

蒙宁甘草原区包括内蒙古、甘肃的大部和宁夏，以及冀北、晋北和陕北草原地区，面积约占全国的30%。这一地区高原广布，还有很多山地、低山丘陵等。本区是典型的季风气候，夏季湿润多雨，冬季寒冷干燥，牧草种类丰富，其中优良牧草200多种，如羊草、冰草、早熟禾、野苜蓿等，青嫩多汁，营养丰富。本区有很多大草原，在全国也比较有名气。其中本区的主体内蒙古草原，东西长达3000多千米，畜牧业经济很发达。河西走廊也是我国非常重要的牧区。本区优良畜种有滩羊、中卫山羊，山丹马，还有阿拉善骆驼。

新疆草原区位于中国最西北部，面积约占全国草原的22%以上。新疆草原四面多山，气候凉爽，牧草丰盛，适合发展牧业。其中北疆是中国草场单位面积产草量最高的草原，也是我国最好的草场之一。主要畜牧品种有新疆细毛羊、三北羔皮羊、伊犁马等，其中三北羔皮羊占全国羔皮羊总量的3/4。

青藏草原区位于青藏高原之上，是世界上非常独特的草原，约占全国草原面积的32%。盛产牦牛、藏羊、犏牛、黄牛等。

南方草山草坡区是指中国南方长江流域以南地区的各种山丘草原。这里水热条件好，牧草种类繁多，几乎处处都可以生长为牲畜食用的植物，天然条件非常好，适合发展畜牧业。主要畜牧品种有黄牛、山羊、猪等。

9. 四大牧区

我国牧区主要分布在北部、西北部和西南部分地区，约占全国陆地面积的44.4%。大致分布在内蒙古、新疆、青海、甘肃、四川等14个省区。我国主要有四大牧区：

内蒙古牧区是我国最大的牧区，可利用草场面积达13.2亿亩，约占全国草场面积的四分之一。全区以天然草场放牧为主，畜牧业发达，牲畜存栏全国第一，牛羊肉产量居全国第二。主要畜牧品种有三河马、三河牛等。

新疆维吾尔自治区是我国第二大牧区，草场面积约12亿亩。本区属于山地牧区，主要分布于天山以北的北疆和南疆西部山区，草场类型多样，牧草种类繁多，实行四季牧场。优良畜种主要有伊犁牛、伊犁马、伊犁白猪、新疆大尾羊、阿尔泰大尾羊等。

西藏牧区属于高寒牧区，草场以高山草甸、高原宽谷草场面积最大。由于位于高寒山区，西藏牧民过去大多逐水草而居，“春放水边，夏放山，秋放山坡，冬放滩”，现在牧养水平比过去有很大提高，牧区大多是半定居状态。主要畜种有藏牦牛、藏羊、藏马等。

青海牧区属高原牧区，天然牧场主要分布在青海湖环湖区、青南高原区和柴达木盆地区。草原草场、草甸草场面积大，可利用草场面积约5亿亩。主要畜牧品种有青海藏羊、哈萨克羊、河曲马、玉树马等。

10. 三大林区

据第七次国森林资源清查结果，全国森林面积19545.22万公顷，森林覆盖率20.36%。活立木总蓄积149.13亿立方米，森林蓄积137.21亿立方米。我国幅员辽阔，自然条件十分优越，树木种类繁多。据调查，我国林木品种大约有五千多种，居世界第一位。我国主要有三大林区：

东北林区是我国最大的天然林区，主要分布于大、小兴安岭和长白山区，以中温带针叶林、落叶阔叶混交林为主，也是我国唯一的大面积落叶松林地区。树种很多，树形高大，是非常好的建筑材料。主要树种有红松、兴安落叶松、黄花松、白桦、水曲柳等。全区木材储蓄量占全国的三分之一，是我国主要的木材供应基地。

西南地区是我国第二大自然林区，主要包括四川、云南和西藏自治区三省区交界处的横断山脉，以及西藏东南部的喜马拉雅山南坡等地区。本区有很多大江大河，山峰高耸，气候条件多样，所以树木的种类很丰富。主要树种有云杉、冷杉、高山栎、云南松等，这些都是很好的建筑材料，还有很珍贵的柚木、紫檀、樟木等，另外还有人工橡胶林和咖啡树，是我国重要的热带经济林区。

南方林区是我国第三大林区，位于秦岭—淮河以南，云贵高原以东的广大地区。这里气候湿润温暖，树木种类很多，以杉木和马尾松为主，还有竹木等特殊品种。林区南部是我国热带和亚热带林区，有橡胶林、肉桂林、八角林、桉树等经济林品种。本区中台湾地区林业发达，森林面积占全省面积一半以上，盛产樟树，用它生产的樟脑远销世界各地，因此台湾被誉为“樟脑之乡”。

11. 河西走廊的农业生产

河西走廊位于我国甘肃省西北部，祁连山以北，合黎山、龙首山以南，地形狭长，东西长约1000千米，南北宽十几千米。因位于黄河以西，故被称作“河西走廊”，也叫甘肃走廊。范围包括甘肃省的河西五市：武威、张掖、金昌、酒泉和嘉峪关。河西走廊历史悠久，是古代中原和西域的交通要道，丝绸之路的必经之地，嘉峪关、敦煌莫高窟和阳关等名胜古迹都分布在河西走廊，兰新铁路也从这里经过。

河西走廊分为三个独立的盆地，玉门、安西、敦煌平原，张掖、高台、酒泉平原，武威、民勤平原。地形多为山区河流冲积而成的山前倾斜平原。本地区有石羊河、黑河和疏勒河三大内流河水系，均发源于祁连山，靠冰雪融水和雨水补给。河西走廊气候干燥，降水很少，所以河西走廊的繁荣是三大水系的“功劳”。河西走廊是我国西北地区著名的灌溉农业区，也是西北最主要的商品粮和经济作物生产基地。而且河西走廊光照资源丰富，也是我国重要的甜菜生产基地。它提供了甘肃全省三分之二以上的粮食、几乎全部的棉花、大部分油料和瓜果蔬菜等。本地区主要种植春小麦、糜子、谷子、玉米及少量水稻、高粱、马铃薯等农作物，油料作物以胡麻为主，瓜果以西瓜、枣、梨、苹果为主。此外河西走廊的畜牧业也很发达，如山丹马营滩自古就是军马的生产基地。

12. 因地制宜发展农业的必要性

我国国土广阔，南北差异、东西差异十分明显，各个地区存在多种多样的农业类型，无法统一规划，提高发展我国农业生产水平一直是我国的重点、难点。我国各个地区都有自己的优势和不足，因此当地的农业生产部门要利用当地自然条件的优势，因地制宜，把最合适的产业布局在最适宜的地方，使资源得到充分利用。如长江中下游地形平坦，水热条件好，就应该考虑种植粮食或者经济作物。西北地区干旱少雨，牧草却很好，则应发展牧业。除此之外，地方政府也要积极帮助改造制约农业生产的不利条件，积极研发农业生产新技术和设备，开发农产品市场等等，使当地的资源优势得到充分发挥。

13. 我国农业面临的挑战及其对策

改革开放以来，农村发生了翻天覆地的变化。在耕地面积不断减少的情况下，我国依靠农业科学技术发展和品种改良，不断完善农业基础设施，使农产量稳步增长，农民生活水平得到很大的提高。中国人不仅解决了养活中国 14 亿人口的大问题，而且为世界农业的发展做出了贡献。但随着现代化进程的加快和经济的飞速发展，我国农业发展也面临着巨大的挑战，比如人口增加、水土流失、环境污染、气候异常、“三农问题”等等。

针对我国农业发展中面临的问题，我们要结合当前形势提出相应的对策。我国是一个人口大国，粮食生产是头等大事，要不断提高粮食的生产能力。还要密切结合国内外市场需求，调整产业结构，实现多元化经营。运用农业科技，发展高效、高产的现代农业。国家要加强调控，实施更多的惠农政策，加大农村的改革力度，调动农民的生产积极性等。

14. 科尔沁草原的环境保护与农业生产

科尔沁草原位于我国内蒙古自治区东部，西拉木伦河西岸和老哈河之间，地势西高东低，长约 400 千米，面积四万多平方千米。科尔沁草原属温带半干旱气候，夏天炎热，冬天很冷，光照充足，但草原上风很大。

科尔沁草原以坨、甸为主，坨子地是指相对高度 2 米以上的流动、半流动沙丘和半固定沙丘，甸是指相对高度在 2 米以内较平缓的沙地，植被主要有芦苇、小黄柳、榆树、羊草、冰草等。甸子地则指分布在坨、甸地内部及其之间的低湿地。科尔沁草原水资源丰富，有绰尔河、洮尔河、霍林河等 240 条大小河流。历史上科尔沁草原曾经水美草肥，是一片优质草原，后来因为气候变化和过度开发，草原迅速沙化，被称为“科尔沁沙地”。目前这里是我国最大的沙地。近些年科尔沁草原的环境保护力度加大，实施了草场封育引洪淤灌、防止过度放牧及营造防护林等措施，取得了良好成效。科尔沁草原的畜牧品种主要有科尔沁红牛、兴安细毛羊和蒙古牛羊等。

15. 退耕还林（草）与农业可持续发展

退耕还林是指在水土流失严重或者粮食产量低而且不稳定的坡耕地和沙化耕地，以及生态作用十分重要的耕地，不再种植粮食，而是植树或种草。退耕区大多是自然环境恶劣、交通不便的山区，平地很少，很容易水土流失，而且经济状况也比较差。由于过度垦殖，我国不少地区出现了严重的水土流失和土地沙化，针对这个问题，政府决定实施退耕还林政策。

从 1999 年开始试点到现在，退耕还林（草）成绩显著。截至 2008 年底，退耕造林达 1.39 亿亩，荒山荒地造林 2.37 亿亩，封山育林 2700 万亩，累计造林 4.03 亿亩。很多地区水土流失和风沙危害明显减轻，尤其是西北地区。不仅如此，还增加了林草植被，加快了森林绿化进程。退耕还林（草）工程覆盖 25 个省市区，3200 多万农户、1.24 亿农民参与进来，共同完成这项目前中国投资最大、涉及面最广、群众参与程度最高的生态建设工程。

退耕还林（草）有效地改善了生态环境，促进了农业结构的调整，也改变了农民传统的耕作制度和生活方式，促进了农村经济的可持续发展，是一次具有深远意义的生产方式改革，功在当代，利在千秋。

（三）工业的布局与发展

1. 我国的工业发展格局

工业是国民经济中最重要的物质生产部门之一，是国家经济的主导，也是国家财政收入的重要来源。受自然条件和经济条件的制约，我国工业在发展中形成了一定的格局。目前，全国工业布局形成了沿海、沿长江、沿黄河以及沿铁路几条轴线。沿海形成了我国最发达的几个工业区，如辽中南、京津唐、长江三角洲、珠江三角洲等；沿江轴线形成了上海、南京、武汉、重庆等几个城市为中心的沿江经济带；沿黄河轴线的是能源开发的重要地带，形成了一批高耗能工业；在京广、京沪、哈大等铁路沿线集中了一大批重要的工业基地。

2. 我国的重工业发展

重工业是指以生产生产资料为主的工业，包括冶金、机械、能源、化学、建筑材料等工业，它为国民经济各部门提供技术设备、动力和原材料等物质技术基础，是最重要的基础工业。新中国成立后，随着重工业的发展，原来残缺不齐、发展缓慢的我国重工业逐渐形成比较完整的体系。2007 年底，我国重工业总产值为 285537 亿元，占工业总产值的 70.5%。重工业的发展，既加强了我国自身发展经济的能力，也加强了国防能力，具有重大意义和深远影响。

按照工业的分类，我国重工业分为三大类：一，采掘工业，主要包括黑色和有色矿采掘，煤炭、石油采掘以及木材采伐业等；二，原材料工业，主要包括黑色及有色金属冶炼、电力、石油加工、炼焦及焦炭、化学、化工、水泥、建材等；三，制造业，包括化肥、农药、医药、电子设备，机械等制造业。

在我国几大工业基地中，东北、西北重工业中采掘、原材料工业比重较大，特别是原材料工业比重较大。东南、西南和长江中下游重工业比重较低，但制造业比重较大，占全国 60%以上。随着我国经济的飞速发展，重工业的发展遭遇了许多困难。如东南沿海本身自然资源不足，却过多地发展了高耗能的加工工业，西部地区资源丰富却偏向于国防工业和机械工业，而运输条件却远远落后于工业的发展，这更加剧了全国原材料、燃料的紧张程度。当前我国在调整重工业格局时，应该协调重工业三大类的比例，控制高耗能工业在资源匮乏地区的发展，使重工业结构和布局趋于合理化。

3. 我国的轻工业发展

轻工业是指满足人们吃穿用等消费品的工业。轻工业门类多，范围广。根据原料的不同，可分为两类：以农产品为原料的轻工业，如棉麻、皮革及其制品、食品制造、烟草加工、服装业等；还有是以非农产品为原料的轻工业，主要包括日用金属、日用化工、日用玻璃、日用陶瓷、火柴、化学原料、手工工具等。在工业化初期，轻工业的生产在制造业中的比例很大，但随着工业化水平的提高会越来越小。我国的轻工业发展经历了很多波折，新中国成立至改革开放初期，我国比较倾向于重工业，轻工业发展速度缓慢。改革开放以后，轻工业发展迅速，初步形成了环渤海地带、长江三角洲、闽南金三角、珠江三角洲为主的沿海轻工业出口基地，以及新疆、宁夏、四川、重庆等内陆轻工业出口基地。到 2009 年，我国轻工业总产值达到 8.6 万亿，不仅充分满足了国内需求，而且还有大量出口。

随着我国轻工业的快速发展，长期积累的问题也逐渐显现，如自主创新能力不强，产品附加值较低；生产能力主要集中在沿海，中西部发展滞后，低水平重复建设和盲目扩张严重；产品质量问题突出和节能减排问题亟待解决，等等。因此，我国在调整和规划轻工业布局时，要加强政策引导，鼓励中小企业的发展，加快技术改进，提高企业自主创新能力，保障产品质量等。

4. 老工业区要实现转型

传统工业区一般是在丰富的煤、铁资源的基础上，以纺织、煤炭、钢铁、机械、化工等传统工业为主，以大型工业企业为中心，逐步发展起来的工业基地。它们在我国的工业发展过程中起着重要的作用。我国的老工业基地主要有：资源型老工业基地，如四川攀枝花地区的煤炭冶金工业、山西的煤炭工业；制造业老工业基地，如咸阳、十堰等地；综合型老工业基地，如上海、沈阳、重庆等；离散型老工业基地，主要聚集在中小城市，工业布局比较分散。大多数老工业基地产业结构不够合理，重工业和轻工业中的传统工业比重较大，随着经济的发展，社会体制的转型，老工业基地出现了不同程度的衰退。但是，不同类型的老工业基地，在转型期的发展差距很大，综合型老工业基地的经济发展明显优于其他类型的老工业基地；而资源型老工业基地由于经济结构比较单一，经济波动比较大。老工业区要以加快体制创新和机制改革为首要任务，统筹规划，大力推进产业结构优化升级，提高市场适应能力，加强基础设施建设等，实现老工业区的转型。

5. 新工业区形成

20 世纪 50 年代，当传统工业区开始走向衰落的时候，在其他地区逐渐形成以灵活多变的中小型企业为主的工业地域，这些工业区被人们称为新工业区。其特点是：第一，时间短，大多自 20 世纪 50 年代以后开始形成；第二，地区新，新工业区一般避开传统工业区，形成于乡村地区，与原料地和市场都不接近，但有便利的交通和高科技；第三，新工业区企业以中小型为主，以轻工业为主，生产过程分散，这些企业往往会围绕共同的生产目标，形成一个机构完善、功能齐全的生产—销售—服务—信息体系。我国市场经济起步较晚，新工业区正在形成之中，比较典型的是东南沿海的温州地区，形成了以家庭工业和专业化市场的方式发展起来的小商品和服装新工业区。

20 世纪 70 年代以来，在新技术革命的推动下，在世界范围形成了建立在新科学技术基础上的新兴产业，这类企业科技人员所占比重高，销售收入中用于研究开发的费用比例高，产品更新换代快。我国的北京中关村科技园区就属于高科技工业区。

6. 我国的开发区建设

开发区是指由国务院和省、自治区、直辖市人民政府批准在城市规划区内设立的经济技术开发区、保税区、高新技术产业开发区、国家旅游度假区等实行国家特定优惠政策的各类开发区。在开发区中，最常见的是经济技术开发区和高新技术产业开发区。

经济技术开发区是我国在沿海开放城市设立的以发展知识密集型和技术密集型产业为主的特定区域。在这些开发区里，实行优惠政策和措施，通过吸引外资，开发新产品，发展新兴产业，形成现代化的工业结构。1984 年 5 月，我国正式决定开放大连、秦皇岛、天津、烟台、青岛、连云港、南通、上海、宁波、温州、福州、广州、湛江、北海等 14 个沿海港口城市，并在这些城市先后建立了 15 个经济技术开发区。到目前为止，经国务院批准的经济技术开发区有 56 个。

在高新技术产业开发区，国家对高科技产业通过实施减免税等各项优惠政策和创造良好的环境，吸引人才、技术、资本，加速高科技成果的产业化速度。1988 年我国实行火炬计划，正式批准建立高新技术产业开发区，多年来，高新技术产业开发区飞速发展，为我国高新技术产业发展做出了很大的贡献。目前，我国有 53 个高新技术产业开发区。

7. 振兴东北老工业基地

东北工业基地包括黑、辽、吉三省，新中国成立时是全国除上海外最有实力的地区，是当时全国最大的钢铁生产基地、最大的石油基地、最大的军工生产基地等等。这里资源丰富，基础设施完善。长期以来，东北一直是我国的重点建设地区，经过我国实施的几个五年计划，这里形成了以沈阳、哈尔滨、长春等工业城市为中心的一个独立完整的工业体系和国民经济体系。东北的资源和工业品也被运往全国，支持其他地区的建设，为我国现代化建设做出了历史性的贡献。然而，从 20 世纪 90 年代开始，东北地区自身的发展出现了一些问题，加上沿海地区对东北经济的冲击，东北地区经济出现严重的衰退，工厂生存艰难，大批职工下岗，产品大量积压等等，东北老工业区遭遇到严重的生存危机。

2003 年，针对东北地区出现的问题，国家明确提出振兴东北老工业基地的战略并开始实施。这个战略以加快体制创新和机制改革为首要任务，并大力推进产业结构优化升级，加强基础建设，扩大对内对外开放水平，做好就业和社会保障工作等。

东北地区振兴战略实施几年多来，东北地区发生了明显的变化。以国有企业改革为重点的机制创新取得重大突破，经济结构进一步优化，多种所有制经济蓬勃发展，城乡面貌焕然一新。2009 年，东北三省实现地区生产总值 30556.8 亿元，同比增长 12.6%，高出全国平均 3.9 个百分点；东北三省规模以上工业实现增加值 13583.8 亿元，同比增长 15.5%，高出全国 4.5 个百分点。

虽然东北地区经济出现了长足性的进步，但经济运行仍然不稳定，一些结构性的矛盾没能得到彻底解决。如经济增长后劲不足，产业结构优化升级任务艰巨等。

8. 积极发展高新技术产业

高新技术产业是建立在新的科学技术基础上的新兴产业，其主要特点是职工中科技人员所占比重高、销售收入中用于研究开发的费用比例高、产品更新换代快。高新产业主要包括微电子科学与电子信息技术；光电子科学和机电一体化技术；空间科学与航空航天技术；生命科学与生物工程技术；材料科学与新材料技术；能源科学与新能源、高效节能技术；生态科学与环保技术；地球科学与海洋工程技术；互联网技术等等。

中国的高新技术产业起步较晚，但发展速度很快。改革开放后国家实施了“863 计划”和“火炬计划”等一系列促进高新技术产业发展的计划，成效显著，重大科技成果不断涌现，生物、航空航天等先导产业逐步壮大。我国还创办了许多不同特色的高新技术产业开发区，产业结构也日趋完善。我国高新技术产业以电子与信息类产业为主，其次开发生物技术类、新型材料类等产品。受经济基础和国家政策影响，东部沿海地区高新技术产业发展很快。中国目前的高新技术产业开发区主要依附大城市，呈现大分散、小集中的点状分布格局。不同地区开发重点不同。沿海地带基础好，侧重科技园区型高新技术产业；内地具有资源优势和“三线”基础，多开发与军工密切相关的产业；沿边城市发展以出口贸易导向为主的产业。2008 年，高新技术产品出口占全国外贸出口总额近 30%，已成为我国第一大出口产业和重要的支柱产业。

9. 中国的“硅谷”——中关村

中关村科技园区位于北京市海淀区，是 1988 年中国第一个国家级高新技术产业开发区，也是北京市科技、人才和信息资源密度最大的区域。中关村分为一区八园，包括海淀园、丰台园、昌平园、电子城科技园、亦庄科技园、石景山园、德胜园和健翔园，共同形成了中国活力很强的高科技地带。科技园里大学密布，有清华大学、北京大学、中国人民大学等 39 所高校，以中国科学院为代表的科研机构 213 家。在中关村里还建有中关村软件园、中关村生命科学园、北大生物城、上地信息产业基地等专业化产业基地，为高科技产业发展提供了产业空间。园内还有各种高新技术企业上万家，如联想、IBM、诺基

中关村

亚等。中关村已形成中国规模最大、实力最强、结构最完善的区域创新体系，也是中国科技技术创新的一种精神代表。中关村发展20多年来，在电子信息、网络通信、生物医药、新材料等领域研发出了一大批具有自主知识产权的新技术、新标准和新产品。2009年高新技术产业总收入突破1万亿元，高新技术企业从500余家发展到超过2万家，上缴税费突破500亿元。但是，中关村自身也存在着很多问题，如中关村缺乏长远规划的具体措施，很多企业缺乏创新能力等，这些不足严重制约了中关村的进一步发展，如今的中关村已经成为我国原始创新的策源地、自主创新的主阵地和高科技企业的出发地。目前中关村已经走出海淀区、走出北京，在全国多地开花结果，站上世界合作竞争的舞台中央。

（四）国土整治和区域发展

1. 国土整治的重要性

国土整治是指全国范围内或者某个区域内国土资源的规划、开发、利用、综合治理等活动，并在实施过程中对国土资源实行管理的工作。其目的在于提高土地质量，提高土地的综合利用率。

国土整治一直是世界各国面临的一个重要课题，而我国的国土整治相对于其他国家来说困难程度大一些。我国幅员辽阔，地域差异显著。如我国东部平原和西北高原、农耕区和牧区，生产基础以及经济发展水平等都存在很大差异。进行国土整治时要因地制宜，全面考虑。

我国把国土整治当作一个整体提出来是20世纪80年代以后的事情。在全国范围内，我国进行了一些跨区域的国土整治工作，大江大河的治理，如防洪工程；跨流域调水工程；防护林工程。而且还在很多地区开展国土整治试点工程，如黄淮海地区，取得了不错的成效。但因为人口众多，近些年来自然资源开发过度，人地关系十分紧张，再加上经济基础薄弱，科技发展水平低，所以如何合理有效地开展国土整治确实是一大难题。国土整治是我国现代化建设中的一个重点，也是一项长期、艰巨的战略任务。

2. 遥感技术与国土整治

遥感技术是利用可见光或者红外线，从远距离感知目标反射或者自身辐射的电磁波从而进行目标测试和识别的技术。航天摄影就是其中的一种。遥感技术的核心是遥感器，遥感器包括照相机、摄像机、多光谱扫描仪等设施。当带有遥感器设备在航天或者航空器（飞机、卫星）上接收目标发射的电磁波信息时，遥感器记录下来，并传送到地面接收站，由地面接收站完成信息的识别和判断。这样的遥感技术获取资料数据范围大，获取信息速度快，周期短，受地形等条件限制少，手段多，信息量大，其功效和便利性是任何地面设备无法比拟的。1998 年长江出现了罕见的洪涝灾害，遥感技术在短时间内迅速获得受洪水威胁区的第一手资料，极大地方便了防灾、救灾工作的开展。在国土整治中，对国土现状的准确全面把握一直是个难题，而遥感技术则以其全能性、全球性、全天候、连续性、实时性为国土整治提供了全面、准确、真实和最新信息，为国土整治决策提供最可靠的依据。

3. 地理信息系统与国土整治

地理信息系统是指一种对整个或部分地球表层空间的有关地理信息进行专门处理的技术系统，简称 GIS（Geographic Information System）。GIS 处理的对象是多种地理空间数据，如图形数据、遥感图像数据等，可以解决复杂的规划和管理问题。GIS 功能十分强大，比如，它能以多种方式录入地理数据，以有效的数据组织提供快速查询检索，输出决策所需的地理空间信息。GIS 还可以在综合与分析的基础上对地理事象做出评价，或者综合各种信息对自然的发展进程进行模拟和预测。此外，它还有空间查询和空间分析功能、制图绘图功能，可以建立专题信息系统和区域信息系统等等。总之，它为我们快速、准确、全面认识客观世界创造了良好的条件。

20 世纪 90 年代以来，地理信息系统在我国发展很快，为我国国土整治提供了巨大便利，在城市规划管理、交通运输、测绘、环保、农业、制图等领域发挥了重要的作用。

4. 全球定位系统与国土整治

全球定位系统（Global Positioning System）是一种在卫星引导下，全球范围内可以进行定位和导航的系统，简称 GPS。

GPS 由空间、地面控制和用户设备三部分组成。空间部分是 GPS 星座，所谓 GPS 星座，是指由 24 颗卫星组成的星座，其中 21 颗是工作卫星，3 颗是备份卫星。地面控制部分指的是地面的监控系统。用户设备部分主要是指 GPS 信号接收机。全球定位系统可以为我们提供精确的三维坐标和实时信息。它不受天气影响，基本覆盖全球，七维定点定速定时高精度，快速、省时、高效率，功能多样化，可以移动定位。全球定位系统广泛应用于各个行业，如天文台、电视台中，野外勘探和城区规划中，武器导航，远洋导航，航线导航，个人旅游及野外探险，手机设备、电子地图中，非常方便。目前除了美国的 GPS 之外，我国研发出一个区域性卫星定位系统“北斗”卫星定位系统，它不仅在地理调查和国土整治中发挥着重要作用，而且在汶川大地震的救援行动中也发挥了重要作用。

5. 我国的区域发展

我国国土广阔，东部和西部、南部和北部，各个地区的自然条件、矿产资源、经济发展水平等都不一样，国家必须统筹区域发展，促进地区协调发展，这不仅是经济问题，也是政治问题。尤其是在改革开放后，东部和西部地区之间的差距越来越大，怎么统筹安排，让先发展的区域带动后发展的区域，最后达到共同发展，这是我国目前的一个难题，也是一个长期而艰巨的任务。

沿海地区开放战略和西部大开发战略都是我国较为成功的区域发展典型，这是我国国家层面的区域发展。就每个发展区域而言，由于区域内部存在很大差异，我们要因地制宜，针对每个地区的资源优势和限制因素制定合理有效的发展措施。如东北农林资源的开发，黄淮海中低产田的治理，南方低山丘陵区农业资源的开发利用都取得了一定的成效。

6. 区域发展规划的含义

区域发展规划就是为了实现特定地区的开发和建设目标而进行的总体战略。广义上来说是指地区社会经济发展和建设进行的总体部署，包括区际规划和区内规划。区际规划主要解决区域之间发展不平衡或国际分工协作问题，比如我国发展战略是深入推进西部大开发，全面振兴东北地区等老工业基地，大力促进中部地区崛起，积极支持东部地区率先发展。区内发展是指一定区域内的社会经济发展和建设布局。

狭义的区域规划就是指关于特定地区的资源开发利用，环境治理保护与控制，生产建设布局，城乡发展以及区域经济、人口、就业政策的综合性规划。我国目前已经将区域规划工作放在非常重要的地位，着重在一些经济联系紧密的城镇建立起以中心城市为依托的都市经济圈，重点进行规划、开发。如长江三角洲地区和京津冀都市圈。

7. 区域发展规划的特点

区域发展规划具有战略性、综合性、地域性三大特点。

（1）战略性。

区域发展规划重点是从宏观上来看，对整个区域内的资源开发、经济发展、建设布局等决定性因素做出决策。区域的战略性主要体现在对区域发展的大方向的把握，站在全局战略上来看待区域发展规划。一般来说，区域规划的期限都在20年以上，有的甚至为30年，所以规划方案既要有超前性，又必须有近期重点建设项目。区域规划往往充满了许多不可预期的因素，所以规划只能在现有基础上勾画出大体轮廓，具有较大的弹性。区域规划的实施将对区域产生深远的影响，因此制定规划时既要从整体出发，也要考虑局部利益，使整个区域实现可持续发展。

（2）综合性。

区域规划内容广泛，要对区域内各个系统、各方面进行全面考虑，还要对社会经济各部门进行统筹安排，对区域的发展规划做出统一决策。而且规划方案应该是从多方向考虑、多目标协调、多方案比选的结果。区域规划要特别注重发挥地区优势，实现各部门、各地区之间的相互协调。

（3）地域性。

各地区的资源、经济发展条件、生产基础有很大的不同，各区域未来的发展方向、产业结构和布局、基础设施等也有差距。规划时要因地制宜，扬长避短，全面考虑。

8. 区域发展规划的内容

区域规划是描绘区域发展的重要蓝图，是整个区域建设的指导方针，涉及面广，内容庞杂。区域规划的内容主要有以下几个方面：

（1）区域经济发展战略。

区域经济发展战略包括战略目标、战略方针、战略重点、战略措施等内容。制定区域经济发展战略通常把区域发展的指导思想、远景目标和分阶段目标、产业结构、主导产业、实施战略的措施作为研究的重点。

区域经济发展规划中有三个重点：确定区域开发方式，如采用核心开发方式还是圈层开发方式；确定重点开发区，如有的呈点状，有的呈轴状，有的跨行政区分布等，都与开发方式密切相关；制定区域开发政策和措施。

（2）工农业生产布局的规划。

合理配置资源，合理布局生产力，优化经济结构，是区域规划的核心。区域规划时要根据区域的产业结构及其地区分布情况进行调查，根据市场需求确定重点发展的产业部门和行业。与工农业发展密切相关的交通、水利设施等也要统筹安排。

（3）城镇体系和乡村居民点体系的规划。

（4）基础设施规划。

基础设施是社会经济发展水平的重要标志，对生产力和城镇的发展具有重要意义。包括交通运输、邮电通信、供水、供电、教育、文化、体育、医疗、金融等设施。区域规划要根据现状和未来发展要求，确定各种设施的建设和布局。

（5）土地利用规划。

土地利用规划主要包括土地资源调查、土地质量评价、土地利用需求预测、未来各种土地利用方式规划、土地资源整治等等。

（6）区域发展政策。

区域发展政策主要有这几个方面：劳动力政策，包括劳动力流动政策和就地转移政策；资金政策，包括财政手段、行政控制、吸引国内外资金等；企业区位控制政策，促使工业发展符合总体规划；产业政策，促进中小企业成长，促进技术改革，促进区域经济发展。

（五）矿业开发与能源工业

1. 我国矿业开发的特点

矿业是开采金属、非金属矿产的各种工业部门的总称，包括煤炭工业、石油和天然气开采业、有色金属开采业、建材矿产开发等。

我国矿业开发的特点如下：

矿业开发具有初级性。

矿业开发具有明显的资源地指向性。由于矿业开发处于初级阶段，因此各地区矿业开发的规模、开发成本和经济效益很大程度上取决于地区矿产资源分布的种类、数量、质量及埋藏情况。

矿业开发具有明显的集中性。我国矿业分布具有很强的地域性，各个地区的资源分布具有明显的集中性，决定着我国矿业开发的特点。

矿业开发对交通运输具有很强的依赖性。我国矿业开发大多是初级开发，而且很多矿种大都集中于某些区域，因此交通运输变得非常重要。运输条件很大程度上决定了矿业开发的规模、经济效益等等。

2. 我国矿业的开发与布局

我国国土广阔，地质复杂，矿业资源非常丰富，品种齐全，储量也较大。我国已探明储量的矿种达 160 多种，如煤、稀土、钨、锑、钛、石膏、芒硝、石墨等矿产资源，在世界上具有明显的优势。其中煤炭和 10 多种有色金属的储量，都居世界第一位。

受矿产资源分布和结构的影响，我国矿业的开发和布局具有以下特点：

重点矿业分布形成三类：分布广而相对集中型的矿业，如煤炭主要集中在黄河中游地区，铁矿则相对集中在环渤海地带、黄河中游地区和东北区，三地铁矿开采量占全国产量一半以上；分布较广而相对集中型的矿业，如铝土、钨矿、锑矿等等；分布范围小而高度集中型的矿业，如石油高度集中在东北、环渤海地区以及西北区。这种特征有利于矿业集中开发，形成具有特色的开发地区，但由于过于集中，给其他矿产资源需求量大的地区造成巨大的运输压力。

矿业的空间分布不平衡。矿业产值较高的地区主要集中在中国西部和中部地区，东部则较低。矿业开发是中西部地区经济发展的支柱产业，这反映了矿业开发对地区经济的影响。

3. 我国能源工业的发展与布局

能源工业是我国国民经济的基础部门，按加工程度，能源产业分为一次能源和二次能源。一次能源指直接来自自然界，没有经过任何加工和转换的能源，如煤炭、石油等；二次能源指一次能源加工转换的能源如电力、煤气等。随着我国的经济发展，对能源工业需求越来越高，我国的能源产业发展迅速。我国能源资源丰富，但分布不均匀，能源资源分布在中西部，而能源消费则多在东部沿海发达地带。我国的能源生产以煤炭生产为主，而且比重不断上升。我国能源产、销的基本格局是“北煤南运、西煤东运”和“北油南运”。东部能源基本从外面输入，而中部是我国最主要的能源生产基地。今后我国能源工业的开发趋势是整体西移，重点打造和协调各地区共同发展大规模的能源基地。如以山西为中心的以煤炭、电力为主的全国能源重化工基地、以大庆为中心的包括大庆和辽河两大油田的石油基地、以长江中上游及其干流流域为主体的水电基地，是我国21世纪的重点能源工业建设地区。

4. 我国煤炭工业的发展

我国是世界上最早开采和使用煤炭的国家。我国煤炭资源丰富，储量大，品种多，已经探明的煤炭储量达到7241.16亿吨，居世界第一位。2009年，全国累计完成原煤生产296477.24万吨，同比增长12.69%。我国煤炭资源分布呈现集中性的特点，山西、陕西、内蒙古三省区煤炭储量占全国的三分之二。

我国煤炭工业以山西为中心，集中布局。山西是我国产煤最多的省，2009年煤炭产量约6.15亿吨，占全国产量的五分之一左右。山西的煤炭生产基地以大型、特大型矿区为主，近年来动力煤、化工用煤开发比重逐渐提高，改变了过去以炼焦煤为主的生产结构。

随着我国经济的发展，煤炭工业发展中的很多问题也日益突出。如国家煤炭工业的管理体制和政策存在严重问题。企业规模小而分散，产业集中度过低，竞争力差。开采技术装备差，开发水平低，安全状况差。产业、产品单一，综合利用水平低，环境压力大等等。我们要加强对煤炭资源的管理和规划，促进煤炭和相关产业的和谐发展，进一步改造整顿和规范小煤矿，规范煤炭市场秩序，促进我国煤炭工业健康、稳定地发展。

5. 我国石油和天然气工业的发展

我国是世界上最早发现和利用石油、天然气的国家之一，石油、天然气资源丰富，潜力很大。陆地石油、天然气资源主要集中在东北、环渤海地带、西北三大区，其中松辽盆地的大庆油田石油储量占全国将近一半的储量。经过几十年的发展，我国石油、天然气工业取得了很大的进步。2009 年中国原油产量约为 1.894 亿吨，居世界第四位，但还远远不能满足我国的需求，仍需从海外进口。我国探明天然气储量超过 3000 亿立方米，跃居世界第九。

我国的石油、天然气开采业分布广泛，遍及 20 多个省市区，形成了一大批石油、天然气基地，其中大庆油田是我国最大的油田。石油、天然气生产主要集中在三大油气生产区：东北松辽油气产区，包括大庆、吉林油田；华北及环渤海油气区；四川天然气基地，包括四川省和湖北省部分地区。除了这三大产区外，还有新疆、青海和陕甘宁油气基地等。

从 1993 年以来，我国首次成为石油净进口国之后，供需缺口逐年增大，产需严重失衡。我国原油进口单一，运输能力不足。东部油田减产、西部油田发展缓慢、海洋石油产量不高，而且勘探成本较高。面对这些问题，我们要从内部挖掘潜力，加强国内石油勘探开发，加快西部资源开发，提高技术装备水平，提高油田开发技术，降低生产成本，延长稳产期。同时还要加强天然气管道建设，加大开发力度，增加储量，提高产量，有效地缓解我国的能源短缺压力。

6. 我国电力工业的发展

电力工业是国民经济发展中最重要的基础能源产业，对我国的社会经济发展起着非常重要的作用，而且与人们的日常生活、社会稳定密切相关。随着我国经济的飞速发展，至 2007 年我国发电装机容量 71329 万千瓦，同比增长 14.36%。我国的电力工业分为火电、水电、核电、热电、新能源五类，其中又以火电和水电为主。我国的电厂遍布全国 32 个省市区，大电网初步形成，包括华北电网、东北电网、华东电网、华中电网、西南电网、华南电网等几大电网。

火力发电是中国目前最主要的发电方式，而且这一格局在相当长一段时间内不会有很大改变。火力发电主要用煤炭作为动力资源，分布在煤炭资源丰富的地区附近。水电是一种可再生、成本低、没有污染的能源，但受自然条件限制较多，因此西多东少，分布不均，主要集中在西南、东南沿海、长江中下游地区，如长江中游葛洲坝、三峡水电站，黄河中上游的刘家峡、小浪底等。同时核电在能源比重中逐渐提高，主要解决能源短缺地区的需求，我国已建成浙江秦山核电站和广州大亚湾核电站。

我国电力工业发展迅速，但也存在一些问题，如电力短缺、煤电衔接、电价改革等问题。针对这些问题，我们要根据国家的具体情况，加快西部和西南部的水电基础建设，重视电力的技术改造，完善电力系统，推动我国的电力系统创新与发展。

（六）水利建设

1. 三门峡水利枢纽工程

三门峡水利枢纽工程位于黄河中下游，在河南省三门峡市和山西省平陆县之间，

三门峡水利枢纽工程

1957年开始修建，1960年竣工，水坝高353米，库容162亿立方米。由于设计问题和泥沙冲积，1 965年对三门峡工程进行了改建，使其能正常发挥功能。三门峡水利枢纽是黄河中下游防洪体系中唯一的一座大型干流控制性工程，自投入运用以来，在防洪、灌溉、供水、发电等方面产生了巨大的效益。

三门峡水利枢纽由大坝、泄洪建筑物和电站组成。主坝全长713.2米，最大坝高106米，水库总库容162亿立方米。三门峡水电站现有装机容量40万千瓦，年发电能力可达14亿度。控制流域面积68.84万平方千米，占流域总面积的91.5%。控制黄河来水量的89%和来沙量的98%。三峡工程的修建，为河南、河北、山西三省提供了丰富的电力，为河南提供了水源，对河南、山东的防洪起了重要作用，为小浪底、三峡等大型水利枢纽工程建设提供了宝贵的经验。

2. 葛洲坝水利枢纽工程

葛洲坝水利枢纽工程位于湖北省宜昌市三峡出口南津关下游，横跨大江、葛洲坝、二江、西坝和三江，是长江干流上第一个水利枢纽工程。葛洲坝水利枢纽工程分为两期，第一期1970年动工，1974年主体工程开始施工，1981年第一期工程竣工。第二期1982年开始修建，1988年葛洲坝水利枢纽工程全部竣工。葛洲坝工程由3座船闸、2座发电厂房、27孔泄洪闸、15孔冲砂闸等建筑物组成，大坝全长2595米，坝顶最高70米，设计蓄水位66米，总库容15.8亿立方米。两座发电厂总装机容量271.5万千瓦，年均发电量157亿度。是当时世界上最大的水利工程，创造了我国水利史上的奇

迹。特别是葛洲坝水利枢纽工程一、二号船闸库首下人字门每扇宽 9.7 米，高 34 米，重约 600 吨，号称“天下第一门”，是目前世界上最大的船闸之一，可通行大型客货轮和万吨级大型船队。葛洲坝不仅改善了三峡河道通航条件，而且大大缓解了华中地区电力紧缺的局面。它不仅发挥了巨大的经济和社会效益，而且还为我国培养了一批高水平的水电建设人才，为建设三峡工程积累了宝贵的经验。

3. 小浪底水利枢纽工程

黄河小浪底水利枢纽工程位于河南省洛阳市孟津县小浪底，是黄河干流三门峡以下唯一有较大库容的水利工程。小浪底位于黄河中游，离三门峡水利枢纽 130 千米，下距河南省郑州花园口 128 千米，是治理开发黄河的重要工程，也是国家“八五”重点项目之一。小浪底工程 1991 年开始前期建设，1997 年截流，至 2001 年全面竣工，历时 11 年，工程十分浩大。小浪底工程技术复杂，施工难度大，安置移民难度大，当时被看作是世界上最具有挑战性的水利项目之一。小浪底工程由拦河大坝、泄洪建筑物和引水发电系统组成。最大坝高 154 米，坝顶宽 15 米，坝堤最大宽度 864 米。小浪底工程以防洪、减淤为主，兼顾供水、灌溉和发电，综合利用。建成后的小浪底水库面积达 272 平方千米，控制流域 69.4 平方千米。总装机容量 180 万千瓦，年发电量 51 亿度。防洪标准也由原来的 60 年一遇，提高到千年一遇，基本解除了黄河下游的洪水的威胁，而且增加了城市及工业的供水，还可以用来灌溉、发电。小浪底工程处在控制黄河下游水沙的关键部位，可以有效控制黄河下游的输沙量。

4. 南水北调

南水北调工程是为了解决我国北方广大地区严重缺水的情况而实施的战略性工程，合理地配置水资源，促进南北方社会、经济的共同发展。“南水北调”的研究从 20 世纪 50 年代开始，2003 年 12 月 27 日，南水北调工程正式开工，标志着这一跨世纪的构想开始变为现实。工程设有三条线路，西线工程、中线工程和东线工程，分别从长江上、中、下游干支流引水北上，解决西北、华北等地区的需求。工程通过这三条线路将长江、黄河、淮河和海河连接起来，形成以“四横三纵”为主体的水网，实现我国水资源的合理配置。西线将长江上游的通天河、雅砻江、大渡河水用隧道方式调入黄河上游，即从长江上游将水调入黄河，但由于长江上游水量有限，仅仅能为黄河上中游的西北地区供水；中线工程从长江中游及其支流汉江引水北上，可供应黄淮平原；东线位于第三级阶梯东部，地势低，需要抽水北送。

西线工程从长江上游引水进入黄河，可以解决我国西北地区和华北部分地区的干旱缺水问题，工程技术难点相对较多，工程投资大。中线地理位置优越，水质较好，工程投资大。南水北调中线工程引水处是长江支流汉江的丹江口水库，通过沿伏牛山、太行山的干渠引水至北京，重点是向北京、天津、石家庄等城市供水。东线工程从长江下游引水，可利用现有河道和泵站，水量充沛，工程较简单。东线工程包括江苏省江水北调工程、京杭运河工程、淮河现有工程等，包括输水系统和蓄水工程。东线工程实施后可基本解决天津市、河北部分地区，及山东鲁北、鲁西南、胶东部分城市的水资源紧缺问题。南水北调工程是当今世界上最大的、距离最远的调水工程。

5. 引滦入津

引滦入津是我国为解决天津市的水资源严重不足而实施跨流域调水的大型水利工程。20 世纪 80 年代，天津市经济发展迅猛，用水量剧增，而海河却不能提供足够的水源，对天津人民的生产生活受到了很大的影响。1981 年 9 月我国正式做出引滦入津的规划，引滦入津工程 1982 年 5 月正式动工，于 1984 年 8 月完工并正式交付使用。引滦入津的源头是离天津数百千米的滦河，渠道共长 234 千米，修建工程 215 处。工程难度很大，中间开凿了一条 12 千米的穿山隧道，开挖 64 千米的专用水渠，建成后该工程每年为天津市供水 18 亿吨。它为天津市的经济建设做出了巨大的贡献。

（七）旅游业的发展

1. 我国旅游业发展的基础条件

旅游业是用风景名胜、风土人情等各种旅游资源和各种旅游设施为人们提供旅游服务的一个特殊的行业。我国地大物博，旅游资源丰富，具有发展旅游业的良好基础。自 1982 年起到 2010 年初，国务院总共公布了 7 批、208 处国家级风景名胜区，批准 101 处历史文化名城、80 个历史文化名村名镇、182 处国家地质公园、2351 处国家文物重点保护单位，此外还有 29 项世界文化遗产以及大量的非物质文化遗产等。这些与历史、文化、建筑、艺术、民俗、自然等密切相关珍贵财富，共同构成我国最基本的旅游资源。

因为自然条件和人文因素的差异，我国旅游资源带有明显的地域性，形成了各具特色的风景。如“山城”重庆、“春城”昆明等。而且各旅游区的地理位置和地形的差异，也使旅游景点各有不同，具有很强的季节性。如三大“火炉”重庆、武汉、南京，“冰城”哈尔滨，旅游价值跟季节密切相关。我国近些年经济的发展，特别是交通的发展也为我国旅游业提供了有利条件。同时，旅游业的发展也会进一步带动社会经济的发展。如具有民族特色的杭州织锦、苏州刺绣等，还有中国烹饪，早已誉满全球，各地餐饮业无不借助旅游业以获得长足发展。

2. 旅游业发展现状

我国是世界上旅游资源最丰富的国家，但近代旅游产业起步较晚。改革开放前，基本没有什么旅游活动。我国现代旅游业从20世纪70年代开始，经过30多年的经营，已经完成了产业化的转变，初步形成了具有相当规模的经济产业。

截至2008年底，全国共有星级饭店14099家，拥有客房159.14万间；全国星级饭店共拥有固定资产原值4353.25亿元。2008年，全国星级饭店营业收入总额达到1762.01亿元。到2008年末，全国旅行社共有20110家，其中国际旅行社1970家，国内旅行社18140家；全国旅行社资产总额521.86亿元，实现营业收入1665.48亿元。2008年，全年共接待入境游客1.30亿人次，国内旅游人数17.12亿人次，旅游业总收入达到1.16万亿元。

根据国家统计局公布的统计数据，2009年1月至11月，全国城镇固定资产投资额同比增长32.1%，其中与旅游业密切相关的住宿和餐饮业增长38.6%，批发零售业增长45.4%，铁路运输业增长80.7%。旅游相关投资带动了旅游投资的快速增长，促进了旅游业的发展。

3. 旅游业发展面临的问题

我国旅游业已经取得了很大的成就，但由于现代旅游业发展起步较晚，从基础设施到管理，都存在一些问题，严重制约着我国旅游业的发展。主要问题有：

（1）关于旅游资源的开发建设问题。对全国的旅游资源缺乏全面系统的普查，缺乏全面科学的统计和分析研究，不能有效规划全国和各地区旅游资源的保护和开发；旅游资源开发利用的数量、规模跟不上旅游产业的发展速度；旅游资源开发建设的总体层次和水平比较低，没有充分发挥出我国旅游资源的优势；旅游资源开发利用中的环境问题越来越严重，“三废”污染突出，保护措施不到位。

（2）国家对旅游业的重视程度。旅游业长期以来不受重视，得不到应有的支持，对旅游业的投资很少，而且基础设施落后，一直不允许外资以中外合资和外方独资方式经营，导致旅游市场迄今为止仍处于封闭状态。

（3）管理与协调方面。旅游区管理体制混乱，缺乏激励体制，且在体制上政企不分，严重制约了旅游业的发展。同时，由于我国各个地区旅游市场分割，所以经常出现重复建设，而且地方保护主义非常严重。

4. 对策

我国旅游业发展前景广阔，我们应该抓住机遇，迎接挑战，积极发展我国旅游业。

深化对旅游业和旅游资源的认识，加强宏观指导和协调，尽快将旅游业作为生产性产业对待，开发旅游资源的优势，加快其市场化。要协调配套发展国内旅游服务业，改善我国旅游业硬件设施条件差、行业服务质量不高等问题，协调发展国内旅游服务业。树立中国旅游整体形象，开发新旅游景点和旅游产品，形成较强的吸引力。加强对旅游的宣传活动，通过多渠道吸引资金，促进旅游业的发展。推广使用新技术，发展观光旅游。因为国内旅游商品陈旧，品种单一，质量不高，所以要加快发展旅游产品，刺激游客消费，并扩大出口。还要高度重视旅游安全，建立有关法规和相应的管理制度。随着我国旅游业的发展，对游客的人身财产安全必须引起高度重视。还要注意旅游景点的环境问题。

随着我国改革开放越来越深入，旅游产业的发展越来越繁荣。

（八）东北地区的农林基地建设

1. 东北地区概况

东北地区位于中国东北部，包括黑龙江省、吉林省、辽宁省和内蒙古东部地区（赤峰市、兴安盟、通辽市、锡林郭勒盟、呼伦贝尔市），土地面积为152万平方千米，占全国国土面积的13%，据2010年全国第六次人口普查数据，东北地区总人口约1.22191792亿人，约占全国人口的9.12%。

东北地区处于温带湿润半湿润季风气候区，农作物一年一熟。水热配合较好，冬季寒冷，夏天温度较高。从北到南温度递增，≥10℃的积温南部可达到3600℃、最北部只有1000℃。主要种植春小麦、棉花、大豆、高粱，有的地方可以种植水稻。

东北地区三面环山，西侧是大兴安岭，东部是长白山，东北部还有小兴安岭，其中平原广布，沃野千里。东北地区土壤肥沃，还有丰富的森林资源和矿产资源如铁、煤、石油等，是我国重要的工业基地、商品粮基地和木材生产基地。

2. 土地资源优势

东北地区耕地面积广阔。东北地区（含内蒙古东部）耕地面积3亿多亩，约占全国耕地面积的五分之一，集中分布于松嫩平原、辽河平原和三江平原，其次分布于山前台地和山间盆地谷底。按人均占有耕地计，东北地区是全国最高的。

东北地区土壤非常肥沃，广泛分布着黑土、黑钙土、草甸土等，这些土壤富含腐殖质，表层含量高达2.5%~7.5%，厚度可达1米。其中松嫩平原的黑土、黑钙土是我国有机质含最高的土壤。东北地区土地相对集中，地势平坦，农事活动集中，适合以农业机械化为主的现代化农业耕作方式。

3. 森林资源优势

东北林区是我国最大的天然林区，主要分布在大、小兴安岭和长白山，以寒温带针叶林和温带针阔叶混交林为主。全区森林面积约5000万公顷，占全国总森林面积的37%，木材储量占全国的三分之一，其中黑龙江省的储量就占全国的四分之一。

东北地区的林区主要分为三块：大兴安岭林区面积8.46万平方千米，以落叶松为主，位于黑龙江省西北部和内蒙古东部，木材储量占全国的六分之一，主要树种有兴安落叶松、樟子松、红松、白桦、椴树、胡桃楸、水曲柳等；小兴安岭林区位于黑龙江北部，面积约4万平方千米，树种和大兴安岭相同，但红松更多，被称为“红松的故乡”；长白山林区位于吉林省东部，面积约2.5万平方千米，有高等植物1500多种，其中经济价值较大的植物800多种，主要树种有红松、落叶松、云杉、冷杉、赤松等，此外还有第三纪遗留下来的稀有树种。

4. 三大农业生产区域

东北地区农业生产条件地域差异明显，根据气候、地貌、植被和土壤等自然条件的差异和生产方式的不同，东北农业可以划分为三大农业生产区域：耕作农业区、林业和特产区、畜牧业区。

耕作农业区主要分布于松嫩平原、三江平原和辽河平原，主要种植玉米、大豆、小麦、水稻等。玉米普遍分布，由南向北逐渐减少；小麦和大豆由南向北逐渐增多；水稻多集中在辽河、松花江流域和东部山区的河谷盆地，目前已经扩种到黑龙江沿岸。这里土壤肥沃，水源充沛，但是热量不够，只适合对热量要求不高的农作物，一年一熟。

林业和特产区分布于大兴安岭、小兴安岭和长白山区，以兴安落叶松、樟子松、红松等为主。延边生产苹果、梨，辽东低山丘陵是我国最大的柞蚕茧产区。本区有广大的湿润半湿润山地丘陵，树木成材时间长，病虫害少。

畜牧业区较为发达，集中在西部高原、松嫩平原西部及部分林区草地。畜牧品种中，三河牛和三河马很出名；松嫩平原西部盛产红牛。广大农区的舍饲畜牧业发展很快，主要养猪、肉鸡、奶牛等，正在向专业化和规模化转化。这些区域有一定面积的草原，但降水较少，牧草生长条件不好。

5. 土地资源的开发与保护

东北地区主要的土地资源是黑土和沼泽，土壤肥沃，生产潜力很大。随着东北农业的发展，这两种土地资源都出现了一些问题。如何合理利用开发土地资源，保持东北农业的可持续发展已经成为东北地区的一大难题。

东北地区是我国黑土分布最广泛的地区，黑土富含腐殖质，是我国最肥沃的土壤之一。东北地区是我国最重要的商品粮基地，同时也是甜菜、亚麻、大豆的主要产区。近几十年来，过度垦殖和掠夺式经营，黑土区水土流失日趋严重，有机质含量明显降低，以每年 0.05%~0.08%的速度下降，如果再不加保护，黑土层很可能会消失。

在黑土的治理过程中，要注意水土流失情况严重的坡耕地、山坡和荒地等综合治理，保持生产力可持续的农业耕作模式，如合理轮作，使土壤向培肥方向发展，改变传统的耕作方式，提倡复合的农业生态系统等。

东北地区的沼泽地位于三江平原。三江平原是由黑龙江、松花江、乌苏里江冲积而成的平原，沼泽分布率高达 20%。沼泽自然环境特殊，是一个独立的复杂的生态系统，蕴藏着丰富的动植物资源。不仅可以蓄水，也可以净化水质，对调节气候、改善生态环境具有很大的作用。东北地区的沼泽地是我国珍禽丹顶鹤、天鹅的栖息地。我们有责任保护这样的湿地，合理地利用和开发沼泽，维护生态系统的平衡。

6. “北大荒”的农业调整

“北大荒”位于三江平原，土壤肥沃，部分为低湿沼泽区，20 世纪 50~70 年代，掀起过一阵垦殖热潮，创建了一大批国营农场，建成了机械化程度较高的商品粮生产基地，“北大荒”变成了“北大仓”。但由于过度的开垦，湿地面积减少了 80%，生态环境遭到了严重破坏。

2001 年，黑龙江农垦总局做出决定，北大荒不再开垦荒地，保护湿地生态环境。对重要生态功能区要实行重点保护，严禁在区内开荒，已开垦的荒地要迅速还林、还草、还湿地。要加强草原管理，严禁开垦草原，并实行草场禁牧期、林牧区和轮牧制度，防止超载放牧，抢救保护好三江平原。

黑龙江农垦总局还要求，1994 年后开垦的林地和 1994 年前开垦的坡度在 25°上的坡耕地，要全部还林。凡坡度在 15°以上的坡耕地，要有计划地退耕还林还草。1994~1998 年间开垦的草原，应在 3 年内退耕还草。对 1999 年以来违法开垦草原的现象，要依法严肃查处，立即退耕还草。

7. 粮食生产现状

东北地区是我国非常重要的商品粮生产地区，也是农业结构比较完整的地区。全区农林牧用地占土地总面积的 85%，高于全国平均 20 个百分点。东北地区的粮食生产约占全国的 65%，主要粮食作物有玉米、大豆、小麦等，经济作物有甜菜、亚麻等。商品粮产区分布广阔，机械化水平较高，粮食商品率较高。黑龙江是我国最大的商品粮生产基地，耕地面积大，地势平坦，土地连片。2008 年全省农村土地承包经营权流转面积 2808 万亩，比 2007 年增加 468 万亩，占农村耕地总面积的 21.2%，黑龙江粮食商品率超过70%。2008年，黑龙江全省粮食总产达到845亿斤。

8. 农业的地区专业化生产

东北区商品粮基地地域辽阔，各地的热量、水分、土壤条件差异性相当大，各种粮食作物的适宜区也不相同。其中玉米分布广泛，种植面积在全区农作物面积中达到40%，多集中在松辽平原，那里是我国的“玉米带”。大豆仍是第二大作物，但其所占作物面积比重已由20%下降到15%左右。大豆在东北区农业中占有特殊重要的地位，历史上东北区曾是世界上最著名的大豆生产基地。大豆产地主要在平原地区，北部多于南部，主要集中在沈阳以北经四平、长春、哈尔滨到北安的铁路沿线地区。水稻已占到粮食作物面积的8%左右，产量更占到15%以上，主要集中在东部山区的山间河谷盆地和辽河、松花江流域的大型灌区（盘锦、浑河、梨树、前郭旗、拉林河），目前水稻种植已向北推广到黑河市，这是我国水稻种植的最北界。东北地区是春小麦的主要产地，春小麦主要分布在生长期较短的北部地区，黑龙江省小麦面积与产量均占全区的90%左右，其中以三江平原、松嫩平原北部和黑河地区最为集中。高粱是本区传统的粮食作物，主要集中在辽河平原。

甜菜主要分布在松嫩平原上，其中黑龙江省的甜菜种植面积和产量约占全区的三分之二。亚麻主要分布在松嫩平原滨州沿线地区。柞蚕主要分布在辽东半岛，中心在丹东，也是中国传统外销商品。

9. 农业的可持续发展

随着东北地区的经济发展，东北地区人口猛增，而土地的过度开发和利用，对生态环境造成很大的影响。如水土流失、湿地破坏、土地沙化、盐碱化，给农业可持续发展带来了很大的威胁。

要实现农业的可持续发展，必须从东北地区的农业基础出发，坚持开发、利用和治理相结合，实现经济效益和社会效益的统一。在东北平原区，商品粮种植要面向市场，强化自身特点，推进规模化、专业化发展，提高农产品的附加值，提高产品质量，加快加工业发展，延长产业链，如发展大豆榨油、甜菜制糖等产业；在西部草原区，大力发展退耕还林工程，强化人工草场建设，发展草原经济，发展集约化畜牧业；在东北地区的山区，以森林为核心，实现开发利用和保育结合的方针，多元化开发特色农产品，发展特色农业和特产的配套加工，如人参、中草药等，实现从原始生产向产品加工的产业结构的转变。

10. 森林开发现状与带来的问题

东北地区是我国的主要林区之一，全区森林面积约5000万公顷，占全国总森林面积的37%，森林资源丰富，树种繁多，有300多种，经济价值高的有50多种。木材储量占全国的三分之一，黑龙江是我国最大的木材基地。

随着我国经济的飞速发展，东北地区的林木超采现象十分严重，采育严重脱节，加上毁林开荒、乱砍滥伐等多种因素影响，森林资源遭到严重破坏。主要表现为：采育失调，采伐大过更新，木材质量下降。如小兴安岭很多地区已经后继无林，红松等针叶林资源日益减少。森林覆盖率下降，生态环境恶化。据调查，黑龙江省在过去100多年的大肆采伐后，森林覆盖率由70%锐减到35%。在松花江的上游地区，森林覆盖率也严重下降，一些江河受到影响流量下降了25%。很多地区生态环境严重失衡，水土流失严重，一些珍贵的野生动物，如东北虎、梅花鹿、黑熊等已濒临灭绝。各种自然灾害频频发生。

11. 森林资源的合理利用与保护

森林资源不只是可以用作木材，而且还有重要的环境效益，具有维持生态平衡、减少水土流失等多重功能。针对东北地区的森林资源破坏情况，要坚持以营林为主，恢复和发展森林资源。要坚持合理采伐，坚持以蓄积量定采伐量，采伐量不能超过生长量。各地林业局应制定合理完善的长期规划，对采伐过量的林区以育林为主，对过熟的林区应加快采伐。积极营造人工林，从长远来看人工林是林业保持可持续发展的根本，要发展以落叶松和杨树为主的速生林建设，有计划地增加森林面积，提高森林覆盖率。同时还要促进红松等珍贵树种的更新。红松自然生长时间为100~200年，人工适当更新可以缩短其生长期，如何更新红松等问题需要重视。还要提高木材的利用率，缓解我国木材紧张的情况。加强自然区的保护，防止生态环境进一步恶化，如大兴安岭自然生态环境、长白山和小兴安岭的原生林与次生林结合的自然生态环境。

12. 森林资源的综合开发

东北地区的林业生产一般有两种方式，一种是原始木材的采运业，比重较大；一种是木材的原始加工，以低层次的锯材加工为主，利用率较低。因此，实现东北地区林业的可持续发展取决于森林资源的综合开发利用。我们应发展多层次的林业深加工产业，如纸浆、林业化学品等，逐步形成完整的产业链，增加附加值，实现林木的最大价值。东北地区在采伐基地附近或工业城市中心，建立了很多深加工的木材加工产业，如胶合板、纤维板、碎木刨花板产业。除这些之外，东北地区森林中还有很多珍贵的野生动植物资源，如野山参、木耳、梅花鹿等，也是林区增加收入的重要来源。

（九）黄淮海平原的农业低产区治理

1. 黄淮海平原发展农业的条件

黄淮海平原北起燕山，南到大别山，西起太行山、秦岭东麓，东临海，包括黄河、淮河、海河等流域的中下游地区。黄淮海平原是我国的经济、政治、文化发展中心，普遍意义上包括京、津、冀、鲁、豫、苏北、皖北等地区。本地区受海洋季风影响，属温带半湿润湿润气候，四季分明，光热资源充足，雨热同期，降水多集中在夏季。温度由北向南逐渐增大，降雨在600~900毫米，从东南到西北逐渐减少，大部分地区两年三熟或一年两熟。这里平原广布，发展农业的自然条件优越，耕地多，约占全国耕地的三分之二，林牧用地很少。

但本地区比较突出的矛盾是水资源短缺、盐碱地广布和春旱夏涝等，对农业造成很大影响，致使本地区80%以上的耕地都是中低产田。

2. 辽阔的冲积平原土壤盐碱化

黄淮海平原是由黄河、淮河、海河等河流冲积而形成的冲积平原，地势平坦，海拔一般不超过50米。从西到东地形分为三块，呈半环带状。黄淮海平原的最西部，是由山前冲积物沉积形成的缓斜平原，主要分布在燕山和太行山麓，由许多大小不等的扇形地连接而成，水质好，水资源充足，土壤肥沃，为工农业生产提供了有利条件。缓斜平原以东，是由黄河、淮河等河冲积形成的冲积平原，是黄淮海平原的主体，这里河流密度大，并且河流经常改道，形成平原上众多的缓丘和洼地。冲积平原土壤多为黏土冲积物，地下水水位高，土壤具有不同程度的盐碱化现象。最东部是滨海平原，包括渤海沿海平原和黄河三角洲，地势低平，以黏土为主，只能生长耐盐碱性强的植物。

3. 发展农业的三大难题

旱涝、盐碱、风沙是黄淮海平原农业发展的三大难题，这些灾害对农业造成的影响很大。主要是由黄淮海平原的自然环境和当地不合理的农业生产方式造成的。

黄淮海平原气候属于温带季风气候，降水多集中在夏季。如鲁西北地区6~8月降水约占全年雨量的70%，而3~5月降水只占全年的13%左右，因而易造成春旱夏涝。降水季节性很强，年际变化大，容易出现春旱风沙多，夏季洪涝较为严重的现象。春季干旱少雨，温度较高，蒸发快，风沙较多。在地势低平的地方或者排水不畅的洼地，土壤中的盐分会向地表集聚，形成盐碱地。而洼地在雨季时常常积水，一遇到暴雨，通常会形成洪涝。

人们不合理的生产方式也会加剧土地盐碱化。如为了扩大灌溉面积，人们采取大水漫灌的传统方式发展农业，只灌不排，很容易造成地下水水位上升，盐碱地面积扩大。而且因为过度开垦，导致风沙肆虐，土地沙化。

4. 治理中低产田的重要性

黄淮海平原地区面积辽阔，分布着很多地域单元。这些地域耕地质量不同，农作物产量也有很大的差异。

在缓斜平原地区，水资源丰富，土壤肥沃，是这个地区的粮棉高产区。冲积平原和滨海平原因为一些自然因素和人为因素，如排水条件不好的洼地和山坡地容易发生旱涝灾害，风沙较大的地区盐碱地面积扩大，传统的灌溉方式不合理，导致土壤盐碱化等，耕地多以中低产田为主。而这些中低产田占全区面积的80%以上。

因此，治理黄淮海平原地区的中低产田，对黄淮海平原地区的农业生产具有重大意义。

5. 低湿地的治理与开发

黄淮海平原地区虽然长期遭受旱涝、盐碱、风沙的危害，中低产田面积大，农业生产不稳定，但这部分地区水资源丰富，土地较为集中，开发潜力很大。

20世纪80年代以来，我国在这个地区选择一批开发潜力很大、见效快的地区，建立了黄淮海平原开发试验点，研究如何进行低湿地、盐碱地和风沙地的治理和开发，随后逐步推广到全区。

山东省的辛店洼地区是本区非常典型的低湿地，地势低平，海拔17.5米，在降水比较集中的季节里，河水水位上升，经常倒灌入洼，渍涝现象严重，绝大多数地方不能种庄稼，农民收入很低。因此辛店洼地区的治理也为探索全区低湿地的综合治理和开发具有很大的意义。20世纪80年代，经过专家的研究，逐步摸索出了一套低湿地的治理方法，就是鱼塘—台田治理模式。这种模式是在地势低的地方挖鱼塘，养鱼养鸭，种植水生植物；筑起台田，在田里种庄稼，饲养家畜。这种模式因地制宜，变废为宝，成了黄淮海平原地区治理低湿地、建设生态农业的典型。

6. 盐碱地的治理与开发

黄淮海平原的盐碱地是在气候、地形、水文、地质等自然因素和人为因素的综合影响下形成的。

黄淮海平原地区旱涝灾害严重，强烈地影响着土壤的盐分运动。干旱的时候，蒸发强烈，土壤中的盐分随着水分蒸发上升到地表表面，水分蒸发了，盐分蒸发留在了地表。雨季，地表的盐分被雨水冲刷，使表层脱盐；雨季结束后，土壤又开始新的积盐过程。春季返盐，夏季淋盐，冬季盐分相对稳定。黄淮海平原上盐碱地分布广泛，而盐碱地的作物种植单一，农民的经济收入微薄。

1986 年我国在禹城设立治理开发盐碱地的实验区，经过专业技术人员和农民们的共同努力，总结出一套整治盐碱地的办法。对地表水、土壤水和地下水进行综合治理，利用淡水灌溉淋盐、覆盖抑制蒸发，抽排浅层部分成水等技术措施，以治水为核心，同时采用增肥、建林网、培育良种等技术措施，逐步调节水盐运动。通过这一系列措施，黄淮海地区的很多盐碱地都得到了有效的治理，农业生产条件得到了很大的改善，粮食获得了大幅度的增产，农民的生活水平也得到了很大的提高。

（十）黄土高原水土流失的治理

1. 黄土高原区的自然概况

黄土高原是世界上最大的黄土高原，东起太行山，西至乌鞘岭，南连秦岭，北抵长城，主要包括山西、陕西，以及甘肃、青海、宁夏、河南等省部分地区，面积约 40 万平方千米，海拔 1000～2000 米。黄土高原上覆盖着厚厚的黄土层，一般在 50～80 米，最厚达 150 米。黄土土质松软，颗粒细，非常利于耕作。本区属于温带大陆性气候，气温年较差、日较差大，降水稀少，夏季高温多雨，冬季寒冷干燥。黄土高原的水系以黄河为骨干，还有无定河、北洛河、渭河、沁河、汾河等，汛期大多受暴雨影响，汛期水量占全年水量的 70% 以上。由于长期经受流水侵蚀，黄土高原形成千沟万壑、支离破碎的地表景观，地形以塬、墚、峁为主。本区绝大多数耕地位于斜坡之上，平坦的耕地面积不到总面积的十分之一，不利于机械化耕作。主要农作物有小麦、棉花、莜麦、荞麦、糜子、胡麻、薯类等。

2. 水土流失最严重

水土流失是一种土壤侵蚀方式。造成水土流失的因素很多，但最主要是人为因素的破坏。如毁林毁草，陡坡开荒，草原上过度放牧，这些行为破坏了地表植被。遇到暴雨，表土就会被冲入河流，造成水土流失。水土流失不仅会使下游河床抬高，而且会降低土地生产率，使生态环境恶化。

我国是世界上水土流失最严重的国家之一，其中以黄土高原最为严重。我国水土流失面积大，分布广。据调查，大兴安岭南段山上土层几乎流失殆尽，云贵地区只见石头不见土壤的“景观”随处可见，黄土高原地区坡耕地每生产 1 千克粮食，流失土壤达 40～60 千克。中国水土流失面积达 3 56 万平方千米，占国土总面积的 3 7. 1%，平均每年流失土壤45亿吨，每年因水土流失而损失的耕地约100万亩，且水土流失有加剧的趋势。水土流失已经对中国的粮食安全、生态安全造成了很大影响，严重制约了中国经济社会的可持续发展。

3. 水土流失的成因

在人类社会出现以前，黄土高原开始水土流失了，但主要是受地形、地貌、降水等的影响。黄土土质疏松，直立性强，决定了黄土在遇水冲刷后会立即分散，它是黄土高原水土流失形成的内在原因。而且，黄土高原降水较为集中，暴雨多，强度大。

随着社会的发展和生产水平的提高，人们对生态环境的破坏也越来越严重，水土流失也越来越严重。黄土高原绝大多数地区自然条件很差，但人口却迅猛增长，为了生存，人们毁林、毁草开荒。再加上长期过度放牧对植被的影响，还有大规模的开矿、修路和其他工程建设，严重破坏了黄土高原表层的植被，增加了新的沙土来源。大量弃土、弃渣进入河道，也加剧了水土流失。

黄土高原的水土流失固然有自然因素的影响，但主要是人为因素的破坏。由此可知，只要约束人们的破坏行为，再采取一定的防治措施，水土流失问题是会得到很大改善的。

4. 脆弱的环境与人地矛盾

黄土高原地理位置比较特殊，处于从平原到山地高原、从沿海向内陆过渡的地区，也是农耕区和畜牧业区交错的地区。这里自然条件不稳定，干旱、风沙、水土流失等自然灾害严重，加上人们不合理的开发，如全区煤炭、油田开采，滥垦滥伐等，对黄土高原生态系统造成很大的破坏，生态环境十分脆弱。而且黄土高原的环境一旦遭到破坏，凭借现有技术很难恢复原来的面貌。

黄土高原

在历史上黄土高原的植被经过大规模的砍伐和垦荒后，生态环境越来越恶劣。尤其是进入20世纪以来，人口激增，黄土高原的人地矛盾变得越来越尖锐。例如，横山、子长、绥德、米脂四个县，1949~1984年，开荒净增耕地14万多公顷，每增加一人，就得开荒0.3公顷；1949~1985年，安塞区增垦近5万公顷，每增一人，就需要增垦耕地0.63公顷。这些地区，农业生产水平较为低下，为了增产增收，只好在坡地、草地垦荒，对黄土高原的生态环境造成很大的破坏。

5. 水土保持的基本措施

黄土高原的水土流失问题很早就存在了，为了解决这些问题，当地的人们总结出了一套具体可行的办法。他们在大于30°坡地实行草灌间作，25°~30°坡地实行草粮两轮间作，小于25°坡地水平沟种植，在缓坡地、丘陵地尽量增加人工草场，发展畜牧业，在川地、坝地发展耕作业，因地制宜，合理利用土地。还采用现代农业科技技术，提高土地生产率，发展高产稳产的基本农田。

要做好水土保持，就要充分利用现有草坡、林地、荒地，扩大林草种植面积，大力营造农田防护林、水源涵养林、分水岭防护林，合理布局经济林、用材林等，讲究实效。黄土高原矿产资源丰富，在开采过程中要进行合理的规划，制定水土保持相关措施。

6. 小流域综合治理

小流域是指相当于坳沟或河沟的河道流域，这样的小流域在黄土高原上有数百万条。每个小流域就是一个单独的整体，从产生泥沙到运水运沙，都在本流域完成。因此对小流域的综合开发治理不仅能够改善小流域之内的自然条件，而且可以利用治理小流域的经验，进行大中河流流域的治理，最终改善黄土高原水土流失严峻的形势，同时也能改善人们的生活条件。

小流域综合治理探索最早始于黄河水利委员会，在不断的摸索中，人们总结出了很多综合治理小流域的办法。小流域的综合治理以水土保持为主，开发水资源，建立高效稳定的农林牧业生产体系。在治理中，要三种技术手段并用：一，工程措施。如打坝建库，修建基本农田，抽引水灌溉，可以蓄水拦沙，改善生产条件。二，生物措施。多种植林草，发展多种经营。三，农业技术措施。如深耕改土、轮作套种等，充分利用光热条件，蓄水保土。三种技术手段有机结合，提高资源的利用率，增加农民的收入。黄河流域开展的5期171条小流域试点证明，经过综合治理的小流域都基本控制住了水土流失，黄土高原也发生了重大变化，有效遏止了生态恶化。

（十一）西北地区荒漠化的防治

1. 西北干旱区的自然概况

西北干旱区大体位于大兴安岭以西，昆仑山—阿尔金山—祁连山以北。大致包括内蒙古自治区中西部、新疆维吾尔自治区大部、宁夏回族自治区北部、甘肃省的中西部。本地区地形以高原和盆地为主，东部和西部是辽阔的高原，西部有许多大山，如天山、阿尔金山等，分布有很多内陆盆地。地貌以冰川冰缘、风沙和黄土地貌为主，其中的塔克拉玛干沙漠是我国最大的沙漠。西北地区由于距海洋较远，再加上高山阻挡，所以降水较少。本区从东到西降水量逐渐减少，该区的西北部是中国乃至亚洲最干旱的地区，大多数地区降雨量不足 400 毫米，塔里木盆地更是不足 50 毫米。自然景观西部以荒漠为主，东部则以草原为主。

西部则受水分条件的限制，草原很少。本区荒漠广布，主要分为两类：一类是地质时期形成的原生沙质荒漠和砾质荒漠，如塔克拉玛干大沙漠，水资源贫乏，改造难度大。一类是人类活动造成的，如科尔沁沙地，人类活动造成土地退化，原来的固定沙丘活化，形成沙地。这里植被和水分条件较好，改造难度小，可以开发和利用。东部受半干旱大陆性气候影响，草类生长条件较好，草原广布，是全国有名的畜牧业基地，同时也拥有大片的灌溉农业。

2. 荒漠化严重

荒漠化是全世界最严重的环境问题之一，被称为“地球的癌症”。我国则是世界上荒漠化最严重的国家之一。我国的荒漠区占全国面积约三分之一，受灾人口达 4 亿多人。据资料记载，我国古代就出现过荒漠化现象。如位于古代塔里木盆地的楼兰等古国，用冰雪融水和地下水发展屯田，经济繁荣，在两汉时更是达到巅峰，成为丝绸之路上的明珠。但随着经济的繁荣，人口的猛增以及过度的砍伐、垦殖，很快植被减少，生态环境恶化，河流水量锐减，水资源枯竭，这些古国很快就被废弃了。西北地区大规模的移民发生在近 300 多年。清朝前期，迫于生计，山西、河北等地的很多居民迁往内蒙古开荒垦殖。19 世纪中叶，清政府施行“移民开边”，在加快西北地区经济发展的同时，也给当地带来了荒漠化问题。新中国成立后，人口的压力和管理的失误，使西北地区的荒漠化越来越严重。比如，毛乌素沙地地处内蒙古、陕西、宁夏交界，面积约 4 万平方千米，40 年间流沙面积增加了 47%，林地面积减少了 76.4%，草地面积减少了 17%。

1994 年我国正式将荒漠化治理列入《中国 21 世纪议程》。经过 20 多年对荒漠化土地的保护和治理，我国的荒漠化现象已经得到了很大的改善，由 20 世纪末年均扩展近 1 万平方千米转变为现在年均缩减 7585 平方千米，沙化土地由年均扩展 3436 平方千米转变为年均缩减 1283 平方千米，生态恶化的趋势得到初步遏止。

3. 荒漠化的成因

荒漠化土地不是简单的荒漠扩张的过程，而是很多分散的土地退化并慢慢连接在一起形成的荒漠化景观。荒漠化的形成有自然原因和人为因素原因。

西北地区身处中国内陆，属干旱半干旱气候，降水较少，大风较多，加上西北地区平地多是土质松软的沙质沉积物，为风沙活动提供了条件。干旱多风对西北地区脆弱的生态环境造成很大的影响，严重破坏了西北地区的生态平衡。

据统计，在西北地区的荒漠化问题中，人们不合理的活动是其主要成因。造成荒漠化的人为因素主要有：过度砍伐。在能源缺乏的地方，天然植被就是最好的燃料，而且森林可以生产木材，带来经济收入。牧民们为了追求短期的经济利益，过度砍伐，过度放牧，导致土壤结构遭到严重的破坏，土地沙化，加速了荒漠化的进程。过度开垦。西北地区是干旱半干旱气候，生态环境比较脆弱，从过去的“以粮为纲”到20世纪60、70年代的大规模开荒，严重地破坏了当地的植被，缺少保护的土壤很容易遭受侵蚀，生产力下降，遭弃用后很难恢复原貌。水资源的不合理利用也是荒漠化的主要原因。西北地区大部分河流为内流河，用水不当很容易引起整个流域环境的恶化。如上游地区过量灌溉造成大片土地盐碱化，下游则没有足够的水来灌溉农田，易遭受风沙侵蚀沙化。

4. 荒漠化的防治

西北地区的荒漠化不仅破坏了整个地区的生态环境，而且严重影响了西北地区社会经济的持续发展和社会的稳定。因此，治理荒漠化问题十分迫切。荒漠化治理要以人和自然的关系为核心，制定明确的目标，既要防止荒漠化问题加剧，也要设法促进经济的可持续发展，保持生态效益和经济效益的统一。还要针对不同的自然条件，因地制宜，采取治理措施。如处于沙漠中的绿洲，要注意调节内陆河流的水资源，建立以绿洲为中心的绿色防护体系。同时，要制定一个完善的治理实施系统，这就涉及政策、资金、技术等多方面因素，所以要尽量做到各部门统一和协调，这也是实施治理措施的基本保证。此外，我们还要保护即将荒漠化的土地。

5. 具体治理措施

我国西北地区的人民很早就同土地沙漠化开展斗争，在长期的探索中，总结出了很多治理荒漠化的经验和措施。我国科技人员开发和利用当地的水资源，在植被恢复、草原建设等各方面获得了很大的进步，采取生物固沙、沙地飞播造林造草等有效的治理措施，其中沙障固沙、钻孔深栽等技术处于世界领先水平。

恢复地表植被是治理荒漠化的有效措施之一。荒漠植物一般都有较强的耐旱能力，如柠条、沙拐枣等植物。在治理过程中，坚持带、网、片相结合，灌、草、乔相结合，造、封、飞相结合。在土地条件较好的地段，营造大面积的乔、灌混交林；土地条件较差的地段，可封沙育林，以封为主，结合飞播造林种草；农田营造小网格的防护林网，牧场营造大网格的防护林网，使之有效发挥整体的防护功能。如我国的“三北”

防护林的营造，有效治理了大面积的沙地和水土流失。它不仅改善了生态环境，同时也带来了很好的经济效益。实施家养禁牧，调整畜种，加大人工种草力度进行舍饲养畜，保护和恢复植被。还要合理布局生产格局，在条件较差的地区实行退耕、退牧、封山育林，达到恢复植被和脱贫的双重目的。

（十二）长江三峡的综合整治

1. 三峡工程的建设状况

长江三峡水利枢纽工程，是目前世界上最大的水利枢纽工程，位于三峡西陵峡内的宜昌市夷陵区三斗坪。三峡工程建筑由大坝、水电站厂房和通航建筑物三大部分组成。大坝坝顶总长 3035 米，坝高 185 米，设计正常蓄水水位枯水期为 175 米（丰水期为 145 米），总库容 393 亿立方米，其中防洪库容 221.5 亿立方米。水电站左岸设 14 台、右岸 12 台，共 26 台水轮发电机组。水轮机为混流式，单机容量均为 70 万千瓦，总装机容量为 1820 万千瓦时，年发电量 847 亿千瓦时。通航建筑物包括永久船闸和垂直升船机，均布置在左岸。可通过万吨级船队，年单向通过能力 5000 万吨。升船机为单线一级垂直提升式，一次可通过一艘 3000 吨级客货轮或 1500 吨级船队。三峡工程采用“一级开发，一次建成，分期蓄水，连续移民”的建设方案，从 1994 年开工，分为三期，到 2009 年竣工，总工期 15 年。

2. 三峡工程建设的意义

长江三峡工程位于长江中上游特殊位置，它的建成不仅具有极高的经济效益，而且具有重大的历史意义和深远的影响。三峡工程不但具有防洪、航运等功能，而且有利于加快长江中上游水电资源的开发和有效利用，有利于三峡库区经济发展和生态环境建设。

三峡工程可以解除长江中下游地区严重的洪水威胁。工程全部建成后，形成了库容为 393 亿立方米的大水库，能够拦蓄洪水、调节洪峰，使长江荆江河段的防洪标准从十年一遇提高到百年一遇。三峡工程巨大的发电能力有效缓解了华中、华东和华南等地区能源紧张局面。而且，随着三峡电站、长江上游电站以及输变电工程的相继建成，我国华北、西北、华中、华东、华南和西南地区的电力系统得以联网，进而实现全国联网。

三峡工程建成后，为南水北调提供了充足的水源，进一步促进了全国水资源的合理配置。三峡工程改善了长江中上游通航条件。三峡水库蓄水后，万吨级船队可以从上海直达重庆，运输成本降低三分之一，使长江真正成为“低成本、大通量”的黄金水道。

3. 防洪

长江洪灾历来严重。据文字记载，从汉代至清代长江发生过200多次洪灾，长江沿岸各个地区伤亡无数，损失惨重。进入21世纪以来，长江又连续爆发过几次洪灾，1931年的洪水淹没土地340万公顷，致使14.5万人死亡。1998年长江特大洪水灾害，虽然经过数百万军民奋力抗洪，经济损失仍高达1600多亿。

长江洪水主要是长江中上游的洪水来量大，中游河道泄洪能力不强所形成的。在三峡工程建设之前，长江中游的过洪量与上游的来洪量有很大的差距，特别是“九曲回肠”的荆州河段，水流不畅，泥沙淤积，两岸地面普遍低于洪水位，长江在此形成“悬河”。一旦发生洪水，将直接威胁江汉平原和洞庭湖地区的几百万农田和一大批工业城市。长江洪水形成的另外一个原因是人为因素。由于人们过度砍伐，垦殖开荒，地表植被减少，水土流失严重，严重削弱了流域和湖泊对洪水的调节能力，而且大量泥沙入河，抬高了河床，埋下了洪灾的隐患。

三峡工程位于长江干流从上游山区进入中下游平原的特殊位置，控制着长江上游全部来水。建成的三峡水库具有393亿立方米的库容，其中用于调节洪水、控制洪峰的防洪库容达221.5亿立方米，可以有效地控制长江洪水。三峡工程建成后，使长江荆江河段的防洪标准提高到百年一遇。同时，对上游来水的有效控制，也可以大大减少洞庭湖的淤积，减少分洪给中下游带来的巨大损失。

4. 发电

长江三峡地带是我国第二级阶梯转向第三级阶梯的过渡阶段，河流落差大，每年长江流量约占入海水量的一半以上。长江流域水能资源丰富，据调查可开发水能资源占全国的53.4%，潜力巨大。三峡水电站总装机容量为1820万千瓦，年平均年发电量847亿千瓦时，相当于7座260万千瓦的火电站，每年可减少燃煤5000万吨。

三峡工程的建设对我国华中、华东地区具有重要的意义。这两地经济发达，但能源严重不足，每年都要从外地运进大量的煤炭，加重了铁路运输负担，而且电力经常供应不足。在电力的制约下，生产能力不能充分发挥出来。三峡水电站的建成大大缓解了两区的电力供应紧张状况，而且与华中、华东、华南等地电网连成一片。此外，三峡水电站产生的水电无污染而且成本很低，提高了资源利用率和社会经济效益。

5. 航运

长江横贯我国东西，支流众多，流域面积很大，连接着我国广大内陆地区和沿海地区，是我国内河航运的交通要道。但长期以来，长江航道特别是重庆至宜昌的河段，由于落差大，水流急，险滩多，通航受到很大制约。三峡水库的建成从根本上改变了这一状况，这一河段险滩被淹没，河道加宽加深，水流渐缓，单向年通过量从1000万吨增加到5000万吨，运输成本降低了三分之一，万吨级船队从上海可以直接通达重庆，使长江航运真正成为“黄金水道”。这对促进东、西部各方面的交流，实施西部大开发等战略具有十分重大的意义。

6. 三峡移民的必要性和艰巨性

三峡工程带来巨大社会经济效益的同时，也带来了很多的不利影响。在三峡工程建设的众多争议中，移民问题首当其冲。三峡工程是世界上最大的水利工程，其淹没的范围之广，损失之大，移民人数之多也是世界罕见。如果按照最高理论水位175米蓄水，三峡库区将淹没湖北省和重庆市21个县（市、区），共需移民约113万人。

三峡移民是一个艰巨的工程，三峡地区生态环境脆弱，经济落后，人多地少，合理地安置比较困难。三峡移民规模大，难度高，再加上三峡地区居民乡土观念重，如果处理不当，可能会影响移民安置工作的顺利进行。

7. 移民安置工作的实施

三峡移民虽然工程浩大，任务艰巨，但也有很多有利的条件。库区移民具有相对分散的特点。三峡工程淹没面积仅占库区面积的1%，淹没土地约2.8万公顷，完全淹没的村子都很少，这样有利于移民就地靠后安置。

从库区移民结构来看，非农业人口比重较大，占57%左右，这些人可以随着城镇、企业搬迁，不存在安置问题。而剩下的农民安置，一方面要加快调整农业结构，发展大农业；另一方面随着库区资源的开发，三峡工程的兴建带动各种产业发展，如建材业、旅游业、服务业等，可以实现库区人民的产业转型。

三峡工程的移民安置工作得到了国家的政策支持。国家对三峡移民首次实施开发性移民的方针，并为库区产业的发展和移民安置提供了很多政策和优惠条件。如涪陵等一些地区可以享受沿海开放城市的一些优惠政策。另外，国家为了减轻库区移民的压力，鼓励移民自愿外迁安置。

8. 开发性移民

过去水库移民的特点是按照淹没的实物量，一次性发放赔偿费，等赔偿费用完了，很多人生活往往没了着落。三峡工程结合以往的移民经验，制订了开发性移民的方案，就是通过发展经济来移民。具体措施是：除一次性赔偿之外，移民投资作为开发资金，因地制宜，开发当地资源，发展经济，开拓多种生活方式和渠道，为三峡库区经济的发展和移民生活水平的提高创造条件。如桐树湾村是三峡开发性移民试点村之一，该村按照“搬得出，稳得住，逐步能致富”的方针，立足于就地后靠，创造了“线上一条路，路边两排房，房后一片园”的模式，深受三峡库区群众的欢迎。村民的生活与搬迁前相比发生了很大的变化。同时，将三峡库区整体列为长江三峡经济开放区，实行沿海经济开放区政策；宜昌、万州、涪陵列为沿江开放城市，享受沿海开放城市政策。三峡移民促进了当地城镇化的发展，促进了城乡一体化的发展，产业结构由比重较大的第一、二产业向第二、三产业转变。正在形成的库区水陆空立体交通体系，促进了三峡库区的经济发展，为持续、良性的移民开发开辟了更广阔的空间。

9. 三峡工程的生态效应

三峡工程是世界上最大的水利工程，它的建设给我国带来巨大社会经济效益的同时，也给当地生态环境造成了一定的影响，其中有利也有弊。

三峡工程的有利影响是：三峡工程可以有效减轻洪水对中下游平原地区生态环境的危害，增加中下游的枯水期流量，改善洞庭湖等湖泊的萎缩和泥沙淤积问题。还可以调节局部气候，改善中下游血吸虫病的防治问题等等。

三峡工程对环境的不利影响是：水库水位上升将淹没耕地，在城市拆迁和移民开发的过程中，有可能产生环境污染和水土流失问题。由于水库本身原因，有可能产生泥沙淤积，诱发地震、滑坡等地质灾害，对自然景观造成一定影响，对水生珍稀动植物的生存也会造成影响。

10. 不同生态环境问题的应对措施

三峡工程对生态环境造成的不同影响及其应对措施可以分为三类：

一类是建设过程中必须损失的，如淹没耕地。要竭尽全力挽回部分损失，如文物古迹，可以寻找合适的位置对文物进行搬迁。对长江水生珍稀动植物如中华鲟，由于三峡大坝的阻隔，其繁殖条件受到很大影响，可以采取人工投放繁殖措施保护。

一类是影响较大，但采取措施可以减小影响和损失。如开发性移民的人地矛盾等问题，可以因地制宜，调整农业结构，发展高效农业，多渠道开发，在政策上予以倾斜，缓解移民的压力，使当地的农业和生态环境和谐发展。

一类是负面影响小的，可以采取有效措施防止危害或者把危害降到最小。如水库淹没对陆地动植物的影响，其中有很多珍稀物种，可以采取人工移植或培育，建设植物园或动物园来解决。

11. 对自然景观和文物古迹的影响及其对策

长江三峡是我国的著名旅游胜地，在三峡工程建成后其特有的激流险滩基本会消失，部分自然景观和文物古迹也被淹没，秭归、巴东、巫山、奉节、云阳、丰都等有着数千年历史的古城会沉入水下。但大部分景观不会发生太大的变化，如巫山神女峰。三峡工程建成后，还会增加很多景点，如“高峡出平湖”的宏伟景观，将成为世界奇观。

三峡工程对其中的国家重点文物和省级重点文物采取了措施，进行搬迁或者原地保护。有的文物进行抢救性挖掘，如巴东县完成了160多个地下文物的发掘，基本完成预期目标。我国在建设三峡工程过程中先后投入19亿元，完成对张飞庙、白鹤梁、屈原祠等1087处三峡文物的抢救与保护。到2008年6月，三峡库区文物保护工作全面完成。随后，三峡库区又加强了对自然景观名胜的保护，这些措施都有效促进了当地旅游业的开发和可持续发展。

（十三）山西省能源资源的开发

1. 山西省煤炭资源的开发条件

山西是中国最主要的煤炭基地，也是世界上最大的煤炭基地之一。地质储量达8700亿吨，已探明储量为2700亿吨，占全国煤炭探明储量的30%，是中国煤炭储量最大的省份，被称作“煤乡”。从北向南分布有大同、宁武、西山、霍西、沁水、河东六大煤田，堪称“北国煤海”。

山西省的煤炭资源开发有以下三方面优势：一，煤田遍布全省三分之二县市，全省40%的土地以下有煤矿分布。二，煤种齐全，煤质优良。全国10大煤种，山西都有，其中有炼焦煤4种，储量1600亿吨，占全省煤炭探明储量的58.1%。山西煤质优良，具有低灰、低硫、低磷、发热量高的特点。大同煤是优质动力煤，主要用于燃烧发电。阳泉、晋城的无烟煤是优质化工、化肥和民用煤，西山、霍西、河东三大煤田大部分是质量很好的炼焦煤，柳林县的用于冶炼的主焦煤被称作“国宝”。三，开采条件好。山西煤田具有断层少，煤层多，可采层厚，煤层平缓，埋藏较浅等特点，适合露天采煤和机械化操作。煤层中还有一种清洁燃料——煤层气，占全国储量的三分之一。

山西省区位优势明显，交通便利。山西省地处中部地区，紧接北京、天津、西安等工业中心，与上海、武汉等中东部地区距离也不太远，输送煤电方便。而且有京包、太焦、神黄等铁路通过，交通条件十分便利。随着我国经济的飞速发展，国内对于煤炭能源的需求进一步增加，这为山西省煤炭资源的开发利用提供了很好的市场。

2. 山西省能源基地建设的成就

考虑到山西省煤炭资源的优势，早在1983年，国家就制定了《山西能源重化工基地建设综合规划》，推进山西省能源重化工基地的建设和发展。此后，山西人民用20

多年的时间，把山西省建设成了全国最重要的煤炭能源基地。1978～2007年，山西共生产煤炭82.4亿吨，占全国生产总量的1/4以上，累计外调煤炭58.6亿吨，占全国省际间净调出量的70%以上，不仅有力地保障了国家经济建设，也为山西经济社会发展起到了决定性的作用。

山西省能源基地建设成就主要体现在以下几个方面：

不断扩大煤炭开采量，综合实力强劲增长。山西省在国家战略支持下对于能源工业投入大量资金，同时吸引民间投资和引进外资，开工建设或建成投产许多大型煤矿，如平朔安太堡露天煤矿、云冈煤矿、燕子山煤矿、马兰煤矿等重型矿区。促使原煤产量快速增长，煤炭工业综合实力显著增强。2009年，山西全年累计完成煤炭产量6.15亿吨，完成煤炭出省销量4.35亿吨，创造了巨大的经济效益。

加快煤炭资源的加工转换，狠抓产业产品结构调整，初步形成煤、电、油、气、化多产业并举的格局。为了提高能源工业的经济效益和能源消费结构的调整，山西省加强了对于煤炭资源的加工转化能力。一方面利用资源优势，在靠近矿区的地方建立火电站，把输煤变为输电，提高煤炭的转换效率；一方面发展焦煤业，为冶炼业提供能源。

此外，山西煤炭基地围绕主业做大做强，快速推进大型煤炭集团建设，使产业集中度和集约化水平明显提高。同时加大科研力度，促使技术装备不断升级，使全省煤炭生产方式逐步由传统开采向现代化开采转变。

3. 山西省能源的综合利用

能源工业，特别是煤炭行业是山西省的支柱产业，也是山西省的核心经济部门。在改革开放初期，全省铁路89%以上的运力用来运输煤炭，煤炭在山西省内的经济比重很大，而且产业结构方式单一。因此，长期以来山西省煤炭行业经济效益低，环境污染问题比较严重。

我国在“六五”时期制定山西省能源工业的发展战略，指导山西对煤炭资源进行综合开发。山西省结合本区铁、铝矿产资源优势，构建了煤—电—铝、煤—焦炭—化工、煤—铁—钢三条产业链，极大地提高了本区能源的利用率和附加值。同时，调整能源结构，促进以化学、冶金、建材等行业的发展，带动产业升级，加快山西省经济的发展。在最近的十几年里，山西省不断引进先进的科学技术，发展煤炭工业的上下游产业，加快产业结构、产品结构、区域结构重组的步伐，扶持具有原料优势的区域和具备规模优势的企业，促进山西煤炭的综合开发利用。这样，在煤炭工业发展的同时，还推进了化学、冶金、建材、机械制造、电子、医药、轻工等许多产业的发展。

4. 万家寨引水工程

万家寨引黄工程位于黄河左岸的偏关县万家寨，该工程于2002年开始动工，其主要目的是解决山西省太原市、大同市、朔州市工业及生活用水问题。它是一项世界级的跨流域引水工程，也是山西省有史以来最大的水利工程。工程途径偏关、平鲁、朔州、神池、宁武、静乐、娄烦、古交8个县（市、区），穿过吕梁山区，到太原呼延村。工程连接的主要河流有黄河水系的偏关河、县川河、朱家川河、汾河和海河水系的浑河。

引黄入晋工程由万家寨水库和引水工程两部分组成。万家寨水利枢纽为引黄工程的起点，位于黄河北干流上段，主要任务是供水、发电、防洪、防凌。万家寨水库总库容为8.96亿立方米，每年向内蒙古供水2亿立方米，向山西供水12亿立方米，水电站装机容量为1080万千瓦。万家寨引水工程由总干线、南干线、北干线和连接段组成。引水工程分为两期，一期工程建设总干线、南干线和连接段，设计引水量每年6.4亿立方米，解决太原市水资源紧缺问题。一期工程2002年开工，2003年试通水。二期工程建设向朔州和大同市输水的北干线，2009年开工建设，设计引水量每年5.6亿立方米。工程设计年供水量为12亿立方米。引黄工程线路总长452.4千米，其中：总干线44.4千米，南干线101.7千米，连接段139.4千米，北干线166.9千米。在一期工程的引水线路上有隧洞25条，共162千米。其中有五座是中国目前最大的水泵站，总扬程636米。南干线7号隧洞长达43.5千米，比英吉利海峡隧洞还要长，有“世界第一引水隧洞”之称。

5. 山西省能源产业和环境的协调发展

能源工业给山西省带来经济效益的同时，也给山西省带来沉重的生态环境压力。如露天煤矿表层土的剥离、井矿巷道的建设、井矿废水的排放等，既对地表植被造成了很大的破坏，导致严重的水土流失，还有燃煤发电、炼焦炭、炼钢等重工业很容易造成大气污染和水污染。山西省在发展能源产业的同时，必须探索产业和环境协调发展的道路。

首先要提高煤的利用率。开发引进先进的科学技术，大力推动以清洁煤技术为代表的清洁能源产业的发展，提高煤炭的综合利用率，解决好废物排放和再次利用，逐步建立一个多层次、多品种的清洁能源产业体系，在经济快速发展的同时，减少环境污染。加强对炼煤、电力、化工、冶金等生产过程中的技术改造，解决环境污染问题。

其次是调整产业结构。能源产业主要以重化工业为主，同时它也会严重污染环境，因此在发展经济的同时，要不断地调整产业结构，实现产业升级。如煤炭行业向汽化、液化发展，化学工业向精细化发展等；另一方面要加强农业、旅游业等产业的发展，降低重化工业在山西省产业结构中的比重。

再次是对废渣、废气、废水的处理。对于空气污染严重而且容易自燃的煤矸石，将其用于发电、供热和填充塌陷区。空气污染防治一方面要做好消除烟尘工作，防止对大气的污染；一方面要建造防护林带，开展绿化造林工程。对于废水，则以沉淀净化为主。

6. 安太堡煤矿的生态环境建设

安太堡煤矿，位于山西朔州，是我国迄今最大的一处露天煤矿。1979 年，邓小平同志访问美国后带回来的第一笔海外投资就利用于此，合作方是美国西方石油公司。1991 年 7 月，美方退股，企业全部交由中方经营管理。现在，安太堡煤矿只有职工 2800 多人，年产量却达到 1500 万吨，人均效率是普通煤矿的几十倍，是目前国内效率最高的煤矿。而且露天煤矿具有很多优点，如事故少，回采率高。安太堡煤矿可以说是我国露天煤矿中的龙头，在生态环境建设上也有独特之处。

安太堡煤矿采煤时会最大限度地回收煤炭资源，原煤回采率达 95% 以上。资源开发和环境保护紧密结合，形成了采矿、运输、排弃、复垦“一条龙”。积极开展“三废”的综合利用，基本做到了全矿废水不外排，同时还加强了绿化环境等工作。目前，该矿土地复垦面积已达 1000 多公顷，土地复垦率 750%，达到了国外发达国家的水平。安太堡露天煤矿在我国矿区生态环境整治方面，是经济与环境协调发展的典范，是我国矿区土地复垦与生态重建科学研究和试验示范时间最长、规模最大、效果较好的煤矿。

（十四）西气东输

1. 实施西气东输的原因

我国是世界上发现和开发利用天然气比较早的国家之一，已探明天然气储量超过 3000 亿立方米，居世界第九位。我国陆上和海上天然气资源丰富，根据专家预测，资源总量可达 40 万亿~60 多万亿立方米，陆地约占 60%，海上约占 40%。陆上主要集中于四川、陕甘宁、柴达木盆地、塔里木盆地等地，西部多东部少，北部多南部少。现已探明的大型气田有 1998 年发现的塔里木“克拉 2 号”大型气田，鄂尔多斯气区也发现中部靖边等大型气田，还有柴达木气区的涩北气田、四川盆地的普光气田。普光气田是川气东送工程的源头，2010 年底将建成年产天然气 120 亿方（净化气产量）的生产能力。但西部地区的天然气开发也受到很多限制。天然气的开发利用是资金与技术密集型产业，投资大，周期长，而西部地区经济发展普遍落后，资金严重短缺，影响天然气的开发。

东北、华北地区一直以来是我国石油天然气的主要产地，但随着经济的发展，大部分油气田已经进入了中后期，很多地区石油天然气低产或减产，不能满足东部地区日益增长的能源需求。而在我国东部，特别是长江三角洲、珠海三角洲等地区，经济发展迅速，人口稠密，能源紧张问题一直存在，成为我国石油、天然气需求最多的地区。

天然气能源以清洁、使用方便、燃烧效率高、价格低等特点在世界能源消费中比例越来越大，其利用水平逐渐成为一个国家经济发展水平的重要指标。在发达国家的能源消费结构中，天然气的比例占24%以上，而我国的还不到8%。因为我国是煤炭大国，煤炭价格相对较低，运输方便，因此煤炭成为我国的主要消费能源。但随着全球对环境问题的日益关注，我国也开始将天然气的开发利用作为今后能源结构调整的重点。

我国天然气资源西多东少，北多南少，西部地区的储量约占全国的58%，其中仅塔里木气田的储量就占全国的22%。而东部地区经济发展快，人口众多，能源相对比较紧张，是我国天然气最短缺的地区。此外，因长期以煤炭作为能源，东部地区的环境污染比较严重，酸雨较多，而且煤炭的运输利用过程中也占用了东部大量的土地，消耗大量水资源，东部地带的环境压力进一步加大。因此，西气东输工程可以大大缓解东部地区的能源紧张，促进东部地区能源结构的调整，利于东部地区的环境保护，推动东部地区的经济发展。

2. 打造能源输送大动脉

随着我国经济的发展，以煤炭为主的能源消费结构造成的负面影响越来越严重。为了实现我国经济的可持续发展，减轻环境压力，同时也为了解决东部地区长期以来的能源紧张问题，我国决定将天然气的开发利用作为今后能源结构调整的重点。2002年，我国正式实施“西气东输”战略，以新疆天然气田为基地，建设塔里木至上海的输气管道，实现西部资源对东部经济的支持。

新疆塔里木盆地作为西气东输最主要的气源地，天然气储量达8.39万亿立方米，占全国储量的22%。在我国“十五”期间，勘测探明塔里木盆地的可开采天然气储量就达1万亿立方米以上，以年产200亿立方米计算，可以使用30年。而且，位于鄂尔多斯的长庆油田勘测也取得重大突破，也可作为塔里木盆地的补充。此外，西部油田地区经过几十年的发展，在油气勘测、开发、输送等方面积累了丰富的经验，为打造能源输送大动脉提供了技术支持。长江三角洲地区人口众多，能源紧张，市场需求极大，轻松消化了西气东输的运送能力120亿立方米/年，而且需求还在不断上升。西气东输管道横贯我国东西，也可以为沿途各个省市提供清洁能源。随着天然气运输管道网的全面铺设，东西部地区的资源将得到更合理的配置，为我国各个地区经济的可持续发展提供有力保障。

3. 西气东输工程的建设状况

西气东输工程是继长江三峡工程后我国的又一重大投资项目，是拉开西部大开发序幕的标志性建设工程。西气东输工程包括西部天然气开发、输气主干管道建设和东部用户管网建设三个部分。西气东输工程的输气主干管道西起新疆塔里木，东至上海，干线全长近4000千米，自西向东跨越9个省区市，是我国目前距离最长、管径最大、投资最多、输气量最大、施工条件最复杂的天然气管道。这条管道已于2004年通气，年供气能力达120亿立方米，相当于约1600万吨标准煤。

2008年初，西气东输二线工程正式开工，它也是世界最长的跨国天然气管道。工程连接土库曼斯坦的中亚天然气管道，西起新疆，东至上海，南至广州、深圳、香港。西气东输二线工程计划于2010年建成通气，途经13个省市区，干线长4859千米。加上支线，管道总长度超过7000千米。干线管道设计输气规模300亿立方米/年。

规划中的第三条天然气管道，路线基本确定为从新疆通过江西抵达福建，把俄罗斯和中国西北部的天然气输往能源需求量庞大的长江三角洲和珠江三角洲地区。

4. 西气东输工程的深远影响

西气东输工程是我国的能源输送大动脉，它的建成不但能改善东部地区的能源结构，而且能刺激相关产业的发展，带动工程沿线9个省市区的发展，在更大空间、更广领域实现资源的优化配置，促进经济发展。

西气东输工程可以把西部的资源优势变为经济优势，成为当地一个新的经济增长点。按照目前的天然气价格来算，如果每年输出200亿立方米天然气，可以增加地方财政收入10亿多元。西气东输的西部工程不仅能使中西部改变能源消费习惯，而且能带动尿素、凝析油等天然气深加工产业，以推动当地化工工业的发展。西气东输工程的启动需要大量投资，以推动天然气管道、勘测等基础设施的建设。在西气东输工程的巨额投资中，西部省区吸纳资金约340亿元，其中新疆200多亿元，营造出新的供给与需求市场，带动建材、运输、管道等相关产业的发展，形成一条新的产业带，并增加了大量就业岗位。

长江三角洲地区以西气东输为契机，加强了天然气管道的改建，建立起天然气网络和城市天然气网。同时建成一批燃气电厂等重大项目，有力促进当地经济的发展。西气东输工程的开通，逐渐改变东部地区以煤炭为主的能源消费结构，当东输之气每年达到200亿立方米时，就相当于提供2000万吨原油，折合标准煤炭2660万吨。东输之气还保证了8500万户居民的生活燃料供应，提高当地人民的生活水平。东部生态环境相当脆弱，早已不堪煤炭的高排放、高污染，西气东输使东部使用上清洁高效的天然气能源，有效地改善了生态环境。

西气东输充分发挥西部优势，并有力促进东部的发展，是一个“双赢”的工程。

（十五）上海浦东新区的发展

1. 上海市的区位优势

上海，是中国第一大城市、四个直辖市之一，是中国大陆的经济、金融、贸易和航运中心。上海位于我国大陆海岸线中部的长江口，正处在东南沿海和沿长江地带组成的“T”字形国家级产业发展轴的交会处，兼具沿海和沿江双重地缘优势。上海既是我国对外开放的前沿阵地，能便利地参与国际经济大循环，又能通过长江的黄金水道沟通中西部，还能利用其发达的铁路公路和沿海航运网连接其他地区，区位优势可谓得天独厚。

上海浦东新区

交通运输条件便利，海陆空交通高度发达。上海港是我国最重要的航空港，有100条国际和地区航线，与300多个世界港口通行。上海是我国最大的海港，与世界上200多个国家和地区的600多个港口有贸易往来，海路可以直达北美、欧洲、澳洲、波斯湾、地中海、东南亚及东北亚。同时，上海处于我国沿海航线的中部，与我国沿海各省市和经济区联系密切。上海是我国最重要的铁路枢纽之一，京沪、沪杭铁路连接着全国铁路网；上海的公路交通更是发达，有多条国道和高速公路在此交会，可谓四通八达。

经济腹地广阔。上海市位于沿海、沿江的交会地带，是中国目前最发达的长江三角洲经济带的核心城市，辐射浙南、江苏和安徽，具有广阔的经济腹地。

农业发达。上海市属亚热带季风气候，温暖湿润，地势平坦，水源充沛，农业发达，为上海市的发展提供了各种充足的农业资源。

劳动力素质高。长江三角洲是我国人口比较稠密的地区之一，上海市的人口密度更是全国第一。经济发达，科技教育先进，2009年上海拥有100多所科研机构、10万科研人员，及100多所专业技术培训机构。这里也是我国民族工业和商品经济的发源地之一。

2. 上海市城市规模的扩大

上海是中国第一大城市，是中国大陆的经济、金融、贸易和航运中心。2009年上海实现国内生产总值（GDP）14900.93 亿元，按可比价格计算，比上年增长 8.2%，已经超过中国香港。上海港是世界货物吞吐量最大的港口，2009 年上海港货物吞吐量 5.92 亿吨。

随着经济的发展，大量外来人口迁入，上海人口总量不断扩大。开埠时的上海人口不足 10 万；至 1949 年为 520 万人；2008 年末，全市常住人口总数为 1888.46 万人。全市按常住人口计算的人口密度为每平方千米 2638 人，为我国内地人口密度最高的城市。经济发展和人口的大量增加，土地压力越来越大。上海市依托黄浦江，向北、西、南三个方向延伸。为了分散市区人口，上海市在 20 世纪 90 年代兴建了一大批卫星城，如"一城九镇"等已初具规模，极大地分担了主城的压力。

3. 浦东新区开发的条件

浦东新区位于上海市东部，黄浦江东侧，东临东海，北靠长江，面积 520 多平方千米。浦东面积是当时已经建成的上海市区的两倍。浦东地形平坦，河流纵横，开发前以农业为主。由于历史上与黄浦江西岸没有桥梁和隧道沟通，经济发展远远落后于当时的上海市区。

1990 年，我国制定了浦东新区开发战略。浦东新区的开发有诸多有利条件，它背靠上海，有雄厚的工业基础，人才密集。而且与旧城仅一江之隔，可以与旧城相互促进，共同发展，区位优势非常明显。

随着经济发展和人口数量的增加，上海城市化的速度在加快，城市规模迅速扩大，以致城市建设用地紧张。在城市高速发展的同时，上海市的市政建设远远落后于城市发展速度，许多问题亟待解决。道路狭窄，交通拥挤，很多路况没有得到改善，其他市政建设也存在很多问题。城市绿地面积小，居住环境差。诸多问题严重制约着上海的经济发展。因此，建设城市新区，是上海市的必然选择。而浦东新区可以满足城市扩张的大规模的土地需求，为上海的发展开辟广阔空间。

4. 浦东新区的建设规划

浦东新区开发战略制定后，为了建成多功能、外向型、国际化、现代化的新区，把上海建设成为太平洋西岸最大的经济贸易中心，上海市政府广泛征求国内外专家意见，制定了初步的浦东新区规划。规划分三步实施：开发起步阶段（1991~1995 年），重点建设城市基础设施以及相应的重点地区的开发；1996~2000 年为重点开发阶段，逐渐形成浦东新区形象和道路交通等城市基础设施的骨干工程，并实行重点地区的综合开发；2000 年以后为全面建设阶段。经过二三十年或更长一些时间，逐步实现新区建设的总体目标。

浦东新区规划分为城市化地区和非城市化地区。城市化地区主要用来发展工业、居住、文教科研、体育卫生、公共交通等公共设施，或作市区中心用地；非城市化地区主要用来发展绿化用地。城市化地区面积约200平方千米，规划城市人口200万，非城市区规划人口40万。

浦东新区交通建设规划五纵五横快速干道、四纵四横骨干河道、内外环线及桥梁、隧道越江工程，把浦东和浦西联系起来。浦东新区开发依据上海整体开发格局，采取南北轴向发展和向东纵深综合组团相结合的布局，形成多核心、开敞式的模式。主要形成五个综合分区，从北向南依次为外高桥—高桥综合区、庆宁寺—金桥综合区、陆家嘴—花木综合区、北蔡—张江综合区、周家渡—六里综合区。

这样做主要是为了保证土地的高效利用，保证有大片绿地的存在。浦东新区的规划，使公共绿地占城市的20%，绿化覆盖率达35%，建设各种类型的绿化带，形成一个花园式的新城。

5. 浦东新区的开发成果

浦东新区开发十几年来，新增道路1000多千米，相继完成杨浦大桥、南浦大桥、外环隧道、复兴东路隧道、世纪大道、内环线浦东段、中环线浦东段等交通设施，还有轻轨、地铁、浦东国际机场等也已经开始运行。同时，浦东新区也形成了基本的城市格局，如陆家嘴金融贸易区、张江高科技园区、王桥工业区、金桥出口加工区、外高桥保税区、洋山保税港区、上海华厦文华旅游区等。

浦东新区作为上海的龙头，经济取得了飞速发展。整个地区生产总值从1990年的60亿元上升到2008年的3100亿元，年均增长超过15%。以先进制造业和现代服务业为主导的新型产业体系进一步完善，产业结构进一步完善，第三产业增加值占生产总值的49%左右。截至2005年底，浦东新区累计吸引来自100多个国家和地区的13000多家外资企业，合同外资超过300亿美元，吸引9300多家国内企业入驻浦东，累计金额超过600亿元。外商直接投资实际到位金额约占全市的1/3，外贸进出口总额约占全市的1/2。

浦东新区成为上海市高新技术产业和现代工业基地，成为上海市最重要的经济新区。尽管如此，浦东的发展还未止步，以南汇区划入浦东新区（2009年4月）为标志，浦东开发开放进入一个新的阶段。

（十六）南方低山丘陵区的农业资源开发

1. 南方低山丘陵区的自然概况

南方低山丘陵地区北部以秦岭—淮河为界，西到云贵高原，东临大海，南到海南岛和雷州半岛，分布广泛，除了其间较大的平原如长江三角洲等之外，其余基本都是低山丘陵地区。在我国约250万平方千米的亚热带地区，南部丘陵山地约占38%。主要包括湖北、湖南、江西、浙江、广东、广西、福建等省市区的大部分地区，河南、安徽部分地区。本区主要由低山、丘陵、岗地和平原交错而成，绝大部分地区海拔在200~800米左右，也是我国海拔最低的大面积连片山区。

本区属亚热带气候，水热配合较好，是我国亚热带最为湿润的地方。福建南部和粤、桂两省区的中南部属于南亚热带，水热资源最为丰富。浙、闽、湘、赣、粤北、桂北属于中亚热带，水热资源比较丰富。与黄河流域相比，本区农业开发相对较晚。但在东汉以后得到稳定的开发，逐渐形成我国主要的农业区域，清代时，农耕业已经十分发达。新中国成立后，虽然本区农业发展很快，但出现了很多问题，如人地关系紧张，商品经济不发达，水土流失比较严重等，亟待解决。

2. 回归沙漠带上的绿洲

从全球来看，南、北回归线附近大部分地区受副热带高压的控制，分布着大面积的沙漠或者干旱草原，如北非的撒哈拉沙漠、西亚的阿拉伯沙漠等。我国南方丘陵地区虽然也处于北回归线附近，但由于受海洋季风气候影响，年降水量在800毫米以上，不仅不干旱，而且比较温暖湿润，被称为“回归沙漠带上的绿洲”，也是我国的一块宝地。

本区受海洋季风气候影响，光、水、热资源丰富并配合较好，土壤条件比较复杂，综合来说，生产潜力很大。由于季风活动的影响，这里容易发生各种气象灾害，如春季低温阴雨、盛夏干旱炎热等，对农业生产影响较大。该区虽然比较湿润，但降水量分配并不均匀，春季往往雨水连绵不断，7、8月则干热少雨。这些气象灾害与季风有很大关系，会对农业生产和社会经济造成不利影响。

3. 发展农业的优势和存在的问题

我国南方低山丘陵区发展农业的优势和存在的问题并存。本区生物资源丰富，植物生长快，具备较高的产出能力，如茶叶、竹子、油菜籽等。但存在的问题是生物资源的潜力没有充分发挥出来，这里农作物品种单一，大部分农田基本上都是种植水稻。丘陵山地植物资源虽然很丰富，但由于经营粗放，经济效益不高。据统计，全区耕地与林地单位面积产值比竟达为44∶1。

本区大部分地区为丘陵地区，气候、土壤等垂直差异比较明显，土地类型多样，为发展立体农业提供了很好的基础。但丘陵地形复杂，土壤条件、水质容易受外界影响，植被容易受破坏，水土流失情况严重。本区土壤大部分为红壤，红壤土酸性高，有机质少，土壤黏重，需要加以改良。这里水资源丰富，河流密布，对发展农业十分有利，但水系发达也严重侵蚀了地表，各种山、丘、盆、谷交错，地形复杂，增加了开发的难度。

虽然存在一些问题，但是由于这里气候条件十分优越，土地资源的潜力也很大，如能采取适当的多种开发利用途经，南方低山丘陵区会产生更大的效益。

4. 农业资源的综合开发

影响南方低山丘陵地区经济发展的主要问题很多，如人均耕地少，生态系统脆弱，容易水土流失等等。从20世纪80年代，我国对该地区出现的问题进行科学考察，因地制宜，研究和实施了比较适合南方低山丘陵地区综合开发的一些措施，逐步改善了这些地区长久以来的弊病，建立了比较适合的农业立体生态体系。其中，比较成功的开发模式有商城模式和千烟洲模式。

商城模式得名于河南商城。商城县地处大别山区，人口多，土地压力很大，森林破坏、陡坡开荒现象严重，生态环境和农业生产出现恶性循环。面对这些问题，商城县逐步摸索实践出一套综合开发的办法。首先大力改造生态环境。主要的措施有：荒山造林，控制水土流失。坡耕地改造，发展立体农业。将坡耕地修成土坎梯田，梯面上种植果树，果树下种植豆科作物。用工程技术方法治理崩塌滑坡等问题，保证生物措施发挥作用。根据当地的资源特点，开拓新的生产领域，如利用低洼田和稻田养鱼等。其次走优势资源系列开发的道路。商城根据自己的条件，组织了各种类型的优势资源开发，大力发展农产品加工和乡镇企业。如中华猕猴桃系列、残次木材的系列开发等，既改善了当地的生态环境，也提高了当地丘陵山区农民的收入。

千烟洲模式得名于江西千烟洲。千烟洲位于江西省赣江流域，是一个典型的亚热带红壤丘陵地区。由于过度樵采，丘陵上的森林植被遭破坏，水土流失严重，危及人们的生产和生活。千烟洲的土地治理以治为手段，以水为突破口，充分利用各小流域的丘间沟谷洼地，有效地拦蓄山洪，用以保护农田和养鱼。在治理丘陵的同时，开发丘陵潜力，进行山塘建设，开创了丘陵地区“基塘”生产形式。从丘上到丘下，营造用材林—经济林或毛竹—果园或人工草地—农田—鱼塘，发展成立体的生态农业。这种农业模式既可以保持水土，促进林果生产，也可带动农、林、牧等副业发展，实现农业生产与环境的良性循环。

5. 水土流失严重及解决对策

南方低山丘陵地区人口密度大，人地关系紧张，能源短缺。农村因缺乏薪柴（据调查，这里农村燃料结构中柴薪占大部分，而柴薪的消费量又大大超过了当地山地的供给量）。乱砍滥伐现象十分严重，加上本区受海洋季风影响，降雨集中，水土流失情况严重，生态环境遭到很大的破坏。

水土流失对社会和经济的影响很大。这里人均土地少，单位面积产量高。但这里多是较薄的疏松层覆盖下的石质山地，如果原貌被破坏，将很难恢复。另外本区江河的下游多为重要的工农业基地和中心城市，水土流失将严重影响这些城市的生产生活。

为解决薪柴问题，广东兴宁县下堡乡探索出一条有效途径。下堡乡实行封山育林，然后着重推广生活用煤，大力宣传，逐步改变当地以薪柴作燃料的传统。同时切实采取解决煤炭的调运问题、兴办沼气和营造速生薪炭林等措施。在解决燃料问题后，当地还大力发展经济果林，绿化荒山，有效地控制了水土流失。

（十七）西南地区的交通运输建设

1. 西南地区的自然条件

西南地区通常是指我国西南部的四川、云南、贵州和重庆，大西南还包括西藏自治区。由于广西壮族自治区与西南几省经济联系密切，而且也有西南地区对外联系的最近出海口，因此广义上的西南地区是指这五省区一市，其面积超过全国的四分之一，人口约占全国的五分之一。西南区位于我国腹地，远离发达地区，经济比较落后。西南区与老挝、缅甸等国家相邻，南部和西部有漫长的国境线，但邻国经济不太发达。这里也是我国的战略大后方，是新中国成立后“三线”工程的重点建设地区。

本区自西向东跨越三级阶梯，地势起伏很大，地形多样，气候复杂。青藏高原雪山连绵，冰川广布；四川、云南两省的横断山脉，高山深谷，河流密布；云贵高原海拔大多在1000~2000米，贵州境内地表破碎，有“地无三里平”之称；广西地区则大多海拔200米以下，石灰岩广布，在亚热带气候影响下形成了著名的喀斯特地貌。这一地区的地形条件十分不利于交通建设，而且本地区地震、滑坡、泥石流等地质灾害频发，给交通运输发展带来很大困难。

2. 西南地区的社会经济条件

西南地区地处我国内陆边疆，自然资源丰富。其中钒、钛、锡居世界首位。这里矿产资源不仅种类多，而且储量大，分布较为集中。西南地区可开发的水资源占全国的70%。四川省的天然气和贵州的煤在全国位居前列。西南地区自然景观和人文景观丰富，有着发展旅游业的优良基础。

西南地区是个主要的多民族聚居地，由于地理和历史原因，这里经济基础比较薄弱。但新中国成立后，西南区作为中国“三线”重点建设地区，已初步建立起了一个以钢铁、有色金属冶炼等重工业为主体的工业体系，形成了一定的规模。由于地形条件限制，交通不便，西南地区开发程度较低，区域经济在全国处于落后地位。2005 年，西南地区国内生产总值占全国的 10%。在七大经济区中，仅比西北区高一点。

3. 发展交通运输的重要性

西南地区地域辽阔，人口众多，资源丰富，少数民族集中，经济发展很慢，要促进这个地区的发展，交通是关键。加大对西南地区的交通建设也是我国长期的重要任务。南昆铁路的修建对西南地区经济的促进，说明了交通运输对西南地区的重要性。

南昆铁路兴建于 20 世纪 90 年代，是西南交通大动脉，东起南宁，西至昆明，全长 898 千米，是一条高效的电气化铁路。它的建成，把西南内陆丰富的资源优势和南部沿海出海便利结合起来，大大加强西南地区的资源开发和物资运输，把西南地区的资源优势转化为经济效益。同时，也促进了西南地区和沿海地区之间的合作，引进沿海地区的先进技术优势和资金优势，促进了西南地区经济的发展。

南昆线的建设也有利于民族团结，促进少数民族地区的发展。西南区的少数民族占我国少数民族人口的一半以上，是我国比较贫穷的地区。南昆铁路途经壮族、彝族、苗族等少数民族聚居地，带动了少数民族地区的经济发展，促进了社会进步。

它还有利于加快西南地区的对外开放，促进外向型经济发展。西南地区具有沿海、沿江、沿边的优势，距离东南亚各国较近，促进了该地区国际贸易的发展，开拓国际市场，参与国际分工与合作。南昆铁路建成后，这一优势发挥了出来。此外，南昆铁路还加快了货运物流建设，带动了沿线商业、旅游业以及相关产业的发展，有力地促进了大西南区的区域发展。

4. 交通运输状况的变化

西南地区受地形限制，一直交通不便，特别是地处偏远内陆的山区和高寒荒原。新中国成立前运送货物很多地区都是马驼人背，铁路公路极少，内河航道多是自然航道。我国从 20 世纪 50 年代开始，在西南地区大力发展交通运输，先后修建了成昆、宝昆、湘黔、南昆、青藏等铁路干线，基本形成以成都、重庆、昆明、贵阳、柳州、南宁为中心的铁路网骨架。公路发展更是迅速，在西藏地区先后修建了青藏、川藏、滇藏公路线，加强了西藏自治区与其他地区的联系。当然，西南各省也发展了自己的公路网。

在水运方面，对川江（长江宜宾到宜昌段）、西江及其支流航道进行了整治，改善了通航条件。在广西沿海，重点进行了港口建设，改造北海港，新建防城港、钦州港，开辟出海通道。同时在航空运输方面，不断有新航线开辟，拉萨、昆明和南宁还开辟了通往南亚、东南亚的航线。这些措施，有力地改变了西南地区交通运输落后的面貌。

5. 西南地区的交通运输建设与区域发展

虽然我国西南地区交通条件得到了很大的改善，但仍有很多问题一直没有得到解决，严重制约了西南地区的经济发展。如运力与运量的需求矛盾；区间铁路通行不畅；公路等级低等等。加强西南地区的交通建设，将对西南地区的进一步发展发挥重要的作用。

针对这些问题，西南地区交通建设应该做好这几方面的工作：加强省际、区间铁路建设，加强区域合作，促进本区之间和本区与东部发达地区的交流与合作。加大公路网的建设力度，提高公路等级，解决山区建路难的问题，进一步改善区内交通情况。通过河道整治和港口建设，发挥水运潜力，实行水陆联运，提高综合运输能力。比如，三峡工程的修建，使川江航道年单向通航能力从1000万吨提高到5000万吨。加强对外国际通道，发展对外贸易和边境贸易，促进国际合作，加强国家交流。如云南省正在扩建昆河铁路，修建滇缅铁路，开辟澜沧江、湄公河航道等。

（十八）珠三角地区的工业化与城市化

1. 对外开放的前沿

珠三角地区由珠江沿岸广州、深圳、佛山、珠海、东莞、中山、惠州、江门、肇庆9个城市组成。20世纪80年代时，这一地区工业基础薄弱，只有纺织、食品、建材等工业。如今，珠三角地区以占全国3.6%的人口和0.6%的土地，取得了经济总量占全国比重一成、出口额占全国30%的优异成绩，成为我国仅次于长江三角洲的工业基地。珠三角取得这么高的成就有其特殊的国际背景和区位优势。

发达国家产业结构调整的大背景。20世纪80年代，发达国家处于产业结构调整的阶段，第二产业比重下降，第三产业比重上升，劳动力和资源密集型产业比重不断下降。这些变化促使其进行产业转移，也为珠三角地区的发展提供了契机。国家将珠三角地区作为改革开放的最前沿，给予许多政策优惠，对外资非常有吸引力。

珠三角地区具有良好的区位优势。珠三角位于我国南部沿海，临近港澳，劳动力资源丰富，又有优惠政策，这些优势成功吸引了中国港澳地区的产业扩散。珠三角利用中国港澳贸易渠道，出口大量商品，成功参与了国际分工。另外，珠三角地区也是我国最大的侨乡之一，侨居海外的华侨、外籍华人达500万人。改革开放后，珠三角利用他们在海外的资源，通过招商引资，推动了珠三角地区的经济发展。

2. 中国进出口商品交易会

中国进出口商品交易会，也称广交会。1957年创办，每年春秋两季在广州举办，至今已有50多年历史，它是中国历史最久、层次最高、规模最大、商品种类最全、国别地区最广、到会客商最多、成交效果最好、信誉最佳的综合性国际贸易盛会。

广交会由48个交易团组成，有数千家资信良好、实力雄厚的外贸公司、生产企业、科研院所、外资企业、私营企业参展。

广交会贸易方式灵活多样。随着科技的进步，广交会也在不断创新，除传统的看样成交方式外，如今还举办网上交易会。广交会以出口贸易为主，也做进口生意，还开展多种形式的经济技术合作与交流，以及商检、保险、运输、广告、咨询等商业活动。每年都有来自世界各地的商人集聚广州，参加盛会。

3. 工业化与城市化的推进

改革开放后，珠三角地区迎来真正的春天，工业化速度很快，同时也加快了城市化进程。珠三角地区的工业化和城市化的发展主要经历了两个阶段：

第一阶段是1979～1990年。改革开放前，珠三角地区经济基础薄弱，资源缺乏，发展相对缓慢。改革开放后，抓住发达国家转移劳动密集型产业的机遇，利用我国的政策优势和华侨带来的商机，吸引了大批国内外投资，也吸引了大批人才和农民工。这些因素促进了珠三角地区的工业化进程，也推动了城市化进程。

第二阶段是1990年以后，珠三角地区经过十几年的发展，工业实力大幅度提升，成为我国的出口产业基地。但随着国家对外开放地区的不断增加，珠三角地区的政策优势减弱，而且劳动力资源优势也在逐步丧失，面临产业升级，产业结构必须调整的问题。20世纪90年代，信息化的浪潮冲击全球，发达国家进行产业结构的升级和调整，珠三角地区又一次抓住了机遇。近年来，珠三角地区已成为全国最大的电子信息产业基地。

珠三角地区的工业化加速了城市化进程，很多乡村迅速变为城镇，出现了乡村和城镇交错分布的景象。城市的规模也以前所未有的速度迅速扩大，人口猛增，成了我国人口最密集的地区之一。

4. 东莞的工业化与城市化进程

东莞在改革开放前是一个名不见经传的农业县，工业基本上是一片空白。改革开放后，东莞抓住机遇，利用自己的区位优势和侨乡优势，大量引进港资，发展“三来一补”。“三来一补”是指来料加工、来图来样加工和补偿贸易，基本不需要什么技术、场地，只需提供足够的劳动力、土地等。“三来一补”为东莞带来资金、技术、制度和人才，为下一步的发展打下了基础。同时，东莞经济因此得以长足发展，形成比较完善的工业基础和其他配套设施，也推进了农村工业化和城乡一体化的进程。

20世纪90年代，东莞提出产业结构升级转型，敏锐地抓住了世界产业经济梯度转移的机遇，大量引进中国台湾的信息技术产业。到20世纪末，“东莞制造”，尤其是IT制造业在全球都占有了重要地位，世界上95%的IT产品都可以在这里配齐。2009年，东莞实现生产总值3763.26亿元。其中，第一产业增加值14.99亿元，增长5.1%；第二产业增加值1771.77亿元，下降3.7%；第三产业增加值1976.50亿元，增长15.1%。人均生产总值56590元，增长10%。

进入21世纪后，东莞又提出了率先实现现代化的目标，并确立以建设现代制造业名城为突破口的发展方针，城市综合竞争力得到迅速提升。

5. 工业化与城市化过程中出现的问题及其对策

20世纪90年代以来，我国改革开放范围逐渐扩大，特别是长江三角洲的崛起使珠江三角洲的发展遇到了严峻的挑战。珠三角地区的人才、工业基础和科技实力等方面远不如长江三角洲地区，再加上外资的投资方式已经发生重大变化，珠三角对外资的吸引力大幅下降。

由于人口的猛增和城市规模的不断扩大，珠三角地区的城市建设远远跟不上经济发展的速度，城市结构不合理，规划与建设滞后。城市之间缺少合作，特别是外来人口大量涌入引发的一系列教育、治安、安全等问题，进一步制约了城市的发展。

伴随着珠江三角洲地区的飞速发展，环境污染问题也较为突出。空气污染加剧，水污染严重，耕地锐减，森林面积减少，水土流失日趋严重。

面对这些问题，珠三角需要调整产业结构，促进产业升级。重工业和机械制造水平较低，制约了珠江三角洲地区的进一步发展。因此，珠江三角洲地区以基础条件较好的广州为中心，积极发展石化、钢铁、汽车、造船等制造业，促进产业升级。此外，珠三角地区加强各城市之间的分工与合作，构建以香港、广州、深圳为核心的大珠江三角洲城市群。同时珠三角地区还加强城市规划，完善了交通、通信等城市基础建设，加强对外来人口的管理，加大对环境污染的处理，改善城市环境。

（十九）海南岛的开发

1. 海南岛的区位优势

海南岛位于我国南部，四面环海，北部与广东雷州半岛以琼州海峡相隔，东与我国台湾地区相望，地理位置优越。它位于华南和西南陆地、海洋的结合部，既是大西南走向世界的前沿，又是开发利用南海资源的基地。海南岛近傍香港，遥望台湾，内靠我国经济发达的珠三角，外邻亚太经济圈中最活跃的东南亚。海南岛处在太平洋环形带上，日本到新加坡的中段，靠近国际深水航道，直接面向东南亚，同时处在重要的海运交通位置，是连接亚洲和大洋洲，沟通太平洋和印度洋的重要中转站。

1988年海南建省。海南省包括海南岛和西沙、中沙、南沙群岛。海南岛是一个多民族居住的岛屿，主要少数民族为黎族。海南是我国唯一的省级经济特区，也是我国最大的经济特区。海南省依托政策优势，充分发挥区位和资源优势，产业结构得到优化，经济迅速发展，其中发展最快的是旅游业。

2. 热带资源优势

海南岛位于北回归线以南，属于热带地区，占全国热带地区面积的42.5%。夏长冬暖，光照充足，年日照时数在2000小时以上；日均温≥10℃的积温达8400~9200℃，气温最低16℃以上，最高温28~29℃。夏季台风活动频繁，破坏力很大，但带来的降水量占全年的三分之一；春冬有低温冻害现象。受气候影响，海南岛的农作物一年三熟，可以发展热带高效农业。

全岛呈椭圆形，中间高，四周低，地形呈环形分布，有山地、丘陵、平原等。土地利用类型多样化。河流从中间向四周分流。这里有茂密的原始雨林和热带季雨林，动植物资源丰富，其中有不少珍稀物种。热带作物非常丰富，有香蕉、龙眼、荔枝、菠萝、芒果等热带水果，还有橡胶、剑麻、可可、咖啡、蔗糖等热带经济作物。

3. 海洋资源优势

海南岛是全国海洋面积最大的一个省，其管辖海域面积占全国海洋国土的三分之二，而海洋资源也为海南岛的发展提供了多样化的选择。

据统计，南海海域共有鱼类1000多种，其中有100多种价值比较高的品种，藻类有2000多种，还有众多的虾、贝螺类等。南海海域有各种珊瑚树、红树林等，提高了海洋生产力和生物多样性，还是极佳的自然旅游资源。南海渔业发达，渔场面积近30万平方千米，品种多、生长快，浅海面积大，港湾多，非常适合人工养殖。南海也是世界上油气资源比较丰富的海区，蕴藏了几十万亿立方米的天然气和几百万吨石油。海南岛夏无高温，冬无严寒，旅游环境较好。此外，海南省还有600多个小岛，其中面积超过500平方米的有225个，可以建成海上补给、商业、旅游基地。海南省的发展，应充分利用海南岛的海洋资源优势。

4. 因地制宜发挥优势

海南岛受地形和距海距离远近的影响，自然景观呈环状分布，每个环带里的自然资源不同，开发程度也不一样。因此，开发利用海南岛的资源，必须要认识每个环带的特色，因地制宜，合理布局。

海岸带位于海陆交界处，是海南岛的重点开发地区。这里经济基础好，城市集中，既可以促进内陆资源利用，也可以推动海洋资源开发。在这些地区要大力建设港口，同时推动第三产业发展，吸引国内外投资，促进海南岛外向型经济的发展。

低矮的丘陵和平原地带，水资源丰富，比较适合发展热带农业，可建成多种类型的农业基地，如种植甘蔗等，为全岛提供多种农产品。山地丘陵区位于海南岛中部偏南，少数民族多聚集在这里。这里生物资源丰富，河流众多，既可以利用山区各种资源发展旅游产业，也可以配置一些加工业，把各种资源转化为经济效益。

5. 优先发展特色经济

海南岛的开发和利用要结合自身需求和国内外市场要求，确定其经济的发展方向，应优先发展海南岛的特色经济。

培养和发展支柱产业，逐步形成以油气化工、汽车制造、饮料食品、化纤纺织、医药、纸浆等为主的现代工业体系；逐步建立以港口加工业和重化工厂为依托的工业带，发挥带动作用；大力发展生态农业和高新技术产业，充分利用各种机会促进海南岛经济的发展。

南海地区是我国最大的热带作物基地，也是我国北方各省的育苗基地。海南岛应该利用自己的热带资源优势，建设符合市场需求的热带水果、花卉等商品生产基地。同时也要大力发展远洋捕捞，推动农业向海洋发展。

开发海南岛旅游资源，合理规划和建设生态旅游区，结合少数民族的风情特色，发展国内外市场，把海南打造成为一个集观光度假、休闲购物于一体的旅游胜地。

6. 海洋环境的保护

由于海南岛开发比较晚，加上自身净化能力较强，目前海南岛的环境质量总体较好。但随着海南岛开发力度的加大，海上油气开采的增加，港口、港湾工业的建设以及城市化进程的加速，海南岛的海洋环境保护工作显得越来越重要。

海洋环境保护对海洋资源的可持续利用具有重要的意义。我们要加大科技和资金投入，提高资源的利用率，加强对城市和工业污水处理系统的建设，保护近海的环境不受破坏。提高公众环保意识，保持环境卫生，减少人为破坏；禁止开采珊瑚礁，保护和扩大红树林面积，既可以减轻风暴潮损失和海浪侵蚀，也可以保持生物的多样性。此外，还要加强海洋环境的管理和监测，实施保护海洋的管理办法，合理开发利用海洋资源。

第二章　中国自然区划

一、自然区划

中国自然区划分为三级，即区、亚区和小区。根据区域具有相似的自然地理特征和共同的利用与改造自然的方向，全国共分为 8 个区、28 个亚区和 42 个小区。

（一）自然区

中国共分为 8 个自然区，即东北、华北、华中、华南、西南、内蒙古、西北和青藏。东部四区即东北、华北、华中和华南区，本地区水分比较充足，地形以平原、丘陵和低山为主。自然景观的分异主要是由于热量差异，以及由此引起的植被、土壤等的不同。中国东部的四个自然区，每一个自然区约相当于一个热量带范围。东北区主要是温带，寒温带在东北面积很小，故不另划为一区；华北区大部分相当于暖温带；华中区相当于亚热带；华南区大致相当于热带。

大兴安岭以西和长城一线以北，东南季风的影响逐渐减弱，水分条件对自然景观的作用代替了热量条件而居主导地位，成为地域分异的主导因素，可划分为草原景观为主的内蒙古区和以荒漠景观为主的西北区。

西南区和青藏区的划分，主要是由于特殊的地形条件及由此引起的区域范围以内的生物气候的差异。西南区的主要特征是热带山原，即它在水平地带（基带）上属于热带，地形上为山原，故具有热带山原特有的“四季如春”的气候特征，以及由此引起的热带山原性的植被和土壤。热带山原景观的形成，主要由于大气环流的影响。即夏半年受西南季风的影响，冬半年受热带大陆气流的控制，因此可以热带大陆气流影响的范围来划定西南区的东界和北界。青藏区地形是自然地理特征形成和发展的主导因素，气候特点是高寒，自然景观主要为寒漠与高山草甸草原。它的北面以昆仑山—祁连山与西北荒漠区为界，东南大致以 3000 米等高线与西南区为界。

1. 活动温度总和

划分热量带的主要参考指标是一年内日平均气温≥10℃持续期间日平均气温的总和，即活动温度总和，简称积温。各带的具体标准大致如下：

热量带	活动温度总和（℃）
热带北部	7000（或 6500）~8000
热带南部	8000~9000 以上
亚热带北部	d500~5000
亚热带南部	5000~7000（或 6500）
暖温带	3000~4500
中温带	1 700~3000
寒温带	<1 700

2. 农业耕作制度

东北区属于寒温带，年积温 1100~1700℃，全年无霜期 70~100 天，冬季长，且气温低，故普遍实行一年一熟的农作制。暖温带年积温 3200~4500℃，全年无霜期约 180~240 天，农作制度主要是两年三熟，但黄淮平原（暖温带南部）也有一年两熟的。华北区的南界大致为白龙江、秦岭、淮河一线，这是暖温带与亚热带的分界，也是农作制度上两年三熟与一年两熟地区的主要分界。其主要原因就是这条界限两侧的热量（积温）不同，因而农业制度也不相同。华中区位于秦岭、淮河与南岭之间，是中国的亚热带地区，年积温 4500~6500℃或 7000℃，无霜期 240~300 天，一年四季分明。农作制度北部一年两熟，南部两年五熟或一年三熟，还可以种双季稻。南岭以南是华南区，南岭是中国亚热带的南界，南岭以南便可称为热带。热带四季不明显，只有落雨的时候才有些凉爽。西南区包括云南和四川西南部，大致位于大、小相岭和北盘江以西。之所以要把它划为一个自然区，并不是由于地形的关系。西南区主要是一个海拔 1500~2000 米的山原。地面气候就热量来说，虽然也可划为亚热带，但只要认真地比较一下，就可以发现这种相似性是一种假象。因为华中亚热带地区的 1500~2000 米山原（如鄂西高原、黔西高原），其气候并不属于亚热带。

（二）自然亚区

8 个自然区的内部自然景观和土地利用方向还有一定的差异。根据各区内部区域分异的规律，再分出若干二级区，称为亚区。如，华中区跨纬度约 12°，南北热量有一定差异，因而自然景观也有一系列明显的不同，可分为南部和北部两个亚区。又如，内蒙古区跨经度将近 30°，自东至西，由于水分条件的差异，内部亦可分为东部草甸草原、中部典型草原和西部荒漠草原三个亚区。

（三）自然小区

第三级自然区域称为小区，仍根据综合分析和主导因素相结合的原则，依不同的亚区内部区域分异规律进行划分。如柴达木盆地是景观上相对一致的内陆盆地，故可划为一个自然亚区。盆地内部，根据湿润程度的不同，可划为东部、西部两个小区，前者为荒漠草原地区，后者为荒漠地区。又如华中区的江南南岭亚区，面积较大，地形结构复杂，可根据地形及由此引起的气候和自然景观的差异，分为江南低山丘陵盆地、四川盆地、贵州高原、南岭山地和广西北部四个小区，各个小区各有其明显的自然地理特征。

二、华北区的自然概况及其划分

（一）华北区的自然概况

1. 地理位置

华北区位于北纬 32°~42°，大部居于中国东部暖温带。北部大致沿 3000℃ 活动积温等值线与东北区、内蒙古区相接；西部在黄河青铜峡至乌鞘岭一段与西北区相接；南以秦岭北麓、伏牛山、淮河与华中区为界；东至渤海和黄海。东西跨越经度 20° 以上，东西长而南北较短。全区面积约 100 万平方千米，占全国总面积 10% 左右。华北区是中国重要的农业区域。

2. 自然地理界线——秦岭

秦岭为华北区和华中区的重要而明显的自然地理界线，它不仅是黄河流域与长江流域主要分水岭之一，而且阻碍了夏季东南季风的深入。在热量与水分的对比关系上，秦岭也是一条主要界线，秦岭以北干燥度大于 1.0，已属水分不足地区。如，西安年降水量 557 毫米，而秦岭以南的汉中年降水量达到 841 毫米，二者的湿度大不相同。这样，就影响到植物的生长和土壤的发育，也影响到农业生产应采取不同的措施改造自然。

秦岭山脉

3. 黄土景观

中国黄土面积约44万平方千米，基本上分布于秦岭、祁连山和昆仑山以北。其中黄河中游地区是中国黄土分布最集中的地区，地理上称为黄土高原。其范围大致北起长城，南界为秦岭，西抵乌鞘岭，东到太行山，面积约40万平方千米。黄土高原内，除了一些裸岩的山地以外，基本上构成了连续的黄土盖层，一般厚30~60米，厚度可达200米以上，两个较大厚度中心为甘肃的董志塬和陕西的洛川塬。黄土分布可达到海拔3000米的山坡，如六盘山和吕梁山的山顶。

4. 气候

华北区位于盛行西风带南部，地面高低气压系统活动频繁，环流的季节变化非常明显，表现着典型的温带大陆性季风气候特征。冬季在内蒙古高压控制下，气温远较同纬度各地为低，1月平均气温在0℃以下，在强大的寒流过境时，气温骤降。夏季在大陆低压范围内，夏季风得以深入。这时气温急速上升，华北平原及渭河谷地为夏热中心，7月平均气温在26℃。渭河谷地受夏季风越秦岭后下沉“焚风效应”的影响，夏季温度很高，如西安绝对高温曾达45.2℃。从农业指标温度来看，华北区全年生长期长，热量资源充足，是中国重要的农业区。由于华北区面积广大，各地热量资源有较大的差异，大致自淮北向黄土高原西部逐渐减少。

华北区年平均降水量约在800毫米以下，一般自南向北、自东向西减少，其中以泰沂山地最多。黄河中游年降水量东南部大都在400~600毫米，西北部400毫米左右。渭河平原因秦岭山地对冷锋有阻滞作用，降水较多，在500~700毫米，是华北区除沿海及山地外的一个多雨区。河北省中部石家庄以东平原地区居泰沂山地与太行山之间，为一显著少雨区，年降水量在500毫米以下，其中献县、深泽与衡水（子牙河上游）一带较少，低于400毫米。华北区年平均降水量在年内分配是不均匀的。春秋两季天气波动频繁，但气团含湿量很小，不能产生大量降水。春季平均降水量只占全年10%左右。冬季完全在大陆极地气团控制之下，只有少量降雪。因此华北区降水60%以上集中于夏季。尤其是河北平原，夏季降水量占全年的3/4左右，为全国降水最集中的地区。

[干燥度]　华北区大部干燥度为1.0~1.5。干燥度大致自东向西增加，辽东、胶

东和渤海沿岸在 1.0 以下，广大的黄土高原均为 1.25～1.5。河南北部郑州—洛阳—开封一带特别干燥，干燥度达 1.5 以上。

5. 植被与土壤

华北区从现有的天然植被和土壤来看，它们基本上呈现地带性特征。由于热量资源在纬向上的差异较小，华北区植被与土壤的地带性现象主要表现在经向上的递变。即随水分自东向西减少，依次出现湿润落叶阔叶林—棕壤地带、半湿润落叶阔叶林—褐土地带、半湿润森林草原—黑垆土地带和半干旱草原—灰钙土地带。

[湿润落叶阔叶林—棕壤地带] 分布于气候较为温暖湿润的辽东半岛和胶东半岛。落叶阔叶树以辽东栎为主，混生有赤松，后者有时形成优势树种。此外有槲栎、栓皮栎、麻栎等。这一地带内还含有若干亚热带喜暖湿的种属。落叶阔叶树如榔榆、朴、槐树、盐肤木等，灌木如天竹、圆叶胡颓子等，藤本植物如葛藤，蕨类植物如裂叶凤尾蕨、全缘贯众等。地带性土壤称为棕壤，主要发育于片麻岩、花岗岩风化残积母质上，质地疏松，排水良好，有很好的淋溶过程。可溶性盐类含量不高，呈中性或微酸性。本地带是中国著名的柞蚕饲养区，也是中国苹果和梨的重要出产地区，栽培的农作物以高粱、玉米、花生、小麦等为主，也有水稻和棉花。

[半湿润落叶阔叶林—褐土地带] 包括华北平原、冀北山地、山西高原的东南部和渭河谷地。落叶阔叶林主要树种为栎树，太行山以东种类较多，太行山以西则以辽东栎为主。针叶树以油松为主，侧柏、白皮松也是常见的代表树种。栎树以外的落叶阔叶树亦多为北方树种，如桦、杨、槭、椴等，在低山丘陵形成杂木林，在平原地区则为散生。半栽培与栽培的落叶阔叶树以榆、槐、臭椿、枣、梨、柿、核桃等最为常见，分布于村庄附近的田间荒地。相应的土壤为褐土，主要发育于各种碳酸盐母质上，因此均具石灰性，呈中性或微碱性。但由于淋溶作用，碳酸盐往往下淀，在土层中形成明显的钙积层，这是褐土与棕壤的重要不同之处，反映两个地带湿润程度的不同。褐土土质适中，保水肥性良好，肥力尚高。

[半湿润森林草原—黑垆土地带] 分布于黄土高原的东部，包括山西北部、陕西及甘肃东部。这里，绝大部分海拔 1000～1500 米，年积温较低，如甘肃的西峰镇积温仅 2700℃，实际上已属温带。地带性植被为森林草原，主要为白羊草、黄背草、杂类草草原，由于黄土高原大都已开垦，天然植被只见于局部地段。在海拔 1400 米左右的山上，则分布有辽东栎、山杨、川白桦、油松、侧柏为主的稀疏林，树木一般较矮。地带性土壤为黑垆土，以具有深厚（厚达 100 厘米）的腐殖质层而得名，是森林草原和草原植被下发育的土壤，与黑土、黑钙土同属于黑土系列。黑垆土主要分布于地形平坦、侵蚀较轻的黄土塬区及河谷阶地上。其母质黄土疏松多孔，故土层深厚，全剖面呈强石灰性反应。黑垆土的特点是表面有一耕种熟化层，厚约 20～30 厘米；耕种熟

化层以下，才是腐殖质层，又称垆土层；腐殖质层下面还有碳酸盐淀积层。黑垆土由于有较厚的耕种熟化层，故有人认为它是经过长期耕作熟化的草原土壤。

［半干旱草原—灰钙土地带］　分布于黄土高原西部，大致包括宁夏的黄河以南、甘肃兰州与平凉间的地区。这里的天然植被属于草原向荒漠草原过渡类型，二者交错分布。一般在丘陵南坡为荒漠草原，北坡为草原。灌木除枸杞、刺锦鸡儿等外，较常见的为阿氏旋花、莳萝蒿、长芒草、甘草等旱生植物。草原以本氏针茅、短花针茅、小黄亚菊为主，草高仅10~20厘米，生长稀疏。由于黄土高原已经长期耕种，故上述天然植被的分布仅限于局部陡坡及丘陵顶部。黄土高原上的个别山地，如兴隆山等，因海拔较高（>3000米），比较湿润，尚有云杉、山杨等树木。这一地带相应的土壤为黑钙土，常与黄土状母质相联系，其实际占有面积并不大。灰钙土仍具有草原土壤腐殖质积累和钙积化过程，但由于降水量较少（一般400毫米），草矮小稀疏，故腐殖质层薄，颜色淡（浅黄灰色），灰钙土的养分含量较低。

（二）华北区的自然区划

华北区面积较大，根据热量、水分、地貌条件及农业利用上的差异，可分为下列3个亚区、8个小区。

1. 辽东半岛与胶东半岛亚区

本亚区丘陵起伏，高度大都在500米以下，平原甚狭。这些丘陵往往伸入海中，故海岸线曲折，多深水港湾，如大连、青岛等。千山山脉为辽东半岛的骨干，主峰海拔超过1000米。胶东半岛的花岗岩构成一些较高山岭，如青岛附近的崂山（海拔1132.7米）。

［气候］　由于滨海的地理位置，本亚区水热条件较下辽河平原或华北平原都要优越，气温变幅较小，冬季比较暖和，夏季无酷暑。1月平均气温在0℃以上，7月在25℃左右，全年无霜期为165~250天。其中又以胶东半岛南部沿海条件最好，积温可达3900℃，年平均降水量为600~700毫米，辽东半岛东部和胶东半岛南部迎风部位则可达800毫米以上，局部迎风山区还可达1000毫米左右。但半岛的西北方向为背风坡，降水则显著减少。本亚区的年降水量约85%以上降于气温≥10℃的持续期内。干燥度≤1.0，是华北区最湿润的地区。而且，降水量变率不大，相对湿度又比较高（大连、青岛均在70%以上），故春旱现象不严重，这是本亚区的特点，也是与华北区其他亚区之间的重要差异。

［植被和土壤］　天然植被由于数千年的开发、破坏，现在已保存极少，仅在千山山地尚有比较完好的森林，海拔较高的地方以沈阳油松为主，较低的地方以辽东栎为

主。崂山的森林，海拔较高的地方为赤松林，较低的地方为栎类、榆、榛与赤松的混交林，山麓与河谷则为落叶阔叶林。由此可见，本亚区的原有天然植被应该是暖温带落叶阔叶林，主要林木为栎属与松属。松属中以赤松为主，沈阳油松只见于辽东而不见于胶东，马尾松则见于胶东而不见于辽东。这也反映了辽东与胶东之间的热量差异。与之相应的土壤为棕壤，又叫棕色森林土。本亚区因温暖季节较长，冬季土地冻结不深，故土壤粘化过程较温带湿润地区为强。易溶盐类和碳酸盐受强烈淋溶，形成淀积粘化土层。由于气候温暖、潮湿，微生物的作用几乎可以全年不断地进行，有机质多受分解、破坏，故棕壤的腐殖质含量不高。

2. 华北平原亚区

本区以广大的平原为主，并包括河北省北部、辽宁省西部和内蒙古自治区东南部的山地，称为冀北山地；山东省中部山地，称为鲁中山地。平原可分下辽河冲积平原及黄（河）、淮（河）、海（河）冲积平原，山东南部及江苏省徐州一带，则为波状起伏的准平原。

[气候、植被及土壤]　华北平原亚区属暖温带半湿润地区，与辽东、胶东半岛相比较，干燥度较高，降水量变率较大，春旱比较严重，无霜期也较短，故大部分地区农业为两年三熟制。天然植被为中生落叶阔叶林及旱生落叶阔叶林，地带性土壤为褐土。由于淋溶作用，土壤中的碳酸盐明显下移，在土壤剖面中形成钙积层，这是褐土与棕壤的一个差别。

[地貌]　华北平原主要由黄河、淮河、海河、滦河冲积而成，海拔多在50米以下，地表平坦，河湖众多。东南部在安徽和江苏北部完全与长江和淮河下游平原相连。这里，华北区与华中区间约以淮河及废黄河为界，它大致与积温4500℃、1月平均气温0℃、年降水量900毫米、干燥度1.0等值线相符，是中国自然地理上的一条重要界线。

（1）下辽河平原小区

下辽河平原在地质构造上属于渤海拗陷带，因地面长期沉降，故第三系、第四系的松散沉积物厚达2000米以上。该区目前仍在不断沉降，导致松花江与辽河的分水岭逐渐向北推移，现在的分水岭位置已比过去向北推移了150千米左右。辽河下游河曲发达，堆积作用旺盛，河道中沙洲众多，河道变迁频繁。由于河床不断淤积，辽河下游宣泄不畅，常造成洪灾与内涝。辽河下游的盘锦地区（以盘山为中心的农垦区）过去十年九涝，有“东北的南大荒”之称。经过整治，盘锦地区已成为东北的水稻集中产区、辽宁省商品粮基地之一。下辽河平原小区以山海关为界与黄淮平原小区分开。

（2）黄淮海平原小区

黄淮海平原北部是海河平原，中部是黄河平原，南部是淮河平原。历史上黄河多次改道，黄河曾经流过的地区，北到天津，南至淮阴，故黄河冲积物分布到黄淮海平原的绝大部分地区。黄淮海平原是新构造运动强烈沉降区，全新世沉积物厚度最大可达3000米。黄淮海平原海拔一般不到50米，地势十分平坦。但平原上微地貌结构仍比较复杂。随着微地貌的变化，地表组成物质、地下水化学成分、土壤、植被以及农业也发生相应的变化。平原地势主要自西、西南向东、东北倾斜，自然景观相应地可分为山麓洪积—冲积扇平原、冲积平原和滨海平原三个带，从山麓向海大体呈半环状分布。黄淮海平原是中国主要农业区域和人口集中分布区之一。

冲积平原是黄淮海平原的主要组成部分，海拔大部在50米以下，坡度在1/10000~1/5000之间。冲积平原的微地貌比较复杂，有多条相对高度1~5米的长条状缓岗，缓岗旁常有带状沙丘，缓岗之间往往为洼地，洼地与缓岗间则为倾斜很小的平地（当地称为“二坡地”）。与上述微地貌变化相适应，沉积物也呈有规律地变化缓岗沉积多为沙质，洼地为粘土，微斜平原则为夹有粘土层的粉沙。地下水水质也随着发生变化，缓岗的地下水多为淡水，洼地的地下水则矿化度高，往往达到2~5克/升。以上特点对黄淮海平原的土壤和作物分布有很大影响。一般在天然堤、古河床及缓岗部分，土壤质地轻，耕性好，无盐化，肥力较高。在粘质浅洼地，常因季节性积水，土壤有局部潜育现象，并有不同程度的盐化。在“二坡地”，因有粘土胶泥夹层，如果地下水水位高，则形成盐化黄潮土。

（3）滨海平原小区

本小区西以4米等高线为界，东至渤海海岸。地面坡降不到1/10000。其形成除受河流冲积作用外，也受海洋沉积作用的影响。地表组成物质以粘土为主，地下水矿化度高，可达20克/升左右。土壤为盐土，表层的含盐量1%~3%，以氯化物为主。渤海沿岸盐渍土地区最宽可达60千米以上，其上生长盐生类灌木，如柽柳、白刺等。现代黄河三角洲以利津为顶点，面积约5400平方千米，主要是黄河1855年改造重新流入渤海以来造成的，由于黄河大量泥沙在河口淤积，使河口尾闾改道频繁。从1855年至今，已发生重要改道11次，平均每10年改道一次，现在河口仍以平均每年1.4~1.8千米的速度向海延伸。现代黄河三角洲大部仍是盐碱荒地，地势低洼，排水不良，在全国三大三角洲（长江、珠江和黄河三角洲）中，开发最差。但它是中国第二大油田——胜利油田所在地，在国家经济建设中有重要地位。

（4）冀北山地小区

此小区包括燕山和辽西一带山地，海拔最高处达1000米以上，走向多作东西向或北东向。山地内有一些断陷盆地，如密云、怀来等。山地余脉直入渤海。人类建筑史上的一个奇迹——万里长城（全长6700千米），其东段就是利用冀北山地的地形修建的。渤海之滨山海相连的山海关，雄关屹立，向有“天下第一关”之称，为东北与华北的天然分界。冀北山地为内蒙古高原与华北平原间的巨大斜面，有的山岭海拔较高，具有明显的植被垂直分带。如河北省的小五台山海拔 2882 米，1600 米以下为落叶阔叶林，主要是栎、桦、椴等，1600~2000 米为云杉林，除云杉外还有青冈、臭冷杉等。2000~2500 米为华北落叶松林。2500 米以上已超出树木分布上限，为亚高山草甸，以禾本科短草为主。

（5）鲁中山地小区

本小区包括泰山、沂山和蒙山等，最高海拔 1000 米以上。泰山海拔 1532.7 米，兀立于华北平原上，为平原上的最高峰。其余山地海拔一般在 500~600 米，多由前震旦纪的变质岩系组成，上有寒武—奥陶系石灰岩盖层。在鲁南，灰岩多近似水平地分布于山顶，形成陡坡、顶平的“方山”地形，当地称为“崮”，如孟良崮等。石灰岩地区有许多岩溶泉流出，尤以济南的趵突泉群最为著名，济南有“泉都”之称。本小区的气候条件大致与胶东相似，但春季偶有干旱。基本上无涝、盐灾害，这是它与黄淮海平原的不同之处。植被以松类与栎类为主，北坡生境比较湿润，森林较好，南坡比较干旱，植被较稀。疏泰山、沂山和蒙山有油松林，油松或与栎类混交。丘陵及山岭下部多栎树散生。

3. 黄土高原亚区

本亚区由于地形及黄土覆盖层的不同，内部景观有明显差异，可分为三个小区，即山西高原、陕北陇东高原、陇西高原。本亚区内与内蒙古区大致以长城为界，这条界线相当于积温 3000℃、干燥度 1.5 等值线。本亚区的干燥度绝大部分在 1.25~1.50，属半湿润偏干旱的气候。

（1）山西高原小区

本小区包括吕梁山以东、太行山以西的地区。它并不是一个平整的高原，而是由一系列褶皱断块山岭与陷落盆地组合而成的高地，由于其东侧与南侧都有陡峭山坡，能俯瞰华北平原与黄河谷地，故称为高原。山岭多作北北东走向，有太行山、五台山、恒山、吕梁山等，主峰海拔均超过 2000 米。山地的上部出露基岩，下部则为黄土所覆盖。但海拔超过 2000 米的吕梁山山顶，有时也有片状分布的黄土。高原中的许多山间盆地，均堆积有较厚的黄土，故山西高原虽岩石山岭较多，在大地貌上仍属于黄土高原的范围。黄土塬、梁、峁主要分布于漳河和沁河的中上游流域。山间盆地以汾河谷地最大，下游海拔不过 400~500 米。山西的一些主要城市如太原、临汾均位于汾河谷地内。高原上石灰岩出露面积较广，达 6 万多平方千米，为中国北方最大的岩溶区域。在高原的深切河谷和山前地带，往往有大型岩溶泉流出。如太原的晋祠泉等，为重要的地下水源。气候条件视海拔高度而有所不同，山间盆地由于海拔较低，热量条件较好，积温一般在 3200℃以上。天然植被多被破坏，但有些山地还保存着半自然状态的残存森林，并保持着垂直带变化。

（2）陕北、陇东高原小区

本小区位于吕梁山与六盘山之间，黄土广布，海拔 1000 米左右，其间只有少数基岩低山凸出于黄土之中，状如孤岛，如子午岭、黄龙山、崂山等。高原的南部，黄土塬保存较好，地面比较平坦；北部则主要为切割破碎的黄土丘陵，即梁、峁区。高原上的积温一般不到 3000℃，在热量条件上应属于温带，只有谷底川道热量稍高，但它们只占本小区的很小面积。年雨量 400～500 毫米，大部集中于夏、秋季，且多暴雨，地面植被较少，故河流的洪、枯流量相差极大。子午岭等山岭分布有次生幼龄（梢林），组成以落叶阔叶为主，大部是辽东栎、白桦、山杨等，针叶树以侧柏较为普遍。栽植的果树主要是枣、梨、杏、核桃等。高原南侧与秦岭之间的渭河平原，古称关中，是一个地堑平原，可视为陕北黄土高原中的一个大型山间盆地。其北界是渭河北山，为一系列灰岩断山，南界即秦岭北坡大断层崖。渭河平原海拔较低，水热条件与黄淮平原相似，农作物一年两熟，是中国重要的小麦、棉花产区。

（3）陇西高原小区

本小区与陇东高原以六盘山为界。六盘山古称陇山，故六盘山以东叫陇东，六盘山以西叫陇西。它是一条北北西走向的狭长山脉，主峰海拔超过 2900 米，东坡陡，西坡缓。陇东高原海拔一般在 2000 米左右，地貌以黄土丘陵为主，华家岭一带极为典型。陇西高原上也有一些较高的基岩山岭凸出于黄土之上，因海拔较高，热量较低，广大高原地区积温不到 2500℃，所以陇西高原较陕北、陇东高原为冷。降水仍有 400～500 毫米，干燥度较陕北高原为低。高原中的一些河谷平原，如天水附近的渭河上游谷地、兰州附近的黄河谷地等，地势较低，热量稍高。兰州附近平原雨量少、蒸发多，旱田上常铺一层河流砾石以减少蒸发，景观渐向西北干旱区过渡。高原上的较高山岭目前尚有少数残存森林。如六盘山 2000 米以上有油松、侧柏、山杨、白桦、辽东栎等组成的松栎林；兰州以南的兴隆山有尖叶云杉、山杨、辽东栎林等。本小区天然植被亦保存无几，水土流失比较严重。

三、内蒙古古区的自然概况及其划分

（一）内蒙区的自然概况

1. 地理位置

内蒙古区位居中国北方内陆温带草原地带，东起大兴安岭北段的西坡和大兴安岭南段东坡的西辽河流域，西至贺兰山，横跨经度 17.5°。其南界约与活动积温 3000℃等值线相当，东段约至西辽河与大、小凌河及滦河之间的分水岭，其西界大致与干燥度 4.0 等值线相符，北起中蒙国境，经狼山西端、贺兰山西麓，迄于腾格里沙漠东南缘。故内蒙古区在行政上包括内蒙古自治区的大部，辽宁、河北、陕西三省的北部边缘，宁夏回族自治区的北部，以及吉林西部一角。

2. 大草原景观

内蒙古区具有坦荡的地貌特征，除山岭外，海拔大部在 1000~1500 米。因太平洋季风受大兴安岭、燕山山地的阻滞，本区形成明显的内陆半干旱的自然环境，为多年生、旱生低温草本植物的生长创造了有利条件，这里构成了中国北方最广大的草原。内蒙古区在阴山以北、大兴安岭以西，主要是海拔 1000~1500 米的高原，地面起伏和缓，没有显著的山脉与谷地，是“蒙古准平原”。这种单调的地貌结构，使温带草原在辽阔地域上连续分布，一望无际，形成“天苍苍，野茫茫，风吹草低见牛羊”的典型的大草原景观。

［草原植物群落］　内蒙古草原的植被群落组成中，多年生、旱生低温草本植物占优势。建群植物主要是禾本科，即禾草，并随湿润程度不同，有或多或少的杂草及一些旱生的半灌木和灌木。禾本科草类以针茅和羊草最有代表性，前者是丛生禾草，后者是根茎禾草，根茎发达，横向蔓延成网状。针茅种类甚多，自东向西随着干燥度增加，主要种类逐渐由大针茅、克氏针茅，渐变为戈壁针茅、沙生针茅等。杂草类主要属菊科和豆科，有西伯利亚艾菊、各种黄芪、花苜蓿等。旱生灌木以锦鸡儿属为主。这些禾本科、豆科等植物，大多为各种家畜四季所喜食，故内蒙古草原一直是中国重要的畜牧业基地之一。而豆科等杂草类又盛产各种药材，如黄芪、桔梗、柴胡、沙参等，故内蒙古草原也是中国主要采药基地之一。

［山地垂直带］　山地的垂直带也表现了以草原为基带的景观结构特征。以内蒙区内主要山地为例，大兴安岭南段植被类型基本上为山地森林草原与草原，其东坡 1500~1800 米高度上比较湿润，有块状分布的森林，如林东以西的罕山、黄土岗、桦木沟等地均为主要林区。树种在北坡有兴安落叶松、兴安白桦、山杨等，在南坡为蒙古柳与油松。林地之间及两侧坡麓为禾本科占优势的草原。大青山的植被大致分布在海拔 1200~1500 米之间，油松林和侧柏林呈块状分布；1700~1900 米之间则为山地草甸草原。

3. 温带半干旱气候

内蒙古区草原景观的形成，及其自东向西的地带性递变，温带半干旱气候是一个主导因素。内蒙古区气候的基本特征是半干旱，冬寒夏温，多风沙，富日照，是典型的温带大陆性半湿润到半干旱的过渡类型。冬季在蒙古高压笼罩下，天气多晴燥，北方冷气流经常向南或东南流动，使全境盛行偏西北大风，寒潮猛烈。如果南来气流较强而持久，冷空气快速南下时，即出现大风降温天气。由于空气中水汽含量贫乏，降雪量一般不多。夏季蒙古高压消失，大陆低压形成，东南季风得以进入内蒙古高原。其前锋一般要到7月间才能推进至内蒙古的南缘，9月下旬即很快南移，雨季不过一两个月。随季风的盛衰强弱变化，降雨变率很大。

对温带草本植物及农作物生长而言，内蒙古区的热量资源是充足的。首先是日照丰富。终年云量不多，日照率均高达70%以上，年平均日照时数在3000小时左右。冬季丰富的日照对牲畜在天然条件下越冬有利。这里冬季寒冷，但夏季气温却普通较高。日平均气温≥10℃的持续期始于4月下旬至5月底，终于9月上旬至10月上旬。活动积温为1700~3200℃。生长期100~150天。阴山以北、锡林郭勒盟北部以及呼伦贝尔地区，冬季寒潮频率最高，强度最大，成为全区最冷地区，1月平均气温达到-20℃以下。东南部通辽、赤峰和河套平原地区冬季则较暖，1月平均气温在-12℃左右。

全区降水量在200~400毫米，由东南向西北减少。降水集中于夏季，6~9月降水占到全年的80%~90%。降水变率愈向西愈大，平均变率在20%~25%之间。例如呼和浩特在近20年的记录中，雨量最多的一年为658.7毫米，最少的一年为201.3毫米。春末夏初气旋过境较为频繁，东部地区6月降水已开始增多，但很不稳定。6月降水多寡对牧草和农作物生长有相当影响。7月中旬以后，东南季风前锋推至内蒙古东南边缘，才导致较为集中的降水。但东南季风9月初即开始南撤，所以内蒙古草原上雨季很短。随着夏季风各年盛衰不同，多雨年和少雨年降水量相差可达3倍以上，干旱现象频繁出现。

内蒙古区降雪量和积雪时间、积雪深度都是自东向西减少，东部呼伦贝尔和锡林郭勒草原地区稳定积雪期自11月中下旬至次年3月下旬，达120~130天，积雪平均深度20~30厘米，深处可达40~60厘米；向西由于降雪量很少，常不能形成雪覆盖。适量降雪对农牧业生产都是有利的，草场积雪可部分解决牲畜饮水问题。积雪到春季融化，会增加地表湿润程度，改善土壤墒情，有利于牧草返青和作物出苗，河湖水量及潜水也因得到融雪补给而增多。但较厚的雪覆盖（>15厘米时）或冻结而持久的雪覆盖易使牧草覆埋和牧场封冻，造成畜牧业的“白灾”。反之，少雪或无雪，不仅不能利用无供水条件的草场放牧，还会导致夏秋草场因过度放牧而退化，带来“黑灾”的危害。

［风力］　内蒙古区全年风力强劲，特别是北部地区，全年5级以上的大风日数可达100天以上。冬季大风多伴有寒潮，被称为“白毛风”，对放牧有很大威胁。大风以春季最多，这时地表积雪融尽，气温开始增高，相对湿度下降，往往形成旱风，灼枯作物和牧草，还容易引起草原火灾。在地表植被已被破坏的情况下，则形成风沙。

4. 地貌结构

本区的地貌结构加强了内蒙古高原气候的干旱与寒冷。首先，草原的南缘，从林西至集宁为广大的玄武岩台地，台地顶面向南翘起，向北侧缓缓地倾没于高原面之下。其次，高原东侧为大兴安岭，南侧为阴山山脉（包括狼山、大青山），高峰海拔 2000~2400 米。高原边缘这些较高的山地和凸起的地形，阻碍东南季风的深入，使高原内部格外干旱。第三，高原地面平坦，北来寒潮无阻隔，可横扫全部高原，加剧了高原的低温和大风雪天气。内蒙古高原东缘和南缘的山地和高地，还是中国外流区域和内流区域的重要分界。

5. 草原土壤

[栗钙土]　属于草原的地带性土壤是栗钙土，在内蒙古区内分布最广。西部荒漠草原植被下发育着棕钙土。栗钙土与黑钙土的不同之处是栗钙土腐殖质层较薄，一般厚 25~45 厘米，按有机质含量多寡，分为暗栗钙土与淡栗钙土两类。暗栗钙土分布于呼伦贝尔、东乌珠穆沁以及大兴安岭南部，一般在缓坦的高原与丘陵面上。栗钙土腐殖质含量为 2%~4%，磷、钾的含量相当高。在生草过程旺盛的平坦积水之处有轻度潜育化现象，形成草甸暗栗钙土，其有机质含量可达 4%~7%，水分条件较好，牧草生长旺盛，其优质牧场也可供小面积开垦。大兴安岭东南地区黄土状沉积母质上所发育的暗栗钙土，腐殖质较薄，有机质含量低，从表层起即有石灰性反应，属碳酸盐暗栗钙土。其结构欠佳，易受水力和风力侵蚀，土中氮素较缺。在锡林浩特北部的典型草原地带，发育着淡栗钙土，其有机质含量通常在 1.5%~2.5%，从 10~20 厘米深度起即为钙积层，土层较薄，剖面发育欠佳。阴山以南也有从表层起即呈石灰性反应的碳酸盐淡栗钙土。

[棕钙土]　棕钙土在内蒙古区分布于淡栗钙土地带以西、百灵庙—温都尔庙以北的高原和鄂尔多斯西部。其特征是表层多砾石、沙，壤质土层很少，腐殖质层厚约 15~25 厘米，但有机质含量仅 1.0%~1.5%，钙积层的位置不深，土层下部有时有石膏和易溶性盐类。这些特征表明，棕钙土的形成基本上仍以草原土壤腐殖质积累和钙积化过程为主，但已具有荒漠成土过程的一些特点，故棕钙土在中国的分布也介于栗钙土与漠境土之间。

（二）内蒙古古区的自然区划

内蒙区自然景观分异的直接主导因素是地带性因素，表现在土壤和草原植被的分布规律上，故可按土壤与植被差异自东向西划为暗栗钙土草原地带、栗钙土与淡栗钙土草原地带和棕钙土荒漠草原地带。因地带性和地区的完整性因素，内蒙古区划为3个亚区、7个小区。

1. 内蒙古东部亚区

内蒙东部亚区大致与暗栗钙土草原地带相当，与东北平原黑钙土草甸草原地带相接，包括呼伦贝尔高平原、大兴安岭南段与西辽河平原。

（1）呼伦贝尔高平原小区

呼伦贝尔位于内蒙古区的最东北，是内蒙古高原上呼伦湖为中心的宽浅平坦低地，全区平均海拔在640米左右，仅有个别浅山，相对高度100米。中部是海拉尔台地，构成呼伦贝尔高原的主体。呼伦贝尔塔拉是坳曲下降的部分，其上覆盖着更新世的河湖相沉积和风成沙。海拉尔河沿岸及向南到白音诺尔一带均分布着固定沙丘，沙丘上植物丛生，还有天然生长的樟子松。呼伦贝尔是内蒙古区冬季最冷的部分，寒潮后往往出现-40℃以下的低温，大部分地区全年有6个月月平均气温在0℃以下，地下有残存的岛状冰冻层，厚度可达7~13米。东南季风越过大兴安岭带来一定数量的降水，全年降水量323毫米，其中5~9月占80%，7、8两月降水占到50%以上。夏季水热条件给多年生旱生和中旱生草本植物生长创造了良好生境。草原的种类组成繁多，大多为优质牧草，其中羊草或贝加尔针茅作为建群种分别可形成羊草草原和针茅草原。草群一般高40~60厘米，群落总覆盖度达50%以上。呼伦贝尔草原是中国很好的牧场之一。

呼伦贝尔大草原

（2）大兴安岭南段小区

大兴安岭南部和西辽河平原比呼伦贝尔地区气温较高，降水量较多。如通辽1月平均气温为-14.5℃，7月为23.9℃，年降水量为379毫米。因此，本地区的草原主要为杂类草草原，禾草所占比重较小，季相变化比较明显。在山地海拔1500~1800米高度上出现块状森林，树种主要为岳桦、白桦、山杨、油松、蒙古柳等，还有一些灌木。向西坡林地愈小愈分散，仅见于阴坡，树种仅见山杨、白桦和榆树。林间草原以禾本科植物占优势，这是由暗栗钙土草原向栗钙土典型草原的过渡特征。山地的东麓即为西辽河平原，平原南部为西辽河流域，北部为内流区。西辽河平原有广大沙地，称为科尔沁沙地，是中国水分和植被条件最好的沙区，固定和半固定沙丘占沙地面积的90%，目前为以蒿类—禾草草原为主的稀树沙生草原景观。农业用地主要分布在起伏和缓的固定沙坨上。丘间低地为甸子地，与沙丘呈有规律地相间平行分布。甸子地地势平坦，大部分用作放牧和刈草场，部分已开垦为农业用地。

2. 内蒙古中部亚区

内蒙古中部亚区相当于淡栗钙土典型草原地带，东起大兴安岭西坡的东乌珠穆沁旗，西至鄂尔多斯长城附近，呈东北—西南带状分布。由于地形条件不同和热量差异，本亚区北部为锡林郭勒高原，中部为集宁—呼和浩特盆地，南部为鄂尔多斯东部高原。

（1）锡林郭勒高原小区

锡林郭勒高原具有典型的蒙古高原地貌特征，海拔800~1400米的平缓起伏的浅丘与宽阔的塔拉相间分布。多年平均降水量300~380毫米，冬季亦有平均约20厘米的雪覆盖，水分条件足以满足温带旱生低温草本植物的生长，草本植物生长较好，是中国重要的牧区。但地势平坦，河流短小，地表径流十分贫乏，广泛分布着玄武岩熔岩台地和泥岩塔拉，地下水埋藏很深，形成深水草场或缺水草场。一般只供冬季放牧。

（2）集宁—呼和浩特盆地小区

高原南部的小腾格里沙地东西长约300余千米，南北宽30~80千米不等，面积约18000平方千米。沙地覆盖在第三、四纪湖相沉积和第三纪红色粘土之上，绝大部分已处于固定和半固定状态，流沙面积只有2%左右。固定、半固定沙丘上植被生长良好，以禾本科和蒿属为主。东部由于降水量较多，除草本外，还有较多的乔木、灌木，如榆树、山樱桃等，并零星分布有云杉和油松。沙丘与密集的塔拉交错分布，塔拉中植物生长繁茂，覆盖率常在50%以上，为当地主要牧场。塔拉中心常为湖泊，湖水靠潜水补给，且大部能通过地下径流排泄，故水质较好，多为淡水湖。

（3）鄂尔多斯东部高原小区

黄河河套以南、长城以北，为鄂尔多斯高原。它是一个经长期剥蚀夷平的准平原，地表广泛出露白垩纪砂岩、砾岩，海拔为1300~1500米，仅西部桌子山海拔超过2000米。地形上，鄂尔多斯高原为一些低矮的平梁与宽阔的谷地相交错，起伏和缓。鄂尔多斯高原东部年降水量400毫米左右，干燥度1.6~2.0，属温带干草原；西部年降水量250毫米左右，干燥度2.0~2.8，为半荒漠。两者间大致以杭锦旗—鄂托克旗—盐池一线为界。故在东部的固定、半固定沙丘内有中生性沙柳、乌柳等灌木群落，而西部很少。在丘间滩地上，东部以寸草滩和芨芨草滩为主，西部则有成片的盐生植物（白刺和盐爪爪群落）。

［毛乌素沙地］　毛乌素沙地在鄂尔多斯的中、南部，降水较多，地表水和地下水也较丰富，无定河等河流纵贯本沙地的东南部，流入黄河。沙丘间低地的地下水一般埋深1~3米，水质良好。因此，天然植物生长也较好，沙丘上普遍生长油蒿群落，除沙生的油蒿、小叶锦鸡儿草外，还有真旱生禾本科草类及臭柏。在丘间低地和滩地上

分布着盐生革甸及沼泽性灌丛，称为“柳湾林”，它由内蒙柳、沙柳和酪柳三种主要灌木形成，生长旺盛，是良好的牧场。这一片片天然绿洲，成为毛乌素沙地中的特殊景色。虽然这里水分条件优越，沙丘以固定和半固定为主，但流沙面积不断扩大，目前流沙已占沙丘总面积的64%。流沙主要分布于毛乌素沙地的东南部，特别是在陕北的靖边、榆林、神木和内蒙古的乌审旗一带，密集成片。

3. 内蒙古西部亚区

内蒙古西部亚区属棕钙土荒漠草原地带，包括乌兰察布市和巴彦淖尔市的大部、黄河河套平原和鄂尔多斯西部。

[乌兰察布和巴彦淖尔高原]　高原地势平缓，上有一些东北—西南向的宽浅盆地，多为挠曲作用所形成，其中以二连盆地较大。乌兰察布高原主要为戈壁针茅、冷蒿草原，土壤为棕钙土。巴彦淖尔高原因干燥程度增加，主要为沙生针茅、旱蒿、锦鸡儿草原，土壤为淡棕钙土。

[河套平原]　包括后套平原和银川平原，地质构造上是鄂尔多斯高原边缘的断陷带，靠近大青山和贺兰山都有明显的大断层，山前为缓斜的洪积—冲积平原。第四纪黄河沉积物填满了这个断陷带，厚度可达2000米以上。大青山以南的河套平原积温有3000℃左右，可满足一年一熟作物生长的需要，可以引黄河水灌溉，成为著名的河套灌区，一向有“黄河百害，唯富一套”之誉。但河套地区年降水量仅150毫米左右，年蒸发量却高达2200毫米以上，重灌轻排，土壤中的盐分就上升到地表，造成大面积次生盐碱化。现已积极进行综合治理，实行灌排配套。

从青铜峡至石嘴山之间为银川平原，可利用黄河水引渠灌溉银川、平罗、惠农等地农田，西有贺兰山为屏障，风沙危害不大。这里自秦汉以来就是屯田地区，至今还留有古代开凿的渠系。

从磴口向北到乌拉山之间为后套平原，海拔1100米左右，地面平坦，地势自西南向东北微倾，黄河两岸略隆起的自然堤使地势向两侧降低。引黄河水灌溉渠系自南向北，连五加河通乌梁素海。由于灌溉后地下水位增高，已引起土壤次生盐渍化。

在后套平原的西南部，介于黄河与狼山之间为乌兰布和沙漠。沙漠内，流沙占39%，主要分布于东南部。其作为固定和半固定沙丘主要在西部，梭梭柴、红沙、白刺等生长较好，是优良的牧场。北部是古代黄河冲积平原，广泛分布有平坦的粘土质平地，且濒临黄河，地势由黄河岸向西缓缓倾斜，可引黄河水自流灌溉，条件优越。乌兰布和沙漠的流沙通过贺兰山与狼山之间的地形缺口一直延伸到黄河岸边，并越过黄河，在河套的黄河南岸形成库布齐沙漠。这里绝大部分是流动沙丘，以高10~15米的沙丘和格状沙丘为主，人口稀少，仅有少数牧民的放牧点。

[贺兰山]　银川平原以西的贺兰山是一条狭长的山地，宽为20~40千米，走向

北北东，山顶海拔在 2000~2500 米，最高峰海拔 3000 米以上，西坡缓斜与阿拉善高原相接，进入荒漠，东坡则陡降 1000 余米，入银川平原。贺兰山植被具有垂直带变化，山麓部分海拔 1500 米以下为荒漠草原；1500 米以上出现覆盖较大、草本生长较好的干草原；大约 2000 米以上，有云杉、山杨、油松为主的森林，其中夹有杜松、侧柏、桧松等，林下显示出半干旱的生境，森林已被破坏，残存不多；林上有面积不大的山地草甸，可作夏季牧场。

四、东北区的自然概况及其划分

（一）东北区的自然概况

1. 地理位置

东北区位于中国东北部，纬度最高，北、东、东南三面至国境，西隔大兴安岭与内蒙古区的呼伦贝尔高原相接。大兴安岭北段是一条比较明显的自然地理分界线，约与干燥度 1.2 等值线相合，大致自根河河口向东南，经海拉尔与牙克石之间再向南止于阿尔山。东北区的南界不甚明显，约自阿尔山起，向东沿洮儿河谷、乌兰浩特南下，与活动积温 3200℃等值线相符，循彰武、法库、铁岭、抚顺一线，再向东南延伸经宽甸至鸭绿江边。在行政区域上，东北区包括黑龙江省的全部、吉林省的绝大部分、辽宁省的北部，以及内蒙古自治区的东北部。

2. 地貌结构

东北区全区地势，最外的一环是黑龙江、乌苏里江等河谷谷地，其内紧接着高度不大的山地。西部山地以大兴安岭为主干，东与伊勒呼里山、小兴安岭山地相接；东部山地主要有张广才岭、长白山地等，这些山地和丘陵环抱着松嫩平原。而在东部松花江下游及乌苏里江左岸，是低湿的三江平原。

[大兴安岭] 为东北—西南走向的山系，是黑龙江左岸漠河至西拉木伦河左岸，全长约 1400 千米，大致以洮儿河为界，可分为南、北两段。北段长约 670 千米，山脉较宽，海拔 1000 米左右，个别山峰可达 1700 米以上。东坡较陡，水系发育，西坡平缓，切割也较弱。南段山势较低，但个别高峰达 1950 米，具森林草原景观，森林只在山地东坡局部存在。其自然地理特征，西与内蒙古高原、东与西辽河平原有较大的相

似性。故大兴安岭南段应划属内蒙古区。

[小兴安岭]　指黑龙江省北部呈西北—东南走向的山岭，平均海拔500~800米。西北段平缓，呈台地状丘陵；东南段起伏较大，为低山丘陵。

[东部山地]　为许多北东走向的平行褶皱断块山脉和宽广的谷地所构成，包括完达山、张广才岭、老爷岭、太平岭、长白山等，一般山地海拔500~1000米。山岭为河流切割，山势高耸，而河谷宽坦，常有一些湿地分布。

[松嫩平原和三江平原]　在大地构造上都是凹陷带，沉降和堆积作用迄今仍在继续进行，故地形平坦，低处为大片沼泽。

3. 气温

东北区处于北纬42°~53°33′，为中国最寒冷的自然区。冬季在强大的蒙古高压笼罩下，风力强劲，寒潮频袭，寒冷尤甚。1月等温线大致和纬线平行，南北梯度很大，自南部的一10℃至北部的-30℃，平均纬度每升高1°，温度降低1.5℃。大兴安岭北部山地是全国著名的"寒极"，极端低温曾降至-50℃以下。

[春季]　春季，蒙古高压势力大为减弱，北退，低压系统常自贝加尔湖移入本区。由于低压前部出现强劲的西南气流，低压后部有强烈冷空气侵入，故东北区春季多偏南大风，冷空气南下降温又常常造成晚霜。大风以松嫩平原和松辽分水岭出现次数最多，最大风速可达每秒30米，如公主岭曾有达每秒46.3米（1919年3月23日）的大风。松嫩平原西部，雪盖很薄而地表多沙，春季旱风和沙暴对生产仍有一定危害。

[夏季]　本区黑河以北，基本上没有夏季，即有亦不过1~2候。7月是一年中最热的月份，全区绝大部分气温都升至20℃以上。等温线在中部平原地区有一致向北弯曲的趋势，等温线稀疏，平均每一纬度只相差0.4℃。在全国来说，本区7月平均气温虽然较低，但在太平洋高压伸入本区停滞的时候，也有短时炎热天气，往往出现35℃以上的高温。

[秋季]　秋季在东北区来临是极快的。随着蒙古高压的建立，各地逐月气温下降迅速，8~9月间一般下降7~8℃，9~10月间降低9~10℃，所以10月平均气温大多在10℃以下，最北部可到0℃以下，已进入冬季。

[冬季]　冬季漫长，低温持续期相当长。一般而言，大兴安岭地区每年10月初，日平均气温即稳定在0℃以下，到次年4月才回升。日平均气温0℃以下的持续期达6个月之久，松嫩平原与长白山地也长达5~6个月。这时土壤冻结，地表雪盖，河流封冻，农事休闲。而林业由于大地封冻，采运方便，则为生产繁忙季节。

4. 降水

东北区降水主要源自东南季风。本区最东端的绥芬河一带，与海洋（日本海）直线距离仅100千米，故东南季风可以直入。全区各地夏季降水量都占到全年的60%左右，多的达70%以上。降水量的分布受地形影响，山地迎风坡降水较多，西侧背风坡则减少很快。如长白山地东南坡最多可达1000毫米，小兴安岭东侧在600毫米以上，到嫩江平原减为400~500毫米，大兴安岭东坡又稍见增多，越过大兴安岭就降至400毫米以下。东北区全年降水总量不算丰沛，但由于温度较低，蒸发量小，其有效降水量相对较多。干燥度一般在1.2以下，东部山地和大兴安岭山地不及1.0。冬季降雪和长期积雪使冬季降水得以保存，在春季融化后足以充分湿润土壤，并补给河川径流，形成春汛。夏雨集中率很高，哈尔滨夏雨占年总雨量的68%。高温与水分充足的气候条件，加上大部分地方土壤肥沃，使东北区的农业一般能获得高产。

5. 冻土

多年冻土大致分布于北纬47°以北的山地，其南界约与1月-26℃等温线（或年平均气温0℃等温线）相符合。多年冻土的分布主要受纬度地带的控制，自西北向东南，面积逐渐缩小，厚度相应变薄。西北部最冷，年平均气温低于-5℃，多年冻土基本上呈大片连续分布，冻土层厚度可达50~100米。到东南部，年平均气温增至-3~0℃，多年冻土呈岛状分布，冻土层厚度亦减为5~20米。多年冻土的地表土层夏季也发生融化，称为季节融化层。在东北山地，最大季节融化深度在不同土层中为0.5~3.5米。但在季节融化层以下，则仍是永冻的。因此，在暖季，多年冻土构成了分布相当广泛的地下不透水层，阻碍了地表水与土壤水的自由下渗，使地表经常处于湿润状态。

季节冻土是随着季节性气温的改变土壤冻结或融解，即冬季土层冻结、夏季全部融化。秋季地表温度降至0℃以下，即开始冻结。随着土壤温度降低，冻结层逐渐加深。在黑河至呼玛间的黑龙江河谷，冻层深度11月达50厘米，12月达1米，次年2月深达2米，3月可达3米。一年中仅8、9两个月冻层消失。这种季节冻土分布广泛，当暮春地表积雪融化时，土壤上层开始解冻，逐渐向下层融解，这时地下尚未融解的冻层构成了临时不透水层，土壤上层融水成为“上层滞水”，或随侧流缓慢渗注于较低部位，汇入溪河。夏季冻层逐渐融尽，有利于夏季降水的下渗，土壤透气状况良好。

6. 温带湿润森林与森林草原景观

东北区地带性的植被与土壤分布规律很清楚。以山地而论，北部主要为寒温带针叶林—棕色针叶林土地带。东部和南部主要为温带针阔叶混交林—暗棕色森林土地带。以平原而论，东部三江平原以沼泽、草甸为主，在低山、丘陵上可见落叶阔叶林和薄层暗棕色森林土，松嫩平原则为草甸草原—黑土地带。

[寒温带针叶林—棕色针叶林土地带]　寒温带针叶林主要分布于本区的极北部及海拔800米以上的大兴安岭北部，因此寒温带在中国除了小面积属于水平分布以外，

其余实际上属垂直分布。它的分布沿大兴安岭山地从北向南，略呈楔形，分布于海拔800米以上的地区。建群植物以最耐寒而冬落叶的落叶松为主，主要为兴安落叶松，还有一部分樟子松。寒温带针叶林的分布高程，在不同纬度的大兴安岭山地是不同的。如在北纬47°~48°，大兴安岭东麓（海拔400~900米）为温带森林草原；由此向上到海拔1200米左右，为温带落叶阔叶林及针阔叶混交林；海拔1200米以上，才是寒温带针叶林。但在北纬51°~52°的大兴安岭，寒温带针叶林从海拔700~800米开始广泛分布。寒温带针叶林下发育的土壤是棕色针叶林土。由于这里的气候长期湿冷，成土过程以酸性淋溶作用为主，土壤全剖面呈酸性（pH5.0~5.5）。这里是永久冻土分布区，地面土层冻结时间一般有7个月，夏季融化。由于季节融化层的影响，土壤中被淋溶的物质在融冻时会随上升水返回上部土层。因此，剖面上各土层中矿物质成分的分异不明显，无明显的淋溶层。

［温带针阔叶混交林—暗棕色森林土地带］　小兴安岭及东部山地的针阔叶混交林分布于海拔500~700米的低山、丘陵上，分布在小兴安岭及东部山地。在大兴安岭东坡亦有分布，但它只是垂直带谱的一个组成部分，出现于落叶松森林带以下海拔较低的山坡。以落叶阔叶林为主，主要是榆、槭、椴、蒙古栎、枫桦等，含有数量不多的红松。由于地处近海，大气湿度高，林内藤本植物极为丰富，林下还有第三纪残留的草本植物——人参。针阔叶混交林受人为破坏后，常形成纯由落叶阔叶树组成的森林。阔叶林种类繁多，故当地称为“杂木林”。东北的三大硬木胡桃楸、水曲柳和黄菠椤，即产在这里。海拔800~1300米的山地，则有温带常绿针叶林，以红松林最为著名。红松常与落叶阔叶树混交，但有些地方也成纯林。海拔更高的地方，则有云杉、冷杉林，树种以鱼鳞云杉、臭冷杉为主。长白山地海拔1100~1800米的高处，常零星分布有黄花落叶松。黄花松的下界可降至山麓，在山地内低湿的沼泽化地段里，常形成纯林。东部山地气候极为湿润，如伊春等地干燥度仅0.8。山地夏季多云雾，全年平均相对湿度达70%~80%。故温带针阔叶混交林下，淋溶作用较强，土壤呈弱酸性，透水性良好，氧化作用显著，表土呈棕色，称为暗棕色森林土。其腐殖质含量可达8%~15%，但土层薄，故一般宜林不宜农。

［温带森林草原—黑土、黑钙土地带］　大兴安岭与小兴安岭、东部山地之间的松嫩平原，位于雨影区，降水较少，干燥度在1.0左右。在小兴安岭和东部山地的西麓以及大兴安岭东麓的丘陵、漫岗，天然植被为森林草原。从丘陵、漫岗向下，海拔渐低，进入平原，降水量相应减少，天然植被渐变为温带草原、草甸。至平原中心（即安达市一带），干燥度达1.3左右。森林草原的草类多为多年生丛生禾草和杂草类，植物种类成分以禾本科、菊科、豆科为主，其中混生有蒙古栎及山杏、胡枝子、刺五加等灌木。相应的土壤为黑土，有深厚的腐殖质层，一般厚30~70厘米，个别可达100厘米以上，剖面中无钙积层，亦无石灰反应，故其成土过程不仅有草甸形成的腐殖质

积累过程，也有一些森林土壤形成过程，如盐基淋溶过程。土壤呈微酸性，pH5.5~6.5。表层腐殖质含量很高，常在3%~6%，高的可达15%以上，氮、磷等含量也多，加之有良好的团粒结构，故黑土是中国自然肥力很高的一种土壤，目前大部已开垦。

[沼泽]　全区沼泽面积近5000万亩，占全区土地总面积的2.7%。在山地中，沼泽分布于沟谷或熔岩台地上，泥炭化过程强盛，泥炭层厚度一般在0.5米左右。以长白山区最厚，达1.0米。在平原中，沼泽主要分布于旧河道、平浅洼地和湖滨，其中以三江平原分布最广，其次为嫩江平原乌裕尔河、双阳河、阿伦河下游地区，其余呈零星分布，它们的表层泥炭积累薄而有盐渍化现象。东北区的沼泽由于地面长期或周期性积水，发育了湿生多年生草本植物所组成的沼泽植被，草类以莎草科和禾本科为主。苔草沼泽当地称为“塔头甸子”，因苔草等到密丛草类枯叶不断积累，形成草丘，故名。草丘之间则有各种藓类、地榆等。在形成时间不久的沼泽上，还长有一些矮灌木。苔草的一种——乌拉苔（即乌拉草）曾经是“东北三宝”之一。

[草甸]　东北区的草甸多形成于河流谷地和低阶地上，与沼泽往往交错分布，其地下水水位一般在1~2米。在植物生长和土壤过程活跃的季节里，地下水可不断上升至地表，使土壤保持湿润状态。草甸中植物覆盖茂密，由中生草甸植物及部分沼泽化草甸植物组成，经常可见到的有小叶草、苔草、地榆、金莲花等。在这种喜湿植被下，发育了白浆土。白浆土的最重要特征是上下土层性质相差悬殊。上层为腐殖质层，一般厚仅10~20厘米，疏松，粘粒含量不多；下层呈灰白色，紧实，铁子和锈斑很多，一般都是粘土。白浆土呈酸性反应，pH为5~6。由于腐殖质层很薄，故土壤整个剖面的腐殖质总含量并不高。目前，白浆土已大部分被开垦为农田。

（二）东北区的自然区划

由于地形的影响，东北区自然地带之间分界比较明显，分为3个亚区、4个小区。在自然景观的地域分异中，地带性因素起着主导作用。在每个亚区内，随着局部地形条件及坡向的不同，自然景观有明显差异，故各种类型的自然景观呈复域分布于一个亚区内，每个亚区可包括两个或两个以上的自然景观类型。

1. 大兴安岭北部亚区

本亚区是中国最寒冷的地区，也是中国唯一的面积较大的寒温带地区。永冻层分布甚广，阴坡甚至盛夏积雪不化，河流封冻半年。按以候温划分的季节来说，本亚区全年无夏，冬季长达8个月以上。极端最低气温可达-50℃，如大兴安岭西坡的免渡河曾出现过-50℃以下的低温，漠河的极端最低气温曾达-52.3℃（1969年），是全国最低的温度纪录。根河的无霜期全年只有81天。年降水量一般400~500毫米，由于气温低，干燥度仅0.7。分水岭上的兴安，由于海拔较高，降水量可达600毫米，更为湿润。

大兴安岭多寒温带兴安落叶松林，为明针叶林，林内阳光充足，灌木层和草本层都很发达。在排水不良的地方和溪流附近，几为落叶松纯林。在排水良好的北向缓坡上，林内间或伴生有少数白桦、樟子松。根河以北，针叶林基本上从山麓分布到山顶。本亚区的南部，由于热量稍高，海拔1000米左右以下的山坡，出现温带针阔叶混交林和落叶阔叶林，但这些在大兴安岭东坡所占面积很狭，是大兴安岭山地垂直带谱的组成部分。

森林为动物栖息创造了有利环境。这里有野生动物232种，是中国重要的毛皮兽产区。因气候寒冷，毛皮兽皮柔毛丰而富有光泽，在产量和质量上都居全国第一，在世界上也占有重要地位。毛皮兽中珍贵的当推紫貂、水獭、猞猁等，产量较多的是松鼠、东北兔、香鼬、狐等。此外，马鹿和梅花鹿的鹿茸、麝的麝香，也有很高经济价值。本区还分布有世界最大的鹿——驼鹿（堪达罕）。居住在这里的鄂伦春族主要从事狩猎，并畜养驯鹿。

2. 小兴安岭及东部山地亚区

［小兴安岭］　小兴安岭是黑龙江沿岸至松花江以北的山地总称，从北向南绵延约360千米，宽80~320千米。平均海拔500~800米，一般山峰海拔不超过1000米，最高山峰海拔不到1200米。山势和缓，河谷宽展。小兴安岭两侧坡度也不对称，东北坡短而陡，西南坡长而缓。在地质构造上，小兴安岭以铁力—嘉荫一线为界，可分为南北两段：南段主要是古老的花岗岩和变质岩；北段则广泛出露第三纪沉积物，在第三纪时这里是与松嫩平原连成一片的低地，到上新世末更新世初，才沿断裂抬升成为山地。

小兴安岭中段和南段海拔多在800米左右，主要为针阔叶混交林，有大片红松林。红松树干高大挺直，材质轻软、耐腐，是世界稀有的珍贵树种，为良好的建筑和家具用材，并有多种工业用途。这里森林面积大，木材蓄量多，是中国主要天然林区之一。小兴安岭南段的伊春，是中国重要林业生产基地，有中国“林都”之称。小兴安岭北段，海拔一般500~700米，以落叶阔叶林为主，树种主要为蒙古栎、黑桦、山杨等。长白山比较高峻，垂直带结构是欧亚大陆东岸温带季风气候条件下的典型，自下而上可分为四个垂直带：一是海拔600~1600米为山地针阔叶混交林带，主要树种有红松、沙松等针叶树，及枫桦、水曲柳、柞树、紫椴、白皮榆等阔叶树。阔叶树在数量上虽超过针叶树，但随海拔高度的增加，针叶树比重增大，除红松、沙松外，还有臭松、鱼鳞云杉和红皮云杉。二是海拔1600~1800米为山地暗针叶林带，主要由鱼鳞云杉和臭松等组成，杂有落叶松和香杨等。三是海拔1800~2000米为岳桦林带，这是森林与高山无林地带的过渡带。岳桦林由岳桦组成纯林，呈疏林状或散生状况，林相比较简单。海拔较高处，因受强风袭击，岳桦呈半丛状，树干呈蛇状弯曲，称为“矮曲林”。四是海拔2000米以上为亚高山苔原带。因风力强、气温低，已无树木生长，主要有笃斯越橘、毛毡杜鹃、苍叶杜鹃、仙女木、松毛翠等小灌木和长白棘豆、轮花马先蒿、高岭凤毛菊、蒿草、龙胆、景天、珠牙蓼、高山罂粟等草本植物，以及砂藓、毡藓、石蕊、冰洲衣等苔藓地衣植物。

［长白山地］　松花江以南的山地，以长白山为主干，总称为东部山地，也叫“长白山地”。多数山峰海拔1000米以上。北段由许多东北—西南向的平行山脉组成，如张广才岭、老爷岭等，山脉之间为牡丹江、穆棱河等宽广河谷。整个山地的最高部分也称长白山，耸立在中朝边境。长白山顶是一个典型的复合式盾状火山锥体，称“白头山”。山顶群峰耸峙，海拔超过2500米的山峰有16座。朝鲜境内的将军峰是长白山的最高峰，海拔2749.6米。在中国境内，白云峰最高，海拔2691米，为东北地区第一高峰。白头山顶部的中朝界湖——天池，是典型的火山湖，湖面海拔2194米，面积9.8平方千米，平均水深204米，最深处373米。天池的水从北侧缺口外流，至1250米处坠落深谷，形成高达68米的天池瀑布，这就是第二松花江上源二道白河的源头。白头山为一休眠火山，据历史记载，在公元1597年、1668年和1702年曾有过3次喷发。距天池瀑布900米处还有温泉水涌出，最高水温达82℃。

［三江平源］　本亚区向东凸出的部分为黑龙江、松花江与乌苏里江三江交汇处，是一片广大的沼泽平原，即三江平原（包括穆棱河—兴凯湖平原），面积5万多平方千米。在地质构造上，它是一个断陷区，第三纪末大规模陷落，并开始堆积，现在堆积物厚达千米以上，形成坦荡的平原。三江平原的地下有较厚的粘土层，地面排水不良，沼泽广布。许多沼泽性河流在广阔的河漫滩上曲折徘徊，多无明显河身。完达山作东北—西南走向，横贯三江平原，是一些平缓低山，海拔多在500米左右。此外，沼泽平原上还有少数孤立的小山、残丘散布其间，相对高度不超过20米。在松花江与挠力河之间，有一不高的阿尔哈倭集岭，其相对高度甚小，在大洪水年（如1932年），洪水可以直接连通两边的湿地。故三江平原的景观主要是沼泽，杂木林仅作岛状分布。在本亚区广大的山地湿润森林之中，它是一个明显的自然小区。

3. 松嫩平原亚区

松嫩平原西、北、东三面都有山地环绕，南面在地形上几乎与下辽河平原连成一片，故在地理上常称为松辽平原。松花江与辽河间的分水岭非常低矮，在长岭—公主岭一带，为一条北西西向的低平高地，海拔仅200~250米，由冲积与洪积物组成，上覆黄土。第四纪时，松辽分水岭在法库—铁岭一带，在现在分水岭以南约150千米。过去，西辽河向北流入松花江，故长岭—公主岭的分水岭上分布有砾石、沙等古河流冲积物。

[降水]　松嫩平原大气降水较东部山地为少，在400~600毫米，集中于夏季，河流也多在此发生泛滥，使嫩江在齐齐哈尔附近宽达数十千米。冬季干燥严寒，河流封冻，大地冻结，蒸发量也很小，所以松嫩平原除西南部外，水分还是充足的。嫩江下游东岸乌裕尔河下游一带，地势最为低洼，雨后连成大片沼泽，地表水不直接经河流排出，称为安达闭流区。以水禽类如丹顶鹤为主要保护对象的扎龙自然保护区即位于齐齐哈尔以东的沼泽地。

[气候分界线]　松嫩平原南面与华北区，西面与内蒙古区都没有明显的地貌分界，其分界线都是气候界线。南面与辽河平原的分界，是积温3200℃等值线。这是中国作物一年一熟与两年三熟区的界线，故在自然地理上有重要意义。松嫩平原南部的长春，以及辽河平原北部的四平（在松辽分水岭以南）一带，积温均在2700℃左右，与哈尔滨一带相似。沈阳积温达到3414.2℃。因此，沈阳以北的彰武—法库—铁岭—抚顺一线，是东北区与华北区的界线。

五、华中区的自然概况及其划分

（一）华中区的自然概况

1. 地理位置

华中区大致位于秦岭和南岭之间，西起青藏高原的东侧，东迄于海，位于北纬24°~34°、东经103°~123°，主要包括长江中下游流域和浙闽地区，面积约180万平方千米。范围相当于中国亚热带，北与华北区接壤，南至南岭山地南麓，大致从福州以南，经广州和南宁以北，止于百色附近。

2. 地貌结构

华中区以四川盆地及其以下的长江为主轴，地势自南北向长江河谷方向倾斜，并逐级由西向东降低。大致秦岭、大巴山地海拔超过2000米，贵州高原平均海拔1000~1500米，四川盆地海拔500米左右，丘陵与冲积或湖积平原海拔低于200米，长江三角洲平原及钱塘江、闽江等河口平原，海拔只有10~20米。

3. 亚热带湿润季风气候

［热量资源］　华中区热量资源比较丰富，活动积温在4500~7000℃。最冷月平均气温相差10℃，等温线分布比较均匀。除四川盆地北有秦岭、大巴山屏障外，长江中下游在寒潮强烈侵袭下，各地绝对最低气温均可降至0℃以下，愈北愈低，较北地点绝对最低气温可降至-10℃，甚至-20℃以下。夏季比较炎热。长江中游和四川中部由于受地形影响，7月平均气温都在30℃左右，最高气温在34℃以上，重庆、武汉和南京向有长江沿岸“三大火炉”之称。所以，华中区冬冷夏热，和世界同纬度地方相比，显得相当突出，这是中国亚热带季风气候的特色。

［降水］　华中区降水比较丰沛，比华北区大1~2倍。降水量自北向南递增，淮河流域在750毫米，湘赣浙闽达到1500毫米。

冬季，华中区的纬度正处于中国北方与南方的过渡地带，又加上西部青藏高原的影响，所以大气环流具有独特的过渡形式。冬季正处在蒙古高压南伸的前方，高空又有南支急流通过，故气旋过境频繁，云雨较多，降水量约占全年的10%，对冬季作物生长十分有利。

初夏，青藏高原南支急流消失，但高原以北的急流仍然存在，这支急流稳定在中国东部和日本列岛上空，出现了阻塞高压，挡住大陆气旋的去路。同时，从5月份开始，夏季风从南方进入华中区，热带海洋气团与中纬度变性大陆气团相遇，形成锋面雨。日本列岛上空阻塞高压的存在，使这种锋面雨或气旋雨在某一时期内连续出现于江淮流域的某一特定地区，形成连绵不断的阴雨天气，称为梅雨，这是华中区的一种特殊现象。随着夏季风的北进和极锋的北退，梅雨区也逐级向北推进。梅雨现象于5月下旬初见于福州、衡阳一线，6月中旬发展到长江河谷，6月底到达苏北、豫南。梅雨期一般长20~30天，愈北愈短。梅雨期的特点是雨日频率大、平均雨量多、相对湿度高，与梅前、梅后的天气状况相比十分明显。梅雨是华中区降水的重要组成部分，如梅雨时间太短或太长，则常形成涝年或旱年。梅雨降水主要是蒙蒙细雨，但也有暴雨成分。

梅雨锋北移后，7、8月间太平洋副热带高压笼罩，除秦岭南坡外，全区天气晴热，降水很少。由于夏季风空气含湿量较大，有因对流性不稳定而产生的热雷雨和冷锋雷雨现象，对缓和伏旱天气是有利的。9月初，北方蒙古高压初步形成，高压楔南伸，但副热带高压尚未完全撤退，仍留在高空，所以9、10月间高、低空高压重合，出现了以大湖盆地为中心的秋高气爽天气。这时，沿海一带有台风雨，西部川黔地区因北方冷空气南下，锋面受阻于地形，出现秋雨现象。

4. 水资源及水文特征

华中区河川水量极为丰足，水系也十分发育。长江是世界著名的大河，年平均流

量达 3.2 万立方米/秒，其年径流总量比黄河大 20 倍。长江主要支流如岷江、嘉陵江、沅江、湘江、汉水、赣江等，其流量也都超过了黄河。例如岷江流域面积不到黄河的 1/5，而多年平均流量却超过黄河的 1 倍。至于闽江与瓯江，虽然河短水急，流域面积不大，但其径流量颇丰，成为中国东南沿海的重要河流。以水资源模数而言，长江流域比黄河流域大 8.5 倍。

［鄱阳湖］ 鄱阳湖的水流是单向流入长江的，长江洪水一般不发生倒灌，因此鄱阳湖主要在于容蓄鄱阳湖系（赣江、修水、抚河、信江、饶河）的洪水，每年只有 0.0088 亿吨的泥沙停积湖内，这个数值与鄱阳湖总容积相比很小，淤塞现象是不严重的。

洞庭湖

［洞庭湖］ 洞庭湖在汛期起着重要的调洪作用，它不但承受湘、资、沅、澧四水的全部流量，每年洪水期还能容蓄长江从四口（松滋、太平、藕池、调弦）分泄入湖的水量，这样就大大减轻了荆江河槽的排洪负担，也延缓了四水入江的洪水。洞庭湖夏秋季节，入湖水多，又受江水顶托，是湖水高涨时期。一般年份，洞庭湖洪峰出现在长江上游洪峰之前，洪水威胁少。在洪峰遭遇年份就形成洞庭湖区及长江中下的特大洪水。据 1954 年 7 月 30 日观测资料，洞庭湖削减了长江洪水流量的 39.7%，可见洞庭湖有巨大的调蓄功能。

5. 植被与土壤

华中区的天然植被主要包括两种类型。长江和大巴山以北为含常绿阔叶树的落叶阔叶林，在更偏北地区，可含有少数暖温带树种。长江与南岭之间为亚热带常绿阔叶林，南岭以南，则伴有少量热带树种，渐向华南区准热带过渡。

［落叶阔叶林］ 落叶阔叶林分布在常年多云雾的山地，多为稍耐寒的常绿阔叶树，混生着一些温带落叶阔叶林的落叶针叶林，故亦称常绿阔叶树、落叶阔叶树混交林，是常绿阔叶林与落叶阔叶林之间的过渡类型。这类混交林的树种复杂，乔木层一般可分三层，第一层以落叶阔叶树居多，第二、三层则以常绿阔叶树占优势。林下有稍耐寒的大箭竹等。落叶阔叶乔木层中，最有代表性的是壳斗科的山毛榉树等，反映了当地气候较为湿润。

［常绿阔叶林］ 亚热带常绿叶林主要分布于海拔 1100 米以下的低山。林内四季常青，有明显的乔木层、灌木层和草木地被层。在阴湿地方，林内有较多的藤本植物

和附生植物，但不如热带雨林那样复杂。建群树种以壳斗科的青冈栎、甜槠栲、柯为主，伴生有山毛榉及胡桃科、槭树科等落叶树种。

华中区南部，南岭山地海拔1200米以下及南岭以南，为含热带树种的常绿阔叶林，建群树种极少有较耐寒的青冈栎，而以喜暖的刺栲、小红栲为主，樟科和茶科树木亦为乔木层中的建群种。此外，还有一些属于热带科属的树种。

［针叶林］　针叶林以马尾松和杉木林最有代表性。它们虽然多属次生林或栽培后形成的半自然林，但分布仍有一定规律，只分布于干季不甚显著的我国东部亚热带地区，即华中区。马尾松林能耐干燥瘠薄的土壤，而杉木林在土壤深厚、阴湿的环境下生长良好，它们都是南方的主要用材树种。尤其杉木是中国特有树种，是优良建筑材料。马尾松和杉木林虽然适种地区较广，北面可分布到暖温带南部，南面可分布到准热带，但生长最好的是亚热带南部，即华中区南部，这里是它们的主要产区。由于热量条件的不同，华中区北部和南部马尾松林，乔木层的伴生树种以及灌木层和草本层有所不同，显示出明显的地带性特点。秦岭、大巴山地以及长江以北丘陵上的马尾松，伴生乔木由落叶阔叶树如枫香、白栎等组成，灌木层为落叶阔叶类树种，草本层多为常绿的铁芒箕。大别山和长江以南，马尾松的伴生乔木有甜槠栲、青冈栎、木荷等常绿阔叶树，灌木层有由毛冬青、油茶等组成的常绿阔叶灌木层片，草本层以常绿的铁芒箕为主。此外，华中区还有世界著名的第三纪孑遗植物——水杉和银杉。水杉混交林发现于湖北省利川水杉坝，生长于海拔950~1150米的山谷旁，常与杉木混交。银杉混交林现仅存于广西龙胜花坪（海拔1420米）和重庆金佛山。

［黄棕壤］　黄棕壤分布于亚热带北部，即长江以北及鄂北、陕南及豫西南的丘陵低山。在分布和发生上都表现出明显的南北过渡性。林地黄棕壤腐殖质的胡敏酸与富里酸的比率一般在0.5左右，pH多在5.5~7.0，介于棕壤与红壤之间。由于气候比较暖热湿润，黄棕壤中原生矿物的风化程度较深，土壤黏土矿物主要为水云母—蛭石—高岭石，介于棕壤与红壤之间。由于黄棕壤中原生矿物变成次生矿物的过程比较快，黏粒含量较高，黏粒淋溶，聚积在剖面中形成黏重的棕色心土层，甚至形成黏盘，易于滞水。铁锰亦淋溶，聚积常形成铁锰结核层。可见黄棕壤具有棕壤的一些特征，也表现黄壤的一些特征。

［红壤和黄壤］　红壤和黄壤主要分布于亚热带南部，是华中区分布最广的地带性土壤。红壤主要分布于长江以南广大的低山、丘陵，富铝化作用明显，黏粒部分的硅铝率为2.0~2.2，黏土矿物组成以高岭石为主，但仍有一定数量水云母。全剖面呈酸性反应，pH为4.5~5.5。在山区林地，表层有机质含量可达4%~6%，表土呈灰棕色，称为暗红壤，自然肥力较高。森林受损坏后，有机质含量迅速降低，草地红壤仅1%~2%。在无天然植被覆盖的低丘地区，土壤侵蚀比较严重，红壤有机质含量不足1%，土壤黏重，耕作困难，必须加以改良。黄壤主要分布于云雾多、湿度大、日照少的地

区，大面积分布于贵州高原以及亚热带南部山地的垂直带内。在于湿季不明显的湿润气候条件下，土壤中的游离氧化铁遭受水化，使剖面呈黄色。富铝化作用较红壤为弱，硅铝率较红壤稍高（在 2.5 左右），pH 为 4.4~5.5。在天然植被下，黄壤的有机质含量较红壤为高，森林下为 5%~10%，灌丛下亦有 5%左右，故天然肥力较高，适于发展林业、农业。

（二）华中区的自然区划

华中区划分为两个亚区，亚区内再按地形单元分为 7 个小区。

1. 江汉、秦岭亚区（华中区北部）

本亚区位于亚热带北部，积温达 4500~5000℃，1 月平均气温 0~4℃，土壤一般有冻结现象，但寒潮强烈影响时降温显著，绝对最低气温在-10℃以下。无霜期一般在 210~250 天，初霜在 10 月下旬就有出现，终霜可推迟至 3 月底或 4 月初。本亚区东部因无山岭阻挡，冬季比西部为冷。

年降水量一般在 800~1300 毫米，大巴山 1200 毫米，大别山 1500 毫米，汉中盆地 800 毫米。但降水变率大，年平均降水变率为 15%~20%，7 月变率可高达 60%以上，故有些年份干燥度可大于 1.0。如上海便有 32%的年份在 1.0~1.25。

［植被］　地带性植被主要是含常绿阔叶树的落叶阔叶林，仅在海拔较低的谷地中才有零星的常绿阔叶树生长。由于本亚区农业历史悠久，人口密集，森林植被保存较少，尤其是平原地区几乎已全部耕垦。就残存的森林植被来看，主要是栎属树种最多，如栓皮栎、麻栎等，常与枫香、黄连木、化香等组成第一层乔木，下层乔木常见有鹅耳枥、榔榆、三角枫等树种，有时也杂有女贞、青冈等常绿树种。在植物种属成分上，本亚区具有明显的过渡性。例如，棠梨、毛白杨等若干暖温带植物的分布，以本地区为南界；杉木、马尾松、油茶、油桐、乌桕、毛竹、棕榈、枫香等亚热带树种，又以本地区为分布北界。

［土壤］　地带性土壤为黄棕壤。由于东部近海，较为湿润，西部较为干热，所以淋溶作用东部较西部为强，黄棕壤的性质东西差异明显。如湖北襄樊地区与江苏南京地区约处在同一纬度，但前者年平均气温较高，降水量较少，故同是发育在下蜀系黄土上的黄棕壤，性质就有明显不同。

（1）长江三角洲平原小区

本小区大致以镇江为顶点，北至苏北灌溉总渠，南达杭州湾北岸，西界在长江以北，大致以大运河为界，长江以南，大致以 10 米等高线与江苏省西南部的低山丘陵区相接。本小区面积约有 8 万平方千米，但从沉积物组成来说，长江三角洲的真正面积

（陆上部分）不过 2. 28 万平方千米，到苏北泰州、海安以北，逐渐过渡为黄河与淮河的冲积平原。本小区地形极为平坦，北面没有山岭屏障，所以冬季温度偏低，无霜期较短。如本小区南部的上海，无霜期只有 234 天，与纬度几乎比上海高 2°但有秦岭屏障的汉中盆地相同，这就限制了亚热带常绿阔叶树的生长。从北向南气候逐渐变化，植被也发生相应变化。在淮北，不种植茶和竹；在淮南，部分地区可种竹和茶。在北纬 33℃以北，杉木、马尾松均受冻害，生长很少，村前屋后人工栽培的树木以华北区的树种较多。到北纬 33℃以南，马尾松、杉木等已能正常生长，可以植竹、刺杉等。此外，太湖东西洞庭山栽培常绿果树枇杷、柑橘已有数百年的历史，则与该处受太湖影响，1 月平均及绝对最低气温均较附近（苏州、无锡、嘉兴）为高有关，这是受局部小气候的影响。洞庭山虽然天然植被保存较好，但并没有出现典型的亚热带常绿阔叶林。因此，本小区的南界仍划在太湖南岸。

（2）长江中下游平原、丘陵小区

本小区包括镇江以西、宜昌以东的广大地区。北面以伏牛山及淮河为界，包括河南境内的南阳盆地及淮河以南的信阳—固始平原。南面大致以汉水及长江为界，由于各地位置不同，受寒潮影响的程度不同。在地貌上，长江、汉水沿岸为冲积平原和湖积平原，淮河南岸为黄淮冲积平原，其余广大地区则为山地和丘陵、岗地。山地以伏牛—桐柏—大别山最为重要，是秦岭东西向构造带的向东伸延部分。伏牛山以南是南阳盆地，盆地东侧比较破碎、低矮，在方城附近，山间有宽阔低平的缺口，河南中部平原通过缺口与南阳盆地相连，向南可直通襄樊。湖北与河南交界的桐柏山、大别山低矮、破碎，海拔多在 1000 米以下，所以武汉一带冬季仍受寒潮的强烈影响。湖北与安徽交界处为大别山的最高部分，海拔高达 1500 米以上，最高峰海拔 1774 米，对寒潮有明显的屏障作用。大别山北坡的佛子岭一带，年平均气温 14. 6℃，无霜期 222 天左右，南坡的太湖，年平均气温 16℃，无霜期 255 天左右，南北坡植物、土壤分布上的差异受此影响。大别山以南的岳西、桐城、英山等地，虽均位于长江以北，且纬度亦较武汉为高，但积温均高于 5000℃，为亚热带常绿阔叶林—红黄壤地区。再向东去，山势低落，蚌埠与南京间的张八岭，是一群海拔不到 200 米的丘陵，故寒潮可长驱直下，南京冬季的寒冷程度几乎与淮南一带相似，冬长四个半月，无霜期不到 240 天，所以长江以南的南京、芜湖一带仍属常绿阔叶、落叶阔叶混交林—黄棕壤地区。

[洪泽湖]　洪泽湖面积 2069 平方千米，是中国第四大淡水湖泊，湖底海拔 10~11 米，高出洪泽湖以东的苏北平原 4~8 米，成为高耸于苏北平原之上的悬湖。现在湖东有大堤拦住湖水，保护苏北里下河地区的安全。洪泽湖本来是淮河下游的一群湖荡，1194 年黄河决口，南下夺淮入海，黄河带来的大量泥沙淤垫淮河下游，使水位抬高，原来的许多湖荡合并为一，形成了巨大的洪泽湖。

（3）秦岭、大巴山地小区

本小区包括秦岭、大巴山地及两者之间的汉中盆地，还有甘肃南部的白龙江中下游。秦岭位于渭河、黄河与嘉陵江、汉水之间，是中国地理上的重要界线，海拔 2000~3000 米。尤其陕西关中平原（宝鸡—西安）南侧一段最为高峻，主峰太白山海拔 3767 米，是华中区最高的山峰。在地质构造上，它是一个掀升的断块，北坡是大断层崖，山势雄伟，如西岳华山即以险陡著名。沿断层线有温泉出露，如西安以东的骊山温泉，自古以来就非常著名。因此，秦岭的北坡短而陡，南坡长而缓，山脉的主脊偏居北侧。北坡的河流下蚀强烈，形成深刻的峡谷，称为秦岭“七十二峪”。南坡则坡度较缓，多山间盆地，为秦岭山地的重要农业中心。

[神农架]　主峰神农顶海拔 3105 米，这里海拔 1800 米以上的山区经常云雾弥漫，降雪期从 9 月至次年 3 月底，长达半年以上，气候十分凉湿。神农架是中国东西及南北植被的过渡地带，高等植物有 2000 余种，其中珙桐、水杉、银杏、领春木、鹅掌楸、水青树和山拐枣等，都是地质历史时期的孑遗植物。神农架是华中区的重要林区之一。山地植被基本上保持原始状态，具有明显的垂直带谱：海拔 1000 米以下主要是油桐、杜仲、乌桕等亚热带经济林；1000~1700 米为常绿阔叶、落叶阔叶混交林，由泡桐、栓皮栎、茅栗等组成；1700~2200 米为针叶、落叶阔叶混交林，以华山松、锐齿栎、山毛榉等为主；2200 米以上是以冷杉为主的暗针叶林带，其中有百龄树龄的冷杉。神农架动物种类繁多，仅野生脊椎动物就有 500 余种，其中有许多珍稀动物，如金丝猴、小白熊、苏门羚、麝、马鹿等。

金丝猴

2. 江南、南岭亚区（华中区南部）

包括四川盆地、贵州高原、湘、赣、浙、闽诸省以及广东和广西的北部，属于亚热带南部常绿阔叶林—红壤与黄壤地带。与亚热带北部相比，本亚区热量资源要丰富得多，活动积温在 5000~7000℃。冬季温暖夏季炎热，1 月平均气温由北而南，自 4℃增至 8℃，7 月则大部在 28~29℃，绝对最高气温达 40℃以上。贵州高原因海拔较高，夏季较为凉爽，7 月平均气温在 25℃左右。

本亚区降水量都超过 1000 毫米，东部山地迎风坡如武夷山等达到 1800 米，且多暴雨，成为中国大面积多雨区，地表径流丰富。西部川黔部分年降水量在 1000 毫米左右，但空气湿度较高，四川多云雾，贵州多阴雨，日照也短。

［植被］　由于水分充足和良好的越冬条件，天然植被是常绿阔叶林。林中已有藤本植物和附生植物，藤本也多半是常绿的，林下或无林的山坡广泛分布有铁芒萁等常绿蕨类和灌木杜鹃。北部接近亚热带北部，常绿阔叶林树种以苦槠、甜槠、小叶栲为主，向南则以厚壳桂、红栲、樟等为主，并逐渐含有热带树种。马尾松、杉木和竹林是广泛培植的亚热带经济林，双季稻栽培已有长久的历史。

［土壤］　地带性土壤为红壤和黄壤。黄壤除在贵州高原大面积水平分布外，其他地方均分布于湿润的山地，一般山麓、丘陵为红壤，较高的地方为黄壤。黄壤分布的下限视各地气候的湿润程度而有不同。东南沿海地区降水较多，黄壤的下限一般为海拔500~600米，至湘西、赣南、桂北则升至700~800米。四川盆地西缘因气候特别湿润，黄壤分布的下限降至500米左右。

（1）江南低山、丘陵、盆地小区

主要包括湖南、江西、浙江及福建西北部、湖北和安徽的南部，是我国典型的亚热带地区，即亚热带常绿阔叶林—红壤地区。天然植被以常绿阔叶树占明显优势。如本小区北缘的江苏宜兴南部丘陵山地，局部残存的常绿阔叶林占70%~800%，并有亚热带北部极少见的岩石栎、青栲、樟、红楠、紫楠等。针叶树有金钱松、中国粗榧等。此外，林下还有亚热带南部的典型的被植物——铁芒萁。杉木林和毛竹林分布普遍，也栽培油桐、油茶等。这些都与亚热带北部有明显不同。但本小区北缘，如安徽西南部山地，仍有落叶阔叶、常绿阔叶混交林分布，反映从北向南逐渐过渡的特征。安徽黄山一带山地因北面无高山屏障，柑橘在大寒年份易受冻害，反之，大别山南麓则有柑橘、枇杷等。湖南、江西等省，纬度更低，热量条件也更好，柑橘、樟树等栽植普遍，红壤因母质、地形和气候的不同，可分为3个亚类。第四纪红色黏土上发育的土壤，称为红壤，土层深厚，黏粒含量较高，透水、通气性较差。第四纪红色黏土岗地分布很广，现在还有大片可垦的红壤荒地。分布在山区的土壤为暗红壤，因森林植被生长较好，表层有机质含量达4%~7%，自然肥力较高，土壤较为湿润，有利于林木生长。本小区的北部和西部边缘地区热量稍低，土壤为红壤向黄棕壤过渡的类型，称为黄红壤。表土多呈棕色或黄棕色。

（2）四川盆地小区

四川盆地是华中区以至全国的一个特殊的自然小区，其自然地理特征非常明显，区域界线也十分明确。四川盆地是地形上的一个完整盆地，四周为海拔2000~3000米的高山和高原，北面是大巴山、龙门山，西面是青藏高原边缘的邛崃山、大凉山，南面是大娄山，东面是巫山。这些山脉也就是本小区的天然边界。盆地本身则为海拔300~700米的丘陵和平原。盆地轮廓呈长方形，地势西北高而东南低，所以盆地内的长江支流以北侧较多，有乌江、赤水河等，构成了向盆地中心汇聚的不对称水系。长江干流在盆地东缘切穿巫山山地，向东流去，形成著名的长江三峡。长江三峡全长 193 千米，包括瞿塘峡、巫峡和西陵峡，陡峭的峡谷都位于石灰岩区域，有些峡谷段两岸峭壁高出江面 500 米以上，江面宽只有 100 米左右。

（3）贵州高原小区

贵州高原包括贵州省的绝大部分，位于四川盆地与广西盆地之间，向东下降至湘西丘陵盆地。高原地面平均海拔约 1000 米。西部较高，为 1500~2000 米。乌蒙山地海拔 2500 米左右，向西与云南高原相连，构成云南高原面。高原上地形复杂，山岭、丘陵、河谷、平坝相交错。主要山脉有北部的大娄山和南部的苗岭，主峰海拔均达 2000 米左右，而一些山间盆地海拔多在 1000 米左右。乌江以北的遵义一带，则为一系列北东向的紧密褶皱，地形也大致是岭谷相间。高原上石灰岩分布面积广大，约占全省总面积的 70%，岩溶地貌十分发育，许多山间盆地，如平坝、安顺、贵阳等都是大型的岩溶洼地，为贵州的人口和农业中心。河流至高原边缘循地形斜坡下降，形成急流和跌水，河谷也往往下切到只有海拔几百米的高度。著名的黄果树瀑布就在贵州西南部高原边缘，是北盘江支流打帮河上游的一个巨大跌水，高达 60 米，宽 20 余米，洪峰时流量 2000 立方米/秒，极为壮观。赤水河（长江支流）切割高原北缘，流入四川盆地，下游谷地很低，种植荔枝、龙眼，已属四川盆地景观。

（4）南岭山地和广西北部小区

南岭山地指湘、赣、粤、桂四省（区）边境的山地，从东至西包括大庾岭、骑田岭、萌渚岭、都庞岭和越城岭，又称为五岭，大部分是低山和丘陵，海拔不到 1000 米，但主峰则高达 1600~2200 米。这是由于东西向构造线受华夏式北东向构造的干扰，所以山岭走向比较杂乱，有的作北东向，有的作东西向，有的没有明显走向，地形上或为一片破碎的山地，远远没有秦岭那样高大完整。因此，河流深入到山地内部，形成许多低平谷地，主要河流有五条，即广东北部的浈水、武水，广西北部的贺江、恭城河和灵渠，都是历代南北交通的要道，也是冬季北方冷气流南侵的途径。

广西壮族自治区右江—南宁—大容山一线以北，属亚热带地区。这里，石灰岩分布很广，为大面积典型的石灰岩景观。广西地形上是一个盆地，海拔较低，广西盆地北面与西面分别为贵州高原和云南高原，东北面为南岭山地，东南面为十万大山、大容山和云开大山。盆地地势大致由西北向东南倾斜，右江、红水河、桂江等都循此倾斜面注入西江。盆地内山岭起伏，主要为受“山”字形体系控制的广西弧形山脉，其东翼为北东向的大瑶山和海洋山，西翼为北西向的大明山和都阳山，弧顶在黎塘以南。广西弧形山脉的最高峰可达 1500 米以上，而盆地内的一些岩溶洼地和河谷盆地海拔降至 200 米、甚至 100 米以下。这里岩溶地貌十分发育，是中国乃至世界著名的热带岩溶地区，形成峰丛、峰林与岩溶洼地镶嵌分布的地形组合。桂林、阳朔一带的山水极为著名。

［灵渠］　灵渠是2200多年前人工开凿的一条运河，位于广西北部越城岭与都庞岭之间的湘桂夹道。这里，谷地低平，湘江上源和桂江上源漓江之间的分水岭是一片低矮的台地，高山谷地平原只有6米，所以自古以来有“湘漓同源”之说。灵渠又称兴安运河，长约34千米，现在主要用于灌溉附近农田4万多亩。

六、青藏区的自然概况及其划分

（一）青藏区的自然概况

1. 地理位置

青藏区以青藏高原为主体，青藏高原东西长2500千米，南北最宽处有1200千米，总面积230万平方千米，为中国面积最广的一个自然区，也是世界最高的高原。在行政区域上，包括西藏自治区全部、青海省的大部、四川省的西部、云南省的西北角、甘肃省的西南角及新疆维吾尔自治区南缘（昆仑山地）。青藏区北以昆仑山系与西北区相接，东部北起日月山，经夏河、临潭一线与黄土高原分界，向南与四川盆地之间大致以3000米等高线为界，并以康定、稻城、德钦一线之东南与西南区分野，向西至帕米尔、喀喇昆仑山的中国过境，与克什米尔相接。

2. 高原寒漠景观

青藏高原具有特殊的自然地理特征。它的存在对其周围的地区和整个亚洲东部的自然环境产生着深刻的影响。自然综合体的形成、演变和地域分布规律主要决定于海拔高度及由此引起的水热差异。青藏高原位居中纬度西风带与副热带范围内，但因海拔影响，并不具有温带或亚热带景观，而表现为高原寒漠、草甸、草原景观。

3. 最年轻的强烈隆起的高原

青藏高原的特征是高、大、新。因“高”有“世界屋脊”之称。平均海拔在3500~5000米，地势大致自西北向东南倾斜，西北部藏北高原海拔4500~5000米，更高的阿里地区谷地达5000米以上，故阿里被称为“高原上的高原”。高原中部黄河、长江上游地区海拔4500米左右，到东南部阿坝（四川）和甘南（甘肃）则降至3500米左右。高原面起伏微缓，高原面上的山岭除少数比较高峻外，大多形态浑圆，坡度很小，相对高度只有几百米，有“远看似山，近看成川（平地）”之称。高原边缘的巨大山系，海拔多在6000~7000米。高原北部的山脉主要有喀喇昆仑山、昆仑山，南部山脉主要有喜马拉雅山、冈底斯山、念青唐古拉山。高原中部的山脉主要有唐古拉山和昆仑山山系的可可西里山、巴颜喀拉山等。喜马拉雅山是一条由多列平行山脉组成的弧形山系，长2400千米，宽200~300千米，地势极为高耸，世界第一高峰珠穆朗玛峰海拔达8844.43米。在其周围5000多平方千米内，7000米以上高峰40多座，8000米以上高峰在中国境内还有洛子峰（8516米）、马卡鲁峰（8463米）、卓奥友峰（8201米）和希夏邦马峰（8027米）等四座。这里被称为世界屋脊之巅，地球之“第三极”。“大”就是面积巨大。青藏高原除东南部受河流切割，高原面散布于河间山岭顶部外，大部分地区高原面都比较完整，代表白垩纪末至新第三纪长期侵蚀、剥蚀所夷平的准平原。“新”就是青藏高原和高原上的巨大山脉如喜马拉雅山等，其形成的时代很新，主要是在上新世末至更新世才强烈隆起，达到现在的高度，是世界上最年轻的山脉。根据板块构造学说，青藏高原的抬升和喜马拉雅山系的形成是亚欧板块和印度板块互相碰撞的结果。印度板块向北俯冲到亚欧板块下面，大洋地壳被挤出，形成了顺雅鲁藏布江河谷出露的超基性岩和混杂岩带，它是两个大陆板块碰撞的缝合线。这是迄今陆地上最清楚的板块边界。喜马拉雅山地区地壳厚度仅48千米左右，而雅鲁藏布江南侧及青藏高原的地壳高度达70千米左右，约为正常地壳厚度的1倍。喜马拉雅山地区目前地震活动很强，反映板块边界仍在活动。

4. 高原气候

全年大部分时间在高空西风范围内，不断有高低气压系统通过，冷锋也很频繁，有时达到寒潮的强度，使地面形成“冷高压”，高原面上气候极为干燥寒冷。夏季西风带北移，高原面迅速增温，与其周围自由大气相比成为一个“热源”，气流向高原辐合，降水有所增加，伴有雷暴雨。此时高原上气流的上升作用加强，在其上空则产生巨大的辐散气流，形成一个“高空的热低压”。此外，西南季风夏季可侵入高原上空，在高原东部，西南季风可深入到较北的纬度，与西风带间形成辐合线，是高原东部夏季降水的主要原因。

［气温］　青藏高原地面接受强烈辐射，其地面空气温度比同纬度平原地区上空的同一高度的大气温度要高，故青藏高原是一个热源。如以0.5℃/100米的气温递减率推算，海拔3650米的拉萨的气温折算至海拔100米处，其年平均气温约为26℃，比东部平原纬度相似的九江（海拔32米），高出9℃之多。尤其是冬季显然比较暖和，拉萨最冷月平均气温为-2.3℃，这与东部平原上的山地完全不同。

高原上大气稀薄清洁，辐射强，日照丰富，且地面多裸露岩石、沙砾，使地面白天吸热多，增温迅速，夜间冷却很快，气温迅速下降，故气温日较差大。高原大部分

青藏高原

地区日较差高达16~18℃，而东部平原地区的长沙、南昌只有7℃上下。由于高原年辐射总量大，且冬季多晴天，日照时间较长，白天并不阴冷，故年较差相对较小，大部分地区在20℃左右，而东部平原地区的长沙为24.6℃，汉口为25.8℃。海拔5000米以上的阿里地区，夏季8月，白天气温可到10℃以上，夜间溪水可结2厘米厚的冰，气温降至零下，日较差可达20℃左右。这种气温日较差大、年较差小的特点，与中国东部同纬度低地有明显区别，而与云南高原有一些相似。这表明西藏高原的南部，由于其基带是热带，气候已具有热带山地的某些特征。

［日照］　由于地势高，空气稀薄，海拔5000米处大气质量约为海平面的一半，二氧化碳含量不及海平面的1/2，大气中水汽少，干净清洁，日照百分率高。如拉萨年日照时数3008小时，比东部同纬度的宁波（2087小时）高出近1000小时，故拉萨有“日光城”之称。定日更高达3393小时，与新疆的哈密相似。太阳辐射值很大，在珠峰北麓绒布寺（北纬28°13′，海拔5000米），年辐射总量达199.9千卡/厘米^2，比同纬度东部平原上的长沙要大75%。这在世界上是极其罕见的。

［风力］　高原干季多大风，增强了高原的干旱程度。从11月至次年5月，高原为强劲的西风急流所控制，天气寒冷，空气湿度小，地面经常吹偏西大风，各月平均大风（风速≥17米/秒）日数在10~20天。藏西北阿里地区大风持续6个月，3~5月尤为强劲。高原多大风的主要原因是：地面海拔接近对流层中部，受高空西风急流影响；其次，地面西高东低，高原上的山脉大都呈东西向伸展，高原地形与西风一致，使风速加大，大风次数增多。

［热量资源］　由于海拔高，高原上热量条件很差，≥10℃积温远远低于同纬度的亚热带低地，如江孜（北纬28°55′，海拔4040米）积温仅1482℃，比寒温带南界1700℃的指标还要低。可见，约4000米的高差就使本区的热量条件好像从它所在的纬度北移了约20°，而到了寒温带。但是，高原上日照丰富，气温日较差大，太阳辐射强，且光谱组成中紫外线和红外线部分有较大增加，对于植物的生长发育来说，其积温值与高纬度低地上的相同数值具有不同的意义，因而西藏高原的热量带并不是低地纬向地带的简单重复。如，冬小麦不但已种植在拉萨附近河谷，而且在拉萨以北海拔4100米处也有种植青稞则已种到阿里地区日土县海拔4900余米的高处，这是迄今所知的中国乃至世界最高的农业种植上限。日照长，辐射强，气温日较差大，均有利于作物碳水化合物的合成，而夜间气温低又可减少作物养分的消耗量，故西藏冬小麦的千

粒重一般达到45克，最高有50多克，比中国其他小麦产区冬小麦的千粒重高15~20克。西藏的蔬菜也长得硕大，萝卜一个20多斤，马铃薯一个1~2斤。

5. 冰川

冰川是自然综合体的一个组成部分，其分布和特征深刻地反映当地的气候条件。珠峰地区北麓的一些大型山谷冰川雪线以下常有奇特的冰塔林，相对高30~50米，状如冰莹白洁的岩溶峰林。冰塔林长可达3~7千米，这在世界上只存在于喜马拉雅和喀喇昆仑山区。冰塔的形成是凹凸不平的冰面受热不均，因差别消融强烈发展的结果。珠峰地区纬度较低，夏季中午时的太阳高度角达70°~85°，辐射强烈，且北坡降水少，比较干燥，有利于蒸发和升华。冰塔的塔顶湿度低，也利于蒸发和升华，抑制了消融；塔谷湿度高，在强烈的太阳辐射下，消融快，这样增长了冰塔的高度。

喜马拉雅山北坡及青藏高原上的高山气温低，降水少，比较干旱；喜马拉雅山南坡比较温暖，降水丰沛，十分湿润。因而，两地所发育的冰川有比较大的差异。前者称为大陆性冰川，后者称为海洋性冰川。大陆性冰川的雪线高，往往高出森林线1000米以上，如珠峰东北坡的东绒布冰川上，雪线高度为海拔6200米，是目前已知的北半球雪线的最高值。由于这里的降水量少，大大限制了冰川发育的规模，而且冰温很低，融水量小，冰川移动慢，年平约运动速度30~100米，冰川的地质地貌作用较弱，粒雪层厚度仅1~2米，以下即见附加冰。反之，海洋性冰川则雪线低，较同纬度的大陆内部约低1000米。如察隅的阿札冰川，雪线海拔只有4600米，与纬度比它高10°的祁连山中段相似，粒雪层一般厚达20多米，冰温较高（接近0℃），冰内和冰下消融强烈，冰川作用活跃，冰川移动快，年速达300~400米，冰川末端降到海拔2500米左右，冰川下段已到达针阔叶混交林带内。阿札冰川所在的纬度为北纬29°，但冰川末端却比北纬44°的天山博格达山的冰川还要低，这是中国现代冰川的非常特殊的现象，与喜马拉雅山东南段的湿润性季风气候有着密切关系。这两种不同性质的现代冰川的分界线，大致从丁青与索县之间唐古拉山东段开始，向西南经嘉黎、工布江达、措美一线，基本上与高原上森林分布的地理界线相一致。

6. 冻土

青藏高原是中国最广大的多年冻土分布区，也是世界上中低纬度地带海拔最高、面积最大的冻土区。仅唐古拉山与昆仑山间连续分布的冻土宽度就达550千米，多年冻土层分布的最低海拔随纬度减低而逐渐升高，昆仑山西大滩为4300~4400米，长江河源地区4500米，唐古拉山为4800~4900米，喜马拉雅山北坡5000米，横断山脉地区5200~5800米。冻土层厚度可达数十米至百余米。如青藏公路经过的昆仑山垭口附近，冻土层厚度有140~175米，这是全国已知的多年冻土层最厚的地方。唐古拉山口附近的冻土厚度为70~80米。这种深厚的多年冻土推测应为高原大幅度整体抬升后第四纪冰期的产物。冻土的季节融化深度为1~4米，每年5月上中旬地表开始融化，至8月下旬或9月上旬达到最大融化深度，9月下旬地表又开始冻结。高原气候严寒，有利于冻土的保存与发展，但短期的暖气候可使季节融化深度加大、发生局部融化现象。多年冻土的局部融化，常形成特殊的冰缘地貌现象，如冻融滑塌、冻融泥流、冻胀裂缝、多边形土等，对交通工程建设有很大影响。

7. 内陆水系与湖泊

［内陆水系］　青藏高原是亚洲主要河流的发源地，河流呈放射状分布，如长江、黄河、怒江、澜沧江、雅鲁藏布等向东或东南流，印度河、萨特莱季河向西南流，叶尔羌河、玉龙喀什河与喀拉喀什河等则为向北流入荒漠的内陆河流。河流在高原内部常循构造凹地而流，形成宽广河谷，在切穿山脉流向山前平原时，则形成险陡的峡谷。如藏南雅鲁藏布江河谷宽广，到东经95°附近，折向南流，切断喜马拉雅山，作“之”字形弯曲，即雅鲁藏布江“大拐弯”，这里两岸高峰与谷底的相对高差达五六千米，江面最窄处不到8米，河床坡降很大，水流湍急，滩礁棋布，有的河段流速达16米/秒以上。黄河和长江等大河上游都有宽广平坦的河谷和大片沮洳地。在径流高原边缘时，则横切山脉而成峡谷。这些河流上游受冰雪融水补给，地下水补给量也较多，故流量较稳定，上游落差巨大，水流湍急，水能蕴藏量极丰。在冈底斯山脉以北，唐古拉山与可可西里山以西的广大高原内部，为内流区域，面积约60多万平方千米。这里河流短而水量少，河水主要由冰雪融水补给，一年中多半时间是冰结的。

［湖泊］　青藏大高原上湖泊众多，尤以藏北高原和青海高原最为集中，是世界上最高的高原湖区。据统计，高原上的湖泊有1500多个，总面积约3万平方千米，占全国湖泊总面积的40%，和长江中下游平原形成中国的两大稠密湖区。高原上的湖泊大都是内陆湖和咸水湖。如青海湖面积4.583平方千米，是中国最大的半咸水内陆湖。藏北的纳木错，湖面海拔4718米，面积1920平方千米，是中国第二大咸水湖，也是世界海拔最高的大湖。

8. 高原植被与土壤

高原的海拔高度、冻土及水热条件等对植被与土壤的形成有深刻影响，其中水分状况的差异在很大程度上决定了植被与土壤的水平地带变化。随着整个高原从东南向西北的湿度的减小，地带性植被依次为高山（高寒）草甸、高山草原和高寒荒漠。

［高寒荒漠］　高原西北部海拔5000米以上，气温低，年降水量仅50毫米左右，加上风力强大，植被稀疏，种类较少，高等种子植物不到400种。植被类型以垫状半矮灌木为主，覆盖度仅5%~10%，形成匍匐半矮灌木高寒荒漠。植物种类以藜科和菊

科为主，如垫状驼绒藜、藏亚菊等，高仅15~20厘米。硬叶苔草也是阿里北部高原最常见的植物，其间混生一些伏地水柏枝、麻黄等。这些植物都十分矮小，且多数呈坐垫状，或匍匐在地上生长，这是为适应阿里北部高原的特殊气候。这里严寒、干旱、大风，植物的生长高度受到强烈抑制，因而它们的茎伏地伸展，由基部大量分枝，形成平贴于地表的或半球形的座垫，垫内枝叶密实，使植物较少受到寒冻、过度水分消耗及强风的伤害。如伏地水柏枝高仅1厘米，而其枝叶平展可达2米。

[高山草原]　高山草原主要分布在青藏高原中部海拔4500米以上的半干旱地区。植物抗寒、耐旱，表现为矮小、密丛生状态，形成了密丛矮禾草高寒草原。禾草高不过20厘米，以紫花针茅和异针茅为主，并混有低温密丛蒿草、杂类草及垫状植物，但基本上不见灌木层片。垫状植物最常见的有垫状点地梅、蚤缀等。

高原上光能充足，空气稀薄，透明度高，紫外线强，有利于光合作用，可促进蛋白质的合成。故高山草原虽然草群低矮，且覆盖度较小，仅20%~50%，产草量不高，但其蛋白质含量较高，牧草的营养成分高。加之草原面积辽阔，生产潜力很大，利于发展畜牧业。

[高山灌丛和高山草甸]　在青海东南部、四川西北部和西藏东南部，以及喜马拉雅山地森林线附近地区，地形和缓，植被以高山灌丛和高山草甸为主。如青海的玉树和果洛地区，分布较大面积的高山草甸，主要由疏丛禾草、根茎密丛蒿草和杂类草组成。疏丛禾草生长茂密，高达80~100厘米，主要有西伯利亚披碱草、草地早熟禾、藏异燕麦、狐茅等。杂草种类繁多，多属毛茛科、蔷薇科、菊科和豆科等，它们花色艳丽，花期不一，季相多变。这类草甸中的禾草比较高大，不仅夏季可作牧场，而且可割采干贮冬用。在湖边和河漫滩低洼地区，常分布有小面积的沼泽化草甸，以莎草科的西藏蒿草占优势，常形成许多丘状草墩。草墩之间生长着中生或湿生禾草和杂类草。这种沼泽化草甸产草量较高，是高原上良好的冬季牧场。高山草甸土是在寒冷、半湿润气候下形成的，土体比较湿润。由于草甸植物覆盖度大，根系分布致密，很有利于土壤腐殖质的积累。因此，高山草甸土的表层有厚3~10厘米的草皮，根系交织似毛毡，故称为“高山草毡土”。腐殖质层厚9~20厘米，表层有机质含量达6%左右，土壤呈微酸性至中性反应。川西高原和西藏高原东部水热条件较好，高山草甸土的腐殖化程度略高，腐殖质层厚15~30厘米，有机质含量高达10%~15%，土壤颜色较暗但仍呈毡状，故称为“高山黑毡土”。高山草原土是在寒冷、半干旱的条件下发育的，土体较干燥。由于植物覆盖度较小（一般为30%~50%），故腐殖质积累过程较高山草甸土为弱，表层草根较少，有机质含量仅1.5%左右，且出现钙化特征，剖面下部有不大明显的钙积层，全剖面呈碱性反应，现改称莎嘎土，意即白色的石灰性沙质土。冈底斯山—念青唐古拉山以南地区的高山草原土，表层有机质含量较高，可达3%~4%。

9. 高原动物

青藏高原由于气候严寒，草类生长期很短，昆虫也很稀少，故鸟兽较为贫乏，只有适应高原寒漠和高山草原的特殊种类才能生存。高原上特殊动物主要有野牦牛和藏羚羊，它们成群散布于高原上，成为本区特色景观。野牦牛是西藏高原最典型的动物，分布高度可达海拔6000米，最能适应高原严寒气候。它披有长而厚的毛，下垂，以供卧雪御寒，并防雨雪之用。驯养的牦牛其分布范围均限于3000米以上地方。藏羚羊在高原上分布普遍，雄者有竖立的角，呈竹节状。此外，藏驴、岩羊、高原兔也可常见，岩羊有多至50~80头一群的。高原上的猛兽除狼、猞猁外，还有藏豹、藏马熊、雪豹等。啮齿类动物较多，主要有克什米尔鼠兔、柯氏鼠兔、高山田鼠、藏旱獭、灰尾兔、红鼠兔等。它们大都结群穴居，其中鼠兔和旱獭特别多。鸟类中特殊的要称髭兀鹰和大乌鸦，以死牲畜和死人为食物。鸟类飞翔一般都能超过5000米高度，黄嘴山鸦随登山队员营帐可达海拔7070米，登山队员们还曾看到岩鸽自南向北飞过8300米高的山脊，而秃鹫能在此山脊上空盘旋。

藏羚羊

高原东南部边缘的山地及喜马拉雅山南麓，森林茂密，垂直分布显著，为鸟兽的栖息提供了有利条件，故动物种类多而复杂，并有大熊猫、小熊猫、金丝猴等珍稀动物。

青藏高原陆栖脊椎动物已知有684种，其中鸟类占473种，哺乳类为118种，爬行和两栖类共有93种。青藏高原的动物分属古北界和东洋界两大区系，其分界线大致从喜马拉雅山南翼暗针叶林下限（海拔3000米左右），向东延伸至横断山脉中南部，大体沿巴塘、康定至黑水、若尔盖一线。此线以北辽阔的青藏高原属古北界地区，动物种类较少，以南的青藏高原东南边缘则属东洋界地区，种类丰富。

（二）青藏区的自然区划

现在青藏高原自然地理特征的形成，是由于其巨大的海拔高度和广阔的面积明显地改变了纬度地带性因素影响的性质，故高原上发育着主要由高山草原、草甸为基带的独特自然分带，很难与中国东部季风区的任何一个热量带相比较，充分显示了非地带性因素的主导作用。因而青藏高原一向被认为是一个独特的自然区域。但高原内部自然区域的分异则深受自然历史发展过程和现在水热条件差异的影响。据此，青藏区可初步划分为下列 5 个亚区、2 个小区。

1. 川西、藏东分割高原亚区

本亚区位于青藏高原东南部，是青藏区向华中区和西南区过渡的地区。本亚区东面约至夹金山和大小相岭，西北可至西藏那曲市的丁青、索县、嘉黎的林区。青藏高原东南部受金沙江、澜沧江和怒江等河流的切割，高原已较破碎。按照高原被切割破坏的程度及河谷的海拔高度，青藏高原东南部从西北向东南大致可分为三类地貌：一是西北部丘原，河流切割很浅，谷地平坦宽广，切割深度仅 100~300 米，谷底海拔一般大于 3000 米。谷地间则为坡斜平缓的浑圆丘陵状山地，称为“丘状高原”，简称丘原，大致分布于松潘—炉霍—邓柯—西藏与青海省界一线以北。二是中部山原，高原已受河流深切，但河间谷底海拔可降至 2500 米左右，自谷底至高原面高差多在 1000~2000 米。山原大致分布于理县—九龙—稻城—德钦一线以北，介于北纬 28°~32°。三是南部高山峡谷，高原面已受强烈分割，被破坏殆尽，地面主要为高山与深谷（峡谷）相交错，谷底海拔多在 2000 米以下，甚至不到 1000 米。中部山原上的山岭大多是连绵的，如沙鲁里山（雀儿山、海子山）、大雪山（折多山、贡嘎山）等，西北—东南走向，绵亘数百千米。南部高山峡谷区的山岭虽然有的海拔也较高（如玉龙山），但都是分散的。

贡嘎山屹立于大雪山脉的中南段，山体南北向延伸，长 90 千米，宽 60 千米，主体山脊海拔均在 5000 米以上，主峰海拔 7556 米，是横断山系的第一高峰。贡嘎山由于面对东南季风，降水丰沛，是中国海洋性冰川较为发育的山地之一。现代冰川有 71 条，冰雪覆盖面积约 300 平方千米。冰川类型多样，其中山谷冰川最为发育，海螺沟冰川高达 1080 米的大冰瀑，为国内已知最大的冰瀑。贡嘎山东、西坡在自然景观上有明显差异。东坡以深度切割的高山峡谷地形著称，从大渡河谷底到贡嘎山主脊，水平距离仅 29 千米，相对高差竟达 6400 米，其比降为 20%。东坡从大渡河谷底到山顶可分出 8 个垂直自然带。河谷底部因焚风作用影响，热量丰富，盛产柑橘、油桐、油茶、蓖麻等亚热带经济林果木，并可种植水稻，农作物一年两熟或三熟。贡嘎山西坡从宽坦平缓的温带到寒带的垂直带，降水远较东坡小，气候较干寒，生长着半湿润的亚高山针叶林与灌丛草甸，农业以畜牧业为主，河谷可种植青稞和马铃薯。

［独特景观］　本亚区的东北部是甘肃、四川两省交界处的岷山山地，主峰雪宝顶（在松潘以北）海拔 5588 米，山顶部分终年积雪，发育有冰斗冰川，在海拔 2000~3200 米处普遍有钙华堆积，形成巨型的钙华堤、钙华滩、边石坝，以及许多不同水色

的五彩池塘，构成巨型的钙华瀑布与彩池相间的独特景观。尤以九寨沟和黄龙寺沟最为著名，已成为中国著名的旅游区，也是中国第一个以保护自然风景为主的自然保护区。岷山北支为洮河和白龙江的分水岭，即迭山。岷山南支绵亘于岷江及白龙江一些支流之间，大致在朗木寺—班佑—毛尔盖一线以西即进入丘原。白龙江切割很深，其北岸支流腊子沟崖壁陡峭，形成著名的天险腊子口。越过腊子口，即为甘肃中部黄土高原。

［气候］　本亚区由于平均地势较高，积温一般在1000~3000℃。大部分谷地最热月平均气温约12~18℃，无霜期120~200天。它的西部夏半年受西南季风影响，东部受东南季风影响。西南季风越过高黎贡山、怒山和东南季风越过夹金山、小相岭后，势力渐弱，故本亚区降水量一般为600~900毫米。在深切的狭谷底部，因焚风作用，比较干燥，年降水量不足500毫米。如德钦以上的澜沧江河谷、德荣以上的金沙江河谷以及八宿附近的怒江河谷地，均出现旱生灌丛及山地灰褐土。澜沧江谷地上的昌都，海拔3240米，7月平均气温16.3℃，积温2108℃，年降水量495毫米。

［植被］　本亚区是中国重要的寒温带林区之一。河谷一段为温带针阔叶混交林，主要有铁杉、槭树等。但其组成很复杂，既有亚高山阴暗针叶林的冷杉、云杉和红桦，又含有亚热带常绿阔叶林上段的某些成分，如北五味子，落叶樟等。这与本亚区的东侧和南侧均属亚热带、具有亚热带山地植被的特点有关。

森林带以上为亚高山灌丛草甸，广泛分布于海拔3300~4200米范围内，群落组成以莎草科的苔草、禾本科的垂穗披碱草、藏异燕麦及杂类草为主。由于杂类草比重较大，且植株较高（40~60厘米），草场外貌华丽。群落中夹有稀疏的灌木，如高山绣线菊、忍冬、杜鹃等。

高山草甸位于亚高山灌丛草甸带以上，海拔为4200~4500米（如雀儿山等处）。群落组成以苔草、蒿草等小型莎草科植物为主，草丛低矮，一般不到10厘米，平铺如毡，没有灌木，杂类草也较少，群落外貌并不华丽。并有一些典型高山植物，如蚤缀、雪莲花等。

［土壤］　本亚区的高山草甸下发育的黑毡土，由于气候比较湿润温暖（与青藏高原其他地区比较而言），表层有机质积累多，且有蚯蚓活动，有机质略有分解，土色较暗。亚高山灌丛草甸下时有棕毡土发育，这里黑毡土与棕色针叶林土之间有过渡型土壤，其特点是剖面中部棕褐色的淀积层，表层有机质含量也很高，为14%~22%。全剖面受淋洗较强，呈强酸性。

2. 东部高原亚区

包括青海的大部分、西藏那曲（黑河）地区、四川西北部和甘肃西南部，大部海拔4000~4500米，四川西北部和甘肃西南部海拔降至3000~3500米。地面切割轻微，高原面保存完整，为起伏和缓的高原丘陵，相对高差300~500米，其间有一些宽谷和盆地。这里是黄河、长江、怒江、澜沧江的上源地区。本亚区北以昆仑山为界，南以念青唐古拉山为界，东南面逐渐过渡为黄土高原和川西分割高原，西面逐渐过渡到藏北高原亚区。

［四川西北部的若尔盖沼泽区］　若尔盖、红原、阿坝一带为典型的丘状高原，海拔3400米左右。丘陵形态浑圆，坡度和缓，丘间谷地宽阔，相对高度仅几十米至百余米。黄河支流黑曲和嘎曲下游比降极小（只有0.2‰~0.3‰），沿河两岸牛轭湖星罗棋布。气候寒冷潮湿，年降水量只有600~800毫米，从南向北、从东向西递减。降水多为中、小雨，雨日达150天，日照少，日平均气温≥10℃持续期积温的干燥度仅0.45~0.70，相对湿度平均在70%左右。这种气候和地貌条件下，地表经常过湿或有积水，形成大面积沼泽，总面积约3000平方千米。沼泽类型属于低位沼泽，以苔草沼泽面积最广，沼泽间的草丘则生长着以蒿草为主的草甸植物。这里，草本泥炭发育，形成时间亦长，泥炭积累很厚（可达10米左右），分布面积广，储量大，是重要的自然资源，可作为燃料、肥料和工业原料。近年来，已对沼泽进行排水疏干，改造沼泽地近200万田，扩大了草场，建立了大型农场。

［黄河和长江源地］　黄河河源为青海省曲麻莱县境内的卡日曲，海拔约4400米。卡日曲以南的山岭，即为黄河与长江水系的分水岭，最低处相对高度仅20米。卡日曲谷地宽浅，为一片草原和沮洳地。卡日曲由西南流向东北，注入星宿海。星宿海是一个长20~30千米，宽10多千米的盆地，因排水不畅，形成广阔的沼泽。沼泽草滩上散布着许多大小海子，“若天上列星”，故名星宿海。从星宿海向东，即入扎陵湖和鄂陵湖，两湖湖面海拔约4200米，是青藏高原上著名的大淡水湖，湖的周围地区是沼泽化草甸。长江的正源是沱沱河，发源于唐古拉山主峰各拉丹冬雪山（海拔6621米）西南侧的冰川丛中。上游河床中浅滩罗列，枯水时河水分流，成辫状河流。多年冻土分布广泛，一般深20~80米，最深达120米。河谷两侧的缓坡上几乎全是沼泽和沼泽化草甸。夏季有少数藏族牧民到此放牧。

3. 藏北高原亚区

藏北高原包括西藏北部的大部地方及青海省的西部，北以昆仑山、南以冈底斯山为界，东与东部高原亚区约以年降水量300毫米等值线为界，即约自申扎、班戈至各大江河的河源区，西与阿里高原亚区约以年降水量150毫米等值线为界，即大致改则以西属阿里高原亚区。习惯上，本亚区又称羌塘高原，羌塘即“北部旷地”的意思。高原形态相当完整，平均海拔4500~5000米，地势由北向南倾斜，山地丘陵同宽谷湖盆相间分布。北部的喀喇昆仑山和唐古拉山被众多的湖盆所分隔，山峰部分均有现代冰川发育，规模也较大。高原面在中部的海拔为4900~5000米，向外围逐渐降低到

4500~4700米。众多的湖盆可分南、北两个湖群带，南部湖群带数量多，面积大，例如纳木错、色林错、扎日南木错、错那等。这些湖盆多数是断陷湖盆，形成于晚第三纪和第四纪初期，目前湖泊已显著退缩，有些湖泊只是季节性积水，趋于干涸。

［气候］　本亚区气候寒冷，年平均气温-3~0℃，最热月气温10~12℃以下，几乎全年属于冬季。年降水量150~300毫米，90%以上集中于6~9月。由于高原上风大，蒸发强，年蒸发量在2000毫米左右，年平均相对湿度40%~50%，属寒冷的半干旱地区。

［河流］　河流均为内流河，且多数为间隙性河流，各地平均径流深一般在100毫米以下，南部纳木错一带可达200毫米，北部地区大多不足30毫米。河水矿化度多数在300毫克/升以上，少数超过1000毫克/升，河水化学类型以重碳酸盐为主。湖水矿化度也高，一股在20克/升左右，形成各种盐湖。

［植被］　植被主要为比较典型的高山草原。高山草原多分布在阳坡或宽谷中，植物组成以紫花针茅、异针茅、早熟禾等为主，约占80%，杂类草仅占10%~15%。由于草矮，覆盖度小，产草量较低（每亩一般仅40斤左右），但草质良好，为牲畜所喜食。在山坡下的沙地上，还有以藏芨芨草或固沙草为主的草地。藏芨芨草植株高，茎秆粗，可在夏秋收割，作为冬饲料。在湖边、河漫滩不易排水的低洼地，则有草甸分布，植物组成中蒿草和杂类草比重较大，覆盖度可达70%~80%，每亩产鲜草500~1000斤。湖盆河谷地势较低，气温稍高，风小雪少，可以用作冬季牧场。

［土壤］　土壤主要为莎嘎土。由于气候较干，草群覆盖度小，故表层不形成草皮，有机质含量也较低（约1.5%），全剖面沙砾含量高，呈碱性反应，并富含碳酸钙，土层浅薄。但它仍具有一般草原土壤的某些特点，如表层沙砾化，有机质含量低，呈碱性，剖面中下部有不显著的钙积层等。

4. 阿里高原亚区

本亚区位于西藏高原的西端，包括昆仑山西段和中段（在新疆境内）。海拔一般在4800~5000米，是青藏高原中最高寒的区域。阿里北部高原有一系列大致平行的、东西向的湖盆，它们联结成为宽坦谷地，宽谷之间则为昆仑山，喀喇昆仑山、冈底斯山等。宽谷谷底和湖泊湖面海拔已达5000米以上（如雅协错），故一些著名的山系从高原上看来，只不过是低矮的山丘。昆仑山山地总面积超过50万平方千米，平均海拔5500~6000米，横剖面极不对称，北坡陡降至海拔1000米左右的塔里木盆地，南坡则平缓地与羌塘高原相接，渐成为高原的一部分。靠近塔里木盆地的高山，一般海拔超过5500米，以慕士峰最高，海拔为6638米。西藏和新疆交界处玉龙喀什河上源为昆仑山主体，山体高大而宽平，在海拔6400米左右的夷平面上孤峰凸起，最高峰海拔7167米。这里现代冰川发育，冰川面积约3300平方千米，大冰川长度均在20~30千米，为西藏冰川最集中的地区。

［气候］　气候寒冷干燥，年降水量少于50~100毫米，年平均相对湿度30%~40%，冬春多大风，为高寒荒漠。从干旱情况来说，本亚区类似南疆，但海拔高，气温极低，与南疆又有较大差异，其自然环境基本上仍是青藏高原的景观。植被以稀疏的高寒草原为主，覆盖度不到30%，生长有垫状优若藜等干寒高原的代表植物，但却没有南疆荒漠的典型植物，如琐琐、白刺、柽柳以及许多盐生种属。这里人迹罕至，故野生动物非常丰富，有大群藏羚、黄羊、野牦牛、野驴等。冬季时野牦牛常聚集到湖滨平地，数百头成群。

［土壤］　土壤主要为高山漠土。由于低温和干旱，且植物覆盖度小，生长期又很短，故风化和成土过程十分微弱。高山漠土剖面发育比较原始，土层薄。但仍具有漠境土壤的明显特征，如表层有机质含量低（0.4%~0.6%），呈碱性反应，含石膏、碳酸钙等，砾石表面并常有盐斑。

5. 藏南谷地与喜马拉雅山亚区

［喜马拉雅山脉］　位于中国青藏高原南缘，南侧分别与印度、尼泊尔和不丹邻接。它西起克什米尔的南迦峰（8125米），长约2400千米，呈向南凸出的弧形，平均海拔6000米以上。世界上8000米以上的高峰大多分布在本山脉内，是地球上最年轻和最高大的山系。

［珠穆朗玛峰］　位于喜马拉雅山脉中段，中国西藏自治区和尼泊尔王国边境上，地质构造上在向南凸出的山弧顶端。珠峰是世界最高峰，海拔8844.43米，其附近还有许多8000米以上的高峰，如洛子峰、马卡鲁峰、卓奥友峰、希夏邦马峰等。现代冰川发育，主要是规模较大的山谷冰川发育。在北翼，冰川末端，一般向下延伸至海拔5200~5000米，在南翼则至海拔4500~3600米，个别冰川甚至下伸到海拔2500米。

珠峰是一座巨大的金字塔状高峰，它的北、东、西南三面均为大型冰斗围绕，峰顶是一个东南—西北走向的鱼脊形山顶，长10余米，宽仅1米左右。在珠峰北坡，冰雪和岩石的交界线约在海拔7450米，再往上去，由于崖壁陡峭，高空风力强劲，使冰雪无法积存，故珠峰的下部冰雪皑皑，而上部则是岩石裸露。珠峰的上空，白天经常有一种旗状的云，自西向东飘去，好似以珠峰为旗杆飘动着的旗帜，所以叫作“旗云”。旗云是世界上最高峰特有的气象。它的形成原因：一是珠峰在海拔7500米以上主要是岩石表面，白天受高空太阳照射，迅速变热，引起了上升气流的形成，为水汽向上输送创造了条件。二是珠峰的独特高度使水汽恰好在峰顶附近冷凝成云，并“挂”在峰顶上。而其他高峰由于缺乏这两个条件，无法形成旗云。珠峰的这种旗云有“世界最高风标”之称，从它的位置和形状，可以判断高空风速的大小。

①喜马拉雅山南翼小区

主要为雅鲁藏布江下游及恒河、布拉马普特拉河的一些支流强烈切割的山地，山高谷深。珠峰地区南翼的谷地海拔可降至1600米左右，墨脱以南的谷地降至海拔500米左右，至国境线巴昔卡海拔仅157米。

②藏南谷地小区

藏南谷地为雅鲁藏布江—象泉河的东西向宽谷，介于喜马拉雅山脉与冈底斯山—念青唐古拉山之间，谷地十分宽广，海拔大部在3500~4000米之间，实际已为西藏高原的一部分，只是由于冈底斯山—念青唐古拉山的阻隔，才把它与西藏高原分开，成为一个地貌明显的自然地理单位。喜马拉雅山脉北麓有一系列湖泊，故本小区实际是高原宽谷与湖盆交错的地区。高原形态保存完整，因此亦称为高原湖盆区。著名的湖泊有西部的兰戛错和玛法木错，这里是亚洲南部三大河流的源地，马泉河向东南流，为雅鲁藏布江的上源；象泉河向西北流，为印度河支流萨特莱季河的上源；孔雀河向南流，注入恒河。马泉河上游海拔已在4700米以上，为一片高山草原。东部地区的湖泊主要有羊卓雍错、佩古错等，大部分为内陆湖。羊卓雍错原是向西北注入雅鲁藏布江的外流湖，其出口处曼曲一带至今保存着40~50米的河流阶地，由于气候逐渐变干燥，因此湖泊四周湖滨阶地并不发育，反映成湖的时间不长。由于湖泊的集水面积往往为湖泊面积的5~10倍，附近又有冰川融水补给，因此湖水的矿化度不高，一般在400毫克/升左右，几乎与中国东部湿润地区的淡水湖相近。

七、西北区的自然概况及其划分

（一）西北区的自然概况

1. 地理位置

西北区包括新疆维吾尔自治区、内蒙古自治区西部、甘肃河西走廊以及青海祁连山地和柴达木盆地，面积辽阔，占全国面积的20%以上。西北区西、北面至国境；东与内蒙古区以干燥度4.0等值线为界，经狼山、贺兰山西坡至河西乌鞘岭；南与青藏区的界线，西起帕米尔、经昆仑山北坡、布尔汗布达山，东至明山、拉脊山。居我国最干旱的中心地区，祁连山地北坡、西坡为荒漠，具有与天山相似的干旱区山地垂直带结构，故均划属西北区。本区位于亚欧大陆的中心，降水十分稀少，高大山脉所环抱的大盆地尤为干旱。它是中国最干旱的一个自然区，沙漠和戈壁分布面积甚广。著名的有塔克拉玛干、古尔班通古特、巴丹吉林，腾格里等沙漠。山前洪积砾石戈壁和阿拉善高原西部的北山戈壁，是著名的剥蚀石质戈壁。

2. 干旱气候

本区气候干燥，云量少，日照丰富，尤其是塔里木盆地东部和甘肃西北部，年平均总云量在4.5成以下，相对日照在70%以上，日照时数达3000小时以上。丰富的日照和辐射，对作物的生长有促进作用，也为广泛利用太阳能提供了基本条件。耸立的高山对冷气流有阻碍作用，而气流越过高山后下沉也有显著增温现象。特别是南疆地区，热量资源较为丰富。本区各地气温变化突出表现了大陆性气候的特点。1月气温北疆在-20℃上下，南疆、河西走廊和柴达木约在-10℃。1月平均气温北疆比南疆低，东部比西部冷，山区比盆地冷。7月平均气温大致23℃以上。冬寒夏热（柴达木因海拔较高，冬寒夏凉），年温差大于30~40℃。北疆的车排子最大年较差曾达55℃，为全国之冠。气温日变化也很大，各地年平均日较差都高于11℃，南疆和河西走廊可达16~20℃，新疆东部极端干旱的戈壁上可达35℃。敦煌日温差最大，接近40℃。“早着皮袄午换纱”是新疆气温日较差大的生动写照。

本区降水稀少。水汽来源，在西部主要来自西风，降水量一般由北西西向南东东方向减少；在东部主要来自东南季风，降水量由东南向西北减少。塔里木盆地为北冰洋冷湿气流和东南季风均不易侵入的地区，年降水量只有15毫米左右，成为中国降水量最少的地方。加之年平均气温较高（10℃以上），蒸发量极大，降水量往往不及蒸发量的1%，因而又是中国最干旱的中心。北疆受北冰洋气流影响，降水较多，盆地内降水量一般约有200毫米，干燥度约4.0，且降水季节分配比较均匀，冬春稍多，是全区水分条件最好的地区。西北区内其他地区，降水一般以夏季较多，降水量的年际和月际变化都非常大。在南疆和河西走廊，往往可以连续半年点滴无雨，但会在1~2天内就降下全年降水量的1/2或2/3。降水多变也是气候大陆性强烈的一种表现。山地降水量一般随高度而增加，山坡上比山麓湿润，山麓又比盆地中心湿润。

3. 地形

西北区的地形特征是具有高耸的山岭和巨大的盆地。南部有昆仑山脉，北部有阿尔泰山，中部横亘着天山、阿尔金山，东南部祁连山。天山与阿尔泰山之间为准噶尔盆地，阿尔金山、祁连山与昆仑山围绕着柴达木盆地，而祁连山以北为河西走廊，走廊北山以北、贺兰山以西还有阿拉善高原。这些山岭除河西走廊北山较低，海拔为2000~2500米外，都十分高大，一般均超出4000米，最高峰在7000米以上，现代冰川发育。山岭对西北区荒漠景观的形成等都起着十分重要的作用。

4. 内陆河流与高山冰川

本区极端干燥的大陆性气候是造成河流水文特征复杂的重要原因之一。这里雨量稀少，蒸发强烈，土壤不受或少受淋溶，易溶性盐类大量积累，因此少量的径流即可溶解大量的盐分，使河水在很短的流程中即具有较高的矿化度。

[塔里木河]　塔里木河是我国干旱地区最长的内陆河，由上源叶尔羌河及支流阿克苏河、和田河汇合而成。全长2100多千米，76%的水量来自阿克苏河，田河只在洪水期才有水流入。塔里木河下游经常改道，有时东流，汇合孔雀河注入罗布泊，有时南下注入台特马湖。新中国成立后，由于大规模农垦，塔里木河上游支流引水增加，塔里木河水量显著减少。

[冰雪资源]　本区高山拥有丰富的冰雪资源，对农业发展具有重要意义。天山为我国最大的现代冰川区，有冰川8900条，面积9192平方千米，主要集中于降水比较丰沛的西段。这里发育着巨大的山谷冰川，如汗腾格里峰南侧的南依诺勒切克冰川，长59千米，是天山的第一大冰川。祁连山现代冰川广泛发育于海拔4500米以上的高山区，有冰川3306条，面积约2063平方千米，大部分分布于祁连山的西段和中段。昆仑山西段靠近帕米尔的慕士塔格（7555米）和公格尔山（7649米）的冰川，面积有596平方千米，成星状分布于海拔5500米的雪线以上。自此向东，昆仑山冰川及永久积雪面积约10000平方千米。本区不少大河发源于高山冰川和永久积雪区，冰雪融水是河流的重要补给水源，补给量一般较为稳定，具有高山固体水摩的作用。

5. 荒漠植被与土壤

[荒漠植被]　西北区荒漠植被主要为旱生灌木和半灌木，植物种类贫乏，其组成以藜科最多，柽柳科、菊科、豆科等也占相当比重。由于气候干旱，土壤含盐量高，荒漠植被相应地具有下列生态特征：一是有些覆盖度一般不超过20%甚至小到1%，如极端干旱的北山、南疆和柴达木盆地则分布有大面积无植被的戈壁和流动沙丘。二是有些植物的叶子已退化为无叶或形成特殊形态（叶小、有毛、有刺等），以减少蒸腾作用，如麻黄属、沙拐枣属、蒿属等。三是许多植物有庞大的根系，以便从土壤中吸取水分，如沙竹的地下茎可向水平方向延伸27米，柽柳属的根可达30米。四是许多藜科植物是含有高浓度盐分的多汁植物，可从盐度高的土壤中吸取水分，以维持生活，如碱蓬属、盐爪爪属等。

[土壤]　本区的地带性土壤在温带干旱气候条件下为灰棕漠土，在暖温带极端干旱气候条件下为棕漠土，并有较大面积的风沙土。土壤基质主要是戈壁滩上的砾质洪积物，沙丘上的沙质风积物和裸露岩石低山上的风化残积物，局部为河流冲积物和湖泊沉积物。在气候、植被和土壤基质的影响下，荒漠土壤一般具有下列特征：一是成

分中细粒较少，含砾石和沙粒较多。二是表土有机质含量很少，都在0.5以下，没有腐殖质累积层，这是荒漠土壤和草原土壤形成过程的区别之一。三是全剖面都含较多的石灰（碳酸钙），且极少淋溶下移，碳酸钙在表层积聚，表土（0~2厘米）碳酸钙含量常达7%~8%，向下逐渐减少。四是表层或剖面中含有石膏。五是含有一定量的盐分，多为硫酸钠和氯化钠。塔里木盆地由于极端干旱，土壤中还出现氯化物的盐层，这在世界荒漠土壤中是罕见的。六是全剖面呈中碱性到强碱性反应（pH8.0~10.0）。

6. 荒漠中的动物

本区干旱的气候和荒漠为主的植被，对动物区系的组成和生态特征有很大影响。本区动物相当贫乏，特别是在大沙漠的中心。代表性动物以啮齿类的跳鼠和沙鼠亚科为主。其余如五趾跳鼠、土跳鼠、三趾跳鼠、长爪跳鼠，具有特长的尾及后肢，能在风沙中迅速地做60~180厘米长距离的跳跃，足底具硬毛垫，能在沙地奔驰，通常夜出活动，一夜间能驰走10千米，活跃在荒漠半荒漠地区。在荒漠中生活的有蹄类动物有野骆驼、野驴、黄羊、羚羊、盘羊等，均有迅速奔跑的能力。其中野骆驼是世界稀有的野生动物，属于国家一级保护动物，集中分布于新疆东部星星峡以西极端干旱的砾质戈壁丘陵地区，这里地面上仅有十分稀疏的骆驼刺等植物，是野骆驼的主要食物。本区的食肉类动物除狼、猞猁外，还有沙狐、兔狲、虎鼬等。狼冬季成群地在开阔的地带上追猎有蹄类动物，特别是对放牧的牲畜威胁甚大。

（二）西北区的自然区划

西北区大地形的明显轮廓，对生物气候状况的分异有明显作用，在水分来源、季节动态、风向、风的强度、热量条件等方面，往往由于高山阻隔而有很大差异。大地形的轮廓加强了景观的地域分异，故主要山脉一般可作为明显的自然界线。据此，西北区可划分为6个亚区、9个小区。

1. 北疆亚区

本亚区包括新疆天山以北的地区，地形上主要为准噶尔盆地。盆地介于阿尔泰山、准噶尔界山和天山之间，呈三角形轮廓。其西北侧山地较低，且有许多缺口，北冰洋湿润气流可以深入，故比南疆塔里木盆地稍为湿润。但气温较低，平地≥10℃的积温大部分在3000℃左右，属温带干旱荒漠。

（1）阿尔泰山及准噶尔界山小区

阿尔泰山居准噶尔盆地东北侧，中蒙两国之间，走向北西，海拔一般3000米以上，主峰友谊峰海拔4374米，山势向东南降低，逐渐没入戈壁荒漠之中。山区气候比较湿润，降水量随地势升高而增加。海拔 1000 米以下的低山为 250 毫米，海拔 1000~1500 米的为 250~350 毫米，海拔 1500~3000 米的增至 350~500 毫米，甚至达到 800 毫米。阿尔泰山气温很低，≥10℃的积温低于 2000℃，故阿尔泰山分布有大片寒温带落叶针叶林，主要由西伯利亚落叶松组成，并常伴生西伯利亚云杉、桦、欧洲山杨等。其上限为海拔 2100~2300 米，下限随降水量的减少自西北向东南由 1300 米升至 1700 米。东疆的北塔山由于湿度较低，西伯利亚落叶桦林的下限升高到 2100~2300 米，林内并混生有雪岭云杉。额尔齐斯河发源于阿尔泰山东南部，是中国唯一的北冰洋水系河流。阿尔泰山南麓山前平原年降水量 150~200 毫米，为荒漠草原，建群种为沙生针茅，并有半矮灌木短叶假木贼、冷蒿等。荒漠草原的下限自西北向东南由 500 米升至 2000 米。阿尔泰山西段，海拔 1200 米左右则为山地狐茅、针茅草原。森林带以上也有宽阔草场，故阿勒泰地区是新疆重要牧区之一。准噶尔界山是一系列断块山地，海拔 2000~4000 米。山地间有一些断陷盆地，如塔城最低处海拔只有 400 米。这里也比较湿润，干燥度小于 4.0。山地狐茅、针茅草原可从海拔 1300 米直到山顶广泛分布，只有个别高峰出现较完整的垂直带。小片森林存在于阴湿的斜坡上，草原和荒漠草原所占面积最大，草质良好，宜发展畜牧业。额敏河谷地以及塔城地区旱作农业早有发展，为北疆西部的农业区。

(2) 准噶尔盆地小区

准噶尔盆地东西长约 850 千米，南北最宽处约 380 千米，地势由东南向西北和缓倾斜，东南最高部分海拔 1000 米左右（老奇台附近），西北部地势低下，有一系列内陆湖泊，如乌伦古湖、玛纳斯湖、艾比湖等。艾比湖湖面仅 189 米，是准噶尔盆地地势最低的地方。盆地东部因地壳抬升，形成剥蚀高地，为一片戈壁。盆地内大部分为古尔班通古特沙漠，海拔 300~500 米。

古尔班通古特沙漠位于准噶尔盆地中心，面积 4.88 万平方千米，是中国第二大沙漠。年降水量可达 70~150 毫米，冬季有积雪，故沙漠内部植物生长较好，沙丘绝大部分为固定、半固定式。植被覆盖度在固定沙丘上可达 40%~50%，半固定沙丘上达 15%~25%，为优良的冬季牧场。沙漠内部沙丘形态主要为沙垄，占固定、半固定沙丘总面积的 80%。

准噶尔盆地年平均气温在 6℃左右，冬季早寒，全年有 5 个月平均气温在 0℃以下。夏季较温暖，7 月平均气温可达 22~25℃，≥10℃的积温约为 3000℃，生长期约 150~180 天，一般作物如小麦、甜菜等生长良好。盆地内海拔较低处，如石河子（海拔 445 米）等，夏季较热，≥10℃的积温在 3200℃以上，可种植棉花。但由于霜期的早晚变动较大，往往使喜温作物产量波动。降水不能满足农作物需求，只在有水灌溉的地方才有农业，故山地径流是盆地农业的命脉。天山北坡面向西北来的湿润气流，降水量比昆仑山同高程丰富得多，高山积雪也较多，分布的位置较低，融雪较早，河流大部有春汛，对盆地中农作物的春播甚有利。准噶尔盆地的绿洲绝大部分都分布于盆地南缘。

2. 天山山地亚区

天山是亚洲特大山系之一，横亘于新疆中部，长1700千米，西段宽达400千米，东段（乌鲁木齐以东）变狭，宽仅100千米左右。一些主要山峰海拔4000~6000米。西段较高，东段较矮。天山南北两侧的盆地，海拔仅有1000米左右，故天山山势高耸峻拔。天山是一条典型的褶皱断块山，山地内有许多断陷盆地。在地质构造和地貌上，天山可分为北、中、南三带。

天山北坡的前山带为一系列平缓丘陵和纵向谷地，海拔1100~1800米，年降水量一般为300~400毫米，较平原上显著增多。土壤主要为山地栗钙土。牧草生长良好，为天然牧场。由于前山带冬季有逆温现象，比较暖和，对放牧有利，冬牧时间可达5个月。这里也是新疆重要的旱农区，旱地农业的下限在1200~1300米。

［北天山］ 北天山紧贴准噶尔盆地，山峰海拔多在4000~5500米。如乌鲁木齐以东的博格达峰海拔5445米，山中有著名的天池，为天山山地胜境。北天山位于迎风面，降水量比南天山多，高山冰川分布面积也较广，所以发源于北天山冰川区的河流较多，在天山北麓形成许多广阔的洪积冲积扇。北天山的垂直景观比较明显。海拔3400米以上为冰川和积雪；3200~3400米为寒冰风化带，仅有雪莲及一些垫状植物；2800~3000米为高山蒿草草甸，蒿草草甸是中亚典型的高山植被；2200~2400米是亚高山草甸，由茂密的杂类草组成，双子叶杂类草占优势，禾本科和莎草科次之；1500~2200米分布着森林草原和森林，林带最低可下至1200米，而在较干旱的精河附近南山则上升至2000~2900米。北天山的最东端伊吾附近，由于气候干旱，山地已没有森林带。在2700米以上，从山地森林草原—黑钙土带，直接过渡为高山蒿草苔草一草甸土带。北天山的森林为雪岭云杉林，常呈岛状分布于阴坡和河谷底部。

［中天山］ 中天山是一系列平行的山岭，夹有许多断陷盆地，山岭海拔一般不超过3500米。其西部的伊犁谷地是天山最大的山间河谷盆地之一。盆地三面环山，向西敞开，西来的潮湿气流得以深入，年降水量300~500毫米（从西向东增加），为新疆最湿润地区，冬季积雪很厚。盆地北侧有高山屏障，相对高差近3000米，阻碍了寒流，且常形成深厚逆温层，故伊犁谷地比较暖和，天然植被主要为温带草原，上游巩乃斯草原为著名的伊犁马（古称“天马”）产地。下游河谷平原产小麦、棉花、水稻等，为新疆重要的农业区。

［南天山］ 南天山紧临塔里木盆地，山势最高，不少山峰海拔5000~6000米，天山最高峰托木尔峰就在这里。南天山在自然景观特征上与北天山有显著差异。由于北天山的阻挡，南天山的干旱程度更加严重。山南的塔里木盆地远比准噶尔盆地干燥，

因此荒漠向山地侵入很深。天然植被主要是山地荒漠草原和草原，森林带消失，只有高山阴湿山沟有小片的雪岭云杉和桦木生长，林相稀疏，林下灌木不多，且多为中旱生多刺灌木。林下缺乏北坡所特有的草本植物。

3. 南疆亚区

本亚区是中国暖温带极端干旱的荒漠，年降水量一般低于50毫米。除塔里木盆地外，尚包括河西走廊西端（北山戈壁和瓜州、敦煌一带）、吐鲁番及焉耆盆地。

（1）塔里木盆地小区

塔里木盆地是中国最大的内陆盆地，为山脉所包围，只有东面有宽约7千米的缺口与河西走廊相连。盆地东西长约1500千米，南北最宽600千米，地势自西南向东北缓斜，西南部海拔1400~1500米，东部罗布泊洼地最低不到80米。塔里木河流于盆地的北缘。

塔里木盆地干燥度为24~64，是中国沙漠分布面积最广的地区。塔克拉玛干沙漠位于盆地中央，向东与库姆塔格沙漠几乎相连，面积33.76万平方千米，占全国沙漠（不包括戈壁）总面积的47%左右，是中国最大的沙漠，也是世界上著名的大沙漠之一。

罗布泊是塔里木盆地最低洼的部分，海拔仅780米，位于第四纪的构造洼地中。塔里木河、孔雀河下游、罗布泊一起形成了一个广大的河流冲积及湖积平原。1952年塔里木河中游塔里木河大坝的兴建使塔里木河与孔雀河分离，塔里木河注入台特马湖，孔雀河注入罗布泊。1972年起，台特马湖与罗布泊渐趋干涸。现在罗布泊洼地的河湖面为坚硬的起伏不平的盐壳。疏勒河下游及罗布泊已完全干涸，湖相沉积层受风力侵蚀，形成风蚀土墩与风蚀凹地相间的“雅丹”地貌，使地面支离破碎。风蚀土墩一般高1~5米，其排列方向与主风向平行，大致作东北—西南走向。其中黏土组成的土墩顶面往往有盐壳层，故又称“白龙堆”。吐鲁番—哈密盆地以南则为噶顺戈壁。

塔克拉玛干沙漠东西长达1200千米，在于田的子午线上宽达430千米。其形成主要是因第三纪末特别是中更新世以来青藏高原的不断隆起，使高压反气旋系统的北移和强化，导致塔里木盆地气候变干。塔克拉玛干沙漠主要的沙漠地貌类型是高大的垂直于风向的新月形沙丘链、复合新月形沙丘和复合型沙丘链。在

罗布泊

沙漠中部古河流三角洲地区，则以平行于风向的新月形沙垄、沙复合新月形垄和复合型沙垄为主。此外，还有金字塔沙丘、穹状沙丘等。

（2）吐鲁番及哈密盆地小区

吐鲁番—哈密盆地是天山山地中的一个山间断陷盆地。盆地北侧为博格达山、喀尔力克山，山势高峻，海拔多在4000米以上。南侧有觉罗塔格山（海拔1500米左右），大部地方和噶顺戈壁相连，加之气候又属暖温带极端干旱类型，自然景观与塔里木盆地完全相同，所以把它划入南疆亚区。

吐鲁番和哈密盆地地形上是相连的，中间仅有沙山（库姆塔格）相隔。吐鲁番盆地长245千米，宽约75千米，地势向南倾斜。盆地南部为广大低地，高程多在海平面以下，最低处艾丁湖，湖底海拔-154.31米，是中国最低的地方。哈密盆地的地势自东向西降低，盆地西南部的沙兰湖，海拔仅81米。

吐鲁番盆地地势低洼闭塞，西北气流越天山下沉增温作用强烈，形成焚风，加上地面辐射的热量不易散发，故夏季特别炎热，是全国闻名的“火洲”。吐鲁番夏长约四个半月，大致5月初入夏，比长江流域还早1个月。吐鲁番市7月平均气温为32.8℃，比长江沿岸的三大“火炉”——武汉、重庆、南京还高，绝对最高气温达49.6℃，这是全国的最高纪录。夏季地表（沙丘或岩石表面）温度可达80℃以上。

4. 阿拉善、河西亚区

本亚区包括祁连山以北、贺兰山以西及北山戈壁以东的广大地区，降水量自东向西迅速减少，一般为150~50毫米，属温带干旱荒漠。

（1）河西走廊小区

南侧为祁连山，高峰海拔5000米以上。北侧为龙首山—合黎山—马鬃山，海拔在2000~2500米之间，个别高峰达3600米，山地地形起伏平缓，已趋于准平原化。介于祁连山与北山之间，有一条狭长平地，即江西走廊，因其位于黄河以西，故名。河西走廊东西长约1000千米，南北宽数十千米，海拔一般1100~1500米，大部为祁连山的山前缓斜平原。由于北山山势断续，中间有许多宽广的缺口，故河西走廊北部与阿拉善高原直接相连。河西走廊的河流全属于发源于祁连山的内陆水系，51条大小河流汇合为石羊河、弱水（即黑河，下游称额济纳河）和疏勒河三大水系。只有弱水较长，过去能穿过戈壁向北流注于居延海。河流出山口处总径流量约72亿立方米，为绿洲农业提供了丰富灌溉水源。现因上游用水增加，河水已不能到达居延海，居延海已渐干涸。

河西走廊的绿洲面积较大，沙漠零星分布于绿洲附近和绿洲之中，面积一般都在1000平方千米以下。流沙边缘的固定和半固定沙丘，由于水分条件较好，柽柳、白刺、沙蒿、沙拐枣等生长繁茂，为丰富的植物资源和绿洲边缘的天然防护林带。

（2）阿拉善高原小区

指河西走廊以北、中蒙国境线以南、弱水以东、贺兰山以西的广大地区，海拔1000~1400米，地势大致自南向北倾斜。高原上仍有一些山地，把高原分隔成若干低地，一些大沙漠即位于低地内。如东北—西南走向的雅布赖山，把沙漠分隔为巴丹吉林与腾格里两大沙漠。

巴丹吉林沙漠是中国第三大沙漠，高大沙山密集分布，一般高200~300米，最高可达500余米，为中国沙丘最高大的沙漠。沙山间有湖泊（海子）交错分布。由于这里降水稍多，沙丘及沙山上仍生长有稀疏的植物，如沙拐枣、籽蒿、沙竹等，有植物的地段约占整个沙山面积的1/3。湖泊周围的自然景观具有同心圆环状分异的特征。湖滨为沼泽化草甸，地下水埋深不到1米，主要为海韭菜、海乳草等；湖滩，地下水埋深1米左右，主要为芦苇、芨芨草等；再往外为白刺沙滩，地下水埋深超过3米；最外缘则为固定、半固定沙丘。这些湖盆主要利于放牧。沙漠中的固定居民点如巴丹吉林等地位于湖盆中。腾格里沙漠位于阿拉善高原东南部，流动沙丘与湖盆草滩交错分布，有大小湖盆422个，是沙漠中的主要牧场，也可作为治理沙漠的基地。沙丘上也有稀疏植被。

5. 祁连山地亚区

祁连山和柴达木盆地位于青藏高原北部，海拔均在2500米以上，但柴达木具典型荒漠大盆地景观特征，祁连山具荒漠区高山垂直带特征，故它们成为中国西北区的组成部分。祁连山由一系列北西西走向的高山和谷地组成，山系长约1000千米，西宽东窄，最宽处在酒泉与柴达木之间，约300千米。山峰海拔多在4000米以上，最高峰疏勒南山团结峰海拔5808米。祁连山北侧与南侧分别以明显的断裂降至平原。北坡与河西走廊间相对高度在2000米以上，而南坡与柴达木盆地间相对高度仅1000余米。祁连山4500米以上的高山有永久积雪与冰川覆盖，冰雪融水对河西走廊及柴达木盆地农牧业和工业发展有重要意义。

6. 柴达木盆地亚区

柴达木盆地是由昆仑山、阿尔金山和祁连山所环抱的荒漠大盆地。东西长850千米，南北最宽250千米，面积约22万平方千米。盆地四周的山前洪积平原发育，向盆地中心倾斜，盆地海拔2600~3000米，是在西北区荒漠盆地中独特的高寒类型。盆地夏季凉爽，冬季严寒，降水稀少，风力强大，1月平均气温低于-10℃，7月大都在15℃以上，并可出现30℃以上高温。如格尔木最高气温曾达33℃（1959年7月），因此气温的绝对年变幅可达60℃。全年生长期自4月下旬至9月下旬、10月上旬，活动积温1300~2000℃以上，稳定持续4个月，可满足温带作物生长的需要。

柴达木盆地降水甚为稀少，年降水量分布的总趋势是自东向西急剧减少。如盆地东缘茶卡可达200毫米，至盆地西部则不及20毫米，干燥度在东部为2.0~9.0，向西部增至 20 以上。柴达木盆地干燥度 2.0~20 之间，而羌塘高原年降水量虽不足 100 毫米，但气温低，蒸发弱，干燥度<1.0。可见，属于西北区干旱荒漠的柴达木盆地，其自然地理特征与羌塘高原寒漠或青藏高原高寒草原显然不同。但柴达木盆地除具有一般干旱荒漠的共性处，还有它自己的特点。如海拔高、积温低、盐滩广等，因而不但在地形上可与塔里木盆地、河西走廊分开，在自然景观上也是西北区内的一个独特的亚区。

盆地西部的阿尔金山是一条长约 750 千米的山地，西与昆仑山相接，由一系列雁行状的山岭与谷地组成，平均海拔为 3600~4000 米。西段最高，山幅也最宽，东段渐低渐狭。如柴达木盆地北部的安极尔山，宽仅 20 千米。阿尔金山是我国最干燥的山地，完全没有森林，3500 米以上才有高山或亚高山草甸草原，5000 米以上的山峰出现高山寒漠。因此，将山幅狭窄的阿尔金山东段划入柴达木盆地亚区，并以明显的北坡与塔里木盆地划开。

八、华南区的自然概况及其划分

（一）南区的自然概况

1. 地理位置

华南区处于中国南方，包括大陆部分和岛屿部分。大陆部分包括广东、广西和福建的南部，岛屿部分包括台湾岛、海南岛和南海诸岛。北界大致从广西百色以北循右江北岸至南宁以北，经梧州以南沿西江北岸至广州、汕头以北，这段界线大致与北回归线走向一致。汕头以北向东深受海洋影响，界线折向北东，包括福建沿海、厦门及福州以南地区。华南区与华中区的分界也是中国热带与亚热带的分界。

2. 湿热的热带气候

[气温]　本区是全国水热资源最丰富的地区，日平均气温≥10℃的活动积温为 1000~9500℃，年平均气温 20~26℃，平均气温高于 25℃的天数达 150 天以上。华南区没有真正的冬季，夏季长 6 个月以上，台湾南部夏季长达 9 个月（3~11 月），海南岛南部和南海诸岛全年都是夏季。气温年较差不大，海南岛不过 10℃，台湾岛为 10~14℃，大陆部分在 12~16℃。气温日较差一般也比全国其他地区小，各地平均在 6~7℃。冬季冷空气南侵，温度较低，大陆上最冷月平均气温可降至 13℃左右，最低温则

降至0℃以下。在强大寒潮南侵时，气温急剧下降，气温日较差可达15℃以上。华南区基本上没有霜和雪，只在强寒潮入侵所经地区可发生霜冻。如广州1955年、1967年和1976年受寒潮猛烈侵袭，曾发生过静水结冰现象。华南区热量自北向南增加，低温霜冻则自北向南减弱以至于消失。北部地区最冷月平均气温13~15℃，平均极端低温0~5℃，平均霜日2~5天，属轻霜区。湛江以南的雷州及琼北，最冷月平均气温15~18℃，平均极端低温5~8℃。除特强寒潮外，一般年份没有霜冻。属微霜冻或基本无霜冻区；海南岛南部至南沙群岛，冬季不受寒潮影响，最冷月平均气温18℃以上，平均极端低温大于8℃，属绝对无霜区。

[温度带] 根据植被特征，华南区可分为热带和赤道带。赤道带全年皆夏，积温9000℃以上。本区只有南沙群岛属于赤道带。热带可分为两个亚带，积温8000~9000℃为热带南部，简称热带，包括雷州半岛及以南地区、台湾南部。积温7000~8000℃为热带北部，简称准热带，包括两广的北回归线以南地区及福建沿海、中国台湾。准热带是热带内的一个亚带。其热带性较热带稍有不及，但其自然景观性质仍属于热带范畴，与亚热带有较大差异。准热带的北界在气候上是无雪线和基本无霜线的北界。准热带的典型植被是"季雨林型常绿阔叶林"，具有许多热带森林的特征。许多热带动物，如长臂猿、椰子猫、犀鸟、孔雀等分布于台湾、两广南部和福建南部，也分布于海南岛，但不见于江西、湖南。在农业植被上，准热带是许多热带果树集中分布的地带，赤道带的作物如橡胶，在准热带的有利小地形环境内也可生长、收获，但在亚热带内则不能生长。反之，亚热带代表性经济树木如油树、油茶等，在准热带也很少种植。

地形对本区准热带的界线有重要影响。两广的准热带北界并不完全与北回归线平行，曲折较大，这显然与南岭山脉的屏障作用有关。南岭山脉横亘于广东、广西与湖南、江西之间，主峰海拔2000米以上，是中国气候上的重要分界。但南岭山地比较破碎，由于断层和其他原因，山岭间有若干较低的缺口，自古以来为南北交通的孔道，主要有赣奥间的梅岭隘道、湘粤间的折岭隘道和湘桂间的兴安隘道，它们的海拔最低只有250米，故成为寒潮南下的通道。位于寒潮通道上的地区，冬季气温偏低，常有霜冻，故准热带限于莲花山以南。同样，粤北的韶关、英德，受由武水谷地南下的寒潮影响，也不属准热带范畴。兴安隘道因地势最低，故到广西的寒潮一般可影响到武鸣、横县以北，而广西西部因有云贵高原及都阳山的屏障，冬季温度较高，少霜冻。因此，广西的冬季等温线在东部偏南，在西部偏北。准热带的界线循右江谷地北缘直达百色一带，向西与云南东部的剥隘一带准热带地区相连，即准热带北界伸入到北纬24°左右，而在广西东部准热带则限于大容山南坡，即在北纬23°左右。

[降水量] 华南区年降水量一般在1500~2000毫米。山地迎风坡降水更多，如台湾山地、戴云山、莲花山、云开大山、十万大山和五指山等山的东南坡，年雨量在2500毫米以上；反之，背风地区降水少，如海南岛西部年雨量不到1000毫米。台湾海峡正当东南季风的背风方向，属于雨影区，年降水量仅750~1000毫米。除南海诸岛，

全年各季降水比较均匀。基隆、台北以冬雨为最多外，其余广大地区均以夏雨为最多，占全年40%左右。除夏雨以外，北部春雨多于秋雨，南部秋雨多于春雨，这是由于北部在春季冷暖气团交锋，锋面活动频繁，南部在秋季有台风和极锋活动。大部地区冬雨比较少，仅占全年10%左右，故冬季仍为干季。此外，最多雨月与最少雨月降水比值，除台湾北部以外，都达5~10倍以上，是典型的热带季风气候。

3. 河流径流、汛期

［河流径流］　珠江流域的年降水量为1500~2000毫米，比长江流域几乎多1倍，故单位面积产水量居全国之冠，年平均径流模数达25.9公升/（秒·平方千米）。珠江流域面积仅为长江流域的1/4、黄河流域的3/5，但多年平均径流总量达3492亿立方米，约为长江的1/3，为黄河的6倍多，在全国仅次于长江。因雨量多，流量大，河水矿化度很弱，小于50毫克/升，总硬度低于1.0毫克当量/升。

［河流汛期］　由于本区雨季较长，河流汛期一般长达6个月。每年4月以后河水便开始上涨，直至10月才逐渐下降。珠江的汛期可分三期：在清明至立夏之间，称为春汛，汛期短促，水位亦不甚高。立夏至秋分之间，称为夏汛，有两次较高洪峰，第一次在端午节左右，第二次在农历七月左右。夏汛较长，洪水水位亦高，对周围低地有很大威胁。秋分至霜降之间，称为秋汛，时间甚短，但与夏汛常紧接相连，形成长时期的高水位。

4. 热带性植被与土壤

本区植被富有热带性。天然植被热带雨林和季雨林的特点是多层性（一般有5~7层）和多种性（一块几百亩林地内可以有100多科300多种植物）。海南岛的雨林内有典型的热带雨林种类，如龙脑香科的青梅、梧桐科的蝴蝶树等，还分布有热带针叶林——南亚松林。准热带的天然植被——热带季雨林性常绿阔叶林虽然含有较多的亚热带成分，但其优势种建群科常有60%以上为热带科属，如广东大陆有种子植物1494属，与越南共有者占84%，与菲律宾共有者占70.21%，与马来西亚共有者占64%。热带科属，如桃金娘科、番荔枝科、大戟科、桑科、藤黄科、楝科、橄榄科、梧桐科和椴树科等在本区分布普遍。在群落结构上，发展到相对稳定阶段的群落均为乔木群落，而灌木群落和草本群落大都是次生植被。乔木群落层次多，一般有4~5层，多者可达7~8层。在较原始的乔木群落中，乔木层通常有3层，板根、附生植物、木质藤本、茎花植物、木本蕨类等亦可常见。此外，在海岸地带有红树林，石灰岩地区生长着蚬木林，还有鹧鸪草、蜈蚣草等组成的热带草原等。台湾、广西南部、广东南部不仅次生植物与海南岛相同，而且农业植被如香蕉、番木瓜、菠萝、木菠萝、木薯、冬甜薯等都是亚热带不能栽培的。广西南宁至滇桂边境剥隘的公路两侧普遍可见芒果树。福建东南沿海地带村旁路边栽种着连片的龙眼、荔枝等热带果树，并普遍种植芒果。双季稻田间生长着大片甘蔗，其农业景观与珠江三角洲极相似，也证明该地天然植被和农业植被都具有热带性质。

热带的土壤为砖红壤，准热带的土壤为砖红壤性红壤，亦称“赤红壤”。由于本区气候湿热，土壤的脱硅富铁铝化作用强烈，硅酸盐类矿物强烈分解，硅和盐基遭到淋失，铁铝氧化物则明显聚积，即钙、钠、镁、钾和硅等元素被大量迁移，而铝、铁等元素则相对富集。因此，土壤黏粒硅铝率较低，砖红壤为1.5~1.8，赤红壤为1.7~2.0。热带地区土壤渗滤水的S_iO_2，含量远较亚热带地区为高。由此可见，准热带的脱硅作用强度较亚热带南部高1倍左右，而与热带比较相近。土壤黏土矿物以高岭石为主，并有三水铝矿和氧化铁矿物，反映在热带气候条件下风化程度极高。中国土壤黏土矿物以高岭石为主的地带，其北界在华南基本上与准热带的界线相符合，这也表明准热带是属于热带范围的。

5. 热带动物

本区由于森林林相茂密，植物种类繁多，给动物提供了优越的栖息条件和丰富的食料。因此，动物组成丰富，特有种类很多。在生态地理动物群上，本区属于热带森林、林灌、草地，农田动物群。其主要特征是组成复杂，优势现象不明显，树栖、果食、狭食和专食性种类多，一般不贮藏食物。换毛、繁殖和迁徙等季节性生态现象不明显。哺乳动物中以翼手类、松鼠科、灵猫科和家鼠属的一些种类最常见。灵长目动物中，主要有原始的体型似松鼠的树鼩、猕猴、叶猴、獭猴和长臂猿。鸟类种类繁多，羽毛华丽，不因季节而改变体色。南海诸岛是海洋性鸟类（以鲣鸟为主）的世界。两栖类、爬行类中也多树栖种类，如巨蜥、蟒蛇、绿瘦蛇、过树蛇等都是典型的树栖种类。在森林砍伐后的次生林灌和草坡上，动物种类趋于简单，地栖动物显著增多，形成优势。在农田环境中往往有3~5种鼠类占绝对优势，其中以黄毛鼠分布最广泛，鼠类对水稻和甘蔗等危害甚大。

长臂猿

本区特殊的热带海洋生物就是珊瑚。珊瑚生长在澄清而温暖的浅海中，其生存条件是海水平均温度不低于20℃，13℃以下就要死亡。中国珊瑚在南海诸岛、海南岛、台湾以及大陆沿海均有分布。台湾东岸因终年受暖流影响（黑潮），水温较高，珊瑚分布北界到北纬25°左右。据调查，菲律宾造礁珊瑚种属有 67 属、200 多种，而中国西沙群岛仅有 38 属、127 种，海南岛有 34 属、110 种，粤桂沿海只有 21 属、45 种，而且大陆沿岸冬季受寒潮影响，如厦门附近海水温度可降至 12℃以下，故澎湖、厦门一带的珊瑚常有冻死现象，但有山地保护的海湾内，海水暖和，常成为珊瑚集中分布的地区，如大亚湾、大鹏湾等。这种情况亦表明华南的热带与典型的热带仍有差异。

6. 热带作物

华南区农业植被富于热带性。热带作物（包括果树）大致可分两类：赤道带作物，要求热量高，无霜，如橡胶、可可、胡椒、椰子、油棕、槟榔等；热带作物，稍能耐寒，可生长于偶有轻霜的地区，如菠萝、芒果、香蕉、木瓜、咖啡等。热带地区可普遍种赤道带作物，准热带地区普遍可种热带作物，在地形环境较好的地方，也可种植赤道带作物（如橡胶）。但绝大部分热带作物的分布限于准热带北界以南。如椰子在雷州半岛和海南岛可正常生长、丰产，至广州、南宁一带虽能勉强过冬，但不结果，这反映了热带与准热带的热量差异。反之，一些热带作物的优质丰产区都在准热带内，如广州附近为菠萝、木瓜、香蕉、芒果优质丰产地区，供应出口及全国各大城市。八角、三七等是准热带山地的特产，喜夏凉、冬暖、霜害不重的生境，与亚热带山地以油桐、杉木等为主要产品不同。一些亚热带的典型树木，如杉、油茶等，到准热带或生长不良，或品种改变，如杉木在广西北部（亚热带）生长良好，在南宁和六万大山一带（准热带）生长很慢，且叶色枯黄，已不能作为主要造林树种。油茶在广西南部龙州、宁明一带为热带品种，即大果油茶，呈小乔木状，高达 4~8 米。

农作物方面，热带地区由于全年气温高，无霜，水稻不需另地育秧就可一年连作三熟，故为三季稻、冬花生、冬甘蔗区。冬小麦则因这里冬季气温高，不能正常通过春化阶段。准热带地区，甘薯、玉米、甘蔗等均可越冬生长，故为双季稻、冬甘薯、冬玉米、冬甘蔗区，而这些作物在亚热带都不能越冬生长。准热带地区内的某些地方也已发展三季水稻。由此可见，在农作物方面，准热带与热带基本上相同（冬甘薯、冬甘蔗等），而与亚热带则有质的差别。

（二）华南区的自然区划

华南区明显地可分为 3 个自然亚区，即两广、闽南及台湾亚区，雷州、海南亚区和南海诸岛亚区。它们分别与准热带季雨林性常绿阔叶林—砖红壤性红壤地带、热带雨林—砖红壤地带和赤道雨林—热带磷质石灰土地带大致相当。在上述 3 个亚区内部，热量条件基本类似，但湿润状况和风力强度则有所不同，其差异与离海远近和地形条件密切相关，特别是在地理分布上往往随着地形条件而发生显著改变，以致引起自然景观的变化。因此，各亚区内部可根据地形因素划分为若干小区。

以上3个亚区的界线，不完全与地带的界线相符合。赤道带雨林地带的范围虽仅限于北纬12°以南，但南海诸岛均为珊瑚礁，各岛上的植被、土壤大致相同，植被为珊瑚礁植被，土壤属热带磷质石灰土，气候虽有一些差别但不很大，因此，它们的自然景观是基本相同的，可把它们划为一个亚区。台湾南部平原虽属于热带，但若把它与台湾其他部分分割开来，显然也是不合适的。由于台湾大部分属于准热带，所以应与两广和福建南部合为一个亚区。

1. 两广、闽南及台湾亚区

本亚区包括福建东南部，广东和广西的南部，台湾及其附近岛屿。具有热带与亚热带之间过渡的自然景观与农业生产特征，但景观主要与热带相似。

（1）台湾与澎湖小区

台湾与澎湖小区包括台湾岛及其附近的澎湖列岛、兰屿、绿岛、钓鱼岛、赤尾屿等80多个大小岛屿，总面积约36000平方千米。台湾岛形似纺锤状，南北长约380千米，东西最宽处约145千米，面积为3.58万平方千米，是中国最大岛屿。它东临太平洋，西隔台湾海峡与大陆相望，海峡最狭处距离不到150千米。位于台湾海峡东部的澎湖列岛，面积126平方千米，为台湾本岛以外的第一大岛。其次为兰屿，面积约46平方千米。台湾海峡是东海最南部的海域，呈东北一西南向，南北延伸约380千米，平均宽度约190千米，是中国最长的海峡。

（2）闽粤沿海丘陵、平原小区

闽粤沿海丘陵、平原小区与桂南盆地小区大致以云开大山为界。云开大山以东，低山、丘陵与盆地、平原相间分布。山地主要由花岗岩组成，多作北东走向，著名的山峰如莲花、罗浮山等，海拔均不过1000米左右。若干独流入海的河流在下游形成冲积平原和河口三角洲，较大的三角洲有珠江三角洲、韩江下游的韩江三角洲（潮汕平原）、九龙江下游的漳州平原等。沿海大小岛屿星罗棋布，较大的有海坛岛、金门岛、东山岛等。

［珠江三角洲］　珠江三角洲包括西、北江三角洲和东江三角洲，面积共约1.1万平方千米，土壤肥沃，是广东的主要商品粮和重要经济作物基地。珠江三角洲原为断裂下陷的大型河口湾，更新世以来的大量沉积物促使三角洲迅速淤长扩展，河口湾逐渐被充填，目前的伶仃洋为其残留部分。珠江三角洲的水沙，80%~90%以上来自西江和北江，三角洲上汊河密布，主要水道大约有100条，总长1700多千米，河网密度高达0.8~1.0千米/平方千米，成为中国著名的“网河”区。河流主要由8个口门入海，其中尤以磨刀门、虎门等最为重要。珠江水系年平均输沙量8000余万吨，河海相沉积物使三角洲迅速淤积并向海伸长，平原上平均沉积速率为26毫米/年，第四纪沉积物平均厚度为25米左右，西、北三角洲近代平均伸展速率为35.1~48.7米/年，东江三角洲为8.2~13.4米/年，河口万顷沙、灯笼沙一带受堤围的影响，伸展速度达63.3米

/年。珠江三角洲从成陆历史先后来看，可分为两部分。黄埔—顺德—江门—线以北，新石器时代以来就有人开垦、居住，称为围田区；此线以南，则是后来河流泥沙淤填海湾而成，为沙田区。三角洲平原上耸立着160多个岛丘，海拔一般为200~400米。丘陵与台地占三角洲总面积的1/5。分布在南部现代三角洲上的五桂山，海拔为505米，黄场山为591米，大部分由燕山期花岗岩组成。南海区西樵山（海拔344米）为南粤名山之一。

（3）桂南盆地小区

广西境内，碳酸盐岩石分布面积甚广，约占广西壮族自治区总面积的40%以上。本小区的西部为碳酸盐岩石区，地形主要为峰林和岩溶洼地相交错，多洞穴和伏流，土层薄，岩石裸露。而东部主要为非碳酸盐岩石区，山、丘坡度一般比较平缓，土层覆盖较厚，两者景观显著不同。石灰岩丘陵与砂页岩、花岗岩丘陵低山上的天然植被迥然不同。前者为蚬木林，后者为榄类林。蚬木林分布于海拔1000米以下石灰岩山地的阴坡和沟谷中，称为“热带半常绿阔叶季雨林”。上层大树主要为落叶的蚬木、核实木、金丝李、肥牛树、闭花木、木棉等，多为珍贵的硬材。灌丛以越南剑叶木，滇木瓜、萍婆等为代表。榄类林主要树种有乌榄、白榄、长叶山竹子、沙拉木等，并有大药树、霍而飞和坡垒。灌丛中，桃金娘、余甘子、大砂叶、黄牛木普遍可见，局部地区并有热带典型植物坡柳。山地的垂直带也反映热带山地的特征。如龙州大青山上部有以栲树为主的山地常绿阔叶林，但和广西北部亚热带地区的拷树林不同，含有较多的热带地区成分。

2. 雷州、海南亚区

本亚区包括雷州半岛和海南岛，相当于热带雨林—砖红壤地带。热量丰富，最冷月平均气温16~20℃，植物全年可以生长，椰子、油棕等均可正常生长，是中国发展热带作物的重要基地。在水分条件保证下，水稻一年可以三熟。

（1）雷州半岛小区

雷州半岛地形简单，主要为海拔100~200米的台地和丘陵，由浅海沉积的沙层和玄武岩组成。玄武岩台地上分布着一些孤立的火山锥，如湛江市附近的湖光岩（海拔160米）就是一个第四纪火山锥，山顶有完整的火口湖，面积3.6平方千米，水深20米以上。雷州半岛气候特点是雨少、风大、雾日少，如湛江年降水量仅1300毫米左右，年平均风速达4米/秒左右，年平均雾日只有33天，故蒸发强烈，呈干旱景象。天然森林多已被破坏，现在植被主要为热带草原类型，由华三芒、蜈蚣草、白茅、鸭嘴草、坡柳等组成，并稀疏地散生针葵、大沙叶、黄牛等小乔木。土壤深受母质的影响，浅海沉积物上发育的砖红壤，含有60%~70%的沙粒，称为硅质砖红壤。其有机质含量很低（<1%），磷的含量也很低，土体虽较松散，易于耕作，但保水保肥力弱，雨水易漏失，干旱的威胁大，如开垦不当，土壤侵蚀也很严重。且过去当地群众有铲草习惯，

以致形成了大面积贫瘠的“赤地”。由于营造了大面积的防护林和护田林带，并开挖了雷州青年运河纵贯半岛南北，长170千米，粮食和橡胶等热带作物都有了很大发展。

（2）海南岛小区

海南岛面积3.39万平方千米，是中国第二大岛，北面隔宽20~40千米的琼州海峡与雷州半岛相望。环岛海岸线长达1528千米，水深5米以内的面积约有1116平方千米。近岸滩涂面积宽大，大有开发利用前景。全岛形状如雪梨，作东北—西南向伸展，四周低平，中间为高耸的穹隆山地。中部为五指山山地，地势高耸，海拔1000米以上的山峰有667座，主峰海拔1867米，主要由花岗岩构成，山间夹有一些局部盆地，如通什、乐东等，海拔在200米左右。海南岛河流均由山地向四周流注，形成辐射状水系，如南渡江向北流经海口市入海，昌化江向西流至昌江县入海，万泉河向东流至琼海附近入海，这些河流都比较短小。北部为浅海沉积物和玄武岩组成的宽广台地，海拔多在50米以下，台地上也有一些近代火山锥，如临高的高山岭、琼山的雷虎岭等，地形与雷州半岛相似。玄武岩台地以南，儋州、屯昌一带多为花岗岩组成的丘陵。大致在岭口、南丰、和盛一线以南，为高丘（海拔200~250米以上）与低山相交错的地段；以北为低丘（海拔100~200米）与台地相间的地段。在丘陵分布的地区，常有局部避寒、避风的地形，形成种植热带作物最适宜的小气候。沿海平原主要分布在东、西两侧，大部分为海积平原，是主要的农业基地。由于强风搬运的大量沙粒堆积于沿岸地带，形成大片沙荒地，其宽可达20~30千米，多见于本岛的东北和西南沿岸一带。

3. 南海诸岛亚区

南海诸岛包括东沙、西沙、中沙和南沙四大群岛以及黄岩岛，都是珊瑚礁、岛。虽然一般把赤道带与热带之间的界线划在中沙群岛以南，但由于这些大海中的珊瑚礁群岛气候情况基本相似，自然景观及利用方向也相同，故合并为一个亚区。珊瑚礁、岛是热带海洋中特有景观。南海诸岛包括200多个岛、洲、礁、沙、滩，按其距离海面的位置可分为暗滩、暗沙（均位于水下）、礁（位于高潮位与低潮位之间）、沙洲和岛（均位于海面以上）。南海诸岛绝大部分是水下的暗滩、暗沙和暗礁，真正露出水面的岛屿不多。西沙群岛绝大部分岛屿都是生物沙砾在珊瑚礁盘上堆积起来的沙岛（或称灰沙岛），一般四周有高起的沙堤环绕，中间是低地潟湖，海拔为5~8米，面积1平方千米左右。

南海诸岛的珊瑚礁大部是环礁。由于南海海上的风向以东北风和西南风为主，故环礁多呈椭圆形，长轴呈东北—西南方向。如南沙群岛主要由上七、下八岛组成，下八岛是环绕着广阔潟湖的永乐群岛，即永乐环礁中沙群岛由20多个暗沙和暗滩组成，排列成一个椭圆的大礁区，长轴亦呈东北方向；南沙群岛包括岛、洲、礁、滩、沙100多处，其中较大的岛有10多个，最大的岛太平岛平均高出海面3米多，面积0.43平方千米。

南海是处于岛弧内侧的一个新华夏系巨大构造盆地，为亚洲大陆边缘的大型陆缘海，南沙与中沙群岛之间为深海盆地，最深处达5567米。永兴岛地表以下1000多米处有一层相当于老第三纪的红色风化壳，厚度约28米，风化壳下部为变晶质花岗片麻岩，表明南海诸岛的海底为大陆型地壳，从老第三纪末开始下沉，下降过程中有火山喷发，为发育珊瑚礁提供了基础。距今7000~6000年，南海海底地壳才缓慢上升，平均每年上升1~2毫米，珊瑚体才逐渐被抬升到今日高潮位之上。

［气候］　具有热带岛屿季风气候的特征。终年皆夏，年平均温差很小，仅4~6℃，年平均降水量约1500毫米。南海诸岛年内风向的季节更替非常明显，4~9月盛行西南风，10月~次年3月盛行东北风。由于南海诸岛位于广阔的海洋中，尤其接近台风源地，全年风速较大，西沙群岛年平均风速5.4米/秒，东沙群岛6.4米/秒。各月风速以10月~次年2月最大，这一时期初有台风盛行，继而东北季风与东北信风吻合，风力因而加强。

［植被］　珊瑚岛的成陆时间不长，经常受海水浸渍的影响。全年风大，蒸发量远大于降水量，土壤含丰富钙质。在这种环境下，植被为肉质常绿阔叶灌丛、矮林，这是热带珊瑚礁所特有的一种植被类型。植物种类贫乏，树木低矮（因风大），且具有旱生和盐生的特征。滨海珊瑚沙滩内侧为常绿灌丛，高2~5米，多为厚肉质、多浆汁的灌木，如草海桐、银毛树、海岸桐等。珊瑚岛中部有羊角树的矮林，高5~12米，没有附生植物，木质藤本植物很少，也不见茎花和板根现象。永兴岛麻疯桐树极多，形成茂密森林，故永兴岛又称“林岛”。

［动物］　南海诸岛是海鸟栖息的良好场所。由于南海鱼类丰富，故岛上海鸟极多，主要为白腹褐鲣鸟等，西沙群岛有“鸟天下”之称。岛上地表的鸟粪，最厚约1米。在高温多雨条件下，鸟粪迅速分解，释放出大量的磷酸盐向下淋溶，并与钙相结合，形成了鸟粪磷矿，是优良的天然肥料。

九、西南区的自然概况及其划分

（一）西南区的自然概况

1. 地理位置

西南区位于青藏高原东南，贵州高原以西，几乎包括云南省全部和四川省的西南部一角。北起北纬28°左右，约自西昌以北，经九龙、木里至香格里拉（原中甸）附近；东界自大凉山向南经雷波、昭通、会泽、宣威、北盘江西部，至富宁附近；西面与南面至国界。

2. 地形

西南区山原地形结构包括广大的夷平面、高耸的山岭、低陷的盆地和深切的河谷。在元江、雅砻江以西，山脉和河流南北纵列，高山深谷平行排列，常称为横断山脉区。这些平行的高山，大致在北纬26°以北，自西向东有高黎贡山、怒山、大雪山等，其间奔流着怒江、澜沧江、金沙江、雅砻江等大河。这里地质构造复杂，褶皱紧密，断层成束，河谷深切。河间准平原已被破坏殆尽，山岭则常高达4000米以上。金沙江在石鼓以下，雅砻江在洼里附近，因受断裂影响，都作“之”字形的大转折。石鼓以下的金沙江虎跳涧峡谷，江面海拔不到1800米，而两岸的玉龙雪山和哈巴雪山海拔均在5000米以上，从江面到两岸山峰高差达3000米左右。河流落差170米，最狭处河宽仅30米，水流湍急，汹涌澎湃，声闻数里，其险峻远胜过渝鄂间的长江三峡，是世界罕见的大峡谷。北纬26°以南，夷平面尚有大面积保存，这就是“云南高原面”。山岭高度也渐降低，只有个别高峰超过3000米。山脉走向受构造作用作帚形分出，称为滇南帚形山系。自西而东有雪山、邦马山、无量山、哀牢山，其间为怒江、澜沧江、把边江和元江，相对高度不到1500米。哀牢山和元江谷地以东为海拔2200~2400米的云南高原，高原的东南部岩溶地貌十分发育，为典型的岩溶高原，以路南石林最为著名。西南区山原上还分布着许多低陷而宽阔的盆地，当地称为“坝子”。如海拔在1000米以下的盈江、芒市、景洪、勐腊等，还有海拔1300~2000米的文山、昆明、保山、丽江、西昌等。这些坝子是当地人口和农业的中心。

3. 气温

云南中部海拔1500~2000米的盆地，如昆明等，一般没有夏天，春秋季长达9~10个月，冬天长约两个月，但1月平均气温达7.7℃，加之冬季晴天多，空气干燥，日照充足，白天气温容易升高，因此实际上并无寒冷的感觉。海拔1300米左右的盆地，如思茅等，则既无冬季，也无夏天，全年各月均为春秋季。西南山原一般气温年较差小，日较差大，反映出热带山地的特征。如昆明的年较差仅12.1℃，1月平均日较差却为14℃，盈江1月日较差竟达20℃以上。所以，云南中部高原的保山、昆明等地，虽然积温和年平均气温与华中区衡阳等地相似，但气候差异很大。因此，在物候上，昆明的桂花、菊花能四季开花，与华中区完全不同。如昆明月均温10℃以上有9个月，同期总平均气温只有16.7℃，故热量资源不够丰富，种植双季稻目前尚比较困难，但复种指数达150%。

4. 热带山原植被与土壤

大致在海拔1000米以下的盆地和谷地，植被和土壤具有热带特征，植被属于热带季雨林，发育着砖红壤。海拔1000~2500米则具有亚热带特征，形成亚热带干性常绿阔叶林与山原红壤。由于云南高原寒潮不易到达，故亚热带常绿阔叶林可分布到海拔2800~2900米处。这里的亚热带常绿阔叶林亦与东部亚热带不同，槠属和栲属树种较为简单，主要由较耐旱的滇青冈、高山栲和白皮柯组成，林内极少藤本植物和附生植物，没有或极少有喜湿的蕨类植物。海拔2600~2900米处的针阔叶混交林也与东部亚热带不同，有耐旱的硬叶常绿阔叶的高山栎，而没有喜湿的山毛榉等。此外，云南松是西南区的代表性植物，它是强阳性树种，喜暖耐干，故广泛分布于云南高原的酸性土壤地区。上述植物特点都与热带山原冬季温暖、干旱的气候有密切关系。

西南区植被—土壤垂直带谱大体可归纳为两个主要类型，即具有山地黄棕壤、苔藓林的热带山地垂直带谱，具有山地漂灰土和草甸土、冷杉和落叶松林的亚热带山地垂直带谱。前者如高黎贡山南段、无量山、金平老岭、屏边大围山等，后者如点苍山、玉龙雪山、沙鲁里山南端等。

云南西北部的横断山脉地区，大致从高黎贡山向东至金沙江岸的桥头（石鼓附近）一线，此线以南为湿润型植被，以北为干旱型植被。如铁杉的环境特点是温凉湿润，它仅分布于此线以南，尤以高黎贡山（2700~3300米高度）分布最广。此线以北，怒江沿岸多仙人掌，突出地反映这里的干旱环境。硬叶的黄栎在山坡上分布也很广。横断山脉东坡西坡也湿润程度不同，故其垂直带谱也有差异。例如高黎贡山2000~2500米的高度上，西坡迎西南季风，植被类型是带有苔藓林状态的湿性山地常绿栎林，以细叶青冈、石栎等为主，林内层林复杂，种类繁多。而在同高度的东坡，则为以云南松为主的亚热带松林。至于峡谷下部，则出现羊蹄甲、攀枝花、霸王鞭、仙人掌、牛角瓜等植物为主的稀树灌丛草原。

（二）西南区的自然区划

以农业活动占优势的盆地和谷地为准，将西南区划为具有山原热带性景观的滇南山间盆地区和具有山原亚热带性景观的云南高原亚区。此外，横断山脉是一个特殊的高山深谷地区，也应划为一个亚区。

1. 云南高原亚区

云南高原亚区包括云南省中部和东部以及四川省西南部。云南的点苍山和哀牢山以东地区是一个比较完整的高原，大部分地面海拔在1400~2200米，北部较高，渐向南部降低，滇东南的南盘江、普梅河与盘龙江等谷地降至1000米以下。

云南山原面积广大，由于岩石的组成不同，表现为不同的自然地理特征。滇中为紫色砂岩、页岩为主的红岩高原，滇东南为碳酸盐类岩层构成的岩溶高原。滇中高原是西南区中夷平面保存较完整的部分，其间以昆明至下关间最为典型。夷平面上中生代红色岩系分布甚广，质地较疏松，易被风化剥蚀，形成了高原上的平缓丘陵。高原新构造运动活跃，断裂下陷形成许多盆地，有时构成断裂湖。循南北向断裂发育的盆地有大理、昆明、澄江、昆阳、晋宁、开远、蒙自等，湖泊有洱海、滇池、抚仙湖，阳宗海等；循东西走向断裂发育的盆地有石屏、建水、鸡街等，湖泊有异龙湖、杞麓湖等。断层湖一般较深，如抚仙湖最大深度达 151.5 米。

［热量］　全年热量比较丰富，除海拔超过 2500 米的山地外，广大地区活动积温在 4000~6500℃。冬季气温偏高，最冷月平均气温大多在 8~10℃。由于北部有山地屏障以及热带大陆气团势力大而稳定，寒潮入侵极少，尤其是宣威、昆明、元江一线以西，基本上没有寒潮侵袭，冬季不见急剧降温现象。但在滇东南，可出现 0℃的极端低温，由于降温时间不长，对农业生产的危害性不大。

［降水量］　本亚区年降水量在 1000 毫米左右，干湿季分明，降水量的 80%~90%集中于下半年。其分布自南向北减少，金沙江南岸各支流河谷为背风坡，降水量少，如元谋、楚雄、祥云等地年降水量一般不到 750 毫米。此外，在南部背风的河谷地段，如元江位居哀牢山东坡，年降水量只有 735 毫米，具有干热的稀树草原景观。

［植被］　滇中高原亚热带常绿阔叶林的建群种，主要为耐干旱的云南特有种云南松等。植被的生态结构也反映滇中偏干性的特征，如落叶树种多，硬叶、小叶、多刺、多毛的植物多等。在植物区系上，滇中高原的植被内含有大量热带的科和属，有的热带大叶型的木本如山玉兰等已适应于目前滇中高原环境，这也证明滇中高原的土壤为山原红壤或褐红壤。

2. 横断山脉亚区

横断山脉亚区包括哀牢山—点苍山以西地区，这里南北走向的高山与深谷平行排列，大致在保山、下关一线以北，山岭与河谷排列紧密，相对高差最大。自然景观垂直分带明显，一些高山顶部还存在着小型的现代冰川和永久积雪。如玉龙雪山，在 2000 米以下的金沙江谷地内为以中草、高草群落为主，间有旱生植物生长，沿江有仙人掌、霸王鞭、山枣子等，土壤为褐土、褐红壤；2000~3100 米主要为云南松林，低处有黄栎矮林，土壤为山地红壤；3100~3800 米为冷杉林，局部有丽江云杉和红杉林，林下发育山地棕榱和山地暗棕壤；3800~4500 米为高山草甸、杜鹃灌丛和高山寒漠群落，土壤为高山草甸土和高山寒漠土；4500~5000 米以上为永久积雪区和现代冰川。这一垂直带谱图式可代表本亚区内景观垂直带的一般规律。从高黎贡山到老君山（澜沧江与金沙江间分水岭），西部主要受西南季风控制，气候湿润，东部主要受东南季风和高原极地气团影响，比较干燥，干湿季明显。在理、保山一线以南，地形上属于滇南帚状山脉区，山脉与河流在澜沧江以东，主要是西北—东南走向，以西多半是东北—西南走向。两河之间保存有一定面积的高原面，并有一些宽广的山间盆地。气候较滇中高原为湿润，年降水量 1400 毫米左右，干季的干旱现象也不如滇中显著。这里，海拔 2000 米左右的亚热带常绿阔叶林其组成成分及群落结构与滇中亦略有不同，主要由刺桫椤、山蕉等，藤本植物也较多。

3. 滇南山间盆地亚区

滇南山间盆地亚区东起富宁，西至芒市、盈江，包括西双版纳及河口等地区，山岭海拔较低，大部已降至 1500 米以下，只有少数山岭可到 2000 米以上。元江、澜沧江、怒江以及龙川江谷地，海拔大都不到 800 米，至下游降至 300～500 米，元江下游的河口更降至 76 米，是西南区内海拔最低的地方。这些河流及其支流的河谷，分布着一些宽广的盆地，海拔一般不超过 1000 米，如景洪、芒市等，是本亚区农业和热带作物的中心。

［河谷盆地热量资源］　滇南这些海拔较低的河谷盆地，热量资源丰富，积温>6500℃。最冷月平均气温 15～16℃，气温日较差为 10～16℃，年降水量一般为 1250～1600 毫米，最多地区可达 1800 毫米以上，年雨日 170～200 天，年相对湿度 81%～87%，且常风小，静风多，年平均风速 0.5～0.8 米/秒，为比较典型的热带季风气候。夏季，哀牢山以西地区主要受西南季风控制，哀牢山以东则主要受东南季风影响。自中国东部来的寒潮往往可影响哀牢山以东地区，哀牢山以西则基本上不受寒潮侵入。

［哀牢山以西气候］　哀牢山以西气候一年可分三季：雨季，5 月中下旬至 10 月下旬，降水量占全年 90%左右；干凉季，11 月上旬至 3 月下旬；干热季，4 月上旬至 5 月上旬，此时太阳直射地面，天气晴朗无云，故气温为全年最高。7、8 月因无日不雨，气温反稍低。滇南一些盆地的海拔较高，一般在 500 米以上，最热月气温 25℃左右。每年 10 月至次年 3 月干季内多雾，平均每月 20～28 次，多雾日 140～160 天，为相同纬度所少见。如允景一带，全年的雾日达 141 天，大勐龙 125 天，每天浓雾持续时间达 5 小时以上，如下毛毛细雨，平均日雾量等于降水量 0.1～0.3 毫米。西双版纳即有“雾州”之称。

［哀牢山以西准热带雨林］　哀牢山以西准热带雨林为热带与亚热带之间的过渡性植被，上层乔木以栎类为主，下层草木则主要是热带种类，整个群落的区系组成，热带成分约占 60%。林内的附生、寄生和藤本植物丰富，故森林结构与季雨林大同小异。典型热带植物如山姜、木质大藤本（沙拉藤、黄藤等）以及树干上附生的鸟巢蕨、麒麟叶等均常见。此类森林可以西双版纳的普文（海拔 900 米）为代表，这里环境十分潮湿，上层树木以山毛榉科、樟科及栎类为主，高 20～50 米，形成浓密的林冠，林内附生植物特别发达，以苔藓为主，最厚达 12 厘米。

动物也有较浓厚的热带性。如西双版纳的准热带地区有印度野牛、亚洲象、双角犀鸟、孔雀等热带动物。这里，准热带的北界是一明显的动物地理界线，如蓝纹老鼠、懒猴、卷尾熊狸、椰子猫等热带动物均仅分布于界线以南。同样，绿鹭、青足小鹧鸪、栗头蜂虎、竹啄木鸟等热带鸟类也仅分布于界线以南。

［西双版纳热带作物］ 西双版纳是中国主要热带作物基地之一，有橡胶宜林地约 200 万亩，已种橡胶 67 万亩。这里昼夜温差较大，水热条件的有效性较高。白天有害高温少，有利于光合作用的进行；夜间气温低，呼吸所消耗的物质少，有利于物质积累。因此，西双版纳橡胶的单位面积产量为全国之冠，比海南岛约高出 1/4，是中国植胶经济效益最高的地方。在云南省内，西双版纳橡胶单产较环境条件较差的红河、德宏约高 1/3。最近，又在西双版纳推广橡胶与其他热带作物间种的人工生态系统，包括 4 层植物，最高为橡胶树，橡胶树下种萝夫木（灌木），树间植云南大叶茶，地面种砂仁，这样进一步提高了橡胶园的经济效益，并改善了橡胶树生长的小气候条件。

双角犀鸟

［哀牢山以东气候］ 哀牢山以东，海拔较低的河谷一般较狭，无宽广的盆地，故热带面积实际不大。这里夏季受东南季风控制，并受台风影响，故降水量较多，一般每年有 1500 毫米左右。如河口年降水量达 1800 毫米。由于海拔低，热量丰富，积温有 8220℃。云南东南部红河支流的一些河谷，最低海拔在 200～300 米，年平均气温 21～23℃，与河口相近。在这种湿热条件下，海拔 500 米以下为热带雨林，上层树木有龙脑的滇龙脑类。毛坡垒、野麻科的四数木、隐翼科的隐翼等东南亚典型热带树木。土壤中含水量较高，粘粒中矿物赤铁矿含量较砖红壤少 20%，故土壤呈黄棕色或黄色，称为黄色砖红壤。

第三章　中国行政区划

一、北京市

（一）行政区划

北京市简称京，中华人民共和国首都。北京市位于内蒙古高原和华北平原的交界处，地处东经115°25′~117°35′、北纬39°28′~41°05′。北京市东南和天津市接壤，西、南、北与河北省毗连。全市面积1.64万平方千米。辖东城、西城、朝阳、海淀、丰台、石景山等16个区。市府驻通州区。

[东城区]　东城区位于市中心区东部，面积41.84平方千米。全国铁路交通枢纽——北京站位于区境南部。王府井商业街、百货大楼、新东安市场等工商企业均在区境内。医疗卫生机构著名的有北京协和医院、北京医院、同仁医院、北京中医医院和北京市妇产医院等。中央美术学院、中国协和医科大学等高等院校设立于此。文化体育设施众多。天安门广场、天安门城楼、太庙、社稷坛、故宫博物院等名胜位于区境内。天安门广场正中为人民英雄纪念碑和毛主席纪念堂、西侧是人民大会堂，东侧是中国国家博物馆，南侧是正阳门和箭楼。区内还有毛泽东、茅盾、老舍等名人的故居。历史上著名的“五四运动”就发生在该区内。

[西城区]　西城区历史悠久，是北京城的发祥地，现为京城商业文化区。西城区位于市中心区西部，面积50.70平方千米，截至2022年末，西城区常住人口110.0万人。区内有多条交通干线贯通东西南北，还有环城地铁通过。大栅栏、珠市口西大街、菜市口等是传统的繁华商业区，驰名中外的琉璃厂文化街也在本区内。古迹有牛街礼拜寺、天宁寺塔、法源寺等。名胜有陶然亭公园、大观园等。还有纪晓岚、康有为、谭嗣同、鲁迅等名人故居以及李大钊、毛泽东、周恩来等革命家从事革命活动的故址。

[海淀区]　海淀区位于市区西北部，面积431平方千米。辖22个街道5镇2乡。区内地势西高东低，河湖密布，有高粱河、清河、万泉河、南长河、小月河、南沙河、

北沙河、永定河引水渠、京密引水渠及昆明湖、玉渊潭、紫竹院湖、上庄水库等。农业主产小麦、蔬菜，兼产肉、禽、蛋、鱼、水果。海淀区是著名的教学园区，驻有高等院校 60 所，其中有著名的北京大学、清华大学等。海淀区还是著名的高新技术产区，高新技术已成为区域经济发展的支柱，这里形成了电子信息、光机电一体化等四大支柱产业。

（二）人口、民族

2008 年北京市常住人口 1695 万，2022 年末，北京市常住人口 2184. 3 万人。本市人口年龄构成属年轻型，正处于向成年型过渡阶段，劳动力资源充足。由于北京是中国政治、经济，交通和文化中心，所以各种专业人才云集。全国 56 个民族在北京都有分布，其中少数民族人口近 50 万，占全市户籍人口数的 3. 84%。人口在万人以上的少数民族有回族、满族、蒙古族。

（三）历史文化

北京有着悠久的历史和灿烂的文化。早在 70 万年前至 50 万年以前，原始人群部落“北京猿人”就在北京西南的周口店一带繁衍生息。北京人创造发展了旧石器文化，对华夏民族形成产生过深远的影响。秦始皇统一中国后，北京一直是北方军事交通重镇和地方政权的都城。北京又是六朝古都，作为燕国、辽朝、金朝、元朝、明朝、清朝六朝都城，北京拥有大量的文物古迹和深厚的文化内涵。是中国七大古都之一，也是世界历史文化名城和古都之一。1919 年北京爆发了伟大的五四运动，揭开了中国现代史的序幕。新中国成立后，北京成为现代中国政治、文化的中心。

[北京猿人遗址]　北京猿人遗址位于房山区周口店龙骨山。1929 年中国古生物学家裴文中在此发现原始人类牙齿、骨骼和一块完整的头盖骨化石，因而定名为“北京猿人”。并找到了“北京猿人”使用的石器和生活、狩猎及用火的遗迹，证实了 50 万年以前北京地区已有人类活动。这一发现和研究，奠定了这一遗址在全世界古人类学研究中不可替代的特殊的地位。周口店遗址是世界上迄今人类化石材料最丰富、最生动、动植物化石门类最齐全而又研究最深入的古人类遗址。当时北京猿人的平均脑量达 1088 毫升（现代人脑量为 1400 毫升），身高为男 156 厘米，女 144 厘米。北京猿人属石器时代，加工石器的方法主要为锤击法，其次为砸击法，偶见砧击法。北京猿人还是最早使用火的古人类，并能捕猎大型动物。但北京猿人寿命较短，据统计，68. 2%死于 14 岁前，超过 50 岁的不足 4. 5%。北京猿人创造出颇具特色的旧石器文化，对中国华北地区旧石器文化的发展产生了深远的影响。

北京周口店山顶洞遗址，距今约 2 万至 1 万年。遗址中发现的山顶洞人化石共有 8

个男女老幼个体，这些化石个体不论脑量还是人体体质特征都和现代人接近。洞穴中还发现 54 种脊椎动物化石，其中绝大部分为华北及东北地区的现生种。山顶洞人能制造石器和骨器，而且能在骨器上制作一些精致的装饰品。山顶洞人属旧石器时代古人类，是接近现代人的“北京猿人”。

［关汉卿］　关汉卿（约 1220—约 1300）是元代杂剧作家，大都（今北京市）人，约生于金末或元太宗时。关汉卿编有杂剧 67 部，现存 18 部。其中《窦娥冤》《救风尘》《望江亭》《拜月亭》《鲁斋郎》《单刀会》《调风月》等都是他的代表作，对后来戏剧艺术乃至整个文化的发展产生了积极的影响。关汉卿生活在一个政治黑暗腐败、社会动荡不安、阶级矛盾和民族矛盾十分突出、人民生活在水深火热之中的时代，他的剧作深刻再现了社会现实，充满着浓郁的时代气息，具有强烈的现实性和积极昂扬的战斗精神。作品既有对官场黑暗的无情揭露，又热情讴歌了人民的反抗斗争。慷慨悲歌，乐观奋争，构成关汉卿剧作的基调。在关汉卿的笔下，写得最为出色的是一些普通妇女形象，如窦娥、赵盼儿、杜蕊娘等，各具性格特色。

北京周口店山顶洞遗址

［京剧］　京剧是中国国粹，于清光绪年间形成于北京。京剧的前身为徽剧，通称皮簧戏。经历 200 多年的演变发展，京剧已成为中国戏曲的代表剧种，它有优美、独特的唱腔和念白，并融入了中国武术技巧的舞蹈动作。象征性格和命运的脸谱是京剧的一大特色。红脸代表忠勇、黑脸代表刚正、白脸代表奸诈、金脸和银脸代表神妖等一目了然。京剧角色的行当划分比较严格，早期分为生行、旦行、净行、丑行、杂行、武行、流行（龙套）七行，以后归为生、旦、净、丑四大行。

［侯宝林］　北京人，满族，中国相声界具有开创性意义的一代宗师、语言大师。他幼年家境贫寒，被送到一位侯姓厨师家收养，从此改姓侯。12 岁时学演京剧，后改说相声。从 1940 年起，一直与郭启儒搭档，合演对口相声，合作长达 20 多年。侯宝林是相声艺术发展史上极负盛名的艺术家。他在相声界带头净化了相声说演的语言，提高了相声的审美趣味，使这门艺术真正走进千家万户，达到了一个令人瞩目的艺术高峰。他的说演语言清新洗练，台风从容洒脱，形成了颇具学者底蕴的儒雅风格，人称“侯派”。他与人合著的《相声溯源》《相声艺术论集》等著作对相声和曲艺的源流、规律和艺术技巧进行了理论研究，使相声艺术朝着艺术自觉的方向发展。代表作品有《关公战秦琼》《夜行记》《改行》《醉酒》等。

［北京绢人］　北京绢人是传统的民族手工艺品，有 1000 多年的历史。它取材于中国民间故事中的历代仕女、戏剧人物和民族舞蹈造型等。艺人们经过雕塑、彩绘、服装、道具和头饰等十几道工序的精细手工制作，做成栩栩如生的立体人型。它的头脸和双手都是用蚕丝制作的，从头到脚、从里到外都选用上等的丝绸、纱绢做成，“绢人”由此得名。北京绢人制作精美，神态各异，色彩绚丽，风格高雅，具有很高的欣赏价值和收藏价值。

［北京国子监］　国子监位于北京安定门内成贤街，是元、明、清三代的国家最高学府，也是掌管国学政令的机关。北京国子监创建于元大德十年（1306）。北京国子监第一任祭酒（校长）是元代著名理学家许衡。当时有学生 200 余人，在这里学习的学生叫“监生”。监生大致有三种来源：一是从全国各地的秀才中选拔的正途监生；二是外国留学生；三是“捐监”，挂名监生，只要交足银子，就可算是监生。

［恭王府］　北京城现有 60 余座清代王府，其中恭王府是保存最完整的一处，也是世界上最大的四合院。它位于什刹海北岸。恭王府的建筑，可分为府邸和花园两部分。占地 31000 多平方米，是清道光皇帝第六子恭忠亲王的府邸，前身为乾隆时大学士和坤府。恭王府分为平行的东、中、西三路。由三条轴线贯穿的多进四合院组成。中路 3 座建筑是宅邸的主体，一是大殿，二是后殿，三是延楼；东路和西路各有 3 个院落和中路建筑遥相呼应。恭王府府在前，园在后。花园名“萃锦园”，占地 25000 多平方米。恭王府的建筑富丽堂皇，花园幽深秀美，极为奢华气派。

［五四运动］　五四运动是中国历史上首次由学生发起的反帝反封建的民主运动。第一次世界大战后，美、英、法、日等协约国于 1919 年 1 月在巴黎召开和平会议。会上，中国代表团提出取消列强在华特权、取消中日不平等条约“二十一条”、收复山东等要求，但遭到列强拒绝，而且北洋政府准备在和约上签字。消息传出后，5 月 4 日，北京学生 3000 多人从沙滩北大红楼出发，在天安门前举行集会，要求外争国权、内惩国贼，要求收回山东主权、取消不平等的“二十一条”等。会后举行示威游行，并火烧赵家楼曹汝霖宅院，痛打章宗祥。北洋政府派军警镇压，逮捕学生 30 多人，全北京市中等以上学校学生立即举行总罢课并通电全国。各地学生包括在日、法等国的留学生及在南洋等地的侨生也纷纷响应，举行游行、集会、演讲等爱国活动。到 6 月 3 日、4 日，北洋政府又逮捕北京学生近千人。6 月初，为支援学生的爱国行动，上海、天津、南京、武汉、九江及山东、安徽等地工人举行了中国历史上首次政治大罢工。6 月 6 日至 10 日，北洋政府被迫释放被捕学生，撤去曹汝霖、陆宗舆与章宗祥的职务，并拒绝在巴黎和约上签字。五四运动是彻底反封建文化的新文化运动，推动了新文化运动在全国各地的展开。

［老舍］　老舍（1899~1966）中国现代著名作家。原名舒庆春，字舍予，满族，北京人。老舍出生于一个贫苦旗人家庭，1918 年北京师范学校毕业，做过中学教员和小学校长。1924 年赴英国任伦敦大学东方学院汉语讲师，其间阅读了大量英文书籍，

并从事小说创作。1930年回国。抗日战争爆发后，老舍南下赴汉口和重庆，从事以抗战救国为主题的各种形式的文艺作品创作活动。1946年应邀赴美国讲学1年，后旅居美国从事文学艺术作品创作。中华人民共和国成立后应召回国，参加政治、文化和对外友好交流活动，曾因创作优秀话剧《龙须沟》而被授予“人民艺术家”称号。“文化大革命”初期遭迫害而弃世。老舍一生创作了约计800万字的作品。主要著作有：小说《骆驼祥子》《火葬》《四世同堂》《月牙儿》，话剧《龙须沟》《茶馆》《春华秋实》《西望长安》，另有《老舍剧作全集》《老舍散文集》《老舍诗选》《老舍文艺评论集》和《老舍文集》等多部作品留给后世。老舍的作品大量使用北京口语，展示了特殊历史背景下北京普通老百姓的生活。

［王洛宾］　北京人，中国杰出的音乐家、艺术家。他早年毕业于北京师范大学艺术系，抗战爆发后参加革命，从事宣传工作。1949年9月，他参加中国人民解放军，同年随军进入新疆。在此后的近半个世纪中，他的足迹遍布大西北，先后收集整理、改编翻译了十几个民族的700多首民歌，并创作了大量具有浓郁西部特色的优秀民歌，先后出版了8部歌曲集，使中国的西部民歌不仅流传全国，而且传遍了全世界。由于在中国民歌的搜集、整理、传播、创作方面做出的巨大贡献，他被人们尊称为“中国民歌之父”。他所创作、整理的《在那遥远的地方》《半个月亮爬上来》《达坂城的姑娘》《阿拉木汗》《青春舞曲》等歌曲，至今仍在世界各地的华人中广为传唱。

［北京胡同］　北京的胡同，绝大多数都是正东正西，正南正北，与宽阔笔直的大街一起构成了北京十分方正的布局。胡同是由坐北朝南的四合院并列成排而组成的，所以东西向的胡同多，南北向的胡同少。这一布局表明古城北京的建筑是经过合理规划，符合北方人生活习惯的。而这种规划正是吸收历代帝都的建造经验，体现中国历代城市规划的传承特色。北京城星罗棋布的胡同有6000条之多，很多胡同名称从元代经明清一直沿用至今。北京胡同的名称包罗万象，但大多数与老百姓的生产生活相关。柴棒胡同、米市胡同、油坊胡同、盐店胡同、酱坊胡同以及麻花胡同、烧饼胡同等，连日常用具砂锅、银碗、挖耳勺也皆成胡同名。

北京胡同之最

现今最长的胡同：东、西交民巷，全长3000米。最短的胡同：一尺大街，共长25.23米，现已并入杨梅竹斜街。现今最宽的胡同：灵境胡同，最宽处达32.18米。现今最窄的胡同：小喇叭胡同，北口尚不足0.6米。现今拐弯最多的胡同：九湾胡同。现今最古老的胡同：砖塔胡同，始建于元代。仅存的胡同过街楼：儒福里的观音院过街楼。仅存的胡同琉璃牌坊：神路街北的东岳庙牌坊。现存的胡同木牌楼国子监街东口成贤街牌楼。仅存的胡同拱门砖雕：东棉花胡同15号院内的拱门砖雕。

［北京四合院］　北京四合院，是中国北方住宅建筑中一种传统的布局格式，体

现了中国古代“前堂后寝”的礼制规格。四合院形成于汉代，到唐宋时广泛使用，到明代已完整，历史非常悠久。北京现大量存在的都是清代建造的四合院。四合院一般的布局是东南西北四面建房，中间围出一个院子与胡同相连。四合院多为坐北朝南，院门都开在东南角，门内迎面建影壁，院内房子有正房、厢房、耳房之分。四合院有大、中、小之分，典型的四合院分“进”，一套四合院就叫一“进”，院子可从南向北层层递进，一进连着一进。北京四合院以二、三进居多，院子和房屋的比例适中，户外活动或家中起居都比较舒适，是符合普通市民长期选择所产生的民居建筑。

（四）气候

北京属典型的温带大陆性气候，四季分明，冬季寒冷干燥、夏季高温多雨，春秋短、冬夏长。大部分地区无霜期在6个月以上，年平均降水量626毫米。夏季降水占全年降水量的70%。当东南季风边缘摆动到北京附近时，南来的暖温空气与北方冷空气相遇，形成7、8月高温多雨天气，对农业生产有利；冬季盛行西北季风，经常出现大风、降温天气；秋季天高气爽，舒适宜人。旱涝为北京主要灾害，以春旱为多，对农业生产影响较大，平原洼地常有夏涝，山区时有雹灾发生。

（五）自然资源

北京境内动植物资源丰富。有各类植物2000多种，其中野生植物约占一半。植被类型以暖温带落叶阔叶林、暖温带针叶林为主，针叶林以油松为主。百花山、妙峰山、东灵山等地是著名的天然植物园。北京境内有矿产数十种，其中煤和铁储量较大，还有金、银、铜、铅、镍、钼和石灰岩、大理石、耐火黏土等矿产。另外北京还发现多处地热异常带和地热田。

［月季］　月季，别名长春花、月月红、四季蔷薇等，是北京的市花。月季属蔷薇科，落叶小灌木。植株直立，枝干青绿色，基部为灰褐色，生有尖刺，或无刺，叶互生，奇数羽状复叶，小叶3~5枚，卵圆形至披针形，边缘有锯齿，叶表暗绿色，新生枝叶呈紫红色。花单生或簇生成伞房花序，生于枝顶，花瓣20~30片，花色有红、紫、黄色，偶有白色。花期2~12月。果实球形或壶形，冬季成熟，内含栗色种子多粒。月季原品种产于中国，已有千年的栽培历史，17~18世纪输入欧洲，被誉为“花中皇后”。因月季对环境适应性较强，喜温暖凉爽的气候和充足的阳光，耐旱、耐寒，所以中国很多省份都有栽培。月季不仅有很高的观赏价值，而且对许多有毒气体有吸附作用，是保护和美化环境的优良花卉。

［遗鸥］　遗鸥属于鸥科，中型水鸟，国家一级保护动物。全长44厘米左右。上体灰色，头、上颈黑色，眼上、下各有一半圆形白斑，颈项、腰、尾白色，下体纯白，

嘴、脚暗红色。栖息于大型水域，主食鱼类、水生无脊椎动物及植物嫩茎叶。遗鸥的繁殖地为干旱地区的湖泊，常在沙岛上筑巢，与燕鸥、噪鸥、巨鸥的巢混在一起。湖区生态环境单调，多为荒漠、半荒漠地区。每年5月中下旬遗鸥产卵，每窝2~3枚，卵灰绿色具黑斑，卵色变异大。孵卵期24~26天。遗鸥为晚成鸟，雏鸟约40天后具飞翔能力。遗鸥分布于北京、内蒙古、河北、山西、甘肃。遗鸥为世界濒危物种，近年内蒙古鄂尔多斯发现比较稳定的繁殖种群，为世界已知最大的群体。

［勺鸡］　勺鸡，别名柳叶鸡、松鸡。属于雉科，中型鸡类。全长约60厘米。雄鸟头顶前部黑色，后部暗绿色，头顶有棕黑色的长冠羽，下眼睑具一白斑。背羽灰色，具“V”形黑色纵纹，羽片披针形。飞羽暗褐色。尾上覆羽和尾羽褐灰色，具杂斑，末端白色。下体胸部栗色，越向腹部羽色越淡，杂有白纹。雌鸟头顶黄褐，羽基黑色，上体棕褐色，背羽也具“V”形黑纹。下体淡栗褐色。栖息于海拔700~4000米的高山针阔叶混交林中，也活动于山脚下的沟边灌丛间，常随季节的变化而作垂直迁动。勺鸡以草籽、草根、果食和种子以及菌类生物为食。4月底至7月初繁殖，用杂草和树叶在地面筑巢，每窝产卵5~7枚，乳黄色，带不规则浅红或茶褐色的粗斑。孵卵以雌鸟为主，孵卵期21~22天。勺鸟属早成鸟，雏鸟出壳后能独立活动。勺鸟常成对活动，秋冬组成家族小群。北京的百花山有勺鸡分布。勺鸡为留鸟。

勺鸡

（六）经济

北京工业门类包括冶金、煤炭、电子、机械、化工、轻工、纺织、印刷等行业，已形成较为完整的工业体系。其中高新技术产业对全市工业增长的影响越来越大，已成为带动工业增长的龙头。全市耕地总面积348.3万亩，可灌溉面积占80%以上，农业机械化已广泛应用。农业主产小麦、稻谷、玉米等。还建立了副食品生产基地。商业服务业发达，并已初步形成行业基本配套、门类比较齐全、营业网点大中小型结合的商业体系。

北京是全国交通中心，铁路、公路和航空运输的总枢纽，并有多条国际列车、国际航线通往国外。

［农业］　北京全市土地总面积约占全国的0.17%，土地类型多样，在耕地中，水

浇地、水田、旱地的比例大致是7∶1∶2。水田主要分布在南部和东南部洼地地区，山区水利化程度较低。20世纪80年代以来，北京调整农业结构，加速发展蔬菜、牛奶、禽蛋、肉类、果品、水产等农副产品，商品率有较大提高。全市有林地105.42万公顷，在低山地带分布最广。从20世纪50年代至80年代末，农业种植比重逐渐下降，副业、畜牧业地位上升。

［工业］　北京工业三大支柱是电子及机械制造、化学及石油化工、纺织业。三者产值占全市工业总产值的半数以上。从全国角度来看，北京的有机化学工业居全国首位，文教艺术品居第二位，电子、毛纺织居第三位。在工业结构中，重工业所占比重相当大。自20世纪80年代以来，工业生产开始转变发展方向，逐步调整轻、重工业比例，食品、电子、轻纺工业获长足发展，轻工业比重有较大提高。

［交通］　北京是中国的交通枢纽。铁路方面，北京通往全国各地的主要铁路干线有京沈、京广、京九、京沪、京包、京承、京通、京原等线。此外还有直通蒙古、俄罗斯、朝鲜等国的国际铁路线。公路方面，由北京连接各省、市、自治区，通往各大港口及铁路干线枢纽和重要工农业基地的主要放射线有21条，公路质量不断提高。民用航空方面，北京有通往国内各地的民用航空线168条，连接各省省会、自治区首府、直辖市、重要工矿基地及重点旅游区城市。20世纪80年代至今，北京的国际民航发展迅速，首都机场已成为重要国际航空港，有国际航线69条，可直飞亚、非、欧美。环城地铁也在北京建成运营，现已发展成繁忙的地下通道。城际轻轨铁路也已出现。

（七）旅游

北京是中国历史悠久的城市和古都之一。作为燕国郡城的最早记载见于《史记》。到元、明、清三代，北京作为都城，是中国的政治、文化中心。悠久的历史、灿烂的文化给北京留下了丰富多彩的人文景观。北京皇家宫廷、园林、朝坛及宗教建筑遍布，文物古迹荟萃，集中国文化之大成。宏伟的万里长城和规模宏大的紫禁城闻名世界；颐和园、北海、香山等皇家园林的优美景致和瑰丽建筑令人流连忘返。北京的自然景观与人文景观交相辉映。北京背靠万山，前拥九河，自然旅游资源很丰富，名山、森林、草原、溶洞、温泉、河湖不一而足。新中国成立后，现代建筑如雨后春笋，古老的历史沉淀和现代风貌完美地结合在一起，使北京更加秀美，成为向世界展示中国的窗口。

［故宫］　故宫又称紫禁城，位于北京市区中心，天安门广场正北。故宫为明清两代的皇宫，是中国现存最大最完整的古代宫殿建筑群。故宫始建于明永乐四年至十八年（1406~1420），迄今近六百年。故宫占地72万平方米，呈端正的正方形，南北长961米，东西宽753米，周边有高10米的围墙合围，城墙四隅各有一座构造奇巧的角楼耸立城上，故宫外有52米宽的护城河环绕，构成一座壁垒森严的城堡。紫禁城有四

座城门，南面的午门为正门，俗称五凤楼；北为神武门，正对景山；东西称东华门和西华门。宫城内建筑约 16.3 万平方米，有宫殿 70 座，屋宇 8700 间，主要建筑自南而北端正地排列在一条贯通紫禁城的中轴线上，配属建筑分别向东西两侧依次排列，全部建筑群分为外朝和内廷两部分。外朝区占地约 6 万平方米，以太和殿、中和殿、保和殿三大殿为中心，气势磅礴，是皇帝举行大典和召见群臣、行使权力的重要场所。太和殿又称金銮殿，金碧辉煌，殿内正中端放着象征皇权的金漆龙宝座。内廷豪华壮丽，皇帝寝宫乾清宫、交泰殿、皇后正宫坤宁宫，合称后三宫。两侧各有六组宫院，为嫔妃住所，称东、西六宫。内廷与外朝的建筑气氛迥然不同。后廷中轴线北端是御花园，古雅富丽，布局紧凑。

故宫建筑气势雄伟，豪华壮丽，古雅秀美，是中国古代建筑的艺术精华。

[故宫御花园]　故宫御花园原名宫后苑，在故宫的坤宁宫北。正中有坤宁门和园内相通。东南、西南两隅设门，分称“琼苑东门”“琼苑西门”，可通东、西六宫。正北宁贞门外接神武门。园东西长 130 米，南北宽 90 米，占地约 11700 平方米，占故宫总面积的 1.7%。园内有 20 多座建筑，采取了中轴对称的布局，钦安殿正处在中轴线上。东西两路建筑基本对称，东路建筑有堆秀山御景亭、璃藻堂、浮碧亭、万春亭、降雪轩；西路建筑有延辉阁、位育斋、澄瑞亭、千秋亭、养牲斋等。这些建筑多为游憩观赏或敬神拜佛之用。园之东北部叠石建堆秀山，上筑御景亭，是帝后嫔妃“重阳登高”之处。御花园是一座以建筑为主体的宫廷花园，亭台楼阁结构精巧，山石树木安排有序，五色石子甬道四通八达。

[香山]　香山位于北京市海淀区。距市中心约 20 千米，总面积约 2400 亩，这里重峦叠嶂，泉源潺潺，花木郁郁葱葱。最高峰香炉峰巍然挺立。山顶有二巨石，山势陡峭，人称鬼见愁。元、明、清历代帝王都在此兴建离宫别院。清乾隆十年（1745 年）在此大兴土木，修建亭、台、楼、阁共 28 景，并加石垒虎皮墙，取名“静宜园”。历史上多次被毁，后整修扩大，新中国成立后辟为公园。园中名胜遍布，自然景观更为独特，放眼望去风光旖旎。霜秋时节，萝栌换装，满山红遍，如火如荼，大有“霜叶红于二月花”的胜景。

香山红叶与香山马蹄形的地形及香山海拔高对温度的影响有关。在霜秋季节，由于天气变冷，昼夜温差增大，以萝、栌为代表的红叶树种叶子里所含的叶绿素合成受阻，而大量的叶黄素、类胡萝卜素、胡萝卜素、花青素成分增多，使叶子呈现出红黄、橙红等美丽色彩。

[圆明园]　圆明园位于海淀区东部，清华西路北。明代曾是皇族园林，乾隆、嘉庆、道光、咸丰朝重修扩建，前后历时 150 年，形成一座大型皇家御苑。圆明园占地 5200 亩，水域占 1/3，建筑面积 16 万平方米，园内拓湖垒山，架桥铺路，广植花木，造大小山丘 250 多座，各式桥梁 200 余座，有楼、台、殿、阁、亭、榭、馆等园林建筑 140 余处，既显北方园林之雄健，又具江南名胜之秀丽。景点设计多取自于神话传说中

的仙境、历代名画中的意境、江南名园中的胜景，长春园北还建有一组富丽豪华的欧洲古典宫苑，南北兼融，中西合璧，构成举世罕见的园林建筑群，西方人誉之为“万园之园”。著名的有皇帝听政的正大光明殿、宴会用的九州清晏殿、祭祀用的安佑宫、藏书用的文源阁，以及仿桃花源建造的“武陵春色”和仿西湖十景建造的“断桥残雪”“柳浪闻莺”“平湖秋月”等。园中收藏有极为丰富的图书字画，文物珍宝，堪称文化艺术宝库。咸丰、光绪年间，遭列强劫掠焚烧。现仅有长春园西洋楼的部分雕塑残迹和大宫门、正大光明殿等遗址。

［颐和园］　颐和园位于北京市海淀区，距市中心 15 千米。原为皇帝的行宫和花园，金贞元元年（1153）设行宫。清乾隆十五年（1750）开始大规模扩湖堆山，历时 15 年完成，后为英法联军所毁，光绪十四年重建。作为皇家避暑游乐的场所，主要由万寿山和昆明湖组成，占地约 290 公顷，水面占 3/4。计有各种形式的宫殿园林建筑近百处，共 3000 余间，可概括为勤政、居住、游览三大区域。勤政区是以仁寿殿为中心的政治活动区。居住区以玉澜堂、宜云馆、乐寿堂三大园林庭院为主。游览区为全园主体部分，由万寿山的前山、后山和昆明湖三个景区组成。前山景区宽敞开阔，建筑群雄伟豪华。后山景区清幽雅静。昆明湖水天相连，碧波荡漾，湖水、岛屿和堤岸景物交相辉映。东堤有知春亭、铜牛等景点，隔水有南湖岛，一座十七孔白石长桥由堤岸飞跨岛上，状若长虹卧波。西堤穿湖而筑，沿堤杨柳成行，玉带桥流畅挺拔，洁白如玉。湖北岸有一座 700 多米长，满布精美彩画的长廊。颐和园吸取了中国古典造园艺术的精华，把北方山川的雄浑与南方水乡的多姿融为一体，并置入了宗教寺宇、民间庭院、戏楼画廊，以及市井街巷，是集中国园林之大成的稀世之作，有“博物馆公园”之称。1998 年联合国教科文组织世界遗产委员会确定颐和园为世界文化遗产，列入《世界遗产名录》。

昆明湖万寿山以南就是碧波荡漾的昆明湖，昆明湖原为北京西部众多泉水汇集成的天然湖泊，后经多方开拓、引流成现在规模。湖的西部有仿杭州苏堤而建的西堤，西堤上连有界湖桥、玉带桥等六座桥，其中玉带桥以其洁白如玉、宛如玉带而闻名。与西堤相对的东堤是一道石造长堤，其中段是形若彩虹的“十七孔桥”。此桥仿卢沟桥而建，长 150 米、宽 8 米，望柱上有神态各异的石狮 544 只。

佛香阁建在 60 多米高的万寿山前山山坡上，阁高 41 米，外形按武昌黄鹤楼设计，为八面三层四重檐，下有 20 米高的石台基，气势高大宏伟，是全园的中心建筑、颐和园的标志。佛香阁始建于乾隆时，是中国古建筑精品之一，有很高的建筑艺术价值。

石舫　石舫是乾隆引用唐代魏徵所说“水能载舟，亦能覆舟”的故事而造的，象征“永不能覆”的清王朝。舫体以大理石雕成，上面原为中式楼阁。1860 年被英法联军烧毁后改建为洋式舱楼，名为清晏舫，取“河清海晏”之意。舫体有 4 个龙头突出在外，下雨时龙头就吐出水来，颇为壮观。

皇家园林

中国的园林艺术源远流长，有着悠久的历史和独树一帜的艺术风格。从园林本身的隶属关系和使用性质上来说，皇家园林是中国园林中非常重要的一个组成部分。诸如颐和园、圆明园、北海（团城）、中南海、承德避暑山庄等，尽管它们的规模、格局以及园林建筑处理的手法各有不同，但作为皇家生活环境的一个重要组成部分，皇家园林显示出了“皇家气派”。它不仅在外表上表现出宏大的规模和地形的整治，更主要的还显示在建筑方面“台榭金碧”的经营上，或表现为个体建筑的内外形象，建筑群体的空间组合和总体布局上。而在其内容上，它又几乎包罗了中国园林的全部形式，包括大型天然山水园、大型人工山水园、小型人工山水园、庭院等。皇家园林同宫城一样，都是帝王后妃日常活动和居住的地方。不论是在宫城里，还是在远离皇城的行宫皇家园林中，皇帝都可以召见大臣，行使统治国家的权力。所以，皇家园林的功能几乎包罗了帝王的全部活动内容。建筑的多功能，自然决定了建筑形式的多样性。同时，还荟萃了各地区、各民族极富特色的单体形象和组合形式。现在北京的皇家园林，大都是明清两代的遗存。

［八达岭长城］　八达岭长城位于北京延庆区西南，距市区约 75 千米。八达岭地处要冲，是长城的一个隘口，因居庸关道路四通八达而得名。八达岭海拔 805 米，山势险要，悬崖上镌有“天险”二字。八达岭长城依山势而筑，绵延起伏，高低宽窄不一。建于岭上的八达岭关，是居庸关的外围关口和防卫前哨，始建于明初，弘治十八年（1505）以砖石重修，后屡有修葺。关城有两门，东门题额“居庸外镇”，西门题额“北门锁钥”，威武雄伟，气势磅礴。城墙内侧为宇墙，外侧为垛墙，垛墙上有垛口，下有射口，以便瞭望和射击。关城和城墙均以条石和城砖砌筑，墙耳内部填满碎石及黄土，墙顶地面铺方砖，十分坚固。城墙平均高 7. 8 米，最高处达 14 米，底宽 6. 5 米，顶宽 5. 8 米。沿城每隔三五百米筑有方形城台，四周有城垛，按不同功能分墙台、敌台、战台等多种结构。墙台是供守军巡哨避风雨之用；敌台分上下层，上层备燃放烟火设备，并有射口、望口，下层可供 10 余人住宿；战台多设在险要处，有 3 层，上层用作瞭望，称“楼橹”，中层储存兵器物资，有箭窗射口，下层筑高台。长城现逐渐失去防御的历史作用，演变成一处颇具代表性的旅游胜地。

［明十三陵］　明十三陵位于北京市昌平区北部天寿山南麓群山环抱中，距京城约 50 千米，是明代十三个皇帝的陵园。陵区为三面环山，南面是平坦的小盆地，总面积约 120 平方千米。首选建造的是明成祖永乐帝朱棣的长陵，始建于明永乐七年（1409），最后建造的是思宗崇祯帝朱由检的思陵，其间二百多年中，建有献陵、景陵、裕陵、茂陵、泰陵、康陵、永陵、昭陵、定陵、庆陵、德陵等明代皇帝的陵墓。各陵共有一个通道，正对长陵，长 7 千米。南端有一汉白玉石牌坊，面阔五间，六柱十一楼，上覆庑殿顶，夹柱石上雕有神兽、狮、龙等，高 14 米，宽 28. 86 米，建于明嘉靖

十九年（1540），是中国现存最大的古石坊。十三陵以地面建筑宏伟的长陵和已发掘的地下宫殿定陵最为著称。

［天坛］　天坛位于东城区正阳门外永定门内大街路东。始建于明永乐十八年（1420年），清代曾多次重修改建，是明、清两代皇帝祭天祈谷处。天坛占地273公顷，是中国现存最大的古代祭祀性建筑。1998年被联合国教科文组织世界遗产委员会认定为世界文化遗产，列入《世界遗产名录》。天坛分内坛和外坛，有两重坛墙围隔。象征天圆地方的内坛，四周古柏森森，天坛的主要建筑都集中在这里。环绕坛周，在园内南北中轴线上依次排列着圜丘坛、皇穹宇、祈年殿、皇乾殿等，各有门墙相隔，由一条长360米、宽30米大道连成整体，大道高2.5米，称为丹陛桥。

北部的祈年殿为祈谷处，南部的圜丘坛为祭天处。祈年殿是天坛的主体建筑，殿高38米，直径32.72米，为三重檐亭式圆殿。殿顶九龙藻井，极为精美，中央的4根龙柱高19.2米，代表四季，外圈两排柱子各有12根，分别代表12月和12时辰。大殿台基为高6米的三层汉白玉圆台，以石栏环围。

皇穹宇的正殿和配殿都被一堵圆形围墙环绕，墙高3.72米、厚0.9米、周长193米的圆形围墙，俗称“回音壁”，是天坛最有趣的地方。墙的弧度十分有序，表面极为光滑，对声波的折射比较规则。两人分站东西两端，一方对壁说话，声波就会沿墙壁折射前进，一直传到100多米外的另一端，如打电话一般。

［卧佛寺］　卧佛寺位于北京市海淀区西山北麓的寿安山南部，离市中心约20千米，又叫“十方普觉寺”，因寺内有卧佛造像，俗称卧佛寺。该寺创建于唐贞观年间，元、明、清历代都进行了修建。卧佛寺坐北朝南背靠“寿安山”，四层殿院都建在中轴线上，背负青山，层层递进。主要建筑有天王殿、三世佛殿、卧佛殿、藏经楼等。天王殿又叫大肚子弥勒佛殿，殿高15米、宽9.52米，正中供奉大肚弥勒佛，两侧是四大天王。三世佛殿长24.32米、宽13.50米。内供有释迦、药师、弥勒三世佛，两侧有十八罗汉。卧佛殿内供着一尊巨大的铜卧佛，是释迦牟尼涅槃的形象，元代所铸，一臂曲肱而枕，作睡卧状，后面环立着十二尊泥塑佛像，表现释迦牟尼涅槃前在于娑罗树下向弟子嘱咐后事的情景。卧佛全长5米多，实重约54吨，铸造工艺浑朴精致，是中国现存最大的一尊铜卧佛，体现了元代铸造技术和雕塑艺术的极高成就。寺内外古柏参天，环境幽雅。

［大钟寺］　大钟寺位于北京市海淀区魏公村东。清雍正十一年（1733）建，至今山门高悬一块青石匾额，上刻9条穿云飞龙，正中为雍正帝御笔“敕建觉生寺”，即为此寺正式名称。由于寺内有一口闻名遐迩的明代永乐大钟，故又称大钟寺。大钟寺规模宏大，主体建筑有山门，天王殿、正殿、藏经楼、大钟楼等，曾是皇帝祈雨、信徒从事佛事和朝圣的场所。大钟名华严钟，明成祖时铸造，大钟高6.94米，口沿直径3.3米，钟唇厚22厘米，总重46.5吨，堪称钟王。钟身内外铸满阳文楷书佛教经咒22.7万余字，相传为明初书法家沈度的手笔。大钟铸造精致，它有音色好、衰减慢、

传播远之特点，轻击圆润悦耳，重击深沉洪亮，声传15千米以外。

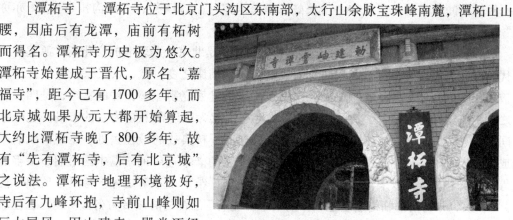

［潭柘寺］　潭柘寺位于北京门头沟区东南部，太行山余脉宝珠峰南麓，潭柘山山腰，因庙后有龙潭，庙前有柘树而得名。潭柘寺历史极为悠久。潭柘寺始建成于晋代，原名“嘉福寺”，距今已有1700多年，而北京城如果从元大都开始算起，大约比潭柘寺晚了800多年，故有“先有潭柘寺，后有北京城”之说法。潭柘寺地理环境极好，寺后有九峰环抱，寺前山峰则如巨大屏风，因山建寺，殿堂逐级向上，参差错落层层排列，四周有高墙环绕。大雄宝殿气势轩昂，毗卢阁建在全寺的最高点，登阁远眺如入画境。牌楼下有一对石狮，雄壮威武。潭柘寺是北京市文物保护单位，她像一处世外桃源，吸引着中外游客。

潭柘寺

［雍和宫］　雍和宫位于北京市东城区雍和中大街，是中国历史上唯一一座行宫改建而成的藏传佛教寺庙。雍正三年（1725）由雍亲王府改建成，迄今已有280多年历史，现为北京市唯一一座保存完好、规模最大的藏传佛教寺院。清代这里曾是康熙皇帝为四子胤禛（雍正皇帝）改建的官邸。胤禛继位后，将雍和宫改为行宫。乾隆就出生在这里。出于稳固边陲、治国安邦方面的考虑，乾隆皇帝将父亲的行宫改为喇嘛庙，成为北京城里的一块佛土净地。雍和宫占地广大，规模宏丽，主要建筑有影壁、牌坊、山门、天王殿，正殿、永佑殿、法轮殿、万福阁等，其中法轮殿具有典型的喇嘛寺建筑风格，万福阁为宫内最大的建筑，阁内有七世达赖喇嘛敬献的整根白檀木雕刻的弥勒大佛。佛像地面以上高18米，地下埋有8米，作为中国佛教文化的精英瑰宝，亦被载入世界吉尼斯大全。雍和宫集皇室珍品、高僧遗物、汉藏瑰宝、文物精品于一堂，蔚为大观。现在，雍和宫作为皇家园林景观、藏传佛教明珠而成为中国著名旅游胜地。

［卢沟桥］　卢沟桥位于北京市丰台区永定河上，距市中心15千米，是北京现存最古老的联拱石桥。因永定河原名卢沟河而得名，卢沟桥始建成于金大定二十九年（1189），清代毁于浑水，康熙三十七年重建。桥长266.5米，宽9.3米，共11孔，全以白石建造。桥身、桥墩以腰铁加固，桥墩呈船形，迎水面砌作分水尖，尖端加装三角铁柱，以抗御洪水和春冰。中心主桥孔跨度最大21.6米，余孔渐收，近岸口跨度约16米。桥身两侧石雕护栏共有望柱281根，柱头上均雕有大小石狮，加华表顶拱共计485个。石狮神态各异，栩栩如生。因其数多，且小狮子多雕于隐蔽处，故明代即有“卢沟桥的狮子—数不清”的歇后语。桥两端东有石狮，西为石象，紧抵桥头望柱，风

趣而实用。桥头碑亭立有清乾隆帝所题“卢沟晓月”汉白玉碑刻。卢沟桥以工程宏伟、石狮精美闻名于世，它宛如一带长虹，横跨永定河。1937 年，“卢沟桥事变”，亦称“七七事变”爆发。现为全国重点文物保护单位。

［琉璃厂］　琉璃厂大街位于北京和平门外，是北京一条著名的文化街，源起于清代。此地唐代称海王村，金代改称海王庄。宋代靖康之变，徽、钦二宗被俘后曾一度被囚在附近的延寿寺，坐井观天。这里在元代是皇家烧制琉璃瓦件的官窑，是四大窑之一，琉璃厂由此得名。其后，至清初此地逐渐成为以经营书籍为主的市场。乾隆年间，修纂四库全书，琉璃厂更成为编修人员查证资料典故的最佳去处。至此，琉璃厂成为学人士子心驰神往的圣地。这里汇聚了众多的老字号店铺，以中国书店、荣宝斋等最为著名。近代以来，众多名人学者都与琉璃厂结下了不解之缘。鲁迅逛琉璃厂达 480 多次，朱自清的临终遗墨是一张购书单。琉璃厂店铺的匾额多为名人所题，也是琉璃厂一大景观。

［前门大栅栏］　北京前门外的大栅栏，北京人称作“大石烂儿”。明朝时这一地区已发展成为有名的繁华闹市，是一条历史悠久的商业街区。清乾隆年间，在街道两端安置铁栅栏，故“大栅栏”沿袭成为街名。大栅栏街东西长不过 300 米，却云集了众多的百年老店，同仁堂药店、马聚源帽店、瑞蚨祥绸布店、内联升鞋店、南豫丰烟店等老字号鳞次栉比。

［中华世纪坛］　中华世纪坛位于北京市海淀区玉渊潭公园南广场，为纪念新千年（2000）而建，是一座具有历史地位的标志性纪念建筑。整个建筑根据中华文明的起源与发展分为三个部分。

世纪坛南端入口处的汉白玉碑面上镌刻着江泽民书写的“中华世纪坛”几个大字。向北是环形广场，直径 35 米，面积 960 平方米，象征着 960 万平方公里的辽阔大地。广场东西各有一道水幕，意寓为长江和黄河；其中的 56 个喷泉象征着中华 56 个民族源远流长而又融为一体的血脉亲情。广场中心有世纪庆典时点燃的圣火。广场以北是一条青铜甬道，宽 3 米，长 260 多米，上有 5000 道刻痕文字，记述着中华民族上下 5000 年的文明史。甬道北端是世纪坛的主体建筑。坛面是一个日晷造型，呈倾斜状，取“乾”之意，坛面上有一根金属指针，高达 27 米。坛面每 4~12 小时转动一周。坛里面设有展厅。

［十渡］　十渡位于房山区拒马河中上游，拒马河蜿蜒奔流形成了十个景观各具特色的渡口，故此得名。十渡是华北地区唯一一个以岩溶峰林和河谷地貌为特色的自然风景区，具有“北方桂林”之美誉。十渡两侧奇峰峻美，崖壁连绵，翠峦叠嶂映衬于碧水之间，所以又有“四十里画廊”之称。

一渡位于东端的张坊，山清水秀，有水上娱乐场。顺流而下的二渡到六渡，主要景观有笔架山、千尺窗、塔山仙池、朝晖山、五指山、牛影洞、蛙嘴石、望月峰、通天洞、六壮士纪念碑、平西烈士陵园、天然浴场等。七渡到十渡一带景色更佳，著名景观有石人峰、龙山大“佛”字、蝙蝠山、棒槌岩、石门、通天洞、跳水台等。

1986 年，十渡被评为北京新十六景，1999 年被评为北京市首批风景名胜区，为国家 3A 景区。

［陶然亭公园］　陶然亭公园位于北京市西城区南隅陶然亭路南。清康熙三十四年（1695），工部郎中江藻建陶然亭，为三间敞轩。名取自唐白居易诗句“更待菊黄家酿熟，与君一醉一陶然”之意。旧为士大夫游宴处，南墙嵌有江藻及其族兄江皋所作《陶然吟》《陶然亭记》石刻。亭建于慈悲庵内，庵内四合院式建筑，四面各有三间，存辽、金石幢各一。1952 年辟为公园，挖湖堆山，建成水榭、凉亭、石桥、剧场等。园内山清水秀，花红柳绿，湖光桥影，舟楫荡漾，其诗情画意，使人心醉陶然。

［古观象台］　古观象台位于北京市东城区建国门内，是一座展示中国古代天文仪器以及古代天文学的专题遗址博物馆。古观象台始建于明正统七年（1442），至今已有 560 多年的历史，它是明清两代的天文观测中心，也是世界上古老的天文台之一。古观象台由一座高 14 米的砖砌观星台和台下紫微殿、漏壶房、晷影堂等建筑组成。在青砖台体上，陈列着 8 件青铜铸就的宏大精美的天文仪器，有清代制造的天体仪、赤道经纬仪、黄道经纬仪、地平经仪、象限仪等，器身上雕刻着精美的游龙，栩栩浮动的流云，形象逼真，其中部分仪器仍具有实测功能。它是东西方文化交流的历史见证，也是中国古代铸造工艺高度发展的历史见证。古观象台是中国古代文明史上一座不朽的丰碑，是中华民族对于天文学的伟大贡献。

二、天津市

（一）行政区划

天津市简称津，地处华北平原东北部，东临渤海，北依燕山，是环渤海和东北亚的重要国际港口城市。天津市南北长约 187 千米，海岸线长约 153 千米，位于北纬 38°33′~40°15′、东经 116°42′~118°04′，面积 1. 196 万平方千米。除西北部有小部分与北京接壤外，其余北、西、南部皆与河北相邻，东部面向渤海。天津所处的地理位置还是海河五大支流交汇处，是北京通往东北、华北地区铁路交通的咽喉和远洋航运的港口，有“河海要冲”和“畿辅门户”之称。辖和平、河西、南开等 16 个市辖区。市政府驻河西区。

［和平区］　和平区为天津市政治、文化、商贸、金融和信息中心。和平区位于市区中部，辖 6 个街道，面积 10 平方千米，，截至 2020 年 11 月 1 日零时，常住人口 35. 5

万人。境内有各类商业设施4300多家，大型商业设施林立，大中型商业设施所占比重相当大，闻名全国的劝业商场、华联商厦、百货大楼、滨江商厦、国际商场以及凯悦、利顺德、友谊宾馆、国际大厦等星级饭店位于繁华地段。狗不理包子饮食集团公司、亨得利钟表眼镜公司、冠生园食品公司、沈阳道古物市场位于境内，文化体育设施众多。和平区通信、新闻事业发达，有广播、电视、报刊等20余家中央和市级新闻媒体，电话局、长途电信局、市科技情报中心也都位于境内。

[河西区]　河西区是天津市府所在地，位于天津市区中心东南、海河西岸，辖13个街道，面积37平方千米，有汉、回、满等30个民族。河西区是天津市工业、商业、教育、服务等行业的重要组成部分。区内千人以上的大、中型企业有120多个。陈塘庄和土城两大工业区，就坐落在区境南部。区内既有历史悠久的造纸、化工、毛织、染料、棉纺等一批老企业，也有逐年兴起的电子、机械、食品加工等新兴企业。区内有4条店堂林立、各具特色的商业街和8座大中型商场，商业兴旺繁荣。区内教育、医疗、文化事业发达，全区有科研单位70个，高等院校11所，中等专业学校、中学等共86座，并有1座少年宫，1座文化宫，各类医院共33所。境内有天津电视塔、天津大礼堂、天津工业展览馆、国际科技咨询大厦、天津青少年活动中心、人民公园等文体娱乐休闲场所，杨柳青画社和泥人张彩塑工作室知名全国。

天津电视塔

[南开区]　南开区位于天津市西南部，辖12个街道，面积39平方千米，有汉、回、满等35个民族。南开区为天津市科研、高教、仪表电子工业、机械制造工业的集中地和商业的重要发祥地。区内地势平坦，河道纵横。境北和东北隅有南运河、海河环绕，中部有墙子河、红旗河、卫津河、复康河横穿。本区交通便利，津淄公路、津盐公路经过区内，地铁行驶南北。区内工业以仪表电子、机械制造为重点，高新技术产业对工业增长的影响增大。高等学府南开大学和天津大学位于境内。

[滨海新区]　滨海新区位于天津市境东南部，地跨海河两岸，地处华北平原东北部，东临渤海湾，扼海陆要冲，历史上有“京津海陆门户”之称。滨海新区距市区45千米，面积688平方千米，辖11个街道1镇。本区地势低平，海岸线呈弓形，长64.2

千米，滩涂约有116平方千米。海河、永定新河、潮白新河、蓟运河、独流河由此入海。区内南部多盐田，中北部多盐碱荒地。滨海新区交通发达，京山铁路穿境而过，津塘公路、京津塘高速公路过境。工业以港口、船舶修造、海洋化工、海洋石油为重点，是天津市海洋化工、海水养殖，海洋捕捞以及水产品加工的集散基地。

（二）人口、民族

截至2022年，天津市常住人口1363万人 。全市有回、满、蒙古、藏等51个少数民族，有26.4万人，占全市总人口的2.53%，以回族最多，满族次之。回族和满族居住较集中，其他多是各民族杂居的居住形式。

（三）历史文化

天津地区从新石器时代开始便有史前人类开始活动，历经商周、秦汉、隋唐、辽宋数千年的演变，逐步发展了早期文明。到了金朝，天津地区成为戍守要塞——直沽寨。元朝时开发海运和漕运，形成河港，改名为海津镇。明朝朱棣兴兵南征，从这里南渡夺取皇位，取天子渡口之意，又更名为“天津”，并设置了当时中国最大的卫所，征调了大量兵力驻扎在此。以后，历朝历代都在这里建城屯兵，故定名为“天津卫”。天津文化的主流，一度曾以军旅文化为核心，它的渗透和流传形成了天津人豪爽直率、爱憎分明、疾恶如仇的基本文化素质，至今遗风尚在。到清代中叶，天津发展成为北方的商业集散中心。作为距离北京最近的大都市，宫廷文化随之传入，市井文化也逐渐发达起来。被列入通商口岸后，天津出现了不少办理汇兑业务的钱庄，逐渐成为中国北方的金融中心、商业中心。西方文化也随着列强划分租界以及通商活动而传入。不同地域、不同国家的文化在这里互相融合，最终形成了天津独特的地域文化。

七十二沽来历的传说

天津自古有“七十二沽”之说，如汉沽、塘沽，咸水沽等。为什么有这么多叫沽的地方呢？相传汉代时，钦命盐官在天津坐收盐税，仗势霸道，横征强敛，百姓苦不堪言。后来盐官突然得了大病，求医问药无效。一夜，盐官梦得一位神仙，自称古水真君，来为百姓伸张正义。术士给盐官圆梦说：“古水二字合为沽字，古水真君乃是沽水的水神。只要免除沽水一带捐税服役，神人自会宽恕。”盐官马上贴出告示，免除沽水两岸以“沽”字为名的村庄的赋税。告示一出，其他村庄听说叫“沽”就可以免税，也一阵风似的把村名改成了“沽”，以此减免税赋。

［天津洋楼］　天津是通商口岸，又是中国租界最多的地方，因此留下了许多异国情调的建筑。马场道，全长约3000米，两边都是旧时的各色各样的洋楼，从独家住户到大教堂，种类不少，计有100多栋，美丽独特。如此多的建筑成了这条街的特色，像个小型的建筑展览。

［大沽口炮台］　大沽口炮台位于滨海新区东海河入海口，距市区60千米。大沽炮台创建于明代，兴建于清道光二十年（1840），有炮台4座，安设大炮30尊，驻军八九千人。由于天津至关重要的地理位置，清代在津城周围要地曾建有炮台多处。众多炮台中，位于大沽口的炮台因处于北方海防要隘，水道入京之咽喉，自古有“津门之屏”之称。1858年春，英、法、美、俄四国公使率领联合舰队20余艘，向大沽炮台进攻，守炮台的士兵奋勇反击，打沉了联军军舰4艘，后炮台被攻陷，联军又攻入北京，迫使清廷签订了《天津条约》。1900年，八国联军在大沽口外设军舰30余艘，向大沽炮台猛攻，守军伤亡惨重，大沽终被攻占，清政府被迫签订了《辛丑条约》。于是，大沽炮台连同其他沿海炮台、兵营被拆毁废止。从此，大沽炮台只剩下土基垒垒，成为中国人民反抗列强的遗迹。

［曹禺］　原名万家宝，天津人，现代杰出的剧作家。1930年进入南开大学，后转入清华大学，并在1933年完成了现代戏剧史上的经典之作《雷雨》。毕业后在国立戏剧专科学校任教，抗战时在中央青年剧社、中国电影制片厂任编导，新中国成立后任中央戏剧学院副院长、北京人民艺术剧院院长、中国文联主席等职。曹禺对我国现代戏剧的发展做出了杰出贡献。他的戏剧集中而深刻地表现了反封建与个性解放的“人”的主题，并发展了我国的悲剧艺术，进一步开拓了悲剧文学的表现领域，并在精神刻画方面达到了前所未有的深度，为现代话剧艺术提供了典范，并奠定了话剧这一新文学样式在我国现代文学史、戏剧史上的地位。主要作品有《雷雨》《原野》《北京人》等。

［杨柳青年画］　杨柳青年画是中国著名的民间木版年画。明中叶产生于天津西郊杨柳青镇，至今已有400多年的历史。到了清代，镇中年画制作已十分繁盛，“家家能点染，户户会丹青”，画的形式也多种多样，有门画、窗旁画、斗方、炕围画等。作品题材广泛，多取材于贴近普通老百姓生活的古代神话、历史故事、民间传说，对山水风景、花鸟草木以及民俗民风的描绘，达2000多个品种。作画工艺技法采用印、画结合，先用木版水印套色，后用人工填色重绘，经勾稿、雕版、套印、彩绘、裱装等工序才能完成。杨柳青年画的艺术风格独特，画风写实，构图讲究，透视合理，并善用寓意、装饰、象征、夸张等手法，把版画的刀法韵味和绘画的笔触色调巧妙地融为一体，使两种艺术相得益彰。

［风筝魏］　魏元泰是清同治十一年（1872）生人，一生以研制风筝为主。魏元泰制作的风筝有五大特点：一是造型逼真，尤其飞鸟蝴蝶类风筝，放飞天上，足以乱真；二是色彩明快艳丽，重彩用在中心和重要部位，使风筝高空放飞色彩浓淡不变；三是

做工精细，数丈长的风筝可折叠装进 1 尺大小的盒子里，四是飞行平稳灵活，能做特技表演，如能频频眨眼的“活眼儿”，在空中撒下纸片的“送饭儿”；五是品种多样，魏元泰一生研制的风筝种类共达 200 多种。目前，“风筝魏”已作为一大品牌，深受人们喜爱。

［泥人张彩塑］　泥人张彩塑是指天津张姓一家祖孙创造的彩绘泥塑泥人作品的泛称。泥人张彩塑泥人艺术特色鲜明独特：一是作品形象生动，写实力强，所塑物像兼备，栩栩如生；二是色彩陪衬，七分塑，三分彩，用以突出作品表现的形式和内容；三是题材广泛，有取材于古典文学和民间传说的，也有取材于现实生活的；四是作品有故事情节。

［狗不理包子］　狗不理包子历史悠久，其创始人为清代高贵友，乳名“狗子”。因生意兴隆，不暇应答，便在柜上置一瓷碗，顾客只需把钱放入碗内，他便照数给包子，营业时从不言语，于是民间有“狗子卖包子，一概不理”之说。后又把包子讹称为“狗不理”，沿用至今。这种包子皮薄馅大，肥而不腻，鲜香可口。如今，天津狗不理包子店在和平区山东路、南市食品街、风味食廊等处都设有分店，是天津最负盛名的风味小吃。此外，在京、沪、杭等 10 多个大城市也建有联营店。

［天津地毯］　天津地毯生产历史久远。早在清初，就开办了地毯厂。1860 年，天津被列为通商口岸后，逐渐成为北方羊毛集散地，地毯织造原料充裕，地毯艺人也云集在这里，织造技艺有了很大发展。天津的手工地毯有其自己独特的工艺技法，织出的地毯质地坚韧，富有弹性，牢固耐用。此外，图案品种多样，创造设计了古典式、敦煌式、彩花式等新类别，在国际上享有“软浮雕”“锦缎毯”的美誉。联合国总部悬挂的长 10 米、高 5 米的“万里长城”大型艺术壁毯，是中国政府 1974 年秋赠送给联合国的礼品，这一艺术珍品就出自天津地毯工人之手。

（四）气候

天津市属暖温带半湿润季风气候，四季分明。年平均气温 12℃左右，全年无霜期约 210 天，港口冰冻约 80 天。冬季受内蒙古冷气团控制，多西北风，气温较低，降水也少；夏季主要受太平洋副热带高压控制，以偏南风为主，气温升高，降水也多。年降水量 500~700 毫米，夏季降水量占全年的 76%，春季有时会干旱。

（五）自然资源

天津境内生长着大量耐旱涝盐碱的树种，如杨、柳、槐、椿、泡桐、白蜡等，北部山区分布着大片的天然林和果林，尚有银杏、水杉等古老树种零星分布，芦苇、藕、菱等水生、半水生植物，也有大面积分布。野生动物中，鸟类品种繁多，有 235 种。

近海水域有对虾、海蟹、贝类等150多种，淡水鱼类也有近60种。天津的能源矿产极为丰富，有30余种。平原区有石油、天然气、煤、地热等能源资源，有丰富的地下水和山缘地带矿泉水。北部山区有水泥、溶剂用灰岩、熔剂用白云岩、水泥用页岩等。

天津市的陆地及渤海海域都蕴藏着丰富的石油、天然气资源。天津地区地热资源也很丰富，它属于非火山沉积盆地型中、低温热水型地热。热能通过传导方式以地下热水的形式释放出来。目前地热作为一种新的环保能源，在天津市已广泛使用。煤也是天津市的重要能源矿产，含煤地层主要出现在基岩深埋区和基岩浅埋区，含煤面积较广，数量也很大。

[紫砂陶土] 紫砂陶土是以伊利石矿物原料为主的粘土矿料。天津市蓟州区紫砂陶土矿赋存于中上元古界二个层位，多为黑、灰绿、黄绿色含砂岩条带的粉砂质伊利石页岩。页岩混有粉砂，用沉降法所得粘土矿物主要是伊利石，这是紫砂陶器较好的原料。天津串岭沟组及洪水庄组伊利石页岩是一个大型粘土矿床，其数量和质量可与江苏宜兴陶器工业的紫砂泥粘土相媲美。

（六）经济

天津市工业门类齐全。轻、重工业并重，机械制造业、轻工业、手工业产品在中国位居前列。农业生产基础雄厚，农业生产以粮食作物为主，粮田占总耕地面积的78.1%，小麦、玉米、稻谷为天津三大粮食作物。牧业、副业、渔业生产发展较快，其产值在农业总产值中的比重逐步上升。天津是华北经济区的贸易中心，并与东北、西北地区和华北其他省区有密切联系，多种商品畅销“三北”地区。对外贸易方面也有较大发展。和平路、滨江道、劝业场一带是市区最大的商业中心。天津市陆路、水路交通四通八达，是华北地区物资集散地。

[农业] 天津市农业为城郊型农业，以服务城市为重点。种植业、养殖业的产业结构比较合理，近郊及海河西岸处于海积—冲积平原区，为城市蔬菜供应和其他副食品供应基地。广大的平原区是重要的粮食产地，以种植小麦、玉米、高粱、薯类等旱粮作物为主，也有棉花、大豆、花生等经济作物，东部滨海平原等低平带是中国北方稻米的主要产区之一，“小站稻”以品种优良而闻名。西南静海一带多为盐碱洼地，以粮食、油料作物为重点，林、牧、副、渔各业俱全。北部山区以及山前洪积—冲积平原区为果品林木生产基地，畜牧业有很大规模。海岸滩涂地区以海洋捕捞和海上养殖为主，沿海盛产黄鱼和大对虾等。

[工业] 天津是中国海洋化学工业的摇篮，也是全国主导工业之一。重点为海洋化工和石油化工，产品包括多种无机盐、化学试剂、橡胶、染料、农药、医药等。机械工业拥有动力机械、工程机械、机床、汽车、拖拉机、造船、电子、仪表、手表等30多个行业部门，能生产高级、精密、大型的多种产品。冶金工业初具规模，现已具

备炼钢、轧钢、金属制品、耐火材料、有色金属等多类型及相互协作的工业部门，可生产耐热钢、不锈钢等多种优质合金钢和多种型号的金属制品材料。天津的纺织工业历史悠久，是中国主要纺织工业基地之一。

［交通］　天津是中国北方重要的陆运、水运、空运的交通枢纽。已经形成以港口为中心，海陆空各种运输相互衔接相互补充、四通八达的立体交通网络。铁路方面，有京山、京沪、京九三大铁路干线以及京哈铁路穿过。北经京哈线通往东北、南经京沪线直下沪、浙、闽，向西过北京与京承、京通、京坨、京广、京包、京兰等铁路干线相连。公路方面，津同、京福、京哈、山广等五条国道在这里会集。京塘高速公路是中国第一条跨省市的现代化交通大动脉，是首都北京直达天津港的黄金通道。天津新港是中国最大的人工港，是中国北方最重要的国际贸易港口和水陆运输枢纽，也是中国目前规模最大的集装箱和粮食、散盐码头。天津滨海国际机场拥有现代化设施，是首都国际航线的备降机场，与国内十多个城市以及世界十几个国家和地区通航，是华北地区最大的航空货运中心。天津境内交通也十分便利，市区内交通建成了“三环十四射”的道路骨架。

（七）旅游

天津市以平原地貌为主，其自然景观主要集中在山区。京东第一山——盘山是主要的山地风景区，天津蓟州区北部高山上的长城雄关也是一大景观。此外，天津河网稠密，为“九河下梢”“河海要冲”，水岸风景别具特色。天津的人文景观比较独特。作为通商口岸，各地商贾聚集津门，所以宗教遗存也比较多。其中以独乐寺、天后庙最为著名。

天津为京城门户，地理位置特殊，第二次鸦片战争期间八国联军多次在这里登陆，所以留下了许多抗击侵略者的战场遗迹，如大沽炮台、望海楼等。作为通商口岸，这里的建筑风格荟萃各国精华，美丽独特，堪称万国建筑博览。

［盘山］　盘山又名盘龙山、徐天山，在天津蓟州区城西北 12 千米处，为燕山余脉，因山势如盘龙，故名。盘山总面积 106 平方千米，主峰挂月峰，海拔 864 米，有“京东第一山”之誉，为中国十五大名山之一。素以三盘、五峰、八石之胜著称。三盘有“上盘松树奇，中盘岩石怪，下盘响瀑泉，十里闻澎湃”之语。五峰为主峰挂月峰、北之自来峰、南之紫盖峰、东之九华峰、西之舞剑峰。八石为将军、晾甲、悬空、蛤蟆、摇动、夹木、天井石和蟒石。上盘挂月峰层峦峭壁掩映在青松红杏之中，绮丽动人。峰上有始建于唐的定光佛舍利塔，峰下有始建于唐的云罩寺，悬崖上有“摩天”大字摩崖，为龙山主要景观。中盘有八音洞、桃园洞、红龙池、文殊智地等名胜。但可惜寺庙多已废。下盘有莲花岭、天成寺、翠屏峰、飞帛涧、元宝石、迎客松、入胜亭等景点。涧水自翠壁中泻下，素练遥挂，如白帛飘飞。下盘泉水叮咚，飞流澎湃，

与寺庙檐角铜铃和鸣，有如仙境。盘山盛产柿子，色橙黄，甚甜美。柿蒂、柿霜还具有较高药用价值，清代曾为贡品。盘山现已建为国家重点自然保护区。

［天尊阁］　天尊阁又名太乙观，位于天津市宁河区丰台镇内。天尊阁始建年代不详，清康熙、咸丰年间重修，是一座道教供奉元始天尊、西天王母和紫微大帝等神祇的庙宇，也是一座天津、唐山滨海地区仅存的古代木结构高层楼阁，整个建筑巍然矗立，气势庄严。天尊阁占地6000平方米，建筑面积240平方米，为砖石台基、三层楼阁式木结构建筑。其下层为天尊阁，中层为王母殿，上层为紫微殿。天尊阁全高17.4米，面阔5大间，进深4间。阁顶为九脊歇式，正脊砖雕二龙戏珠和双凤牡丹，两侧脊和飞檐上有各种兽站立。阁内有八根12米长的通天柱，纵贯三层楼板，直达阁顶五架梁下。3层前檐有楼板伸出的露台，可登临远眺。由于其建筑结构科学合理，稳定牢固，1976年7月唐山发生的7.8级强烈地震，周围建筑均遭毁坏，唯独此阁安然无恙。

［石家大院］　石家大院是清末天津“八大家”之一的“尊美堂”石元仕宅邸。石氏家族久居杨柳青，历时已有200多年。从清中叶到明初，号称津西首富。石氏又有“兄弟联登”武举，可谓有财有势。而“尊美堂”石元仕一家财势最大。石家大院始建于1875年，至今已有130多年的历史。

石家大院从北门估衣街到前门（南门）河沿街，长100米，宽70米，占地6000多平方米，其中建筑面积2000多平方米，房屋278间，是中国迄今保存最好、规模最大的晚清民宅建筑群。整个建筑典雅华贵，砖木石雕精美细腻，室内陈设民情浓厚。其规模之宏大、设计之精美可以和山西的“乔家”“王家”大院相媲美。

［大悲禅院］　大悲禅院位于天津市河北区天纬路40号，由新庙和旧庙两部分组成，是天津保存完好、规模最大的佛教寺院。禅院始建于清顺治年间，历经修葺扩建。寺院由天王殿、大雄宝殿、大悲殿、地藏殿等组成，供奉24尊大悲观音像。殿内珍藏魏、晋、南北朝至明、清各代的铜、铁、木、石造像数百尊。大悲禅院因供奉过唐僧玄奘法师的灵骨而闻名于世。1956年灵骨转送印度那烂陀寺。1976年唐山大地震，大悲禅院遭到严重破坏。1980年修葺一新。院内红墙绿瓦，柏树参天，佛坛高筑，庄严静穆。大悲禅院为中国重点佛教寺院之一，现为中国佛教协会天津分会所在地。

［霍元甲故居］　霍元甲是近代爱国武术家，于1910年9月14日逝世于上海精武会。次年其弟子扶柩归里，葬于小南河村南。1989年按旧制修复的故居为青瓦土坯墙农家小舍，北房3间，堂屋挂有1909年在津拍摄的霍元甲遗像，遗像两侧为次子霍东阁题写的喧联，题“一生侠义，盖世英雄”。东屋为霍元甲生前的卧室。东西屋陈列有各种珍贵实物资料及霍氏生前所用兵器、家具、农具等物。故居院内西南有兵器房，为霍元甲当年习武放兵器之地。故居周围空地辟为“元甲公园”。

［天津市广东会馆］　天津市广东会馆位于天津市南开区南门内大街，是天津市保存最完整、规模最大的清代会馆乡祠建筑，建于清光绪三十三年（1907）。会馆像一座大四合院，砖瓦木料大多从广东购买，院门宏阔，罗汉山墙高耸。会馆由山门、大殿、

配殿、戏楼及跨院、套房组成，占地约7500平方米，房间125间，木石结构，内部装修华丽，有岭南特色。会馆东南面修建了“南园”，栽花种树，设立医药房，供广东同乡休息养病。戏楼是会馆的主要建筑，戏楼舞台深10米，宽11米，顶部是用细木构件榫接而成的螺旋式藻井，雕花工艺精美，所表现的人物、鸟兽、花卉等栩栩如生。戏楼音响效果良好，1912年8月24日，同盟会北方支部曾请孙中山先生在此演讲。著名表演艺术家梅兰芳、杨小楼等人都曾在这座戏楼上演出。

[吕祖堂]　吕祖堂位于天津市红桥区如意庵大街，为清代供奉吕洞宾而建的道观。始建于明宣德八年（1433），康熙五十八年（1719）重建，乾隆、道光年间重修。主要建筑有山门、前殿、后殿、五仙堂和东西厢房。全院面积3000平方米。1900年，声势浩大的天津义和团运动以吕祖堂为大本营。著名的紫竹林、老龙头战斗以及整个天津保卫战的战斗计划都是在此拟定的，院内曾是团民习武的地方。吕祖堂坛口是目前仅存的义和团坛口遗址之一。吕祖堂今已被辟为天津义和团纪念馆，馆内陈列有义和团简史、义和团运动在天津，以及义和团坛口、坛场复原陈列等，共展出文物、照片、史料300余件，还配有义和团群像雕塑和大型壁画等。

[独乐寺]　独乐寺位于天津市西门内西关大街路北，又名大钟寺。始建于唐代，辽统和二年（984）重建，明清两代多次重修。现存建筑中山门、观音阁为辽代遗物，其余为清代所建，是中国古代木结构建筑的代表作。此寺西北有独乐水而得名。寺院由东、西、中三部分组成。东为行宫，西为僧房，中为寺院主要部分。由山门、观音阁构成南北轴线。山门面阔3间，进深2间。单檐庑殿顶，坡度平缓，出檐曲缓远伸，檐角如舒展的飞翼，造型优美，为中国现存最早的庑殿顶山门。檐下“独乐寺”匾额传为明代严嵩手书。观音阁为重檐歇山式建筑，外观两层檐，内为3层，面阔5间，进深4间，高23米，建筑手法高超，历经多次地震，至今巍然屹立，为中国现存最早的楼阁建筑。阁中须弥座上有一辽代十一面观音塑像，高16米，躯体微向前倾，面容丰润，两肩下垂，体态端庄，似动非动，为现存辽代塑像之精品，也是国内现存最大的泥塑。两侧的胁侍菩萨和山门内的天王等也是辽代彩塑珍品。四壁绘有以表现十六罗汉和三头六臂明王为主，以及明代的山水、世俗题材的彩画等。

[天后宫]　天后宫又称天妃宫，俗称娘娘庙，位于天津市南开区东北角宫南大街北，南、北运河与海河交汇的汉河口西岸，为祭祀海神时演出及船工聚会场所。元朝始建，明、清多次扩建。当时这里是海运与内河航运的中转站，帆樯林立，水上输送十分繁忙。天后宫面对海河，坐西朝东，建筑面积2500平方米。现存大殿、配殿、钟鼓楼、山门和旗杆，均系明清遗物。殿内有天后塑像。相传每年农历三月初三为天后诞辰，届时民间举行隆重的祭祀活动，有许多游娱节目，如龙灯、高跷、舞狮、旱船等，通宵达旦。宫南、宫北大街是十分热闹的贸易市场。

[估衣街]　天津估衣街，东西长不过1000米，但店铺林立，生意兴隆。这里开设的绸缎、棉布、估衣、皮货和瓷器等各行业商店，驰名华北乃至全中国。如，秦和

公瓷店、大丰泰皮货庄、同升号泥人庄、同泰成戏衣庄、达仁堂药店、文华斋南纸局、泉祥鸿记茶庄、永和百货商店等都是各具特色的商贸中心。

天后宫

［南市食品街］　南市食品街位于繁华的旧商业中心南市，这里云集了全国各地的珍馐美馔、风味小吃，而且建筑别具一格，具有浓厚的民族特色。整个食品街像一座宫殿，豪华壮美。它是中国目前最大的以经营名特食品为主的新型市场。

［黄崖关长城］　黄崖关长城位于天津蓟州区境内，东起半拉缸山，西迄王帽顶山，全线总长 3025 米。黄崖关始建于北齐天保七年（557），明代又包砖大修。全段长城建在陡峭的山脊上，逶迤雄踞在崇山峻岭之中。关隘东有悬崖为屏，西侧的长城边墙因地制宜筑有砖墙、石墙以及险山墙、劈山墙等多种形式的城墙。沿线敌楼、烟墩有 20 座。其中雄踞关北 1 千米孤峰上的凤凰楼最具代表性。凤凰楼为砖砌圆形，底径 16.1 米，高 18.3 米，上、下两层，顶建砖构楼橹铺房，在长城建筑中较为罕见。它所扼守的地方两山夹峙、一水中流，地势极为险要。黄崖关关城的布局，采取了“丁”字形和曲尺形街巷的布局方式，易守难攻，当敌人撞入关城之后，就会到处碰壁，守关士兵则可依据有利地形将其歼灭。

［水上公园］　天津水上公园位于市区西南部，东与天津电视塔相望，南临奥体中心。兴建于 1950 年，是天津中心城区内最大的综合性城市公园。总面积约 200 公顷，其中水域面积占了 2/3。水上公园以中国传统山水园林风格为依托，以自然水景为特色，素有“龙潭浮翠”之美称，被誉为“津门十景”之一。水面被分割成东湖、西湖、南湖，三大湖内有 12 个小岛，岛与岛之间以造型优美的曲桥、双曲拱桥、桃柳堤相连。近几年来，水上公园先后建设了“水生植物园”“玉兰园”等各类特色的园中园，改造了“湖滨厅”“龙溪水景”“白堤长廊”等景观。

水上公园的建筑古香古色，树木苍翠，繁花似锦，广阔的湖面上船舶游弋，已成为天津市一道美丽的风景线。

三、上海市

（一）行政区划

上海市地处北纬 30°23′~32°27′、东经 120°52′~121° 45′。位于太平洋西岸、亚洲大陆东沿，中国南北海岸线中心点，长江和钱塘江入海汇合处。它北界长江，东濒东海，北、西、西南与江苏、浙江两省为邻。总面积 6340.5 平方千米，辖 16 个区，市府驻黄浦区。上海是世界特大城市和最大港口，也是中国最重要的经济、贸易、科技、交通、金融和信息中心。上海市简称沪，别称申，为中央直辖市。

［黄浦区］　黄浦区是上海市府驻地，为上海市行政、金融、商业中心。黄浦区位于市区中心，面积 12 平方千米，辖 4 个街道，有汉、回、满等 23 个民族。黄浦区始设于 1945 年，称第一区，1956 年与老闸区合并称黄浦区，2000 年南市区并入。著名的苏州河、黄浦江分别流经区境北部与东部并干境内交汇。黄浦区内邮电通信设施完备，交通发达，金融机构云集，有“中华商业第一街”之称的南京路商业街即在本区内。

南京路上拥有许多现代的或历史的人文景观，外滩会集各国风格的建筑，被称为“万国建筑博览群”。

［卢湾区］　卢湾区位于市中心区南部，面积 8 平方千米，全区人口有汉、回、满、蒙古等 22 个民族，卢湾区始设于 1945 年，以重庆南路和鲁班路以西区域设境名第六区，又名卢家湾区，1950 年改称卢湾区。黄浦江沿区境南部流过。卢湾区交通便利，地铁 1 号线、南北高架道路、内环线穿越区境。淮海中路商业街是上海四大商业街之一，有近百年历史。城市建设发展迅速，境内文化氛围浓厚，革命史迹众多。中国共产党第一次全国代表大会会址、孙中山故居、中国社会主义青年团中央机关旧址等为全国文物保护单位。此外，区内的上海中华职业教育社是中国最早的职业教育机构。

［徐汇区］　徐汇区位于市区南部，面积 55 平方千米，辖 12 个街道 l 镇，有汉、回、满、蒙古、朝鲜等 33 个民族，其中少数民族人口约有 0. 6 万，截至 2020 年 11 月 1 日零时，徐汇区常住人口 111. 3078 万人。因明代科学家徐光启后裔聚居于此而得名，历史非常悠久。徐汇区是上海市中心城区之一，上海市的科教文化中心，也是市商业中心之一。徐聚区地势低平，交通发达，是苏、浙、赣、闽、粤等省进入上海市中心的陆上门户，有总长超过 200 千米的主干道路，地铁 1 号线从南到北横贯区境，内环线高架路通向全市。徐汇区商业发达，区内有许多著名的大型商业企业，徐家汇商城已成为上海市商业中心之一。

［浦东新区］　浦东新区位于黄浦江之东，“浦东”由此得名。浦东新区成立于1992年，以商贸、水运、农副业生产为主，全区面积523平方千米，浦东外高桥保税区已建成2.2万平方米商业街、10万平方米的保税生产资料交易市场，成为中国市场与国际市场接轨的连接点。浦东新区西侧的黄浦江岸一线，一直是上海的主要港区。连接国内外许多城市港口，东侧长江沿岸地区地势高、土质疏松，适宜植棉；沿海多水草适宜发展饲养奶牛；临近黄浦江的地区是上海蔬菜基地之一。另外，这里有内河水域面积6000公顷，适宜发展淡水鱼类养殖。

（二）人口、民族

作为中国第一大城市和经济贸易、科技、交通、金融和信息中心，上海的外来人口迁入不断增加，再加上自然增长人口，上海人口到2007年已达1858万，2022年末，上海市常住人口为2475.89万人，是世界上人口稠密地区之一。上海全市人口密度以市区为中心，市区人口密度高于郊区，近郊大于远郊，北部大于南部，东部大干西部。其中汉族占大多数，汉族人口占总人口的99.4%，少数民族人口仅占总人口的0.6%，其中人数较多的少数民族有回、满、蒙古、壮、朝鲜、维吾尔等，少数民族人口大多分布在普陀、黄浦、杨浦等区。

上海在业人口的文化程度较高，在全国属前列，因此在发展经济方面，上海仍具有较大的人力资源优势。

（三）历史文化

上海地区历史悠久。早在6000多年前，上海西部地区已有人类劳动、生息。战国时期，上海地区属楚，为春申君黄歇封地。相传黄歇疏凿黄浦江，故黄浦江又称春申江，上海亦别称“春申”“申”。上海的文明史由来已久，经历了从海滨渔村到现代大城市的漫长发展过程。古代上海一带为海滨渔村，松江（今吴淞江）下游一带，有“扈渎”之称，后“扈”演变为“滬”，是上海简称“沪”的由来。随着江南地区经济的勃兴，上海一带生产也开始发展。因上海地处长江入海口，运输便利，遂逐渐发展成为一个繁忙的贸易港口。上海地处吴越古地，自古承袭吴越文化熏陶，当地人民生活中的点点滴滴无不体现着吴越文化的特色。上海的开放性使上海的文化中又渗透着一些西方文化特色。

［马桥古文化遗址］　马桥古文化遗址在闵行区马桥镇东俞塘村，1960年发现。遗址有三层不同时期的文化遗存。上层为晚期几何印纹陶文化，出土印纹硬陶坛、碗等，属春秋战国时代；中层为早期印纹陶遗存，属商代；下层为典型的良渚文化，属新石器时代晚期，距今约5000年。文化遗存下面还有一条贝壳河带，说明这里是古代

海岸。遗址的发现，将上海的历史前推了 2000 年，也为上海地区成陆年代提供了重要资料。

［黄道婆］　黄道婆（约 1245～?）又称黄婆，中国元朝松江乌泥泾镇即今上海华泾镇人，是中国古代纺织技术和纺织器械的革新能手。黄道婆幼年为生活所迫，流落到崖州即海南岛，跟当地的黎族同胞学习纺织技术。在 1295～1296 年，返回家乡着手改革家乡的纺织生产工具，传授有关轧花车、弹棉椎弓、纺车和织机技术。黄道婆制成了当时世界上最先进的棉纺车，比英国 1764 年创制的西方第一架手摇纺织机早 400 多年。这使上海当地的棉纺业兴旺繁荣，“乌泥泾被”全国闻名。

［徐光启］　徐光启（1562～1633），明朝时上海县徐家汇人。他 43 岁时考中进士，官至礼部尚书、文渊阁大学士。徐光启一生好学不倦，从事过天文、历法、水利、测量、数学和农学的研究。徐光启以几十年的精力，潜力研究农业生产经验，吸收西方科学技术，编著成《农政全书》。徐光启的其他著作还有《测天约说》《浑天仪说》《勾股义》《古算器释》，翻译了欧几里得的《几何原本》。他是把西方文化介绍到中国的科学家之一，是中国近代科学的先驱者。

［傅雷］　傅雷（1908～1966）一代翻译巨匠。幼年丧父，在寡母严教下，养成了严谨、认真、一丝不苟的性格。早年留学法国，学习艺术理论，得以观摩世界级艺术大师的作品，大大地提高了他的艺术修养。回国后曾任教于上海美专，后闭门译书，几乎译遍法国重要作家如伏尔泰、巴尔扎克、罗曼·罗兰等的重要作品。数百万言的译作成了中国译界备受推崇的范文，形成了“傅雷体华文语言”。他多艺兼通，在绘画、音乐、文学等方面，均显示出独特、高超的艺术鉴赏力。代表作有《傅雷家书》。

［中共“一大”会址纪念馆］　中共“一大”会址纪念馆位于卢湾区兴业路 76～78 号，过去是法国租界。这是两栋砖木结构的二层石库门楼房，建于 1920 年，它原是出席这次会议的上海代表李汉俊及其胞兄李书城的寓所。建党大会于 1921 年 7 月 23 日在李寓 76 号楼下客厅秘密举行。1952 年 9 月，中共“一大”会址修复，成立纪念馆并对外开放。1958 年将会址恢复原貌，并在近邻会址的房屋内辟设辅助陈列室。1967 年正式定名为“中国共产党第一次全国代表大会会址纪念馆”。

（四）气候

上海位于亚洲大陆东部、太平洋西岸。上海东濒海洋，西连太湖，北界长江，南靠杭州湾，属亚热带海洋性季风气候。气候温和湿润，四季分明。

年均温约 15.7℃，1 月均温 3.3℃，冬季较同纬度内陆温和，7 月均温 27.4℃，夏季较同纬度内陆凉爽。全年无霜期 222～235 天。全年 10℃以上活动积温近 5000℃，持续达 232 天。全年日照时数 1908～2160 小时，年太阳辐射总量每平方米达 4532～4895 兆焦耳，光热资源较丰富。

全市雨量充沛，年降水量 1143 毫米，且季节分配较均匀，利于农业。6 月中旬多台风和暴雨，秋季时有连阴雨，冬春秋偶有寒潮侵袭，均对农业生产不利。

［梅雨］　夏季，上海地区经常出现持续时间较长的阴雨天气，称为梅雨。梅雨是上海乃至华中地区降水的主要组成部分。梅雨期间，高温高湿，日照少，雨天多，雨量大，有时也出现暴雨。上海平均入梅日期在 6 月 17 日前后，出梅日是 7 月 9 日左右，持续期约 22 天。但梅雨出现的迟早、梅雨期的长短及梅雨量的多少，每年都不同。梅雨量过少或“空梅”年份，是水资源严重不足的年份；梅雨期长、梅雨量过多的年份，虽水资源丰沛，但由于上游洪水下泄，使境内江河水位上涨，易形成洪涝。故在多雨年和多雨季蓄洪储水，以供少雨年和少雨季应用，是上海地区水资源利用的一种主要措施。

（五）自然资源

上海市地处冲积平原，从地质历史角度来看，上海成陆时间短，地域有限，矿产资源埋藏极其匮乏。此外，生态环境相对单一，天然植被资源比较少；目前，天然生物群落主要分布在沿海滩涂、大金山等岛屿。上海的地带性植被是常绿阔叶与落叶混交林，由于人类活动影响，原生植被大都遭受破坏，现存的主要分布在大金山岛和佘山的局部地段。天然植被占优势的还是草本植物。但是上海广阔的水域不但有丰富的海洋生物，还吸引来大量的候鸟，生活在近海海域中的动物资源是上海主要的天然动物资源。

［红楠］　红楠是樟科植物，常绿大乔木，高可达 20 米以上。红楠的叶片呈倒卵形或披针状长椭圆形，表面光滑，新抽出的嫩叶呈红色，所以称作红楠。又因状似红烧猪脚，而有“猪脚楠”的别称。红楠的花很小，有 6 片花瓣。核果球形。成熟时呈黑紫色。红楠号称江南四大名木之首，材质芳香、坚固、美丽，十分名贵，树皮粉末都可制造香料。红楠普遍生长在中低海拔山区，上海的大金山岛北坡山腰水热条件很好，红楠生长有优势。

［黑脸琵鹭］黑脸琵鹭又叫黑面琵鹭，属鹳形鹭科，国家二级保护动物。黑脸琵鹭是一种大型涉禽，全长 80 厘米。体羽白色，后枕部有长羽簇构成的羽冠；额至面部皮肤裸露，黑色；嘴也呈黑色，尖端扁平呈匙状；腿与脚趾均为黑色。雌雄羽毛相似，冬羽与夏羽有别。黑脸琵鹭栖息于沼泽湿地、河湖岸边及苇塘等低洼积水处，主要啄食鱼、虾、蟹、软体动物等，也吃水生植物。黑脸琵鹭现存的数量很少，主要分布在中国、俄罗斯、朝鲜和日本。在中国，黑脸琵鹭主要分布在沿海地带。目前上海的湿地状况得到不断改善，到这里栖息的黑脸琵鹭越来越多。

（六）经济

上海是中国最大的综合性工业城市。由于地质环境所限，上海自然资源十分匮乏，主要靠从外地输入资源进行深加工。上海的工业门类齐全，技术力量雄厚，是中国综合性工业基地和科学技术研发基地，又是中国优良河口海港、水陆交通中心。工业结构以轻纺与重工业并重，化工、仪表等均有一定基础的综合型结构。上海在城郊农业中，粮、棉、油单产水平居全国前列，蔬菜、瓜果、奶、鱼等食品生产和其他多种经营均有较大发展，农业已由以种植业为主发展为综合性的经济结构。

[农业] 上海农业以粮食生产为主，林、牧、渔、副都有发展。上海郊区共有耕地30.3万公顷，有89%的耕地成为旱涝保收的稳产高产农田，是国内机械化、水利化和生产水平都较高的农业区域之一。种植业以水稻和小麦等粮食作物生产为主，稻谷约占粮食总产量的74%，小麦约占24%。现有棉田0.34万公顷，为全国著名的高产棉区之一，又是上海市棉纺织工业重要的原料产地。油菜是郊区主要油料作物。畜牧业是上海郊区农业重要组成部分，市区消费的鲜牛奶和大部分淡水鱼也都靠郊区供给。上海副业兴旺，已逐步建成市郊现代化的副食品生产基地，肉猪、家禽、蔬菜、牛奶等副食品供应日益充足。

[工业] 上海是中国发展最早、规模最大、科技力量最雄厚的综合性工业城市，是中国重要的工业基地和科技研究开发基地，已形成门类齐全、结构完善、技术装备先进、布局合理、大中小企业相结合、协调配套能力强、经济效益高的工业体系。上海市工业以汽车制造、通信设备制造、钢铁生产、石油化工及精细化工、电站成套设备及成型机电设备制造、家用电器制造为支柱产业，产品在中国占相当大的比重。上海每年调出大量工业产品，丰富中国各地市场，并远销国外。上海的工业产品质量可靠，不少产品以质量优异而闻名国内外。

[交通] 上海地处中国南北交通中枢，交通四通八达。上海海运、河运、陆运、空运等各种运输方式齐全，对促进地区经济的发展和繁荣起着极为重要的作用。上海是华东地区最大的交通枢纽，上海港是中国最大的港口、世界第二大集装箱港。上海港地处中国大陆海岸线中枢，扼长江入海咽喉，作为近海天然河口港，具有发展内河航运和海上运输得天独厚的条件。凭借海上航道，可达沿海各城市，并且可沟通世界上160多个国家和地区的400多个港口，是上海的经济命脉。在陆路方面，京沪线、沪杭线连接南北，稠密的公路网沟通城乡各地。市区建有磁悬浮列车，还有技术先进的地铁，使市内交通更加便利。以浦东国际机场为枢纽的航空业发达，可直达国内外近100多个城市。

（七）旅游

上海地处东海之滨、是著名的国际大都市，也是东西文化、文明交会地。上海的自然、人文旅游资源得天独厚，有江海之胜、湖岛之美、名城之壮、水乡之秀、人文荟萃之优，古今中外文明融合的独特优势。蜿蜒的黄浦江和吴淞江（苏州河）纵横交接贯穿全境。青浦区境内的淀山湖和淀浦河一线，湖荡成群，极尽水乡之美。天马山、凤凰山等，山清水秀，美不胜收。

［龙华寺］　龙华寺位于上海市区西南的龙华街道旁，黄浦江岸，是江南地区的著名寺院，也是上海地区历史最悠久、规模最齐全、建筑最雄伟的佛寺。龙华寺始建于三国时期吴大帝赤乌五年（公元242年）。相传，孙权之母吴国太笃信佛教，孙权为了孝敬母亲而建此寺。寺前有高40.4米的龙华塔，姿态雄伟美观，为上海市区唯一的宝塔。华龙寺历代多次修葺，现存的建筑为清光绪年间重建的，有弥勒殿、天王殿、大雄宝殿等，飞檐雕甍，庄严幽静，是一组完整的寺院建筑群。

［上海世博园］　上海世博园位于南浦大桥和卢浦大桥之间，沿着上海城区黄浦江两岸进行布局。2010年上海世博会以“城市让生活更美好”为主题，体现三大和谐的中心理念，即“人与人的和谐，人与自然的和谐，历史与未来的和谐”。而其中人与自然的和谐，表现为“人、城、自然”三者共存。

园内分为5大场馆群，分别是独立馆群、联合馆群、企业馆群、主题馆群和中国馆群。中国馆坐落于世博会规划核心区，位于世博园区A片区。总建筑面积约为16万平方米。中国馆由国家馆、地区馆和港澳台馆三个部分组成。国家馆居中升起、层叠出挑，成为凝聚中国元素、象征中国精神的雕塑感造型主体——东方之冠。地区馆水平展开，以舒展的平台基座的形态映衬国家馆，成为开放、柔性、亲民、层次丰富的城市广场。地区馆和港澳台馆展示中国多民族的风采及城市变迁。世博会后，中国馆会作为我国中华历史文化艺术的展示基地，地区馆会转型为标准展览场馆，与周边世博轴、世博中心、主题馆、演艺中心“一轴四馆”和星级酒店等共同打造以会议、展览、旅游、活动和住宿为主要功能的现代化服务聚集区。

［大观园］　大观园游览区位于青浦区金泽镇境内的杨舍村，距上海市中心65千米，是淀山湖景区内规模最大的风景点。大观园，东临淀山湖，西濒元荡湖，似夹在两湖之间的一颗明珠。大观园是根据曹雪芹《红楼梦》原著、运用传统的中国园林艺术建造的一座仿古建筑群。其建筑既具北方园林巍峨庄严、气宇轩昂的特点，又有南方园林玲珑精致、秀美灵巧的特色。园内有省亲别墅（大观楼）、怡红院、潇湘馆、蘅芜院、秋爽斋、蓼风轩、藕香榭、暖春坞、稻香村、梨香院、栊翠奄、红香圃、滴翠亭、芒雪庭、石舫、沁芳亭、曲径通幽处等20多个景点。整个园子布局得体，建筑宏伟，雕镂精细，古木林立，其规模之大、设计之精、制作之美，堪称集中国古典园林之大成。

［真如寺］　真如寺原名“万寿寺”，俗称“大庙”，位于普陀区真如镇桃浦路。真如寺创建于南宋嘉定年间即1208～1224年，1320年在今址重建，并改名为真如寺。现存大殿，面阔和进深均为三间。梁、柱、枋、斗拱等主体结构仍保留建时原貌，大部分构件亦为元代之物。1963年修葺时，在大批木构件接榫处，发现了当时元代工匠用墨书注明的构件名称和部位，是研究古代建筑的实物例证。寺内有一棵元代古银杏树，树身中空，树皮黝黑，树心空处生有朴树，人称“树中树”。

［豫园］　豫园位于城隍庙的北面，是上海著名的古典园林。豫园是明代曾任四川布政使的潘允端为奉养他的父亲特聘园艺家张南阳设计并建造的，有“豫悦老亲”之意，所以取名“豫园”，后遭到破坏。1987 年进行了一次修复，恢复了园内主要景观。目前园林现有面积 2 万平方米，小巧的内园，亭台楼阁兼容，山川湖泊并蓄，有亭、台、楼、阁、假山、池塘等 30 余处，景致各有不同，具有以小见大的特色。园内的砖雕形象生动，具有明、清两代南方建筑艺术的风格。全园 5 面龙墙把园中景色隔成 6 个迥然不同的风景区。遍布园内的砖雕泥塑造型生动别致，巧夺天工。

［玉佛寺］　玉佛寺位于普陀区安元路和江宁路口，为上海著名的佛教寺庙，已成为江南名刹之一。玉佛寺原址位于江湾，建于清光绪八年即 1882 年。1918 年在今址重建。寺院占地约 8000 平方米，寺内主体建筑 3 进。前进为天王殿；中进为大雄宝殿；后进为玉佛楼。东西配殿为巨人佛堂、弥陀堂、观音堂等，结构精致，雄伟壮观。清光绪年间，普陀山慧根和尚去印度礼佛朝拜，返国途中取道缅甸，请得大小玉佛 5 尊。途经上海时，留下白玉雕释迦牟尼坐像和卧像在寺内供奉。玉佛寺由此得名。玉佛楼上供玉佛说法坐像，坐像用整块玉石雕成，玉色莹洁，法相庄严。佛像迎请来沪后，经中国工匠再次精琢细磨，更为美观，堪称佛都艺术中的稀世瑰宝。

［上海体育场］　上海体育场位于地铁 1 号线和内环线的交会处，建成于 1997 年 9 月，可容纳 8 万名观众，与上海体育馆、上海游泳馆、奥林匹克俱乐部、运动员之家连成一体，形成上海一流的体育城。这座马鞍形体育场建筑面积 17 万平方米，直径 300 米，有符合国际比赛标准的四季常绿的足球场和塑胶跑道等田径比赛设施。

［东方明珠电视塔］　“东方明珠”位于浦东新区浦江之畔陆家嘴，造型设计完全按最新的科研成果进行，是上海的标志性建筑之一。整个塔身置下球、上球、太空舱 3 个大型球体建筑，有 3 个直筒体贯穿上下，中间分布着 5 个小球体，塔旁散置一组球体建筑，高低错落、大小不一，呈现出现代建筑风格的奇异风貌。圆球体可视为这座电视塔的个性特征。为突出这一特征，周围附属环境的整体设计包括公交车站、游览码头，园林小品等，也以圆形为基本造型。在一片圆形的草坪上，这些大大小小的圆球体犹如盘中的珍珠，与高塔上如同巨大明珠的球体遥相呼应。塔总高为 468 米，其在电视塔家庭中位居世界第三、亚洲第一。

［南浦大桥］　南浦大桥是双塔双索斜拉桥。桥全长 8346 米，主塔高 154 米，塔座是由 98 根长 52 米、直径为 91.4 厘米的钢管打入地下层，加上 4000 立方米的承台坚实地凝聚而成的地基，其承受能力为 6 万吨。塔柱中间，由两根高 8 米、宽 7 米的上下拱梁牢牢地连接着，呈“H”形。浦东引桥全长 3746 米，可通向国际机场。两侧又配以马蹄形的分引桥，分别通向浦东南路和杨高路。浦西引桥全长 3754 米，呈复曲线螺旋形，有五条分引道，上下两环分别衔接中山南路和陆家浜路。大桥东西两侧各设 4 座电梯楼，可供游人登顶观光。

［古镇朱家角］　古镇朱家角位于上海青浦区，这里小桥流水，清雅悠然，具有典

型的江南水乡风光，与上海市区的高楼林立、繁华喧闹形成鲜明对比。久居都市的人来到这里，可以暂时忘却每日的忙碌和烦恼，回忆起一些温馨的往事。朱家角镇河道纵横，安谧恬情，老街街道狭窄，街两边的楼上人家可以伸手相互递物。朱家角镇东部有一座上海地区最大的石拱桥，名叫“放生桥”，桥全长 70.8 米，宽 5.8 米，5 孔联拱，造型精巧，气势宏伟，坚固省料，易于泄洪。

东方明珠电视塔

［鲁迅墓］　鲁迅墓坐落在虹口区江湾路 146 号鲁迅公园内。鲁迅遗体原葬在上海万国公墓，1956 年国务院做出迁建鲁迅墓的决定，同年 10 月迁葬于此。鲁迅墓前临大草坪，后枕土堆假山，周围芳草萋萋，绿树成荫，环境优美，地形开阔。进入墓地，两边墓道中间是一块长方形草坪，草坪中央矗立着一座高 3.7 米的鲁迅塑像，草坪前沿安放了一块上海市人民委员会设立的花岗石标志。草坪后是一长方形大平台，可容数百人谒墓。平台后面是一座具有中国特色风格的照壁式大墓碑，宽达十多米，上镌毛泽东手书“鲁迅先生之墓”六个金字。墓碑下面，安放鲁迅先生灵柩的墓椁上覆盖着花岗石。左右两株松柏是鲁迅先生的夫人许广平和儿子周海婴亲手种植的纪念树，如今已长得高大挺拔、郁郁苍苍。1961 年，国务院将鲁迅墓定为全国重点文物保护单位。

［龙华烈士陵园］　位于上海市徐汇区龙华路，与龙华古寺毗邻。原为龙华公园，1985 年改名为龙华烈士陵园。是目前全国保留的较为完整的革命遗址之一。龙华烈士陵园建有纪念瞻仰区、烈士就义地、烈士墓区、遗址区、碑林区、干部骨灰存放区、青少年教育活动区和游憩区 8 个功能区。陵园大门上的字由邓小平题写，纪念碑正面镌刻着江泽民同志题写的“丹心碧血为人民”7 个大字。各个功能区以 1000 余件文物和大量图片展示了自鸦片战争以来，为“独立、民主、解放、建设”而战斗和牺牲在上海的 200 多位革命先烈的光辉业绩。陵园内还有全国著名雕塑家塑造的 10 座大型纪念雕塑和集当代书法大成的龙华烈士诗词碑林。该陵园分为龙华革命烈士纪念地和原龙华公园两个部分。龙华烈士陵园是全国重点文物保护单位和重点烈士纪念建筑物保护单位。

［古猗园］　古猗园位于上海市西北郊嘉定区南翔镇，离市中心 21 千米。于明嘉靖年间始建，因在战火中被毁，又于清代重建。古猗园的规模为上海古典园林之最，也是上海最大的私家花园。园内松鹤园、逸野堂、戏鹅池、鸳鸯湖、青清园、南翔壁

六大景区，形成了具有古朴、素雅，洗练的独特园艺风格，有“苏州园林甲天下，沪有南翔古猗园”的美誉。戏鹅池是园的中心，池畔有不系舟、浮筠阁、竹枝山、补阙亭、白鹤亭等景点。园内还有一座唐朝时期的经幢，上刻有陀罗尼经文以及四大天王佛像，是一件不可多得的古艺术品。南翔镇的一对云翔寺砖塔是上海市现存的最古老的宝塔，“双塔晴霞”，曾是著名的“南翔八景”之一。

［城隍庙］　城隍庙位于上海市区方浜中路 249 号，是一处道教圣迹。庙中奉祀上海城隍秦裕伯，兼祀霍光，从而有“前殿为霍，后殿为秦”的说法。过去庙会盛行，香客不断，庙内外有许多小吃摊、百货摊和杂耍摊，后来逐渐形成以豫园九曲桥为中心的庙会市场。这里的居民多是上海的老市民，风情、习俗饶有特色。

四、重庆市

（一）行政区划

重庆市位于中国西南部，位于北纬 28°10′~32°13′、东经 105°11′~110°11′，面积 8.23 万平方千米。东邻湖北、湖南两省，南靠贵州省，西依四川省，北接陕西省。重庆市原为四川省的一部分，1997 年成为中国第四个直辖市。辖 38 个区县。简称渝。

［渝中区］　渝中区位于市区东南部，长江、嘉陵江交汇处，为重庆市市府驻地。辖 12 个街道，面积 22 平方千米。境内地形狭长，雨量充沛。工业以交通机械、电子通信器材、印刷、建筑业，以及交通运输、邮电通信、批发零售贸易、餐饮业、金融保险、房地产为主。长江上游最大的客、货运港口和重庆火车站都在境内。有职工大学等成人高等院校、技术专科学校 10 多所，中学 40 多所。文化体育设施有劳动人民文化宫、少年宫、图书馆、体育场（馆）、人民大礼堂等。境内文物古迹有红岩革命纪念馆、曾家岩分馆、周公馆、桂园、《新华日报》营业部旧址，还有东周巴将军蔓子之墓、罗汉寺等。

［涪陵区］　涪陵位于重庆市区以东，因境内乌江古称涪水，巴国先王陵墓多建于此而得名。是重庆中部的政治、经济、文化中心，长江上游重要的枢纽港之一，乌江流域的物资集散地。全区面积 2946 平方千米，辖 1 个经济技术开发区、1 个私营经济示范区和 26 个乡镇街道。涪陵是重庆市区联结渝东 20 个区县的城乡经济走廊，素有“乌江门户”之称。涪陵地处水陆要冲。渝怀铁路、319 国道、规划中的重庆至湖北利川铁路及沿江高速公路穿越涪陵境内。涪陵港处于长江、乌江交汇点，境内河流纵横，呈树枝状分布，是重庆的黄金水道和物资集散中心，并已实现江海联运，可直通海外。

便捷的交通为工业发展提供了有利条件，涪陵工业发展较快，效益较好。以榨菜、饮料为主的食品工业，以中成药为主的医药工业，以化肥为主的天然气化工工业，以苎麻、丝绸为主的纺织工业，以水泥、陶瓷为主的建材工业，以汽车、摩托车配件为主的机械工业已成鼎立之势。涪陵榨菜、涪陵水牛、涪陵红心萝卜是闻名海内外的三大特产，有“榨菜之乡”的美名。涪陵文物古迹众多，境内有被誉为“水下碑林”的国家一级保护文物白鹤梁，是世界上最古老、保存最完整的水文站。北岩寺点易洞是程朱理学的发源地，理学先祖程颢、程颐、朱熹曾在此留下踪迹。

［江津区］　江津区位于市境西南部，面积 3200 平方千米。为中国的商品粮、柑橘、瘦肉型猪生产基地。境内地势南高北低，日照充足，雨量充沛，年均降水量 1035 毫米，年均温 18.3℃，为农业生产奠定了基础。主产稻谷、生猪。江津区有天然气、石灰石、沙金等矿产资源。工业以建材、轻防、机械、化工、食品为主，主要产品有水泥、柴油机、皮革、丝绸等。江津区交通便利，210 国道和成渝、渝黔铁路横贯市境，江津长江公路大桥连接成渝高速公路。长江、綦江等 33 条河流呈叶脉状分布。兰家沱、猫儿沱、朱杨溪为中国西南地区水陆联运、中转港。

［万州区］　万州区位于重庆东北部、长江北岸，是渝东“水上门户”、长江沿岸主要港口城市、长江上游著名商埠及农副产品集散地。面积 3457 平方千米。民族以汉族为主，还有回、满、壮、土家等少数民族。万州区地处三峡库区腹地，农业主产水稻、玉米、小麦、薯类，主要经济作物有桐籽、柑橘、桑蚕、油菜、烟叶等，牧副业以养殖生猪、山羊、桑蚕为主，为中国的柑橘、山羊板皮商品基地。工业有食品、化工、纺织、电力、皮革、建材等门类，轻工业比重大，占工业总产值的 2/3。万州区为渝东、湘鄂西、陕南、黔北的物资集散地，有“万商之城”的称誉。万州区水陆交通网络发达，全区现有 318 国道纵贯南北、省道渝巴线连通东西，加上 21 条县道与各乡镇连接，长江航道过境 80.5 千米。万州区地处三峡库区，随着三峡工程的竣工，旧城区将有 1/2 被淹没。迁建的万州将成为重庆市的第二大城市。

（二）人口、民族

2022 年末常住人口 3213.34 万，以重庆市区等沿江地区城市人口密度最大。重庆市是个多民族地区，共有 50 个民族，以汉族为主，有土家、苗、回、满、彝、壮、布依、蒙古、藏、白、侗、维吾尔、朝鲜、哈尼、傣、傈僳、佤、拉祜、水、纳西、羌、仡佬等族。2000 年末，49 个少数民族人口总数占全市人口总数的 6.4%。少数民族人口最多的是土家族，其次为苗族，主要分布在黔江地区的 4 个民族自治县和涪陵区。除土家、苗族外，人口达到 1000 人以上的少数民族还有回、蒙古、彝、满、藏、侗等族。

（三）历史文化

重庆地区历史悠久。早在 3 万年前~2 万年前的旧石器时代末期，就有人类生活在这里。公元前 11 世纪商周时期，巴人以重庆为首府，建立了巴国。极盛时期，巴国疆域“东至鱼复（今奉节县一带），西至焚道，北接汉中，南及黔涪”，即今川东、陕西、鄂西、湘西北和黔北等区域。辉煌而又神秘的巴文化，使巴渝人具备了勇猛、热烈、执着的精神特质。南宋孝宗皇子赵惇于淳熙十六年（1189）正月被封为恭王，二月受禅即帝位，自诩“双重喜庆”，改封地恭州为重庆府，重庆由此得名，距今已有 800 余年。悠久的历史使中国传统文化在重庆留下了深深的印记，儒家思想的重要组成部分——程朱理学就发源于此。历代诗人如李白、杜甫、刘禹锡、苏轼、陆游等，也都在这里写下了许多脍炙人口的名篇佳句。现在的峡江号子、重庆火锅、铜梁火龙、綦江农民版画等也都展现着巴渝人独特的魅力。

［白帝城托孤］　关羽死后，刘备不顾诸葛亮及文武群臣的劝阻，率领全蜀军队进攻荆州，给关羽报仇雪恨。吴将陆逊利用刘备选择军队驻扎地点的失误，火烧蜀军 700 里连营。刘备大败而回，退守白帝城（今奉节县内）。不久，刘备病情加重，于是召诸葛亮等大臣到白帝城永安宫。病榻上，刘备先是对自己不顾三分天下的战略方针，草率进兵东吴而导致失败的行为表示懊悔。然后又把遗诏递给诸葛亮，说：“先生的才能十倍于曹丕，一定能完成统一大业。刘禅软弱，先生以为可辅佐则辅佐，若不可辅佐，则请先生自为成都王。”诸葛亮痛哭流涕，表示将“尽忠贞之节，死而后已”。刘备还让自己的儿子用对待父亲的礼仪对待他，诸葛亮更加感恩戴德。刘备又对其他文臣武将一一进行嘱托，之后离开人世。诸葛亮及其他官员多尽忠竭力，使蜀政权得以在很长一段时间内存续。

［钓鱼城保卫战］　钓鱼城建于 1242 年，为纪念当时重庆知府余玠抗击蒙古人南侵在嘉陵江南岸的钓鱼山上所筑。13 世纪中叶，剽悍的蒙古铁骑从漠北草原踏进中原。1258 年，蒙哥大汗分兵三路攻宋，并亲自率领一路军马进犯四川。在短短 10 个月内，占领了成都以及川西北的众多府州。1259 年 2 月蒙哥大汗攻到合川钓鱼城，遭到钓鱼城主将王坚和副将张珏的顽强抗击。7 月，蒙哥向城内发起强攻，结果被城上的火炮击伤，逝于温泉寺内。蒙哥大汗死后，已横扫西亚、东欧，正在进军非洲埃及的旭烈兀以及正在进攻武汉和长沙的忽必烈等蒙古贵族纷纷收兵，开始了争夺汗位的长期内乱。宋王朝因此得以残存 20 多年，亚欧大陆的战火得停息，非洲也避免了被蒙古占领的命运。钓鱼城因此被欧洲人誉为“上帝折鞭”处。1279 年，南宋最后一个皇帝在广东崖山跳海自杀，钓鱼城守将保国无望才开城投降。纵观钓鱼城保卫战，历时 36 年，大小战斗 200 余次，是中外战争史上罕见的以弱胜强的范例，一直为军事学家所赞叹。

［重庆谈判］　抗日战争胜利后，国民党为争取政治上的主动、赢得内战的准备时

间，于1945年8月三次电邀中国共产党领导人毛泽东赴重庆共商国是。为了避免内战，争取和平民主，中共中央决定派毛泽东等到重庆谈判。8月28日，毛泽东、周恩来、王若飞在美国驻华大使和国民党代表的陪同下飞抵重庆，受到重庆人民的热烈欢迎。在长达43天的谈判中，中共代表与国民党代表先后就和平建国的基本方针、政治民主化、国民大会、党派合作、军队国家化、解放区地方政府等12个方面的问题进行了反复磋商。10月10日，双方签署了《政府与中共代表会谈纪要》（即双十协定）。11日毛泽东返回延安。周恩来等留在重庆继续谈判召开政治协商会议等问题。通过重庆谈判，中国共产党用实际行动向全国人民表明了自己的和平诚意，赢得了国内外人民的同情和支持，争取到了政治斗争上的主动地位。

[铜梁龙灯]　重庆铜梁龙灯有着悠久的历史，大约始于明，盛于清，繁荣于当代。早期的火龙用绳索、竹篓连接头尾，舞龙时龙身施放烟火，气氛热烈。中期的正龙头大颈长，以篓作节，节内点灯以代烟火，舞玩时龙首高昂，灯火蜿蜒，景象十分壮观。最后发展到以彩绘纸粘糊龙身，龙体完整，有骨有“肉”。舞玩时头尾摆动灵活，躯体伸缩自如，内部盏盏灯火映照出金甲赤脊的龙身，熠熠生辉。由于龙灯体态长大，舞玩时形如蠕动，故又称“蠕龙”。铜梁龙灯的特征可归为大、长、活三个字。“大”指体形大造型夸张，美工上集国画、素描、剪纸、刺绣等技巧为一体，并参考戏剧脸谱的描绘手法，彩笔走脊、描箬，着重突出龙的气质，使其神采丰腴，气势磅礴。“长”是指龙身长，一般在24节左右，比例适中，舞动灵活。“活”是说舞龙操作中引入机械原理，研制出手摇、发条、电动等各种方式，使龙在腾跃翻卷时更加灵动潇洒，活灵活现。

[山城火锅]　重庆的风味小吃颇多，最为有名的属山城火锅。山城火锅以水牛毛肚、牛腰、牛肝、黄牛背柳肉、猪肉、猪肝、猪脑花、鸭血、鳝鱼片、莲花白、豌豆尖等为原料，在烧沸滚开的牛肉汤、牛油、豆瓣、川盐、冰糖、辣椒面、花椒、姜末、料酒等配制而成的红汤卤水中自煮自涮而食，具有麻、辣、鲜、嫩、烫等特色。山城火锅店铺遍布全城，一年四季顾客满座，成为体现重庆居民饮食情趣的代表，故有“到山城不吃火锅、等于没到重庆”之说。

（四）气候

重庆市属亚热带湿润性季风气候，受地形影响，气温较同纬度的长江中下游偏高，其气候特点为“春早气温不稳定，夏长酷热多伏旱，秋凉绵绵阴雨天，冬暖少雪云雾多”。年平均气温为18℃。1月平均气温为7℃，最低温为-3.8℃。7~8月气温最高，多在27~38℃，常出现连晴高温，最高温可达43.8℃，与武汉、南京同为长江流域的三大“火炉”城市。年无霜期可达210~349天。重庆雨季集中在夏秋，年降雨量为1000~1100毫米。常日晴夜雨，有“巴山夜雨”之说。重庆秋冬多雾，年均雾日达百天以上，有“雾都”之称。重庆三面环山，沟壑纵横，因此风速较小。但在夏季雷雨天气时，常常伴有大风。

（五）自然资源

重庆市矿产资源较丰富，已发现矿产 75 种，探明储量的矿产有 39 种，主要有煤、天然气、锶、硫铁、岩盐、铝土、汞、锰、钡、大理石、石灰石、重晶石等。其中天然气储量 3200 亿立方米；铝土、岩盐、锶矿储量均居中国第一位，锶矿居世界第二，锰和钡矿储量分别居中国的第二、三位。重庆是中国生物物种较为丰富的地区之一。全市有维管束植物 4000 种以上，国家一至三级类保护植物 50 多种。其中有 1.6 亿年以前的“活化石”水杉及伯乐树、飞蛾树等世界罕见的珍稀植物，还有闻名中外的银杉、杜鹃王树、大叶茶、方竹笋等。重庆还是中国重要的中药材产地之一，大面积的山区生长着数千种野生和人工培植的中药材，有黄连、五倍子、金银花、黄柏、杜仲等。重庆山地，森林覆盖面积广，林木蓄积量大。野生动物有 600 多种，水生动物及鱼类 200 多种，其中国家一至三级类保护珍稀动物 100 多种，主要有毛冠鹿、林麝、大灵猫、水獭、云豹、猕猴、红腹锦鸡等。

［红腹锦鸡］　红腹锦鸡，俗称金鸡、山鸡，为国家二级保护动物。红腹锦鸡是中国特产，分布于重庆、四川、青海、甘肃、陕西、贵州、湖北、湖南、广西等地。生活在多岩的山坡，出没于矮树丛和竹林间，主要栖息在常绿阔叶林、常绿落阔叶混交林及针阔叶混交林中。雄鸟头至枕部具有金色丝状羽冠，披肩为橙棕色，上背浓绿色，余部金黄色，下体通红，脖颈下面有个水囊，是专门用来盛水的。雌鸟全身羽色以棕色为基调。善奔走，飞翔急速、灵敏，能在密林中飞行自如。听觉视觉均比较敏锐，性情机警，受惊时多急飞上树隐没。每年 3~6 月为繁殖期，通常 1 雄配 2~4 雌。孵卵、育雏的任务由雌鸟单独承担。幼鸟为早成鸟，2 年后发育成熟。重庆四面山自然保护区内有分布。

（六）经济

重庆市是西南地区最大的综合性工业基地，是一座集重工业、轻工业、贸易等为一体的产业齐全、门类繁多、自成体系的经济、政治和文化中心城市，也是西南地区科学技术力量最强的城市。重庆农业具有大农业、大农村特点，农业和农村经济在全市经济中占有举足轻重的地位。重庆采取以粮食、猪肉生产为主，农、林、牧、副、渔全面发展的方针，已成为中国重要的商品粮基地和著名的肉猪生产基地。重庆处于中国经济发展较快的东部和资源富集的西部的结合地带，是长江流域和西南地区经济的结合部，因此成为中国西南地区的交通和邮电通信枢纽。重庆有长江黄金水道、机场、桥梁密集的公路、铁路以及索道、扶梯等设施，水、陆、空交通发达，与全国各地乃至世界许多大中城市交通联系便利。

［农业］ 重庆农村地域广阔，地形地貌多样，为发展高效农业提供了条件。重庆农产以粮食、生猪为主。粮食主产稻谷、小麦、玉米等。农副产品种类繁多，生猪、柑橘、蚕茧、烟叶、茶叶等产品产量在全国各大城市居领先地位。梁平柚子、奉节脐橙、忠县豆腐乳等特产均闻名全国。

［工业］ 重庆市工业门类齐全，轻、重工业综合发展，是中国老工业基地和国防工业集中的地区。重庆工业以汽车、摩托车、冶金化工为三大支柱产业，是中国重型汽车、摩托车、微型汽车、钢铁、铝材、化学药品、大型自动化仪表生产基地之一。并且有机电设备、电子通信、食品、建筑建材、玻陶、日用化工等六大优势行业。境内设有国家级重庆经济技术开发区、高新技术产业开发区。重庆是西南地区最大的综合性工业基地。

［交通］ 重庆市交通因其地理位置和地形地貌的特点有其独特之处。重庆城环水依山，沟多坡陡，城市的立体交通发展很快。长江公路大桥、嘉陵江石门公路大桥、长江李家沱公路大桥，和丰都、涪陵、万州、江津长江公路大桥等，将各条道路联结在一起，新辟了长江、嘉陵江沿江大道和贯通全市、连通全国的高等级公路，新建、扩建、改建了国际机场、火车站、客运码头，开设了通往城区各处及郊区的公共电汽车线路 140 多条，并修建了适应山城的独特的立体交通配套设施，有长江、嘉陵江客运过江索道、朝天门码头缆车、菜园坝扶梯、凯旋路电梯以及南山、歌乐山、南泉观景索道等。重庆地处东西结合地带，又是长江流域和西南地区经济的结合部，是我国西南地区水、陆，空交通枢纽，每天有各航班往来于我国各大中城市，并有通往泰国、日本的不定期航班，有各航运公司的船舶航行于重庆至上海的长江沿岸城市港口，有多条始发旅客列车往来于北京、上海、广州、昆明、成都、西安、郑州等全国主要城市，有豪华空调汽车和长途汽车往返于重庆至成都、宜宾、乐山等周边城市。

（七）旅游

重庆市面积虽然不大，但却是中国旅游发达的地区之一。四面山、缙云山、金佛山是中国重点的风景名胜区，著名的长江三峡中的瞿塘峡、巫峡二峡就位于境内，此外还有可与长江三峡相媲美的大宁河小三峡。江津四面山的望乡台瀑布高 152 米，宽 40 米，居中国高瀑之首，其壮观不逊色于黄果树瀑布。万盛石林号称中国第二大石林。诡谲幽冥的丰（酆）都鬼城、辉煌壮观的芙蓉洞、“上帝折鞭”处的钓鱼城等都是重庆引以为豪的景观。气势磅礴、精美典雅的大足石刻被联合国教科文组织列入《世界遗产名录》。重庆市区还以山城风光著称于世。

［万盛石林］ 万盛石林位于重庆市万盛经济技术开发区境内，核心区面积 4.2 平

方千米，是中国第二大石林。万盛石林形成于奥陶纪，是中国最古老的石林。万盛石林属喀斯特地貌特征，形态多柱状形，其次为蘑菇形，主要有石峰、石鼓、石塔、蘑菇石、石芽等形态。石林群峰壁立，千姿百态。还有的石头形似飞禽走兽，被地质学家称为天然石造的“动物乐园”。万盛石林还有清泉碧池、悬崖飞瀑，景象瑰丽动人。主要景点有天门洞、神女峰、香炉山、巨扇石、地缝一线天、化石、石鼓、将军石等百余处。

[小寨天坑]　小寨天坑位于重庆市奉节县城91千米的荆竹乡小寨村，是一处典型的岩溶漏斗地貌。小寨天坑坑口地面标高1331米，深666.2米，坑口直径622米，坑底直径522米。坑壁四周陡峭，坑壁有两级台地。位于300米深处的一级台地，宽2~10米，另一级台地位于400米深处，呈斜坡状，坡地上草木丛生，野花烂漫，坑壁有几个悬泉飞泻坑底。坑底下边有自天井峡地缝流来的地下河，河道长约4千米，从迷宫峡排出。小寨天坑就是这个地下河的一个“天窗”。小寨天坑被誉为“天下第一坑”，属当今世界洞穴奇观之一。

[丰都鬼城]　丰都鬼城在重庆市丰都县城东北隅，距重庆市172千米的长江北岸，是一座以神奇传说而著称的文化古城。鬼城名山海拔288米，呈东西走向。山上林木苍翠，祥云笼罩，殿阁森严，临江矗立。自唐以来，这里陆续建造了40多座庙宇，有天子殿、大雄宝殿、无常殿、望乡台、鬼门关、黄泉路、二仙楼、奈何桥等，模拟人间的法庭、监狱等，以封建社会的统治模式营造出一个阴森恐怖、等级森严的“阴曹地府”，神秘怪诞。相传西汉的王方平和东汉的阴长生两人曾先后于平都山潜心修炼成仙，白日飞天，故道家把这里列为道家七十二洞天福地之一。后人将“王、阴”读作“阴、王”，后又称为“阴间之王”，丰都也就成了“鬼都”了。《封神演义》《聊斋志异》等古典名著都将丰都描写为“阴曹地府”“鬼国幽都”，更使“鬼城”之名远扬。

[大足石刻]　大足石刻位于重庆市大足区。大足区距重庆市区约160千米，风景幽丽，石窟密集。大足石刻是对大足区境内石刻的总称。县内有唐宋以来的石刻作品70余处，造像5万多个。大足石刻兴起于唐代，南宋时期达到鼎盛，以摩崖造像为主，是中国南方仅有的儒、道、释三教造像并陈的石刻群。其中，以宝顶山和北山石刻最为著名，是1961年国家公布的第一批全国重点文物保护单位。大足石刻雕塑纤细、清秀、潇洒、柔和，以其丰富的内容、宏大的规模和精湛的艺术，在宗教、艺术、文化史上占有重要地位，是一座难得的文化艺术宝库。

[张飞庙]　张飞庙又名“张桓侯祠”，位于重庆市云阳县城外长江南岸的飞凤山麓，是三国蜀汉末年为祭祀蜀汉名将张飞而建。该庙依山临江，重楼飞阁，雄伟壮观，是一组金碧辉煌的殿宇。庙前临江的石壁上刻有“江上风清”四个大字，是清代书法家彭聚星所书。张飞庙主要有结义楼、望云轩、正殿、助风阁、杜鹃亭、得月亭等建筑。结义楼建在江岸的巨石上，飞檐正对大江。它的对面是富丽堂皇的正殿，里面正

中塑有张飞坐像，两侧有战马。助风阁在正殿东侧，粗犷峻伟。庙内存有大量自汉唐以来历代名家的书法摹本碑石及木版书画。长江三峡蓄水后，张飞庙被淹没。迁后张飞庙将依原样重建。

张飞庙

［芙蓉洞］　芙蓉洞位于重庆市武隆区江口镇 4 千米处的芙蓉江畔。芙蓉洞主洞长 2700 米，总面积 3.7 万平方米，其中“辉煌大厅”面积 1.1 万平方米，最为壮观。洞内钟乳石类型几乎包括世界各类洞穴近 30 余个种类的沉积特征。其中有宽 15 米、高 21 米的石瀑和石幕，光洁如玉的棕榈状石笋，璨然如繁星的卷曲石和石花，净水盆池中的红珊瑚和犬牙状的方解石结晶更是珍贵无比。芙蓉洞钟乳石其数量之多、形态之美、质地之洁、分布之广，为国内外罕见，被誉为世界奇观和地下艺术宫殿、洞穴科学博物馆。

［三峡］　长江三峡西起重庆市奉节县的白帝城，东至湖北省宜昌市的南津关，跨奉节、巫山、巴东、秭归、宜昌五县市，全长 193 千米，是长江沿线最为壮丽雄奇的山水画廊，是世界上著名的以峡谷水道为主的河川风景名胜区。长江三峡两岸高差 500 ~1000 米，峡谷坡陡达 50°~70°。长江流到三峡时，江面紧束，一般宽 250~350 米，最窄处 100~150 米，船只航行三峡之中常有“峰与天关接，舟从地窖行”之感。三峡河段险滩、暗礁密布，有“三里一湾，五里一滩”之说，航行很艰难。20 世纪 50 年代以来，三峡航道经过不断整治，清除了险滩，设置了航标，航运条件显著改善。中国最大的水电站三峡水电站已开始发电，全部工程已完工。三峡为三座峡谷的总称，由西向东依次为瞿塘峡、巫峡、西陵峡。瞿塘峡西起白帝城，东至巫山大溪，长约 8 千米，是三峡中最短、最窄的峡谷。有夔门、粉壁墙、孟良梯、古栈道、盔甲洞、犀牛望月、风箱峡、大溪文化遗址等景点。以雄奇壮观著称，入口处的夔门被誉为“天下雄”。巫峡西起巫山大宁河口，东到湖北官渡口，全长约 44 千米，是三峡中最完整、最有观赏价值的峡谷。两岸有秀丽多姿的巫山十二峰。十二峰中登龙峰最高，海拔 1210 米；神女峰海拔 940 米，最为俏丽也最为有名，通常人们把她看作巫山的象征。巫峡北岸有大宁河，由龙门峡、巴雾峡、滴翠峡组成大宁河小三峡，景色壮美独特。西陵峡西起秭归香溪口，东至宜昌南津关，全长约 76 千米，是长江三峡中最长的峡谷，以滩多水急而闻名，有兵书宝剑峡、牛肝马肺峡、崆岭峡、黄猫峡、灯影峡、青滩、泄滩、崆岭滩等名峡险滩和黄陵庙、三游洞、陆游泉等古迹。险峻的地形、绮丽的风光、磅礴的气势和众多名胜古迹构成长江三峡的独特魅力。现在，三峡库区经蓄

水，昔日的百里峡谷变成烟波浩渺、一望无际的人工湖面。

［嘉陵江小三峡］　嘉陵江小三峡从巨梁滩到巴豆林，由沥鼻峡、温塘峡、观音峡组成，全长27千米。沥鼻峡又称牛鼻峡、铜口峡，位于合川盐井镇一带，全长3千米，峡中江流湍急，水深莫测，峡岸群峰高耸，峻峭幽深，景观绮丽。温塘峡又称温泉峡、温汤峡，处于缙云山段，全长2.7千米，古时峡口建有温泉池，故名。入峡江水咆哮奔腾，漩涡叠生，气势磅礴；峡壁两岸悬崖挺立，犹如刀凿斧削；峡岩之腰，泉如汤涌，云根窦生，景色秀丽。为小三峡之冠。观音峡又名文笔峡，全长3.7千米。峡口岸边有巨石矗立，形如石笏，俗称文笔石，旁边悬崖高处有一古刹，名观音阁，峡以阁得名。观音峡两岸绝壁万仞，怪石嶙峋，江水蜿蜒曲折。多激流险滩。

［缙云山］　位于重庆市北碚区，地处嘉陵江温塘峡南面。由狮子、香炉、日照、夕照、狼啸、莲花、宝塔、玉尖、聚云等九峰组成，素有“小峨眉”之称。缙云山气势雄伟，风景美丽。缙云山是全国自然保护区，山上气候温和，雨量充沛，有森林1300余公顷，生长着1700多种亚热带植物。山中还有世界罕见的活化石树——水杉。而且山上至今还遗存了很多六朝时和宋、明、清时代的古建筑。缙云寺就是一座具有1500多年历史的佛教圣地，始建于南朝刘宋景平元年（423），曾受到历代帝王封赐。寺中有“缙云书院”，还存有宋太宗诵读过的24部梵经。寺外石照壁上的“猪化龙”浮雕为六朝时文物，另有出土的石刻天王半身残像，据传是梁或北周作品。

［红岩村纪念馆］　红岩村革命纪念馆坐落在化龙桥地区红岩村13号，与重庆市区相距仅8千米。当年八路军驻扎在重庆，即1939年5月至1946年5月，八路军都是在这里办公的，新中国成立后这里被辟为纪念馆。旧址为一座三层楼房，竹木夹壁。第十八集团军办事处位于底层；二楼是中共中央南方局办公处，有毛泽东、周恩来同志的办公室、卧室，并陈列着当年毛泽东、周恩来同志使用过的各种物品和毛泽东所著词《沁园春·雪》的手稿；三楼是设有电台的机要室。1945年8月28日至10月11日，毛泽东来重庆进行“国共和平谈判”时，就住在二楼，并在这里处理日常工作事务。此外，各房间内还有许多反映当年生活和工作的物品及照片。纪念馆还有一些辅助建筑，如樱花园、桃花园和盆景园等。

［歌乐山烈士陵园］　位于重庆市西北郊歌乐山下。原址有渣滓洞、白公馆和梅园等10多处，其中渣滓洞和白公馆是两大监狱。旧址东西长约7千米，纵横10余千米。周围用碉堡、岗亭和铁丝网封锁着。旧址除监狱之外还有三所特务头子住的官邸以及特警班教室和宿舍、军警营房、美制军火仓库等。新中国成立后这里被辟为展览馆，陈列了当年的实物、图片等。抗日爱国将领杨虎城将军、新四军军长叶挺、四川省委书记罗世文、四川军委书记车耀先等革命志士曾被囚禁在这里。

五、黑龙江省

（一）行政区划

黑龙江省位于中国国境东北部、黑龙江南岸，是中国最北部的省份。黑龙江省北部和东部分别隔黑龙江、乌苏里江与俄罗斯相邻，南与吉林省接壤，西与内蒙古自治区相连，是中国东北门户。黑龙江地处东经 121° 11′~135°05′、北纬 43°25′~53°33′，面积 47. 3 万平方千米。全省辖齐齐哈尔、牡丹江、大庆等 12 个地级市，还有 1 个大兴安岭地区。省会为哈尔滨，为副省级市。简称黑。因其境内河流黑龙江而得名。

［省会——哈尔滨］　哈尔滨市位于省境南部，南与吉林省为邻。面积约 53775 平方千米，辖 8 区 7 县，并代管 3 个县级市。人口以汉族为多，还有满、朝鲜、回、蒙古等少数民族。哈尔滨市金代属上京会宁府。1949 年为松江省辖，1954 年改为黑龙江省辖市。市境地处松花江中游、松嫩平原中部，地势南高北低，属中温带大陆性气候。哈尔滨是东北地区第二大工业城市，工业门类齐全，以重工业为主，其中动力设备、发电设备是主导产品，石油化工、纺织、建材、食品等工业为支柱产业。农业主产玉米、大豆、小麦、稻谷。哈尔滨是东北地区北部最大的交通枢纽，哈大、滨洲、滨绥、滨北、拉滨 5 条铁路干线交会于境内。哈尔滨太平还是松花江中心港，哈尔滨机场是东北地区大型国际机场之一。哈尔滨还是中国历史文化名城，境内有太阳岛风景区、文庙等名胜古迹。

［齐齐哈尔］　齐齐哈尔市位于省境西部，距省会哈尔滨市 270 千米。西与内蒙古自治区为邻。全市面积 4. 3 万平方千米，辖 7 区 8 县，并代管 1 个县级市，人口以汉族居多，还有达斡尔、蒙古、满等少数民族。齐齐哈尔市古时为室韦族的活动地区。1924 年正式设为齐齐哈尔市。市境地处松嫩平原西部和大兴安岭东坡丘陵、平原地区，全市地势平坦，河流以嫩江水系为主，湖泊众多，有大片沼泽分布。属中温带大陆性季风气候。齐齐哈尔市工业以机械和钢铁为主体，以重型机械和机车车辆制造为核心，还有电力、化工、轻纺、塑料、建材、造纸、食品等行业。农业主要生产小麦、玉米、大豆、马铃薯、甜菜、葵花籽等。此外畜牧业发达，饲养牛、羊、马等。齐齐哈尔市交通便利，铁路方面有平齐、齐北、滨洲、富嫩铁路过境，公路有 301 国道，还有各等级公路沟通城乡。

［大庆］　大庆市位于省境西南部，全市面积 22161 平方千米，辖 5 区 3 县和杜尔伯特蒙古族自治县。人口以汉族居多，还有满、蒙古、朝鲜等少数民族。大庆地处松

嫩平原中部，地势平坦，无山丘和天然河流，草原辽阔。大庆市是一座以石油生产为主的新兴工业城市。大庆油田是世界大油田之一，年原油产量占中国原油总产量近四分之一。市内的大庆石油化工总厂、大庆乙烯联合化工厂已成为中国大型化工骨干企业。地方企业以建材、轻纺、塑料、食品等行业为重点。农业主要生产大豆、水稻、玉米，还生产甜菜、亚麻等。畜牧业发达，以大庆奶牛和细毛绵羊驰名。在交通方面，滨洲、通让铁路，301 国道，由哈尔滨至大庆的高速公路穿过境内。市内的名胜古迹有敖木台抗日战争遗迹、松基三号井和铁人井、常家围子遗址、白金宝遗址和好田格勒古城遗址等景点。

东方第一镇——乌苏镇

乌苏镇在黑龙江与乌苏里江汇合处的小岛上，东临大海，西依小河。从经度上看，它是中国疆域的最东端，那里是每天早晨最早见到“太阳升起”的地方，故号称“东方第一镇”。在乌苏镇看日出，最是新奇有趣。北京时间2点钟，就可以看到太阳喷薄而出。乌苏镇附近是赫哲族人民的聚居地，赫哲族男女老少个个都是捕鱼能手。过去，他们吃鱼肉、穿鱼皮，住的是地下一半，地上一半、没有窗户的“地窝子”。现在他们的衣、食，住、行都有了天翻地覆的变化。乌苏镇虽小，却很富饶，是中国最大的大马哈鱼渔场。

（二）人口、民族

由于历史原因，百年以前，黑龙江省人烟稀少，主要是满族等少数民族的祖先在这里生息繁衍。清咸丰末年人口开始大量迁入，人口增长速度不断加快。20 世纪 50 年代以后，人口增长速度更快，其自然增长和外省迁入基本相等。截至 2022 年末，黑龙江省常住总人口 3099 万人。黑龙江省人口分布一般是南部多于北部，如哈尔滨及其周围各县，每平方千米平均为 500 多人，而大兴安岭地区平均每平方千米还不足 6 人。全省总人口中汉族人口约占 95%，少数民族约占 5%。省内共有 35 个少数民族，主要有满、朝鲜、回、蒙古、达斡尔、锡伯、鄂伦春、赫哲等族。

［赫哲族］　赫哲族主要分布在黑龙江省同江、抚远、饶河等市、县，是中国人口较少的民族之一。赫哲族有自己的语言，赫哲语属阿尔泰语系满通古斯语族满语支，无本民族文字。赫哲族的祖先自古就在黑龙江、松花江、乌苏里江流域繁衍生息。一般认为，赫哲族是以古老的赫哲族氏族为核心，吸收了鄂伦春族、鄂温克族、满族等民族成分，在清初形成了较稳定的族体，并在此定居。赫哲族是中国北方唯一以捕鱼为主、使用狗拉雪橇的民族。在赫哲族居住的松花江下游、黑龙江、乌苏里江三江口盛产各种鱼，其中以鳇鲟和大马哈鱼最为著名。

（三）历史文化

黑龙江是东北地区各族先民自古以来生息繁衍的地方。哈尔滨阎家岗遗址出土的“哈尔滨人”的头骨残片和十八站遗址出土的各种打制石器等，距今都已有1万多年的历史。还发现了具有传统北方民族特色的新开流古文化遗址等。古上京龙泉府和上京会宁府曾经是中国唐朝时期东北部小国渤海国都城、金代女真族的国都。黑龙江省是多民族聚居的边疆省份，长期的民族融合及邻国风俗的影响，逐渐形成了具有自己地方特色的文化内涵，既有丰富多彩、纯朴淳厚的民俗民风，又具有外国风俗的民族特色。

[十八站旧石器文化遗址]　十八站遗址位于黑龙江省塔河县十八站鄂伦春族自治乡，是旧石器时代晚期文化遗址，距今约有1万余年的历史。这里出土的石器标本1000余件，其中有刮削器、尖状器、切割器等。经学者比照研究，石器的类型和加工技术与华北地区出土的旧石器有许多相似之处。十八站遗址是中国最北部地区发现的重要旧石器时代遗址，它扩大了中国旧石器时代文化分布范围，对研究原始人类活动环境、当地气候及原始文化起源有重要价值，同时为进一步探究中国和周边地区的原始文化关系，提供了重要线索。

[新开流古文化遗址]　新开流古文化遗址在风光秀丽的大小兴凯湖之间的湖岗上。它距今已有五六千年的历史了，属新石器时代文化。遗址东西长300米，南北宽80米，面积2.4万平方米。出土文物有以鱼鳞纹、网纹、波纹为特征的陶器和以渔猎工具为主的石器、骨器、牙角器等。这些出土文物，表明当时这里水草丰，鱼虾肥，居住在这里的先民们以渔猎为生。新开流古文化遗址不同于国内其他新石器时代的文化，富有北方水城的地方特点。

[渤海国上京龙泉府遗址]　上京龙泉府遗址位于黑龙江宁安市境内，是中国唐代渤海国都城。上京是当时中国东北地区著名的大都市。上京城建在四面环山、三面临水的盆地之中，濒临牡丹江，城外有护城河，城池坚固，国运辉煌。公元698年，粟末部首领大祚荣初建“震国”，建都敦化敖东城（今吉林省敦化市）。公元713年，震国受唐朝册封，改称“渤海”。755年迁都上京龙泉府。渤海上京龙泉府设五京十五府六十二州，它所辖疆域广大，东到日本海，北至黑龙江以北，南达辽东半岛，有“海东盛国”之称。上京城是仿唐都长安城形制建造，城有三重，分廓城、皇城、紫禁城。渤海国历时229年，延续15世，是中国东部强盛的番国之一。渤海国于公元827年被逐渐强大起来的契丹国所灭。

[金上京会宁府遗址]　金上京会宁府俗称白城遗址，在哈尔滨市东南阿城旧城南2千米处，是一座保存较为完好的唯一的金代都城遗址。1115年，太祖完颜阿骨打称帝，建都上京会宁府，至1153年海陵王完颜亮迁都燕京，金政权在金上京会宁府历经

四帝，统治长达38年。遗址由毗连的南、北二城组成。南城内有皇城，在风格上保持着金代古城建筑特点，至今保存着午门、宫殿遗址。外城尚存城墙、翁城、马面、角楼、护城河遗址。在金上京会宁府西300米处，是金太祖完颜阿骨打陵址。陵址正方形，高约13米，夯土筑就。此地为金太祖初葬地，在金初时称“太祖庙”。

（四）气候

黑龙江省位于中国最北部，属于寒温带大陆性季风气候，为中国大陆气温最低的省份。黑龙江冬季漫长、严寒、干燥，1月均温-31～-15℃，最北端的漠河极端最低温-52.3℃。夏季温暖、短促、多雨，7月均温18～23℃，西南部的泰来极端高温41.6℃。10℃以上活动积温1400～2700℃。省内南北温度差异明显，大兴安岭北部属寒温带，冻土深厚，无霜期不足3个月；南部气温较高，无霜期100～140天。年降水量400～650毫米，可以满足一年一熟作物生长之需。全省降水量地区差异显著，东部年降水量600毫米以上，向西递减，平原西南部400毫米左右。

（五）自然资源

黑龙江省矿产资源丰富。目前全省已发现的矿产有130多种，已探明储量的有50多种，储量居全国前十位的有20多种。优势矿产有石油、天然气、煤炭、黄金、石墨、铅锌等。其中石油储量高居首位，产量占全国近四分之一。其矿产资源储藏的特点是共生、伴生矿多，矿石成分复杂，地区分布不均衡。省境南北跨越中温带和寒温带，东西横贯湿润、半湿润和半干旱三个干湿带，故植被种类繁多，生物资源丰富，生长量大。黑龙江森林面积2007万公顷，林木总蓄积量16.5亿立方米，其木材蓄积量、森林覆盖率和木材产量均居全国前列。在森林中和沼泽地带栖息繁衍的动物资源也极其丰富，有东北虎、丹顶鹤、猞猁，紫貂、驯鹿等数十种珍稀动物。

［钻天柳］　钻天柳是杨柳科植物。落叶乔木，高可达30米，胸径达1米。钻天柳树形高大美观，树冠圆柱形或椭圆形，树皮褐灰色，小枝红黄色或紫红色，有白粉，无毛，芽扁卵圆形，被一枚鳞片包裹。叶互生，长圆状披针形，长为5～8厘米，宽1.5厘米，两面无毛，上表面灰绿色，下表面苍白色，常有白粉，近全缘。雌雄异株。柔荑花序先叶开放，雄花序下垂，长1～3厘米，雄蕊5枚，比苞片短，着生于苞片的基部。花药球形，黄色，边缘长有长绿毛，无腺体。雌花序无腺体，花柱2枚，柱头2裂。钻天柳主要分布于黑龙江、吉林、辽宁、内蒙古，散生于海拔300～500米处的溪旁池边或近水的地方。朝鲜半岛、日本、俄罗斯也有分布。属国家三级保护树种。

［丹顶鹤］　丹顶鹤属鹤形目，个头很大，体长在1.2米以上。体羽主要为白色，喉、颊和颈部为褐色。头顶皮肤裸露，像戴着鲜红色肉冠，故得名“丹顶鹤”。丹顶鹤

栖息于沼泽地或沿海浅滩地带，涉游于近水的浅滩，用长嘴啄取鱼、虫、虾、蟹等，有时还吃嫩草、谷物等。它的脖子很长，气管更长，而且还盘曲于胸骨间，好像喇叭一样，因此，它的鸣声格外洪亮。黑龙江的齐齐哈尔扎龙等地是丹顶鹤的繁殖场所，目前已辟为国家自然保护区。

［东北虎］　虎属食肉目猫科，是一种大形猛兽。虎是亚洲特产，根据虎的分布特点，共分为 8 个亚种，即孟加拉虎或印度虎、里海虎、东北虎、爪哇虎、华南虎、巴厘虎、苏门答腊虎、印度支那虎或东南亚虎。东北虎产于中国、俄罗斯和朝鲜北部，国际上又有“西伯利亚虎”“乌苏里虎”“满洲虎”之称。在中国，东北虎仅生活于黑龙江和吉林两省部分地区，属国家一级保护动物。在这 8 个虎亚种中，论个头之大，当推东北虎了，所以东北虎有“虎中之王”的称呼。

（六）经济

黑龙江的石油储量高居全国首位，原油产量占全国的近四分之一。除原油生产，黑龙江相继建成了国家大型石油化工总厂、乙烯联合化工厂，并且已成为国家大型石油化工骨干企业。在农业方面，省内土壤肥沃，水肥条件好，植物生长量大，是中国重要的大豆、小麦、玉米等商品粮基地。境内草原广阔，畜牧业发达。省内交通发达，公路干线多，内河航运便利，还有定期航班飞往国内外大城市。

［农业］　黑龙江农业资源丰富。省内平原面积辽阔，耕地面积 1198. 95 万公顷，占全省土地面积的 25. 3%，是中国重要的大豆、粮食产区，主要粮食作物有玉米、小麦、水稻、谷子、高粱和马铃薯。大豆产量约占中国的 1/3，居全国首位。省内农业机械化程度较高。黑龙江林地面积达 2443. 01 万公顷，林业生产同样在全国占有重要地位，森林覆盖率达 43. 6%，森林面积占中国森林总面积的 11. 5%，木材蓄积量占中国的 12. 1%，是中国最大的林区。这里还是世界最大的山葡萄生产基地。黑龙江有大面积的草原、草坡和水面，畜牧业也占有一定的地位。西部有辽阔的优质草原，北部和东部山区有面积较大的荒坡草甸，发展畜牧业条件优越，以饲养牛、羊为主。其中奶牛饲养量和产奶量均居中国第一位。全省江河沼泽湖泊水面大部分可用来发展水产养殖。松花江的鳌花、哲罗、鳊花，镜泊湖的鲤、鲫，兴凯湖的大白鱼，黑龙江和乌苏里江的鳇鱼等都是著名特产。黑龙江依托当地环境和资源优势，大力开发绿色食品，使黑龙江的绿色食品事业得到了蓬勃发展。

［工业］　黑龙江省资源丰富，工业发展也以石油、煤炭、森林工业等为龙头，建成以石油、煤炭、机械、木材、化工、食品为重点，门类比较齐全、布局比较合理的国家重要工业基地。尤其是在大庆油田开发后，形成一系列以石油化工为主的相关产业。重工业产值居中国第六位，原油、木材、胶合板、纤维板、亚麻布、乳制品等产量均居中国第一位。天然气、黄金、汽油、柴油、轴承、联合收割机、食糖、煤炭、

轮胎和化纤等产量在中国亦占重要地位。

［交通］　黑龙江交通事业发达，已形成陆运、水运、空运和地下管道运输并行的综合运输体系。黑龙江铁路现今营运里程已达 5000 多千米。以省会哈尔滨为中心的铁路运输系统，向北可通往俄罗斯，向南可通往广州，贯穿全省三分之二以上的市县，为全国交通网骨干，基本形成四通八达的公路运输网。内河航运也十分便利，黑龙江、松花江等河流都可以通航，通航期可达六七个月。民航以哈尔滨为中心，有定期航班飞往国内外的大城市。随着大庆油田的发展，管道运输已经发展得相当完善，并已成为省内石油运输系统的主力。

（七）旅游

黑龙江是中国火山遗迹较多的省区之一，火山活动为省内创造了著名的旅游景区，如五大连池、温泉、熔岩地貌、镜泊湖、吊水楼瀑布、火山口森林、熔岩隧道等。省内连绵的山地和广阔的沼泽地是动植物资源的宝库，有天鹅、丹顶鹤、东北虎、东北豹、麝等珍稀动物。目前全省已建有多处自然保护区，被誉为“丹顶鹤故乡”的扎龙自然保护区的观鸟旅游颇受青睐。省内还有桃山、乌龙、平山等狩猎场，吸引着众多的中外游客。黑龙江冬季漫长而寒冷，多冰雪，一些河湖与山坡成为开展冰雪活动的好场所。这里独特的少数民族风情和一些城市的欧式风格建筑也使游客慕名而来。

［镜泊湖］　镜泊湖位于黑龙江省宁安市南牡丹江上游张广才岭与老爷岭群山中。镜泊湖是中国最大的典型熔岩堰塞湖，以风平浪静、湖平如镜而得名，属国家级重点风景名胜区。湖面海拔 251 米 1，最深达 62 米，长约 45 千米，最宽处 6 千米，面积 95 平方千米。湖东岸是老爷岭，西岸为张广才岭，两岸峰峦叠嶂，林木丛生，花草密布。湖区周围有火山群、熔岩台地等景观。镜泊湖为新生代第三纪中期所形成的断陷谷地。第四纪晚期，湖盆北部发生断裂，陷落部分奠定了今日的湖盆基础。同时在今镜泊湖电站大坝附近，沿石头甸子河断裂谷又有玄武岩溢出，熔岩流与来自西北部火山喷发的岩浆汇集，在吊水楼附近形成一道玄武岩堰塞堤，堵塞了牡丹江及其支流，形成镜泊湖。湖内有由离堆山及山岬形成的小岛，如大孤山、白石砬子、小孤山、城墙砬子、珍珠门、道士山和老鸹砬子等。湖北端的湖水从熔岩堤坝上下跌，形成 25 米高、40 米宽的吊水楼瀑布。瀑布下的潭深达数十米，是黑龙江省第一大瀑布。镜泊湖特产鲫鱼驰名全国，特称“湖鲫”。在镜泊湖发电厂西北 50 千米处钓大干泡附近有 6 座火山锥所组成的火山群。火山锥海拔 750~1000 米。在沙兰镇境内有火山口森林，通称地下森林，产有红松、紫椴、黄菠椤等林木，还有马鹿、青羊等珍贵动物，具有罕见的自然奇观。这些资源和景观与镜泊湖一起组成镜泊湖风景旅游区和自然保护区，是中国著名的旅游避暑和疗养胜地。

［吊水楼瀑布］　吊水楼瀑布位于黑龙江宁安市南牡丹江上游，是镜泊湖水泻入牡

丹江而形成的。吊水楼瀑布是黑龙江省内的第一大瀑布，在中国瀑布中也颇有名气。大约在1万年前，火山喷出的岩浆把牡丹江拦腰截断，河水被阻便形成了镜泊湖和吊水楼瀑布。吊水楼瀑布高约20米，水流到崖边突然下泻，随之卷起千朵银花，万堆白雪，形成腾腾水雾于空中，日光下形成绚丽彩虹，煞是好看，湖水飞流直下，具有很大的冲击力，年长日久，竟将瀑底冲出一个60米的水潭。由于流水落差大，水流急，瀑布发出雷鸣般的轰响，在很远的地方都能听到。瀑布下面的水潭水清如镜，可以清晰地看见水下的玄武岩。

[兴隆寺]　兴隆寺位于黑龙江省宁安市渤海镇西南。原名石佛寺，初建于唐代渤海国时期，渤海政权灭亡后，寺庙被毁，仅存大石佛。清康熙初年在旧寺遗址上建兴隆寺。兴隆寺原有三重佛殿，道光二十八年大火焚毁部分殿宇，咸丰年间重建。今存关帝殿、天王殿、大雄宝殿、三圣殿等，为木制斗拱建筑。殿前有重修兴隆寺碑记和渤海国时期的大型佛教石刻，其雕刻细致，巍然壮观。兴隆寺是黑龙江省仅有的清初木结构斗拱建筑。

[哈尔滨文庙]　哈尔滨文庙位于哈尔滨市南岗区文庙街的哈尔滨工程大学院内，是东北地区最大的一座孔庙。它是祭祀中国古代的政治家、思想家、教育家、儒家学派的创始者、世界文化名人孔子的庙宇。哈尔滨文庙不仅是黑龙江省现存最大、最完整的仿古建筑群，而且是东北地区最大的一座孔庙。文庙建于1926年，建成于1929年。它是按照大祭祀仪式的规格建造的，以大成殿为中心，南北成一条中轴线，两边建筑对称排列，殿堂、两厢、门庭和围墙组成3进院落。前院松柏苍翠，丹墙围绕；中院是文庙的主体，正殿大成殿面阔9间，台基砌以玉石雕栏，气势轩昂庄重，殿内供孔子等牌位；后院的崇圣祠面阔7间，单檐歇山顶，现改为书厅。哈尔滨文庙雄伟壮观，是具有典型清代风格的建筑。

[哈尔滨太阳岛]　太阳岛位于黑龙江哈尔滨市松花江畔，是一处江心岛，面积380万平方米，是闻名中外的游览区，也是不可多得的避暑和疗养胜地。全岛碧水环抱，森林密布，花草繁茂，幽雅静谧，野趣浓郁，空气清新，具有质朴、粗犷的北方原野风光特色。沿岸是带形沙滩，白沙碧水，阳光充沛，是天然的日光浴场。哈尔滨太阳岛游览区内建有“水阁云天”“青年之家”“太阳湖”“太阳山”“金河水榭”等游览场所。

[三灵坟]　位于宁安市三灵屯东北边半里左右的一个小土丘上，相传为渤海国国王或公主的墓。三灵坟发现于1991年，学术界认为其是唐渤海国时期规模最大、等级最高的王陵地区。在它的3个王陵中，2号陵内有壁画。因其隔江南岸约4千米为渤海国上京龙泉府故城址，故将其归为第一批全国重点文物保护单位渤海国上京龙泉府遗址。三灵坟坐北朝南，是用长条玄武岩石板砌成的，早年曾被人凿孔掘盗，如今墓内只剩下了墓壁。全墓分为墓室、甬道、墓道三部分。墓室平面呈“T”形，加工整齐的玄武岩石块垒砌成墓室的四壁。墓道呈长方形，东西宽约2.19米，南北长约4米，高

约 2.14 米，墓门宽约 1.46 米。4 米长的甬道将墓室和墓道连接在一起，甬道的两端各设有一重石门。甬道两壁和墓室四壁原本涂有很厚的白灰面，有彩色壁画绘在上面，但现在只剩下残块。在墓南还出土了一尊雕琢精致细腻的石狮，它具有盛唐时期的艺术风格。

［瑷珲古城］　瑷珲古城位于黑龙江省黑河市瑷珲镇。清康熙二十二年（1683）修筑，并为镇守黑龙江等处将军的住所，称黑龙江城。1685 年将旧瑷珲城移至黑龙江西岸，并改称新瑷珲城。现今周长约 2.5 千米的瑷珲古城，保留了一些清代建筑，矗立于江边的魁星楼，高 20 米，青砖红墙。古城中心有一八角楼，又称八封楼，楼为木结构，每层有走台回廊，相传为黑龙江义和团抗击沙俄的指挥中心。登上楼的最顶层，可俯瞰瑷珲城全景，离古城不远处有清朝古林将军富明阿墓。城西 10 千米为炮台山，城西南的北大岭是 1900 年中俄战争的重要战场。瑷珲古城是中国抗俄斗争历史名城。

［哈尔滨东正教堂］　哈尔滨东正教堂坐落于哈尔滨市市区内，建于清光绪二十五年（1899）。整座教堂为拜占庭式建筑，位于中央的主体建筑有个标准的大穹隆，红碑结构，巍峨宽敞。东正教传入中国，是清雍正五年（1727）中俄签订《恰克图条约》以后的事。中国在那一年开放了恰克图这个边城与俄国通商，俄国的东正教教士便开始进入中国东北边区传教。1903 年，以哈尔滨为起点的中东铁路通车，哈尔滨便成为中国东北的重镇，也成了东正教教士传教的中心。

哈尔滨东正教堂

［五大连池］　五大连池位于黑龙江省五大连池市境内，为火山堰塞湖。1719～1721 年，小兴安岭西南侧的火山爆发，火山熔岩堵塞白河河道，形成 5 个相连的火山堰塞湖，所以称作“五大连池”。五大连池面积 26.2 平方千米，周围有巍峨耸立的火山群环抱，景色壮丽。五大连池夏天气候宜人，树木葱郁，花草芬芳，湖光山色融为一体，是一处非常美丽的地方。五大连池也是国家重点自然保护区和重点风景名胜区。

［扎龙保护区］　扎龙保护区位于黑龙江齐齐哈尔市东南部，乌裕尔河下游，面积约 21 万公顷。扎龙旺保护区大部分地区为沼泽芦苇丛和草甸草原，这里水草丰美，鱼虾众多，是各种水禽栖息繁殖的良好场所。扎龙保护区栖息鸟类 190 多种，很多是国家一、二、三级保护动物，世界濒危物种白鹳、草鹳、大白鹭、大天鹅等在这里均有分布，世界现存 15 种鹤类，在这里可以见到 6 种。

六、吉林省

（一）行政区划

吉林省简称吉，位于中国东北平原腹地，南临辽宁省，北接黑龙江省，西靠内蒙古自治区，东边与俄罗斯毗连，东南以图们江、鸭绿江为界与朝鲜民主主义人民共和国为邻。边境线总长1400千米。位于东经121°38′~131°19′、北纬40°52′~46°18′。东西长约650千米，南北平均宽约300千米，全省面积18.74万平方千米。全省辖8个地级市、1个自治州。省会为长春市。

[省会——长春]　长春市位于吉林省境内中部，面积20565平方千米，以汉族最多，少数民族占总人口的3.7%，有满、朝鲜、回、蒙古、锡伯等民族。长春市辖朝阳、宽城、等6区和农安县，代管榆树等3个县级市。市境地处长白山地向松嫩平原的过渡地带。东部多丘陵低山，西部为台地平原。松花江及其支流饮马河、伊通河等流过市境。年均温4.9℃，年降水量579毫米。地带性植被为温带森林草原。有煤、母页岩、石灰石等矿藏。工业有机械、轻工、纺织、冶金、煤炭、食品、石油、建材等行业，以汽车、铁路机车、客车、拖拉机、摩托车生产为主的机械制造业在全国居重要地位，享有“汽车城”的誉称。农业主产玉米、豆类、稻谷，兼产甜菜、向日葵等。长春市教育科技事业发达，有吉林大学、长春工业大学等高等院校。市区内有经济技术开发区、高新技术产业开发区。以汽车贸易城为主体的汽车及其配件贸易有相当规模。长春市为东部交通枢纽，京哈、长图、长白等铁路在这里交会，名胜古迹有长春电影城、净月潭国家森林公园、卡伦湖旅游度假村以及辽代农安古塔等。

[延边朝鲜自治州]　延边朝鲜自治州位于省境东部，东与俄罗斯毗连，南与朝鲜隔图们江相望，北与黑龙江省牡丹江市接壤，面积43474平方千米。延边朝鲜自治州有汉、朝鲜、满、回、蒙古、锡伯等11个民族，其中朝鲜族占自治州人口的41%。州府驻延吉市，辖汪清、安图2县和延吉、图们、敦化、龙井、珲春、和龙6市。自治州境内多山地、沼泽和荒原。河流有图们江、松花江、牡丹江、绥芬河。属中温带湿润季风气候，农业发达，主产水稻，是东北著名的水稻之乡。烤烟居全省首位，为吉林省烤烟基地。盛产苹果梨。特产有人参、鹿茸、貂皮、熊胆等。本区森林密布，森林占土地面积的70%~80%，木材蓄积量占全省半数，是吉林省最大木材产区，盛产松木、水曲柳、椴木、黄菠椤等。自治州所处的图们江流域为国际开发的热点地区，建有珲春经济开发区，有“东北亚金三角”之称。

［通化］　通化市位于省境东南部，东与朝鲜隔鸭绿江相望，面积 1.55698 平方千米。人口以汉族居多，有满、朝鲜、蒙古、回、锡伯等民族。通化市辖东昌、二道江 2 区，通化、辉南、柳河 3 县，代管梅河口、集安 2 个县级市。本市地处长白山地，境内多为山丘。东部地区属鸭绿江水系，主要河流有鸭绿江、浑江、辉发河等。通化市年降水量 681.7~955 毫米，是全省降水量最多的地区，属温带半湿润季风气候。森林覆盖率达 70%。矿藏丰富，是吉林省钢铁工业基地，也是本省新兴工业城市和长白山区木材、粮食、药材、土特产的集散地。以野生葡萄为原料的通化葡萄酒驰名中外。

［吉林］　吉林市位于省境中部松花江畔，为国家历史名城。市东北部与黑龙江省接壤，面积 27641 平方千米。民族以汉族为多，有满、朝鲜、回、蒙古、锡伯等少数民族。吉林市辖昌邑、龙潭、船营、丰满 4 区和永吉 1 县，代管桦甸、蛟河、舒兰、磐石 4 个县级市。吉林市地处吉东低山丘陵区，原名“吉林乌拉”，满语为“沿江”之意，是吉林省第二大城市。境内有松花江、辉发河、拉法河、饮马河等河流。年降水量 661.1~748.1 毫米，年均温 3.4~4.5℃，属中温带大陆性季风气候。矿藏及动植物资源丰富。吉林市以化工和电力为主，为中国化学工业基地。丰满、白山、红石等三大发电厂，在东北区电网占有重要地位。长图、沈吉、吉舒等铁路在这里交会，吉林是东北地区铁路枢纽之一。吉林雾凇为中国著名四大自然奇观之一。

（二）人口、民族

2022 年末，吉林省总人口为 2347.69 万人，其中城镇常住人口 1496.18 万人，城镇化率为 63.73%。人口分布不均，中部密集，东、西部较疏。长春市所属县、区每平方千米为 300 人以上，为全省人口稠密区，而西北部与东南部则较稀疏，延边朝鲜自治州每平方千米仅 50 人左右。由于历史上殖民地性商品经济的发展和铁路网的形成，全省原有城镇数目和城镇人口均较高。吉林是多民族省份，少数民族有朝鲜族、满族、回族、蒙古族、锡伯族等 36 个。朝鲜族主要聚居于延边朝鲜该自治州和吉林省其他一些地方，内蒙古族主要居住在西部地区。

［朝鲜族］　中国朝鲜族是从朝鲜半岛迁入中国东北三省的朝鲜人。最早的一部分在明末清初就已定居东北境内。自 19 世纪中叶起，陆续有较多的朝鲜人迁入，尤其是 1869 年朝鲜北部遭受大灾荒后，大批朝鲜人迁至延边等地。1910 年，又有大批朝鲜人迁入中国东北各地。朝鲜人迁入东北后，很快和当地各民族人民融为一体。朝鲜族擅长在寒冷地区种水稻，他们在图们江、鸭绿江流域山多、荒原多、沼泽多的不利环境以及寒冷、无霜期短等不良气候条件下，开荒屯田，使水稻在中国东北生长。延边已成为东北地区著名的“水稻之乡”。所产大米，色白如雪，与京津的“小站稻”齐名于世。朝鲜族有自己的语言文字。朝鲜文创于 1444 年，有 40 个字母，拼写时，把同一音节的音素叠成字块构成方块形文字。在朝鲜族民间有“不论生活多困难，也要孩子

把书念”的俗谚。因而在朝鲜族中涌现出一大批科学技术和文化艺术人才。朝鲜族传统体育项目有压跳板、荡秋千、摔跤等。朝鲜冷面、泡菜等特色食品全国驰名。

舞蹈

朝鲜族以能歌善舞著称于世。朝鲜族的歌舞艺术具有悠久的历史传统和十分广泛的群众基础。不仅是青年人的爱好，连白发苍苍的老人和充满稚气的孩童也常常加入歌舞的行列，而且身手不凡。在民间，每逢喜事全家老小便会翩翩起舞，跳舞已成为他们表达自己欢乐情绪的常见方式。广泛的民间基础使朝鲜族歌舞不仅别具一格，而且达到炉火纯青的境界。朝鲜族舞蹈优美典雅、刚柔相济，或抒情潇洒，或热情奔放，充分表现了朝鲜族柔中带刚，文而不弱、雅而不俗的民族性格。著名舞蹈有农乐舞、长鼓舞、扇舞、顶水舞、剑舞等。农乐舞由古代庆祝狩猎丰收的舞蹈发展演变而来，因而节奏明快，气氛热烈。尤其是男子用力甩头部，使“象帽”顶上3米长的象尾绕身体旋转飞舞，更是独具风采，充满活力。朝鲜族歌曲旋律优美、自然流畅，著名的民歌《桔梗谣》《阿里郎》《诺多尔江边》、家喻户晓，几乎人人会唱。

（三）历史文化

历史上，吉林省长期活动聚居着朝鲜、蒙古、满等少数民族。西周、秦汉时活动在长白山一带的肃慎部族是本区的原始居民。在长期的社会实践中，吉林各族人民创造了独具特色的地域文化。吉林的文化形态大抵是满族、朝鲜族文化同中原文化相融合而成的。这种文化形态，既有东北独特的文化内容，又有中原地区汉民族的文化内容；既有满族先民的生活习惯和习俗基础，又有朝鲜族移民文化形态和中原文化内容的融入。另外，它还有开发者创业精神的丰富内涵。

［高句丽王国］　西汉建昭二年（前37），原夫馀族中的一位首领朱蒙，在长白山一带，凭着高句丽人的支持，摆脱了夫馀控制，建立起一个独立王国，因为这个王国领地内的居民大部分是高句丽人，因此国名叫高句丽。高句丽王国最初建都在卒本，即今辽宁省桓仁县，传至第二代琉璃王听说国内城即今吉林省集安市这个地方山高水险，土壤肥沃，资源丰富，适宜建都。琉璃王经过亲临巡视后，于公元3年迁都于此。高句丽第19代王好太王在位时，高句丽王国国力逐渐强大，开始南征北讨。在他统治的20年里，向南发展，打败了百济王国，攻占了64座城池，1400多个村落，夺取了大同江以南、汉江以北的广大地区，多次打败了入侵朝鲜半岛南部的倭寇，以后又征服了长白山南麓的东夫馀王国。其子长寿王（413~491）为加强王权，迁都平壤。公元475年南攻百济，夺取汉江流域地区，为高句丽极盛时期。6世纪后渐渐衰落。公元668年高句丽王国被新罗、唐朝联军消灭。

[将军坟]　在集安城东的龙山脚下，矗立着一座形似金字塔的石头坟建筑，古墓正方形，边长 31.58 米，高 12.40 米，用巨大的花岗岩石条砌成，它很可能是高句丽第 20 代王之墓，为高句丽石头建筑艺术的代表作。

[北山庙文化]　吉林北山除了北方民间常见的关帝庙、玉皇阁外，还有药王庙。在东北民间，药王庙、娘娘庙香火极盛，影响很大。农户人家种大田，生老病死都会去药王庙。娘娘庙更是姑娘媳妇喜欢去的地方。一是有什么心思，可对“娘娘”说说；二是可借此机会见见世面、会会情人。因此，北方的庙会是女人们借口出户外的重要理由。吉林北山庙会和辽宁千山庙会统称中国北方两大庙会。古时吉林民间曾有“千山寺庙甲东北，吉林庙会胜千山”之说。庙会既然是人的集会，当然也是民族民间文化传承融合的重要场所。庙会还是民间各种身怀绝技之人的集合之地。据载，吉林北山庙会曾有过老道“坐罐”的义举。有位老者在一个木笼子里盘腿打坐，俗称“罐”，而老道的头心、眼心、耳心、前心、后心俗称“五心”，各处都有一根大钉尖对着，紧贴皮肉，稍一晃动便受其害。每到初八、十八和二十八吉林北山庙会，除来上香火的人外，各类小吃名厨、民间手工艺人、武功杂耍艺人和二人转民间艺人，都要在山下买或租一块“庙地”，以展示自己的手艺。久而久之，各路艺人以能在北山庙会施展身手而自豪。

[二人转]　二人转是一朵土色土香的艺术之花，是诞生于东北劳动人民中间的综合艺术，有着非常广泛的群众基础。吉林的二人转历史悠久，早在几百年前，二人转就以它灵活、明快的方式活跃在长白山狩猎、挖参、淘金人的窝棚和“大房子”里，几经流传、完善，二人转已相当成熟，成为雅俗共赏、喜闻乐见的一种独特的艺术形式。二人转名曰“二人转”，其实不是仅有两个人，还有多种演出形式，大体可分“单”“双”“群”“戏”四类。“单”指“单出头”，一个人一台戏，一人演多角，类似“独角戏”。“双”指“双玩艺”，是名副其实的二人转。“群”，过去把“拉场戏”也叫“群活儿”，现在是指群唱、坐唱或群舞。“戏”指“拉场戏”，是以小旦和小丑为主的东北民间小戏。其中有两个人扮演角色的也叫“二人戏”。唢呐、板胡是二人转的主奏乐器。击节乐器，除用竹板外，还用玉子板，也叫手玉子。二人转的表演，有“四功一绝”。四功是指“唱、说、做（或扮）、舞”，“绝”是指手绢、扇子、大板、玉子板等“绝技”。二人转已扎根在东北人民的心里，有“宁舍一顿饭，不舍二人转”一说。

[关东烟文化]　在关东，烟叶的产量高，而且质量好，所以“关东烟”闻名中外。有了烟，因而也就产生了丰富有趣的“烟文化”。大山里树木茂盛，灌草丛生，常有毒蛇出没，蚊虫滋生，而烟有防蛇、防蚊虫的作用。这就无形之中要求入山的人必须会抽烟。早期来开发长白山区的各族先民及在大山里淘金、挖参、狩猎的人们，劳作歇息时抽烟，吐出的烟雾能使毒蛇惧怕，蚊虫不敢靠近。同时，烟袋油子——一种积存在烟杆和烟锅里的“膏”，也能放出强烈的气味，使毒蛇闻而生畏。在进入老林子

里作业时，人们还要在腿布带子上抹点儿烟袋油子，以防蛇咬。同时，烟灰还是一种民间常用的止血药，干燥无菌。抽烟，还可保存火种。在老林子里挖参、狩猎，常常需要长时间待在山上，火种就显得十分宝贵，抽烟使火种不灭不断，冬夜寒冷又漫长，大伙边抽烟边唠嗑，消磨那漫漫长夜、寂寞的光阴……这样，烟和关东人就结下了不解之缘。

（四）气候

吉林省属北温带大陆性季风气候，春季干燥多风，夏季温暖多雨，秋季晴冷温差大，冬季漫长干寒。1 月均温-20~-14℃，7 月大部分为 20~23℃，日均温 10℃以上活动积温 2400~3000℃。全省极端最低温为-45.0℃，极端最高温为 38.9℃，全年无霜期 120~150 天，山区不足 100 天。境南部山地气候冷湿，西北部平原接近内蒙古高原，气候干暖。年降水量 400~1000 毫米。降水分布自东向西递减。长白山地东南侧年降水量 800~1000 毫米；西部平原的台地年降水量 500~700 毫米；平原部分年降水量多在 400~500 毫米，气候干旱。

（五）自然资源

吉林省矿产资源种类多，分布广，已探明储量的矿种有 75 种，以煤、铁、铜、金为主，其中安山岩和浮石是国内仅有的矿种，油页岩、硅灰石、火山渣储量居全国首位。石油和油页岩主要分布在中、西部，其余大部分矿种和大部分储量相对集中在东部地区。本省森林资源丰富，草原广阔，土壤肥沃。森林资源面积占全国森林面积的 5%，居全国第七位，主要集中在长白山区。全省有野生动物 1100 多种，野生植物 2700 多种。设有长白山自然保护区、向海自然保护区等 4 个国家重点自然保护区。

[松毛翠]　松毛翠属于杜鹃花科，常绿小灌木，高 10~30 厘米。叶硬革质条形。松毛翠广泛分布于俄罗斯、蒙古、朝鲜半岛、日本及欧洲、北美。但在中国仅分布于吉林长白山和新疆阿尔泰山区，多生长于海拔 1700~2500 米处高山阴坡和半阴坡上。属国家三级保护植物。

蘑菇圈

在吉林的长白地区，无论是深秋还是初冬，家家户户的院子里，房顶上都晒着一片一片、一堆一堆的蘑菇。长白山的蘑菇种类繁多，有草蘑、圆蘑、榛蘑、花蘑、灰蘑、榆黄蘑、黑蘑、石蘑等，还有珍贵的猴头蘑。蘑菇喜欢群生，山里常称其为蘑菇圈。一般蘑菇圈都呈圆形。圈有大有小，小圈也有几间房子大，如果遇到大圈，可达方圆几里，几十人采上几天也采不完。

［卷丹］　卷丹属于百合科，多年生草本植物，茎直立，株高 80～150 厘米，被白绵毛，叶互生，披针形，长 5～20 厘米，宽 0.5～2 厘米。总状花序生茎顶，花被片 6 枚、反卷、橘红色，具褐色斑点，雄蕊 6 枚，长而伸展。蒴果卵形。地下鳞茎近扁球形，直径 4～8 厘米，可以食用，也可以入药。卷丹的花大而美丽，可以栽培供观赏。

［猞猁］　猞猁又叫猞猁狲、马猞狸，属食肉目猫科。猞猁体长 85～130 厘米，体重可达 18～32 千克，头小而圆，嘴鼻和眼窝较大，眼睛明亮，炯炯有光，最引人注目的是两只直立的耳朵，耳端生有一撮毛笔般耸立的黑毛，两颊有长毛左右垂伸。它的尾巴又短又圆，不到体长的 1/3，末端呈黑色。体背粉红棕色，有少量灰棕色斑点。猞猁昼伏夜出，善于爬树，故经常在树上活动，以捕食鸟类、猎取鸟蛋为食，偶尔也捕捉小型兽类。猞猁还会游泳，却很少下水。猞猁在捕食比自身大得多的动物时，常采用静待突击的方式。由于猞猁的耐性很好，所以它能在一处“静候”几昼夜，待猎物走近才出击。它的天敌是狼、虎和豹。猞猁在中国分布较广，东北各省、山西、四川、云南、青海、西藏等地都有它的足迹。

［梅花鹿］　梅花鹿别名花鹿，属偶蹄目鹿科。梅花鹿是一种中型鹿，体长 140～170 厘米，肩高 85～100 厘米，成年体重 100～150 千克。雄鹿较雌鹿为大，雄鹿有角，一般四叉。梅花鹿皮毛美丽，背中央有暗褐色背线，尾短，背面黑色，腹面白色。夏毛棕黄色，遍布鲜明的白色梅花斑点，故称“梅花鹿”。梅花鹿生活于森林边缘或山地草原地区，随季节不同，栖息地也有所改变。晨昏活动，以青草树叶为食，好舔食盐碱。雄鹿平时独居，发情交配时归群。9～11 月发情交配，雄鹿间争雌很激烈，各自占有一定的地盘范围。次年 4—6 月产仔，每胎 1 仔，幼仔身上有白色斑点。梅花鹿属于国家级保护动物，主要分布在中国东北、安徽、江西和四川。

［岳桦林］　岳桦林是由单一的岳桦组成的矮疏林地，是乔木与灌草的过渡林型，分布于海拔 1800～2000 米处，像一条不规则的山裙，围绕在长白山火山锥体的下部。这里地面坡度陡峭，月平均气温为 10～14℃，生长季节常有八级以上大风；土层薄，雨量大，年平均降水量达 1000～2000 毫米。一般的树种已经不能适应这种恶劣的自然条件，唯有最耐寒的岳桦占据着这段垂直空间。岳桦能适应高山严寒的气候和瘠薄的土壤，矮曲多枝，形成半丛生状态。较发达的根系使它具有顽强的抵抗力，因此，岳桦林构成了长白山垂直分布结构系列的森林上部界限。岳桦林由于干形弯曲，分布面积不大，蓄积量不多，经济价值不大，但它对高山水土保持具有十分重要的作用。每年 7、8 月间马鹿、黑熊、野猪、狍子等常在此躲避酷暑。

［猴头菇］　猴头菇属多孔菌目齿菌种，是一种名贵、珍稀的食用药菌，素有“山珍猴头，海味燕窝”之称。猴头菇性平，味甘，微苦涩，内含多种氨基酸和多种肽、多糖、脂肪族酰等抗癌物质。常食用对延缓动脉硬化，减少胆固醇；防癌、抗癌有显著疗效，是增智益神、扶正固本的理想保健品。

（六）经济

吉林省是农业大省，主产水稻、玉米、高粱、谷子以及大豆，是国家重要商品粮基地。人均粮食产量、粮食商品率、玉米出口量均居全国首位。西部草原地区牧业发达，存栏以绵羊为主。工业以机械制造、医药、电子、食品为主。机械制造以汽车产业为主体，铁路机车、客车和拖拉机、摩托车均有相当规模，具有较大的产业优势。交通以铁路为主，公路为辅，航运水运相衔接。省内铁路纵横，其密度居全国前列。省会长春是东北交通枢纽，航空业发达，有 40 多条国内外航线。

［农业］　吉林是中国重要商品粮基地，还是大豆重点产区和林业、甜菜基地，并有牧业、烟草及山林特产等多种农业经营。在各类用地中，农业用地占土地总面积的 21.1%，林业用地占 48.6%，牧业用地占 8.1%。林地面积东部多、西部少，草原草坡面积则是西多东少。吉林省无霜期较短，冬季气温很低，作物越冬困难，因此为一年一熟区，吉林的主要粮食作物是水稻、玉米、高粱、谷子等，也是中国大豆的主产区之一，经济作物以甜菜、烟草为主。

［工业］　吉林工业基础雄厚，是国家重工业生产基地之一。吉林省的工业以机械制造、石油化工为主。机械、石油、石化、医药、食品、冶金、电子、森工等行业在全国都占有重要位置。长春的汽车、铁路机车、拖拉机及摩托车制造，吉林化学工业及电力工业，以及以长白山药用动植物资源为依托的医药工业，以高新技术产品开发为主导的电子工业等都比较发达。

［交通］　吉林省交通发达，铁路、公路、水运、航空及管道运输均有相当规模。铁路运输十分发达，全省铁路营运里程 3622 千米，是中国铁路网密度较大的省区之一。京哈线可以从北京直达哈尔滨、沈阳等主要城市。公路以长春、吉林、通化、白城、四乎、延吉等地为中心，四通八达，可以连接全省所有乡镇和绝大多数行政村。高速公路总里程达924 千米。省内有内河港口 5 处，水路运输以松花江为主干，松花湖及丰满以下可通轮船，4~11 月为通航期。吉林拥有长春、吉林、延吉、柳河等多座机场，其中长春机场为对外开放的国际航空港，开辟有通往全国各大城市和首尔、仙台、明斯克等国外城市的航线。还有从大庆油田通往秦皇岛、大连的输油管道。

（七）旅游

丰富独特的自然景观是吉林省的一大特点。长白山的茫茫林海、巍巍高山、条条瀑布以及众多的火山遗迹等，组成一系列气象万千的自然景观，是中国的重点自然保护区之一，被纳入联合国“人与生物圈”保护网。此外还有向海、莫莫格等自然保护区，都是水草丰茂、珍禽集中的地方。松花江和松花湖，绰约多姿。吉林雾凇闻名全国。此外，位于辉南、靖宇之间的龙岗火山群共有72座火山，是中国第二大火山群。罕见的熔岩河、奇特的火山弹随处可见，多见于南方的溶洞景观在吉林也能找到。吉林的文物古迹也很多。

［洞沟古墓群］　位于集安市洞沟河畔，是高句丽王朝王室和贵族的墓地。高句丽古国相传于公元前37年创立，辖境今鸭绿江及其支流浑江一带，洞沟古墓群有高句丽古墓近万座，排列有序，规模悬殊。从外形上可分为石坟和土坟两类。著名的石坟有太王陵、将军坟、千秋墓等；著名的土坟有舞俑墓、角抵墓、三室墓、四神墓、五盔坟四号和五盔坟五号墓。有的墓室内有绚丽多彩的壁画，壁画多为4~6世纪的作品，为研究高句丽的历史提供了宝贵的实物资料。太王陵是高句丽坟墓中营造工程最大的一座。将军坟可能建于5世纪初，它是洞沟古墓群中一座著名的古墓，被誉为“东方金字塔”。后侧原有4座陪葬墓，现仅存一座。据考古得知，此墓为高句丽第20代王——长寿王的陵墓。

［灵光塔］　灵光塔位于吉林长白县城西北1千米梨树沟村口。为唐代渤海国（698~926）砖塔。塔为方形密檐楼阁式，砖砌，今存5层，通高13米，由地宫、塔身和塔刹三部分组成。地宫系藏舍利处，砖砌四壁，顶盖石板，有排水暗沟通渗水井。塔身建于地宫盖石顶部的夯土层上，逐渐向上内收，各层檐部檐角微翘，凌空舒展。第一层高约2.8米，南设券门，四周镶砌青灰色大块花纹砖，东西为阴刻莲花瓣纹，南北阴刻卷云纹。花纹砖轮廓由“王立国土”四字构成。第2~5层砌有方形直棂窗，第2、3、5层有方形小龛。塔身内部为空腔式结构。原塔刹已毁，新塔刹于1984年安装。灵光塔是渤海国仿唐建筑，为现存东北地区年代最早的古塔，对研究唐代渤海国疆域、设置、佛教建筑，以及与中原文化的联系等，具有重要价值。

［鸭园溶洞］　鸭园溶洞离通化约25千米，属“岩溶”或“喀斯特”地貌，这类地貌北方少见。鸭园溶洞的形成过程非常缓慢，年代特别久远，构成溶洞的岩石距今已有4亿年的历史，为当时海洋环境下沉积形成的石灰岩。地壳运动使岩石形成断裂，地下水沿裂隙向下侵蚀，岩层不断被溶蚀，逐渐形成了地下暗河。同时在两条方向不同的断裂交叉处，岩石更为破碎，被溶蚀的程度更大，形成了一串大大小小的溶洞、溶潭。鸭园溶洞由4个较大的溶洞相互贯通构成，面积达4万多平方米，每个溶洞可容纳数百或上千人，洞内石柱如林，均为灰白色，粗细皆有，胜似冰雕玉琢，周围石幔簇簇，形态各异。洞内有地下暗河，河水清澈，流水潺潺。河道宽窄不一，有深有浅，暗河两壁熔岩绚丽多姿，也是洞中胜景之一。

［长白山脉］　长白山脉位于东北地区东部，因主峰白头山顶有很多白色浮石和积雪，因此得名。长白山脉由多列东北—西南向平行褶皱断层山脉和盆地、谷地组成。山地海拔多为500~1000米，最高峰为白云峰，海拔2691米。长白山山地以花岗岩分布面积最广。由于受风化和流水的侵蚀作用，出现了许多巍峨的山峰和狭窄深陡的峡谷。山间盆地、谷地盛产稻米、烟叶，是东北地区著名的山间“谷仓”。长白山曾有过

频繁的地震和火山活动。白头山为著名的巨型复式火山，山顶火山口积水为湖，即天池。天池周围的群峰就是由火山爆发形成的。长白山地区的火山活动由新第三纪一直延续到人类历史时期，共有 7 次大的喷发。第一次火山喷发记载是在 1597 年。与此同时，天池附近发生了地震，泉水变红，冒出大量的红色泥水。据记载第二次喷发在 1668 年，当时白头山附近下了一场“雨灰”，即火山灰。第三次火山喷发是在 1702 年。长白山最后一次火山喷发至今已有 300 多年了，如今仍处在活动中。据吉林地震台网的观测，近年来，长白山天池一带，多次发生小地震，主要发生在以天池为中心、50 千米为半径的范围内。长白山天池内有温泉水外溢，外围海拔 2000 多米的高山上，温泉成群出现，而且水温很高，这些都与地壳内部灼热的岩浆活动有关。长白山脉是松花江、图们江和鸭绿江发源地，水资源丰富。长白山垂直自然景观明显，动植物资源丰富，有许多珍稀植物和动物分布。1960 年已建立发长白山自然保护区，并被联合国列为国际生物圈保留地组成部分。保护区内自然条件复杂多样，有森林、苔原、湖泊、温泉、瀑布，是中国温带最大的森林生态系统、综合性自然保护区。

［长白山天池］　长白山天池又叫龙潭，位于长白山主峰火山锥体顶部，是中朝界湖。从长白山十六峰的峰顶探身俯视，只见群峰环抱中，嵌着一泓椭圆形的湖水，这就是天池。天池是一火山湖，湖面海拔 2194 米，面积 9.8 平方千米，湖水平静晶莹，仿佛一块硕大的蓝宝石，湖水中斑斓的峰影仿佛印在水面，天上的白云在水面上轻盈而缓慢地飘动。有观测记载，天池附近火山活动仍在继续。

［长白瀑布］　长白瀑布位于吉林省东部中朝边境的长白山主峰白头山天池。天池四周奇峰林立，在天池北侧天文峰和龙门峰之间有一缺口，天池之水从这里溢流，形成人间天河——“乘槎河”。乘槎河流出 1250 米后，突然中断跌入壁立的悬崖，飞流直泻，形成高达 68 米长的瀑布。瀑布激流翻腾，呼啸生风，如白练悬天，凌空而下，溅起数米高的飞浪，犹如天女散花，水汽弥漫如雾，经阳光折射的氤氲雾气，变成条条彩虹，更为瀑布增添了几分朦胧和神秘的美感。远远望去，长白瀑布像长白老人的三缕银髯，老人正捋着长髯，口若悬河地讲述着长白山古老的故事。长白山瀑布跌入谷底化作滚滚激流，成为松花江的源头。

［半拉山］　半拉山坐落在松辽平原腹地的四平，半拉山门山如刀削斧剁一样，俊俏挺拔，十分壮观。大约在 6 亿至 5000 万年前，亚欧大陆发生了喜马拉雅造山运动。海水从这片古老的土地上退走，陆地从海底升起，造成了一系列的火山爆发，并诞生了著名的“七星落地火山”和“大屯火山”，半拉山就是这时形成的。大自然的鬼斧神工在古代人的眼里太神奇了，于是就传说是二郎神赶山，走到山门这个地方时，这座山不听话，二郎神气得用赶山鞭狠狠地抽下去，大山被劈成两半，飞出去的另一半不知到哪里去了，剩下的这一半就是现在的半拉山门。山门地处要道，是当时重要边门之一，清朝于 1654 年在此设立边门关卡，至今已有 300 多年的历史了。当年设此门，一是禁止汉人和蒙古人进入封禁区狩猎；二是因为这儿是重要的古驿道，是通往清代

女皇叶赫那拉氏祖籍叶赫的必经之路，还是皇太极的生母孝慈高皇后的出生地。作为通往这样重要之地的驿站道口，半拉山具有十分重要的军事战略地位，又是十分繁荣的商贾之地。

长白瀑布

［吉林雾凇］　雾凇俗称“树挂”，是由雾、水蒸气遇冷冻结凝聚在物体迎风面上的呈针状和粒状的乳白色疏松的微小冰晶或冰粒。远远看去，就像一层霜，薄薄地涂在枝条上。雾凇这一奇特的自然景观的形成需要特殊的气候条件才能形成。冬天，气温已降到-20℃以下，由于丰满水电站巨大涡轮机组日夜运行，河水穿过涡轮机时，温度升高到4℃以上，所以从丰满水电站至吉林市区，数十千米的江面不结冻，而且水汽升腾，笼罩沿江一带。这样江面与寒冷的地面之间形成温差，飘浮的水蒸气与雾一夜间在江岸垂柳上凝华成晶莹乳白的晶状雾凇。吉林雾凇持续时间长，最盛时一个冬天有60多天可以看到这种千树万树冰花开的奇景。一般在春节前后，吉林雾凇最为壮观绮丽。吉林雾凇与桂林山水、长江三峡、云南石林并称为中国四大奇特自然景观。

［净月潭］　净月潭风景区位于长春市东南郊，地处省境东部山地向西部草原的过渡地带。面积150平方千米，分为潭北山色、潭南林海、月潭水光、潭东村舍四个景区，以水景为主，山林、村舍相映衬。这里古木参天，芳草如茵，环境清幽。风景区内森林植被十分丰富。有大片森林、山花、药用植物和60多种鸟类、80多种其他动物。周围山势起伏，连绵不断，沟壑纵横，河湖相通。净水潭水面面积400公顷，形似弯月。风景区潭水映着群山，仙鹤野鸭在水中悠游嬉戏，山鸡、松鼠在丛林间奔逐跳跃。风景区有金代墓葬两处。现风景区内修有高速公路，建有林业科学研究机构、绿化宫、植物园、太平楼以及森林餐厅、游乐馆、度假村、舞厅、森林商店、水上餐厅等，已成为春夏郊游、冬季观雪的旅游胜地。

［阿什哈达摩崖石刻］　阿什哈达摩崖石刻在吉林市东南15千米的松花江北岸山上，为明代摩崖石刻文字碑。第一碑刻于断崖绝壁上，上承危岩，下临大江，高1.35米，宽0.7米，刻字三行；第二碑在第一碑西30米处，正文竖刻文字7行。碑文记述了明辽东都指挥使刘清三次率兵至此的事情，证明吉林市是明朝造船运粮基地。

［靖宇陵园］　靖宇陵园位于通化市浑江东岸的山岗上，是为了纪念杨靖宇烈士而修建。靖宇陵园东西宽100米，南北长200米。园内松柏苍翠，场景庄严。陵园建筑物，全是宫殿式的，黄釉屋瓦，红柱雕檐，精巧别致，庄严肃穆。陵园正中，是一座靖宇将军的高大戎装铜像，雄伟威武，昂首蓝天。灵堂中的建筑则具有浓郁的民族风

格。杨靖宇烈士半身塑像位于中央，上悬朱德所书的“人民英雄杨靖宇同志永垂不朽”横匾，烈士的简历则镌刻在基座上。安置覆盖着黑绒的灵柩的陵墓位于灵堂的后面。展示烈士的遗物、照片、遗著以及战斗事迹的陈列室位于陵园的两侧。

七、辽宁省

（一）行政区划

辽宁省简称辽，位于中国东北地区南部，位于北纬 38°30′~43°24′、东经 118°53′~125°46′。辽宁省东南部以鸭绿江为界与朝鲜民主主义人民共和国相望，东北部和吉林省接壤，西北部与内蒙古自治区交界，西部与河北省为邻，南临黄海和渤海，辽东半岛斜插入黄海与渤海之中，与山东半岛遥相对望。大陆海岸线东起鸭绿江口，西至绥中县西南端，长约 2178 千米。省境面积 14.8 万平方千米，全省辖 14 个地级市。省会沈阳市。

［省会——沈阳］　沈阳市为辽宁省省会，位于辽河平原中部，因在沈水（今浑河）之北而得名，为副省级市。面积 12923 平方千米，以汉族为多，有满、朝鲜、蒙古、回、锡伯等 39 个少数民族。是东北地区最大的城市和交通、商贸、通信中心，为中国重工业基地。沈阳市辖和平、沈河、康平、法库等 12 个区县，代管县级市新民。沈阳市重工业发达，以机械制造业为主，有冶金、机电、医药、汽车、石化、食品等工业。沈阳农业主产稻谷、玉米，是全国商品粮的重要产区。沈阳为联系东北三省和关内的交通枢纽，主要铁路有京沈、哈大、沈丹、沈吉等干线，其中沈丹线可通朝鲜。沈阳处于全省公路运输网中心，有京哈、黑（河）大（连）、丹（东）霍（林河）、明（水）沈等 5 条国家级公路，沈大高速公路是国内最初建成的全封闭高速公路。沈阳也是东北最大的航空站，沈阳桃仙国际机场是东北地区最大的枢纽机场。沈阳科技力量雄厚，有各类科研机构 400 多家。

［大连］　大连市位于辽东半岛南部，为副省级市，西北濒渤海，东南临黄海与山东半岛相望，面积 13238 平方千米，有满、回、锡伯、蒙古等 35 个少数民族。中国重要的港口城市，工业、商贸、旅游、金融中心城市之一。大连市辖中山等 6 个区和长海县，代管瓦房店等 3 个县级市。大连市工业基础雄厚，是中国重要的工业基地之一，以造船、机车制造、机械、化工、纺织、电子、冶金工业著称。大连市农业主产稻谷、小麦、玉米、蔬菜、水果，盛产苹果。远洋捕捞和滩涂养殖业发达。海产品有扇贝、鲍鱼、对虾等。大连市交通发达，有京大、长大铁路过境，公路以沈大高速公路和数

千条干线公路为主。大连海运发达，大连港港阔水深，冬季不冻，是中国重要的对外贸易港口。大连民航可直飞国内各大城市。

［抚顺］　抚顺市位于辽宁东部浑河中游谷地，面积11279平方千米，以汉族为多，有满、朝鲜、回、蒙古、锡伯等26个少数民族。抚顺是中国重要的煤炭基地，是以燃料、动力、原材料工业为主的重工业城市。抚顺市辖新抚等4区和抚顺县、新宾满族自治县、清原满族自治县3县。抚顺煤炭资源丰富，煤层厚、埋藏浅，可露天开采，煤层上部尚覆盖有数10亿吨油页岩，含油率5%~12%，可提炼人造石油。冶金、发电、化工、轻纺、机械、电子、建材、造纸等也是抚顺市重要产业。农业主产稻谷、玉米、大豆，兼产人参、鹿茸、山果、食用菌、野生药材等。

［鞍山］　鞍山市位于省境中部，面积9249平方千米，以汉族为多，有满、回、朝鲜、蒙古等32个民族。鞍山市是中国特大型钢铁基地之一。辖铁东区等4个区及台安县、岫岩满族自治县2个县，代管海城1个县级市。鞍山钢铁资源丰富，有全国最大的鞍山式沉积变质石英岩铁矿，储量约占全国铁矿储量的1/5。鞍山铁矿埋藏浅，矿层厚，可露天开采。特大型钢铁联合企业鞍山钢铁公司建于境内。机械、化肥、建材、石油加工、化纤和纺织等工业也有一定规模。哈大铁路与哈大公路贯经市区，沈大高速公路纵贯市境西侧。

（二）人口、民族

截至2022年，全省常住人口4197万人。是东北地区人口最稠密的省份。人口分布平原多于山区，沿海多于内陆，城镇、交通沿线和工矿区人口稠密。近代辽宁人口的增长，主要是河北、山东农业人口的大量移入。由于历史上多次民族迁徙、屯田、戍边和朝代更迭等原因引起的人口变动，使辽宁成为多民族省份。现有汉、满、蒙古、回、朝鲜、锡伯等40个民族，其中汉族人口占总人口的94%。

［满族］　满族分布于全国各地，以辽宁省、河北省为多。满族直系先民为明代“女真”（中国东北古代民族），往上可溯至汉代挹娄和周代的肃慎。“女真”之称出现于唐末五代。12世纪，女真人起兵反抗辽朝奴役，建金国政权，不久灭辽和北宋，与南宋对峙。金代，大量女真人进入中原地区，融于汉族之中。而留住在今黑龙江、松花江及乌苏里江流域等地的女真各部则逐渐演化，于16世纪末17世纪初统一为共同体。1616年建国称后金，1636年改国号为清，1644年入关，统一中国。1911年辛亥革命后，改称满族。满族有本民族语言文字。满语属阿尔泰语系满通古斯语族满语支，满文是16世纪末在蒙古文的基础上创制的。清代以来，满族和汉族交往增多，满族人民逐渐习用汉语、汉文。

满族妇女的头饰很讲究，不仅要戴钿子（一种青绒、青缎做成饰有珠翠的头冠），而且还要插上各种银饰。

木底鞋

满族妇女传统的鞋为木质底，底高达 15~20 厘米。它置在鞋底的中间，其底上宽而下圆，形似花盆，俗称“花盆鞋”。因踏地对印痕如马蹄，也称“马蹄底儿”。

［锡伯族］　锡伯族主要分布在辽宁、吉林、黑龙江等地，还有一部分居住在新疆察布查尔锡伯自治县，以及伊宁市、乌鲁木齐市等地。人口近 20 万，本民族大部分人认为自己是鲜卑遗民，民间传说很多。清代前，锡伯族繁衍生息于以伯都讷（今吉林扶余市）为中心的东自吉林、西至呼伦贝尔、北起嫩江、南抵辽河流域的广大地区。锡伯族有自己的语言文字。语言属阿尔泰语系满通古斯语族满语支，文字是 1947 年在满文的基础上略加改动而形成的。早期锡伯族人民世代以狩猎、捕鱼为业，现以农牧业为主。

（三）历史文化

距今约 28 万年，辽宁已经出现了远古人类即猿人的踪迹。根据营口金牛山、本溪庙后山等旧石器时代的遗址，证明在原始社会的早期就有人类在辽宁地区繁衍生息。约六七千年前，辽宁进入了新石器时代，沈阳新乐新石器时代文化遗址出土的大量器物，显示了辽宁在原始社会末期的繁荣景象。而牛河梁发掘的红山文化遗址则表明，在大约五千年前，这里就已经存在着一个初具国家雏形的原始文明社会。公元前 16 世纪，辽宁省归属于商朝邦司，春秋战国时期属于燕。12 世纪起，满族人的前身女真开始强大，以后一直是中国东北地区政治、经济和军事中心。辽宁是中国最后一个封建王朝清朝的发祥地。现今遗存下来的沈阳故宫、清初“三陵”，就反映了这一时期政治、文化、历史面貌。辽宁是一个移民和北方少数民族融合的省份。

［新乐遗址］新乐遗址位于辽宁沈阳市北陵附近，是以新石器时代文化为主的遗址。该遗址下层年代大约为公元前 5300 年至前 4800 年。遗址内有半地穴式房址、打制石器、磨制石器和细石器。陶器多为红褐陶。遗物中最重要的是一批煤精制品的出土。这些煤精制品是目前发现最早的煤精制品，系磨制而成，有的呈圆珠形，有的呈圆锥形，形状不一、乌黑光亮，可能是装饰品或文娱用品，一般都认为与巫术有关。这一发现显示了辽宁在原始社会末期的繁盛。

新乐煤精工艺品

新乐遗址不少房址内出土了很多用煤精雕刻的工艺品，有的作圆泡形，有的作耳形、状似现在的跳棋子，又有一种作圆球形，皆通体磨光，乌黑发亮。

［努尔哈赤］　努尔哈赤（1559~1626）为后金开国君主，大清王朝奠基人，满

族，爱新觉罗氏，庙号太祖。他早年丧母，后因生活所迫，离家从戎，投到明辽东总兵李成梁部下。因英勇善战，屡建战功。他勤奋好学，受汉文化的影响很深。努尔哈赤的先祖中有很多人受明朝册封，担任指挥使、都督佥事、都督等官职。万历十一年（1583），明廷命努尔哈赤回建州袭父职，任建州左卫指挥，给了他充分施展自己才智和远大抱负的机会。当时正值久经分裂割据、战乱不息的女真社会，出现了要求统一的历史趋势，努尔哈赤用了30多年的时间，东伐西讨，南征北战，统一了几乎所有女真部落，从而结束了女真社会长期分裂和动乱不安的局面。这对女真社会的发展，促进东北地区各族之间的经济文化交流，加快满族共同体的形成起了积极作用。

［九一八事变］　19世纪末至20世纪前半叶，日本逐步确定了征服世界必先征服中国、征服中国必先征服“满蒙”的战略方针，开始觊觎东北三省领土，寻找武力占领的机会。1930年，世界资本主义经济危机波及日本，日本加快了武力侵华的步伐，于1931年7月和8月在东北制造了“万宝山事件”和“中村事件”。由于国民政府实行妥协的不抵抗政策，日本遂于9月发动了大规模武装侵占东北三省的战争。9月18日夜10时余，日本关东军按照预谋的计划，炸毁沈阳北郊柳条湖附近的一段南满铁路，然后诬称系中国军队所为，当即派兵突然进攻中国军队驻守的北大营和沈阳内城。一夜之间，北大营、沈阳内城相继为日军所占领。19日中午，东大营及其附近地区也同时失守，沈阳完全陷落。日军还攻占营口、凤凰城、鞍山、抚顺、安东（今丹东）、长春等28城。21日，日本驻朝鲜军队越境增援关东军，一周后侵占了辽宁、吉林两省大部分地区。11月19日占领齐齐哈尔。12月下旬，日军进犯锦州，占领了辽西地区，直逼山海关，东北军被迫撤入山海关内。1932年2月5日日军占领哈尔滨。至此，东北三省全部沦陷。

（四）气候

辽宁省属温带—暖温带、湿润—半湿润季风气候，冬季比较寒冷，夏天温暖。1月均温-18~-5℃，7月均温22~26℃，年平均气温4~10℃，无霜期125~215天，气温大致东北偏低，西南偏高，极端最低气温-38.5℃，极端最高气温40℃，年降水量440~1130毫米，是东北地区光照、热量、降水最丰富的省份。由于地势和海洋的影响，降水自东向西递减。年均温从东北到西南渐增，气候有明显的区域差异。

（五）自然资源

辽宁省现已发现矿种110种，占全国的67%。现已探明储量的矿种有69种，其中铁矿、菱镁矿、金刚石、硼矿、滑石、玉石、熔剂石灰岩、石油、天然气、硅石、高岭土、玻璃用砂、珍珠岩、膨润土、油页岩、铊、铼、钼矿、锰矿等22种矿产储量居全国各省区前列。辽宁的植物资源主要集中在东部山区，这里的林地面积占全省林地面积的60%以上，以天然次生林为主，主要的林木品种为落叶松、油松、红松、冷杉、紫杉、杨、柳、椴、核桃楸、刺楸等。此外，草原、灌丛、芦苇、谷地、沼泽等在省内各地也有分布。植被类型较多，复杂的生态环境为野生动物的栖息繁衍创造了条件。辽宁省各种陆栖脊椎动物达500多种。有34种两栖、爬行类动物，69种哺乳动物。鸟类分属22目59科，计404种。

［菱镁矿］　菱镁矿是一种天然矿物，主要化学成分是碳酸镁。菱镁矿是镁质耐火材料和金属镁的基础原料。菱镁矿经过燃烧，碳酸镁可分解为氧化镁和二氧化碳。氧化镁具有较强的耐火性能和绝缘性能，广泛应用于冶金、建材、轻工、化工、医药、航空、航天、军工、电子、农牧等行业。辽宁省菱镁矿资源非常丰富，累计探明储量为26.9亿吨，占中国总储量的85%，占世界储量的20%。辽宁省菱镁矿主要分布在辽南地区。辽宁的菱镁矿具有以下特点：一是资源集中矿床巨大；二是品位高，杂质少，氧化镁含量大于46%的一、二级矿石约占总储量的1/2；三是矿石赋存条件优越，表层覆盖浅，易剥离，好开采。

［岫岩玉］　岫岩满族自治县盛产玉石。这里的玉石，块大质坚，色泽清明，晶莹美观，因产于岫岩而名岫岩玉。很多著名的玉石雕刻精品，用料就是岫岩玉。岫岩玉料的质地、形体、颜色不同，加工雕刻时，需独具匠心，精心设计，巧用消色，才能生产出巧夺天工的珍品。

［牛皮杜鹃］　牛皮杜鹃为常绿灌木，株高10~25厘米，枝横卧，叶厚革质，卵状长椭圆形，长3~6厘米，宽1~2.5厘米，叶全缘，边反卷。花朵多集中于枝顶，花冠合瓣，漏斗形，花初开时米黄色，开后渐转白色。花后结蒴果长圆形，长1~1.5厘米。根系发达，枝叶密厚。牛皮杜鹃属国家二级保护植物，主要分布在长白山地区，老秃顶山和大秃顶山等地也有零星分布。

［疣鼻天鹅］　疣鼻天鹅是一种大型游禽，体长约1.5米。全身羽毛洁白，嘴赤红色，和天鹅的不同之处是疣鼻天鹅前额有一个黑色疣突。疣鼻天鹅颈粗壮，游泳时弯成“S”形，两翅向上半展。栖息于水草丰茂的河湾和开阔的大湖泊中。鸣声沙哑而低沉，故有“哑天鹅”之称。主要以水生植物的根、茎、叶和果实为食，也吞食水生昆虫、小鱼和沙砾。

疣鼻天鹅

在繁殖期，集群营巢于芦苇丛中或湿地上，巢用水草的茎叶或芦叶等筑成，巢距很大，每对天鹅都要占据大片的芦苇滩和宽阔的水面。疣鼻天鹅每窝产卵4~6枚，孵化期30多天，雌雄轮流孵卵，轮流担任警卫。疣鼻天鹅在东北、内蒙古、甘肃、青海、新疆等地繁殖，长江下游鄱阳湖一带越冬。

［人参］　人参为五加科、多年生草本植物，为“东北三宝”之首。人参茎直立，有纺锤形或圆柱形的肉质根，根状茎很短，多不明显。人参叶为掌状复叶、轮生。一年生人参的叶子为一枚三片小复叶，称“三花”；两年生人参的叶子为一枚五片小复叶，称“巴掌”；三年生人参的叶子为两枚五片复叶，称“二甲子”；四年参有三枚复叶，称“灯台子”；五年生有四枚复叶，称“四品叶”；六年生有五枚复叶，称“五品叶”，也有六枚复叶的，称“六品叶”。人参生长六年后，叶数不再变化。生长三年的人参方能开花结果。人参花顶生淡黄绿色，散形花序，果鲜红色，扁圆形浆果，种子通常两粒，花期6月，果期7~8月。野生的人参称“野山参”，生长于山坡密林下湿冷的排水良好和有一定光照的腐殖质较厚的土层中。栽培的称“园参”。

［冷杉］　冷杉属松科，是冷杉属植物的通称。为常绿乔木，冷杉树干端直，树冠呈塔形，小枝对生，叶为条形，螺旋状着生，辐射伸展，两个冷杉雌雄同株，球果直立，卵状圆柱形。种子具长翅，成熟后与种鳞一同脱落。全世界约有冷杉50多种，广泛分布于亚洲、欧洲、北美及非洲北部的高山地带。中国约有23种，分布于东北、华北、西北、西南等地的高山地带，常组成大面积纯林或混交林。主要树种有杉松、臭冷杉、新疆冷杉、鳞皮冷杉、岷江冷杉、冷杉、长苞冷杉。辽宁主要分布有杉松种的冷杉，高可达30米，胸径1米，垂直分布于海拔500~1200米的辽宁东部山区。其他的冷杉中，鳞皮冷杉、岷江冷杉、冷杉和长苞冷杉均为中国特有树种。

（六）经济

辽宁省工业、农业、交通也都很发达。主要工业有机械、冶金、石油、化工、煤炭、造纸、建材、纺织等，为国家重工业基地。沈阳是重型机械、工矿专用设备、机电、飞机制造的重要城市，鞍山、本溪的钢铁生产有名，抚顺、阜新是煤炭基地，大连是北方重要的造船基地。辽宁省农、牧、渔业资源丰富，主要农产品有玉米、稻谷、大豆、棉花、油料、烟草。辽宁有14个县市是国家商品粮生产基地。辽宁朝阳是国家棉花生产基地。瓦房店、绥中、盖州是国家苹果生产基地。岫岩、开原是国家山楂优质产品基地。沿海渔业资源丰富。省内形成以铁路为骨干，公路、民航、海运和内河运输相配套的综合交通网。

［农业］　辽宁省农业在东北三省中开发较早，现有耕地7000多万亩，粮食和大豆播种面积占农作物总播种面积的86.3%。主要粮食作物有玉米、高粱、谷子、小麦、水稻以及薯类等。大豆是辽宁省传统农作物，播种面积大，质量好，产量高。经济作

物主要有棉花、烟草、花生。东部山地林区，以柞林为主，形成大面积柞蚕场。辽宁是中国生产柞蚕茧最多、分布最集中的省区。辽宁还盛产水果，是全国著名温带水果产区之一，产量占全国第二位。辽宁南部黄海、渤海水产资源丰富，沿海渔场面积1.92万平方千米，鱼虾种类70多种，贝藻类30多种，产带鱼、青鱼、黄鱼、虾类和贝类，以对虾、毛虾最著名。近年对虾、扇贝等海珍品养殖和海带、蛤贝等有较大发展。

［工业］　辽宁省工业以重工业中的机械、冶金、石油、化工、建材等部门为主。机械工业是最重要的工业部门，在省内各工业部门中占第一位。全省机械工业企业分布普遍，以生产重型机械、工业专用设备、交通运输设备和电器机械及器材为主，所产矿产设备、金属切削机床、交通电动机等均处于全国领先地位，而且机械工业门类齐全，具有一定成套生产水平。辽宁省的钢铁工业在中国具有重要地位，主要集中在鞍山、本溪，所生产的铁矿石、生铁、钢、钢材产量均居全国前列。辽宁省能源工业力量雄厚，有著名的辽河油田和东北最大的火力发电厂——清河电厂。抚顺和阜新的煤炭及沿海的盐业也很发达。

［交通］　辽宁省交通发达，铁路、公路、河运、海运、航空、管道运输等俱全。辽宁省铁路密度居全国前列，有京哈、沈大、沈丹、沈吉等铁路干线联结省内外，并有多条支线铁路以沈阳为枢纽向四周辐射。沈阳也是全省公路中心，其他大中城市附近也有稠密的公路网。沈大高速公路是国内最早建成的最长的高速公路。辽宁省海运发达，主要港口有大连、营口、丹东、庄河、锦州，其中大连和营口为国家级港口。航空运输以沈阳、大连两市为中心辐射全国。内河航运通航里程约500千米，主要通航区段在辽河、鸭绿江下游。管道运输初具规模，大庆原油经辽宁转输关内，并在大连港装船外运。

（七）旅游

辽宁省是满族的主要居住地，其人文景观以清代遗迹为主。沈阳故宫不论其规模、文物价值，还是旅游资源的丰富性都是仅次于北京故宫的封建帝王宫殿。清朝入关前的三座皇陵也都坐落在辽宁，而且保存完好。辽宁省境内的自然景观也独树一帜，以山和海取胜，千山、凤凰山为著名风景区，本溪水洞为中国北方罕见的地下河溶洞。辽东半岛海岸线长约2200千米，到处是优美的海滩与避暑胜地。大连海滨最为秀丽。鸭绿江沿线自然景观与人文景观荟萃，水秀山奇。辽宁省的动植物资源丰富，已建有仙人洞、老秃顶山、医巫闾山等自然保护区，旅顺口外的老铁山蛇岛自然保护区更是名闻国内。此外，旅顺口、锦州等地战略地位重要，曾分别是甲午海战、日俄战争与解放战争的战场或基地，战争遗迹遍布各处。

［沈阳故宫］　沈阳故宫位于辽宁省沈阳市旧城的中心，是清朝初期两代皇帝的皇

宫。清顺治元年（1644年）世祖在此即帝位，清朝入关后称奉天行宫。沈阳故宫始建于后金天命十年（1625），清崇德、乾隆、嘉庆时又有增建，历时100多年才完全建成现在的规模。占地面积6万平方米，全部建筑有10个院落，房屋300余间，四周围以巨大宫墙，是一座仅次于北京故宫的宫殿建筑群。沈阳故宫建筑群以崇政殿为核心，从大清门到清宁宫为中轴线，属大内宫殿；大政殿是东路的主体建筑，两翼辅以方亭10座，组成一组完整的建筑群；西路包括戏台、嘉荫堂，仰熙斋和文溯阁，是为存放《四库全书》和供皇帝看书、看戏娱乐消遣的地方，主体建筑是文溯阁。

［金石滩］　金石滩位于大连市金州区，景区陆地面积52.3平方千米，海域面积60平方千米，总面积112.3平方千米，分为玫瑰园、龙宫、南秀园、鳌滩、三叶虫化石园五个景区。金石滩有完整多样的石灰岩，还有丰富多彩的生物化石，为中国北方罕见的震旦纪、寒武纪地质景观。在绵延29.8千米的海岸线上，浓缩了古生代距今7亿~5亿年的地质历史，堪称天然地质博物馆。玫瑰园、龙宫、南秀园、鳌滩四个景区，有多种奇特的海蚀造型地貌，如蚀崖、溶沟、石牙、溶洞等，形成一个天然的海边雕塑群，被誉为“神力雕塑公园”。三叶虫化石园因崖面露出三叶虫化石而闻名，是古生物地质科学考察的处所。除此而外，金石滩景区内有长4千米、宽百余米的大型海滨浴场。海滩由鹅卵石、沙砾组成，水质清澈透明，能见度可达3米，为中国北方优质的天然海水浴场。海滨有渔村、田园、林木、别墅，风光秀美。盛产海参、鲍鱼，也是垂钓的好地方。

［蛇岛］　位于辽宁大连市旅顺口区西北面渤海之中的小岛。又名“小龙山岛”。岛上有黑眉蝮蛇1.3万余条，而且只有这一种蛇，属剧毒蛇。蛇岛是世界上唯一的只生存单一蝮蛇的海岛。这里食物充足，各种昆虫、鼠类及每年迁徙在此停歇的多种候鸟，给蝮蛇提供了丰富的佳肴。多年来形成了蛇吃小鸟、小鸟吃昆虫、昆虫吃植物、植物以鸟粪为肥料的食物链。岛上蝮蛇所产生的蛇毒是治疗各种神经肌肉、血液循环等疾病的宝贵药用资源。周围的渔民传说岛上的蛇是“白龙”的后代，从来不侵犯蛇岛上的一草一木。蛇岛对面的辽东半岛最南端有座火山，叫老铁山，是候鸟南迁北移的“中转站”，每年春秋两季，有上百万只候鸟在这里停歇。改革开放以后，蛇岛老铁山被列为国家级自然保护区。

［千山］　千山位于辽宁省鞍山市东20千米处，原名千华山、千顶山、千朵莲花山、积翠山，素有“东方明珠”之称，是中国著名的风景区之一。千山之所以叫千朵莲花山，是因为乘飞机俯瞰千山叠翠的峰峦犹如千朵怒放的莲花。千山占地面积300平方千米，海拔约700多米。山中奇峰叠嶂，怪石嶙峋，塔寺星罗棋布，因有峰峦999座，故得名“千山”。这里的千沟万壑、苍松巨石、古刹禅院、松涛林海、流泉飞瀑吸引着广大游客，自古为辽东名胜，有“千山无峰不奇，无石不峭，无寺不古”的赞誉。山中有五大禅林、九宫、八庵、十二观，与重峦密林相映生辉。千山风景区有悠久的历史。早在隋唐时代，这里就有建筑物。到了辽、金时代，寺庙建筑已初具规模。现

在千山有4个游览区、12个景区、名胜古迹约200处，以峰秀、石峭、谷幽、庙古、佛高、松奇、花盛而构成山石寺庙园林风格的自然风景区。

千山弥勒大佛　在千山众多的奇峰中，最为奇特的是千山弥勒大佛。大佛位于千山风景区北部，是一座天然石峰，貌似弥勒。佛像身高70米，体宽46米，依山而坐，形象逼真，栩栩如生。据考证，它是约1亿年前形成的。

香岩寺香岩寺在千山南部，是千山五座禅林之一。香岩寺始建成于唐代，明清都有扩建。寺修筑于双崖之间，前有将军峰，左有锦秀峰，右为仙人睛，千山第一高峰仙人台雄峙其后。寺宇分前后正殿和左右配殿。殿宇壮丽辉煌，彩画秀丽，是辽宁优秀的古建筑之一。由于寺建在阳坡，山花很多，春夏花开满山，香气扑鼻，故曰香岩寺。

仙人台　仙人台又名观音峰，位于千山南部，是千山第一高峰，海拔708米。大安、中会、香岩诸寺和五龙宫诸庙宇拱卫之中。峰奇，地险，绝顶有一峭石，呈四梭形，高7米，直径约20米，向北伸出，状如鹅头，俗称鹅头峰。西、南、北三面均为峭壁深渊，惟东面可行。明朝初年，在峰顶大兴土木，将峰顶变成一平台，修建成仙人台。上面基石上刻有棋盘，周围安放八仙和南极寿星的石雕坐像。鹅头下峭壁上，有一佛龛，内浮雕一尊观音菩萨像。佛龛之上横刻“仙人台”三个篆字，系清光绪年间举人徐景涛所题。仙人台又称观景台，登台远眺，千山奇秀，尽收眼底，素有观渤海、观日出、观莲花、观云飞、观松风之说。

五佛的来历

五佛顶位于千山北沟西端，是千山第二高峰。五佛顶上有五尊石佛，传说这五尊石佛是一个叫普安的和尚用法力请来的。当年千山一带有个洪水怪常兴风作浪，据说只有把庙修到佛头山山顶上才能镇住它。普安和尚喝过千年参汤，便自以为修成正果。一天，他游到四川峨眉山的时候，看到那里的大小石佛雕刻得像活的一般，就在那里找石匠雕刻6尊石佛。石匠雕完石佛交工那天，普安便拎起6尊石佛腾空而起，驾着白云向东飘去。不一会儿，普安便回到佛头山山顶上了。这时他才发现不知何时丢了1尊石佛，只剩5尊了。普安这才明白，自己还没有最后修行成。不过五佛来了以后，真把洪水给镇住了。

[北镇庙]　北镇庙位于北镇市城西2.5千米的岗峦之上，是医巫闾山的山神庙。

北镇庙建于金代，元、明、清各代多次重修，现有各殿都是明清所建。北镇庙南北长280米，东西宽178米，占地面积4.98平方千米，其中建筑面积5000平方千米。庙宇就岗势而建，有殿阁七重，均为宫殿式建筑，依次为神马殿、钟鼓楼、御香殿、正殿、更衣殿、内香殿、寝殿等。正殿是庙内主要建筑，为歇山式大木架结构，绿琉璃瓦覆顶，殿内壁画是32个宿星人物，为各朝代忠臣像。庙内还保存有元、明、清三朝告祭与题咏石碑58方，有“辽宁碑林”之誉。

［崇兴寺双塔］　崇兴寺双塔位于北镇市城内东北隅，始建于唐代，以后历代都有维修，至今保存完好，是国内现存宝塔中最壮观、最完整的大型双塔。双塔东西对峙，相距 43 米，东塔高 43. 85 米，西塔高 42. 63 米，均砖筑实心，为八角十三层。塔座八面，每面宽 7. 3 米，下部为石砌，每角雕一力士，作负重状，塔身每面中央都有拱龛，内雕坐佛，外立胁侍，上饰宝盖、飞天和铜镜。第十三层做八攒尖收顶，塔顶的莲座、宝瓶、鎏金刹杆、宝珠、相轮均保存完好。双塔建在崇兴寺前，故称崇兴寺双塔。

［奉国寺］　奉国寺位于义县东街路北，因大雄宝殿内塑有七尊大佛，故又名七佛寺或大佛寺。始建于辽代开泰九年（1020）。后经战火的破坏，金、元、明、清等均重修。今仅存大雄宝殿、无量殿、碑亭、牌坊等建筑，但仍不失为现存最大的辽代寺院。大雄宝殿雄伟壮丽，是当今仅存的辽代木结构单层殿宇建筑。大雄宝殿建在砖砌高台上，高 21 米，面阔 55. 6 米，进深 32. 8 米，殿内七尊大佛为辽代塑造，后代曾经重新装饰，梁枋、斗拱及梁架底面上，至今保留着辽代的飞天、荷花、牡丹等彩绘数十幅。这些彩绘笔法细腻，形象生动。四壁有元代壁画。奉国寺不仅是研究辽代文化的宝库，也是游览观光的胜地。

［沈阳怪坡风景区］　怪坡是一个长为 80 多米、宽约 15 米、目测结果西高东低的陡坡，位于沈阳市沈北新区清水台镇帽山西麓。当你把汽车开到坡下熄火停车后，会惊奇地发现车在自动地向坡顶滑行。骑上自行车感觉会更奇妙，上坡不用蹬，车会飞快地滑向坡顶，下坡如不用力蹬则寸步难行。怪坡被发现后，这里逐渐形成了以怪坡为中心，有 20 多个景点的风景区。自然景观除怪坡外，还有清幽秀丽的印山湖、弯弯的月牙湖、清澈见底的梨花湖、流水叮咚的“霞妹泉”。人文景观有 10 多处，既有古老的鹏恩寺、七眼透龙碑，又有现代惊险刺激的同心索桥、游艺射击场等。

［凤凰山］　凤凰山位于辽宁省凤城市区东南 2. 5 千米处，是辽东第一名山，素有“辽东景胜首凤山”的说法。凤凰山属于千山山脉，地形呈环状，南面开口，中间是裂地，好像一个人的手臂合抱的状态。凤凰山以峰奇石异见胜。远望奇峰突兀，怪石嶙峋，入山后则是峰回路转，清幽静雅。山上有古寺庙与奇峰异洞互相辉映，淙淙泉水与松涛相映成趣，显示出凤凰山的绚丽和活力。据载，从唐代以来，此山即为名胜游览地。摩崖石刻甚多，笔体雄浑苍劲，气势豪壮。凤凰山的主要景观有紫阳观、观音阁、凤凰洞、老牛背、凤泪洞等。最高峰名箭眼峰，巨石对峙，形成隙洞，远望如箭穿孔，故名。山上有“天女木兰”，“天女木兰”是世界有名的珍贵花卉。

［老虎滩］　老虎滩公园位于大连市区东南，距市中心 5 千米，是一座三面环海一面靠山的天然海滨公园，兴建于 1959 年，面积约 10 公顷。老虎滩一带海滨的沙滩由石英岩砾石组成，在波浪的推动下，黄色的石英岩在滩面上滑动，恰似被风吹动的斑驳虎皮。风景秀丽的老虎滩公园，以老虎洞及海滩上的六只老虎雕塑最负盛名。六只老虎雕塑是目前世界上最大的花岗岩动物雕塑，长 36 米，高 7. 5 米，是用 500 吨黑白花岗岩雕塑成的。望之栩栩如生，形态各异。老虎洞洞口有一石碑，上书“老虎洞”，洞

口左立一石雕老虎，怒视大海。老虎洞是被海浪经过漫长岁月冲击剥蚀而成的，它是上窄下宽的楔形洞，洞上方宽约1米，洞深约七米，由南向北延伸，在老虎洞中可听到阵阵涛声，犹如老虎在怒吼。此外，天台日出、老虎滩浴场、“百鸟乐园”也是公园中有名的景点。

［九连城］　九连城位于丹东市东南12千米处，鸭绿江风景名胜区西南部。九连城筑于鸭绿江边，北依镇东山，地势险要，为金婆速府路、元婆娑府巡检司治所。因有九座营围相连，故明代称九连城。现在尚存城址4处，各城大小不一，城内出土有辽、金、元时期的各类瓷片、琉璃珠、辽大尚书吏部之印、万户之印、契丹古铜印等。这里是明清时中国与朝鲜的通商要地，是两国使节往返必经之路。登城远眺，鸭绿江一江如带江心沙洲上有古城址，为汉代安平县城遗址。城外东南侧有汉墓。城内出土有汉代五铢钱、绳纹陶器片和印有“安平乐未央”篆字的圆瓦当。

［辽宁古长城］　辽宁古长城位于辽宁省西部，自西向东横贯辽宁，直跨鸭绿江边。远在春秋战国时期，各诸侯国先后开始修筑长城。今辽宁西部地区在战国的时候属燕国管辖，辽宁境内的燕长城约在燕昭王后期修建。建平县燕长城遗址是战国时代燕国所筑长城保存最完好的一段，长城自西向东，穿高山，跨河谷，气势雄伟。秦统一中国后，大规模修筑万里长城，沿用燕国的“外线”长城。西汉又在燕、秦长城基础上加以修复，同时，修筑了一道别具风格的墩台长城，建平县内的一段长城有墩台50座。辽宁的明长城主干线，是绥中西沟长城，东西走向，盘踞蜿蜒于崇山峻岭之上，素有“第三八达岭”之称。

［清福陵］　清福陵位于沈阳市东北11千米的丘陵地上，是清太祖努尔哈赤和皇后叶赫那拉氏的陵墓。始建于后金天聪三年（1629），清顺治八年（1651）基本完成。福陵又称东陵，占地19万平方米。整座陵墓前临浑河，后倚天柱山，规模宏伟，风景优美。

辽宁古长城

南面正中为正红门，成对的骆驼、狮子、马等排列在门内甬道两侧。另有雕着蟠龙的琉璃袖壁嵌于门东西墙上。正红门正北立有康熙亲撰“大清福陵神功圣德碑”的碑楼。茶果房、省牲亭、涤器房、斋房等用于祭祀的建筑位于碑楼左右。北面的方城是陵园的主体建筑。明楼在方城北面正中，楼内有一块石碑，上刻“太祖高皇帝之陵”几个大字。四角有角楼。隆恩殿在方城正中，旁有东、西配殿。方城后为月牙形的宝城，被称为月牙城。努尔哈赤和叶赫那拉氏便埋葬在宝城的下面。清福陵为全国重点文物保护单位。

［清昭陵］　清昭陵位于沈阳旧城北部，是清太宗皇太极和其皇后博尔济吉特尔的陵墓。始建于清崇德八年（1643），历时8年。清昭陵又称北陵，是清“关外三陵”中规模最大的一座。占地面积为450万平方米。其建筑形式与福陵相似，但建筑物比福陵要多，雕刻则更为精美，气势更为宏伟。

昭陵南面正中为正红门。下马碑、华表、更衣亭、石牌坊、石狮、石桥、宰牲亭等建筑位于门外。门两侧的墙上嵌有造型非常生动的五彩琉璃蟠龙壁。门内北部正中有内竖的“昭陵神功圣德碑”碑楼。方城是陵园的主体建筑。方城正中为隆恩殿，隆恩殿是供奉清祖牌位的地方，清王朝也常在这里举行皇家的祭祀活动。隆恩殿东、西有配殿，四角建有角楼，是典型的中国城堡形式。明楼位于隆恩殿之后，中立“太宗文皇帝之陵”石碑，碑文用汉、满两种文字写成。宝城呈半月形，内有宝顶，皇太极及其后妃的地宫便在宝顶之下。昭陵为全国重点文物保护单位。

［笔架山］　笔架山位于锦州市城西南65里处的渤海中，与葫芦岛隔海相望，峻峭挺拔之姿犹如笔架，故而得名。海拔100余米，总面积8万平方千米。山门上刻着“光耀家国”四个大字。满是悬崖峭壁的笔架山上有许多道教庙宇，其中有真人观、吕祖亭、太阳殿、雷公祠、电母祠、三清阁、方丈院、王母宫等建筑，还有与之有关的许多美丽传说。“神路”又称“天桥”，是因潮汐冲击而成的一条卵石小路，长约1600米，宽约9米，连接着海岸和笔架山。“神路”潮涨隐，潮落现，像一条蜿蜒的蛟龙隐现在大海之中，神奇绝妙，堪称笔架山一绝。此外，石猴泅渡、仙女造桥、龟出海等景观也甚为壮观。

［万佛堂石窟］　万佛堂石窟位于辽宁省义县西北大凌河的北崖上，为东北地区最大的石窟群。分为东、西两区，共有大小16个洞窟。西区9个窟，在第五窟南壁上刻有北魏平东将军营州刺史元景的造像碑，并有元景的题刻手迹，被清末的康有为评为“元魏诸碑之极品”。西区的第6窟规模最大，第1窟保存最为完整。东区的7个窟相对而言都比较小，其中第5窟有北魏景明三年（502）散骑堂侍韩贞的造像碑。东区石窟的山顶上有一座圆柱形小塔，名为“文峰塔”。万佛堂石窟遗留的碑刻、题记和塔铭，对研究辽宁地方的历史具有珍贵的价值。万佛堂石窟为全国重点文物保护单位。

［兴城海滨］　兴城海演坐落在辽宁辽东湾西海岸，是我国保存最完好的一座古城。兴城海滨景色秀丽，依山傍水，闻名遐迩的兴城古城、温泉、首山和我国北方最大的海水浴场都位于该景区内。兴城海滨分为5个景区，包括50多个景点。5个景区内的主要景点被称为“兴城五宝”。兴城古城又称宁远卫城，始建于明宣德三年（1428），与荆州古城（今江陵县城）、西安古城和山西平遥古城同被列为我国迄今保留完整的四座古代城池。城内有明代祖氏石坊和文庙等古迹。兴城古城为全国重点文物保护单位。兴城温泉在辽、金时期就已著名，现有四穴温泉，泉水透明且富含矿质，

温度在60~65℃，可治疗多种疾病。首山有古烽火台和朝阳寺古刹。菊花岛有辽代大龙宫寺、八角琉璃井、大悲阁、唐卫洞古迹等。兴城海滨是国家级风景名胜区。

［本溪水洞］　本溪水洞位于本溪族自治县谢家崴子，是目前较长的水上游览洞穴之一，又称“九曲银河洞”，是一个地下大型暗河岩溶洞穴。洞内各种熔岩景观千姿百态，地下暗河平稳流长，行船览胜，如入仙境。进洞口是一座高、宽各20多米可容纳千人的“迎客厅”，旱洞长300米，洞穴高低错落，洞中有洞，曲折迷离。古井、龙潭、百步池等诸多景观，令游人遐想联翩，流连忘返。水洞地下暗河全长2800米，面积3.6万平方米，“九曲银河”为本溪水洞的精髓所在，沿河60景，景景迷人，新开发的“玉女宫”等500米暗河景观别有天地，神秘莫测。本溪水洞为国家重点风景名胜区。

八、河北省

（一）行政区划

河北省简称冀，位于华北平原北部，跨内古高原东南部，东临渤海，南瞰黄河，故名河北，又因古属冀州而简称“冀”。它位于北纬26°03′~42°40′、东经113°27′~119°50′。面积18.88万平方千米。河北西接山西省，北连辽宁省与内蒙古自治区，南临山东、河南两省，中部与北京、天津两个直辖市毗邻。全省海岸线487千米，下辖11个地级市，共有49个市辖区、21个县级市、91个县、6个自治县。省会石家庄市。

［省会——石家庄］　石家庄市是河北省省会，河北政治、经济、文化中心。石家庄市位于省境中南部，西倚太行山，东、南、北三面为广阔的华北平原，辖6区5市12县，面积15722平方千米。市境坐落于太行山麓滹沱河冲积扇上，地势微向东南倾斜，地表平坦，土壤肥沃，地下水储量丰富。石家庄市年均温12.9℃，年降水量566毫米，无霜期194天，非常适宜作物生长，盛产棉花和小麦。石家庄市煤炭资源丰富，井陉煤矿是本市最大的能源基地。石家庄是京广、石太、石德三条铁路的交会处，公路四通八达，交通便利。石家庄市工业布局有序。市区东北部有以轻纺、机械、医药、冶炼为主的工业区；东南和西南部有以轻工、机械为主的工业区；新辟的邱头工业区，以炼油、化工为主。市区中部为生活区和文化、教育、机关单位。市内有河北师范大学等10余所高校。

［保定］　保定市位于河北省境中部京广铁路线上，辖3区4市18县，面积22159平方千米，是河北省的轻工业城市以及冀中物资集散地。保定市历史悠久，春秋战国

时便为燕赵所倚重。金、元定都北京后，成为“京畿重地”。清为直隶省首府。曾为河北省省会。市境坐落在太行山麓冲积扇上，西高东低，海拔 17 米，地下水储量丰富。一亩泉河、侯河、白草沟和清水河流经市区，农业生产条件极为优越。保定交通便利，京广铁路贯穿市区。保定是一个新兴的以轻工业为主的城市，以纺织、机械、化学工业为主，食品、造纸、电力、建材等行业都有发展。出产人造丝、电影胶片、机制纸、大型变压器以及地毯、仿古泥皮壁画、工艺美术蜡烛等，中国第一座现代化化学纤维联合企业和第一座感光材料企业均建于此，也是中国第一个列车电站基地。保定曾为四方文人荟萃之处，金末就建有“万卷楼”专藏经史，并设有莲池书院。市内现有河北大学、河北农业大学等多所高等院校。

［邯郸］　邯郸市位于省境南部，辖 4 区 1 市及邯郸县等 14 县，面积 12087 平方千米。是河北省新兴的工业城市，中国重要的焦煤基地之一，也是著名历史古城。邯郸市早在春秋时已是列国争夺的重要城堡，后为赵国国都达 158 年之久。至汉末仍为全国五大都城之一。手工业、商业和冶铁铸造发达，有“冶铁都”之称。市境西倚太行山，东临滏阳河。东部盛产棉花。邯郸市矿产资源丰富，有煤、铁、石灰石和陶瓷土等。交通便利，京广铁路纵贯市区，邯郸—长治铁路西联山西，市区铁路环形布局，另有窄轨铁路联结附近各县。工业以纺织、电力、煤炭、钢铁、机械、陶瓷为主。邯郸是中国十大陶瓷产区之一。境内名胜古迹众多，赵王城遗址和南、北响堂山石窟为中国重点保护文物，邯郸碑林也是很有价值的文物古迹。市区内还有华北水电大学等高等院校。

［沧州］　沧州市位于省境东部，辖 2 区 4 市 9 县及孟村回族自治县，面积 13419 平方千米。沧州市坐落于海河平原上，地势低平，海拔约 10 米。南运河和京沪铁路纵贯市区，沧港铁路东连渤海大口河港，水陆交通方便。沧州市是新兴的石油化工城。20 世纪 50 年代以前沧州仅为内河码头和商业集镇，现已发展成以石油炼制、化肥、塑料加工、橡胶、医药等工业为主体的城市。沧州炼油厂、沧州化肥厂均为中国重点企业，前者有输油管连接任丘油田和大港油田，后者为河北省最大的氨肥生产企业。机械、食品、纺织、电力工业发展也很快。沧县铁狮子是中国最大的铁铸狮子，高 5.78 米，长 5.34 米，宽约 3.17 米，重约 40 吨，有“狮子王”之称，为中国重点文物保护单位。沧州武术历史悠久，素有“武术之乡”之称。

［廊坊］　廊坊市位于河北省中部偏北，京沈铁路线上，辖 2 区 2 市 5 县和大厂回族自治县，面积 6330 平方千米，是中国历史文化名城之一。市境坐落于河北平原北端，地势平坦，海拔 15 米。矿产以石油、天然气为主。工业有机械、纺织、食品、化工、建材等部门。廊坊红小豆、三河玉器、香河和三河的地毯等特产，闻名中国。

（二）人口、民族

截至 2022 年末，河北省常住人口 7420 万人。

河北省是个多民族的省份，除汉族外，还有满族、回族、蒙古族、壮族、朝鲜族、苗族、土家族等53个少数民族，少数民族人口约占总人口数的4%。依据《中华人民共和国宪法》，实行民族区域自治，河北省现有6个少数民族自治县。

（三）历史文化

河北省历史文化悠久，新石器时代早期，就出现了以农业活动为主的原始人群，远在夏禹时代就属九州之一的冀州。春秋战国时代，分属燕、赵两国。游侠风气盛行，尚武精神代代相传，是多种武术门派的发源地。沧州是中国著名的武术和杂技之乡。邯郸则是战国、西汉时期著名的大都市，为当时北方的经济文化中心。古代河北地处北方边陲，“天下第一关”山海关雄踞在渤海湾边。河北“自古多慷慨悲歌之士”，历史名人有战国时代的名医扁鹊、西汉的大思想家董仲舒、南北朝时南朝的科学家祖冲之、北魏的地理学家郦道元、唐朝初年的政治家魏征、宋朝开国皇帝赵匡胤、元代的天文学家郭守敬、元代戏曲家关汉卿和清代的文学巨匠曹雪芹等。

［磁山文化］　磁山文化遗址位于河北武安磁山。磁山文化大约出现在公元前5400年至公元前5100年，是华北新石器时代早期的重要文化。磁山文化主要分布在冀南、豫北等地。农业是磁山文化的主要代表，在磁山的80个窑穴中发现粟的腐朽籽粒堆积，埋藏深厚。当时的农业生产工具有石斧、石刀、石镰、石铲和石磨盘等。石器的制作工艺多为磨制，也有少部分为打制，较为精致。遗址出土的骨镞、鱼镖、网梭以及鹿类、鱼类、龟类、蚌类、鸟类的骨骸，表明渔猎活动也占有重要位置。出土的家畜家禽骨骸有猪、狗、牛、鸡等。从当前已获得的材料看，“磁山文化”的主人是世界上最早培植粟和饲养鸡的人。出土的陶器有红、褐、夹褐色3种。测定红色陶样片的烧成温度为700~900℃，说明磁山人的制陶技术已达到了一定水平。

［蔺相如回车巷］　回车巷位于邯郸市丛台区南门里路西，东西长约75米，宽1.8米，传为战国时期大臣蔺相如为大将廉颇让路的地方。蔺相如出身微贱，后因出使秦国，确保完璧归赵，渑池之会，又使赵王免受屈辱，赵王拜他为上卿，地位在大将军廉颇之上。廉颇很不服气，私下对自己的门客说：“我是赵国大将，立了多少汗马功劳。蔺相如有什么了不起！凭借口舌之能，倒爬到我头上来了。我若见到蔺相如，一定要羞辱他。”这话传到蔺相如耳朵里，蔺相如就装病不去上朝。据说有一天，蔺相如坐车出门，老远就瞧见廉颇的车马迎面而来。他叫车夫把车退到一条小巷里去，让廉颇的车马先过。蔺相如手下的门客认为他不该这样胆小怕事。蔺相如对他们说：“你们看廉将军跟秦王哪一个势力大？”他们说：“当然是秦王势力大。”蔺相如说：“天下的诸侯都怕秦王，我敢当面责备他。怎么见了廉将军反倒怕了呢？因为强大的秦国之所以不敢来侵犯赵国，就因为有我和廉将军两人在。要是我们两人不和，秦国就会趁机来侵犯赵国。所以我宁愿避让。”廉颇听说此事后，十分惭愧，于是负荆请罪，与蔺相

如言归于好，在历史上留下了一段“将相和”的佳话。

[祖冲之]　祖冲之（429~500）是河北省涞水县人，生活在南北朝时期，是中国古代杰出的数学家、天文学家。祖冲之在数学上的杰出成就，是关于圆周率的计算。秦汉以前，人们以“径一周三”作为圆周率。后来发现误差太大。直到三国时期，刘徽提出了计算圆周率的科学方法——“割圆术”，求得 $\pi=3.14$。祖冲之在前人成就的基础上，经过刻苦钻研，反复演算，求出 π 在 3.1415926 与 3.1415927 之间。祖冲之究竟用什么方法得出这一结果，现在无从考证。而外国数学家获得同样结果，已是 1000 多年以后的事了。祖冲之还与他的儿子（也是中国著名的数学家）一起，用巧妙的方法解决了球体体积的计算。他们当时采用一条原理是“幂势既同，则积不容异”。意思是，位于两平行平面之间的两个立体，被任一平行于这两平面的平面所截，如果两个截面的面积恒相等，则两个立体的体积相等。这一原理，在西方被称为卡瓦列里原理，但这是在祖氏父子一千多年之后由卡氏发现的。祖冲之在天文学上的贡献体现在他对历法的纠正和重新编写。祖冲之博览当时的名家经典，坚持实事求是，从亲自测量计算的大量资料中对比分析，发现过去历法的严重误差，并勇于改进。在他 33 岁时编制成《大明历》，开辟了历法史的新纪元。

[河北女红文化]　河北把女红作为衡量女子德、才的标准，男子择偶，婆婆择媳，对此十分苛刻，这与当时女红是农业人口的主要收入有极大关系。女孩子从七八岁，就开始学习女红。新房的门帘、帐沿、床围、被子、枕套、嫁衣、绣鞋等一切结婚用品，都是妇女用双手绣出来的。这些绣品内容多取材于民间故事，表现了吉祥美好、多子多孙的永恒主题。现在这种传统观念已打破，但当地女子巧夺天工的针丝绣品仍是当地特产之一。

（四）气候

河北省地处中纬度亚欧大陆东岸，属于温带、暖温带半干旱、半湿润大陆性季风气候。四季分明。冬季寒冷干燥；夏季炎热多雨；春季干旱、风沙较多；秋季天高气爽。大部分地区的年平均气温为 4~13℃。1 月均温-14~-3℃，且寒冷季节较长，极端最低气温为-42.9℃。7 月均温 18~27℃，极端最高温为 43.3℃。全年无霜期 110~220 天。年降水量 300~800 毫米，燕山南麓和太行山东麓是河北两个降水较多的地区，降水量达 700~800 毫米。张北高原地处内陆，是少雨区，降水量一般不足 500 毫米。

（五）自然资源

河北省已发现各类矿产资源 109 种，其中已探明储量的有 66 种。铁矿储量仅次于辽宁、四川，居全国第三位。钛矿储量居全国第二位，熔剂用灰岩储量居全国第三位，熔剂用白云岩储量居全国第一位，大理石储量居全国第二位，花岗岩储量居全国第六位。此外，煤炭、石油的储量也很丰富。山地丘陵几乎全为原始次生林或次生温带灌木丛所覆盖。河北坝上干旱，植被为草原。冀北山地200~1000米的地区是落叶阔叶林主要分布区，以次生落叶栎林为主。此外有白桦、山杨、河北杨等。200米以下的低山丘陵植物种属以酸枣、荆条、白羊草等为主。河北省珍稀动物有褐马鸡、猕猴、鹊鹞等。

资源之乡

永年区，河北蔬菜之乡；魏县，河北食用菌之乡；临城县，河北蓖麻之乡；巨鹿县，河北枸杞之乡；赵县，河北芦笋之乡；新乐市，河北西瓜之乡；冀州区，河北辣椒之乡；景县，河北芝麻之乡；安国市，河北药材之乡；安新县，河北芦苇之乡；廊坊市，河北蜜瓜之乡；文安县，河北杂粮之乡；沧县，河北大豆之乡；泊头市，河北鸭梨之乡；山海关，河北樱桃之乡；涿鹿县，河北葡萄之乡；宣化区，河北仙客来之乡。

（六）经济

河北省工业门类齐全，布局比较合理，主要有纺织、机械、煤炭、钢铁、石油、化学、陶瓷、建材等部门，多种工业产品居全国前列。农业比较发达，灌溉和机械化水平高，土地垦殖指数高于全国平均水平。农作物以小麦、玉米、棉花、谷子为主，干鲜果品中板栗和梨的产量居全国第一位。交通发达，有京广、京沪、京九、京山、京原、京通、石太等10余条铁路和京石高速公路过境，是首都通向全国的必经之路。空运和水运也有相当规模，秦皇岛港是中国最大的煤炭输运港。商贸发达，高碑店的白沟市场、石家庄的新华集贸市场和南三条小商品市场是中国主要的小商品批发市场。

［农业］　河北省农业发展历史悠久，土地开垦程度高于全国平均水平，是中国重要的粮食产区。河北的粮食作物播种面积占农作物总播种面积的77.7%，粮食总产量居全国前列。全省小麦的种植面积最大、产量最高，占全省粮食作物的1/3以上，居第一位，总产量居全国第四位，为中国小麦的重要产区。玉米是主要杂粮，种植面积和产量仅次于小麦，居第二位。水稻种植发展较快，薯类、豆类也是重要的粮食作物。经济作物约占作物总播种面积的10.07%，是中国经济作物较发达的地区。以棉花、油料为主，是中国棉花重要产区，棉花生产居全国第四位。经济林木种类较多，水果总产量居中国第三位，其中梨产量居中国之首。低山丘陵地区历来为中国梨、枣、柿、栗的重要产区。畜牧业和渔业也是本省重要农业部门，张北是主要牧区，秦皇岛、白洋淀分别是海产和淡水渔业的重要产地。

［工业］　河北省的工业种类齐全，以纺织、机械、钢铁、煤炭、石油、化工、陶

瓷、建材等为主，煤炭以燕山南北和太行山东麓为主要产区，开滦煤矿是省内最大的煤矿。化学工业拥有化肥、农药、有机合成、塑料等多种部门，其中抗生素、合成氨、胶片等产品在全国很有名。石家庄华北制药厂是中国规模最大的综合性医药联合企业，生产多种抗生素，产量居全国前列。河北还是中国重要的陶瓷产区之一，年产量居中国第五位。唐山和邯郸是河北两大日用瓷生产中心。石油、机械、纺织等工业在中国也占据着重要地位。

[交通]　河北省交通有陆运、水运、空运等形式。陆运为主，其中铁路运输是河北交通运输网的主体。河北铁路网密度居关内各省（区）之首，有石家庄、山海关等枢纽。京广、京沪、京通等铁路纵贯南北，京沈、京包、石德、石太等铁路横贯东西，还有京承、锦承、丰沙、邯长等铁路和干线相接，将全省连接在一起。全省铁路干线基本实现复线，并新增京秦、大（同）秦两条电气化铁路。公路是河北交通运输网的重要组成部分，高级、次高级路面通车里程占总里程的50%以上。海上运输发展很快，是河北省对外联系中仅次于铁路的重要运输方式。位于渤海西北岸的秦皇岛港是中国最大的煤炭输运港，也是中国现代化大型海港之一。

（七）旅游

河北省风光独特，历史悠久，文物古迹和自然景观众多。有以出土金缕玉衣而闻名世界的满城汉代墓群，有南、北响堂山及苍岩山桥楼殿等宗教遗存，有气势宏伟、石雕精美的清东、西陵，还有中国最大的皇家园林——避暑山庄。丘峦起伏、草木茂盛的木兰围场，是清代皇家秋猎或习武之地。风雨千年巍然屹立的赵州桥更是天下闻名，在世界桥梁史上地位显著。河北山势险峻，拥有“天下第一关”山海关等重要关隘。河北省海岸线漫长，其中最负盛名的是秦皇岛北戴河，一直延伸到昌黎黄金海岸的海水浴场。涞水野三坡自然保护区因富有山水之野趣而备受关注，被列为国家级风景区。

[山海关]　山海关位于河北省秦皇岛市山海关区东北部。北枕燕山，南临渤海，地势险要，是东北、华北的咽喉要冲，兵家必争之地。山海关始建于明洪武十四年(1381)，大将徐达在此构筑长城，建关设卫。因关在山与海之间，故名“山海关”，有“万里长城第一关”之说。明长城经山海关蜿蜒越群山之巅向北而去，景色异常壮观。山海关土筑砖包，高14米，厚7米，周长44米，呈正方形，高大雄伟。城有四门，东门面向关外，叫镇东门，西门面对关内，叫迎恩门；南门面海，称望洋门；北门临北疆，称威远门。在四个城门中，气魄最大、保存最完整的是镇东门。镇东门为一长方形城台，高12米，台的中部为一巨大的砖拱门洞。台上建筑两层，重檐九级瓦顶，檐高13米，宽20米，深11米。上层便是山海关箭楼，箭楼上的横额巨匾“天下第一关”五个大字，字体浑厚，笔法苍劲有力，庄重洒脱，系明成化八年进士萧显所书。

登上箭楼，南眺渤海，波涛浩渺，一望无际；北望长城，蜿蜒山巅，异常壮观。

山海关

［孟姜女庙］　孟姜女庙位于河北省秦皇岛市山海关区，在山海关以东约6千米的凤凰山上。始建年代不祥，明万历二十二年（1594）重修。孟姜女庙又名贞女祠，是根据孟姜女哭长城的故事建祠祭祀孟姜女的。它占地约6亩，红墙环绕，有前后两殿、钟楼等建筑。前殿殿门两侧对联是“海水朝朝朝朝朝朝落，浮云长长长长长长消”，读法奇特。内有孟姜女塑像，身着青衫，面带愁容，遥望南海。塑像后有“姜坟雁阵”彩绘壁画，两侧壁上碑刻甚多，其中有乾隆、嘉庆、道光皇帝的御笔题诗。塑像上方悬“万古流芳”匾额。后殿原供观音。殿后有巨石，上刻“望夫石”及清乾隆帝题诗。孟姜女哭长城的故事在民间流传很广，为中国四大民间传说之一。传说秦朝孟姜女之夫被征修长城，孟姜女万里寻夫送寒衣至山海关一带时，得知其夫已死，哀伤痛哭，致使长城倒塌，后投海而死。庙东南海中有礁石二座，突出海平面，高者似碑，低者似坟，相传为孟姜女坟。

［承德避暑山庄］　承德避暑山庄位于河北省承德市北部丘陵地带，是清代帝王在北京之外处理政务、消闲避暑的重要场所。承德避暑山庄原名热河行宫，又称承德离宫，因康熙亲笔题“避暑山庄”的匾额而得今名。它始建于清康熙四十二年（1703），于乾隆五十五年（1790）竣工，占地564万平方米，山庄环绕着蜿蜒起伏的宫墙长达10千米，是中国现存最大的古代园林、帝王宫苑。这里山峦起伏，草木繁茂，宫殿亭榭掩映，湖面江波潋滟，湖沼洲岛错落，风光旖旎，美不胜收。园内建筑物共有百余处，分为宫殿区和苑景区两大部分。宫殿区集中在东南部，有正宫、松鹤斋、东宫和万壑松风四组建筑，是皇帝处理政务及寝居之处。苑景区又可分为湖区、山峦区和平川区。湖区位于山庄东南部，由上湖、下湖、镜湖、澄湖、如意湖等湖泊组成，水面达60余万平方米，一派江南风光。平川区在湖区以北，主要景点为万树园和试马埭，富有北国草原景象。山峦区在山庄的西部和北部，层峦叠嶂，林壑幽静，寺、庙、斋、轩建筑优美俏秀，别具一格。1994年联合国教科文组织世界遗产委员会确定承德避暑山庄为世界文化遗产，列入《世界遗产名录》。

烟波致爽殿　烟波致爽殿位于避暑山庄宫殿区，为清帝寝宫，建于康熙四十九年（1710）。面阔7间，建筑高敞，外表淡雅古朴，室内陈设富丽精巧。当中两间设宝座，两间设佛堂。西暖阁是皇帝寝室，嘉庆和咸丰都病死在这里。东西两侧各有一小院，与正殿有侧门相通，为后妃居所。殿宇四周秀丽，湖面如镜，每当春夏或雨后初晴，烟波浩渺，置身其中，令人心旷神怡。康熙皇帝以此为殿取名“烟波致爽”，并定为山庄一景。

烟雨楼　烟雨楼位于避暑山庄澄湖中的青莲岛上，建于清乾隆四十六年（1781），是仿浙江嘉兴湖之烟雨楼而建。楼高二层，上下各面阔5间，进深2间，回廊环绕。二层中悬挂乾隆所题“烟雨楼”匾额。此楼是澄湖视高点，登上烟雨楼，凭栏远眺，湖面蒙蒙，雨雾如烟，水天一色，万树园、热河泉等景色尽收眼底，如在画中。

［外八庙］　外八庙位于河北省承德市区北部，避暑山庄外围的东部和北部的山丘地带。陆续建成于康熙五十二年（1713）到乾隆四十五年（1780）间，原有溥仁寺、溥善寺、普宁寺等11座寺庙，因其中八处有朝廷派驻的喇嘛，而且在京师之外，所以称作外八庙。这些寺庙全为宫殿式建筑，宏伟壮观，融合了汉、藏、蒙古、维吾尔等族的建筑艺术，有浓厚的民族色彩。外八庙建筑不但庄严雄伟，而且寺庙建筑与园林建筑巧妙结合，华贵秀丽，其建筑格局如云排星拱，象征着边疆各族人民和清中央政权的关系。其中普宁寺、普乐寺、普陀宗乘之庙、须弥福寿之庙、安远庙、殊像寺为全国重点文物保护单位。外八庙的建筑、园林及大量的碑刻、雕塑、壁画、佛像、祭器等文物是研究清代历史、文化、宗教、园林艺术的宝贵遗产。

［木兰围场］　木兰围场位于河北省承德市围场满族蒙古族自治县境内，周围500多千米，历史上总面积1万余平方千米，建于清康熙二十年（1681），共有72围（围猎点），是清代帝王习武狩猎、联络少数民族上层人物场所。围场北部是内蒙古高原，南部是燕山山脉，这里森林密布，河流纵横，雨量充沛，适合动物繁衍生息。木兰为满语“哨鹿”之意，是一种用木制长哨模仿鹿声、诱捕鹿的方法。围场建成后，康熙皇帝几乎每年都于中秋时节率八旗官兵和王公大臣来此围猎，声势浩大。蒙古各部的上层人物也会集于此，康熙通过行猎、宴会、赏赐、召见等活动，与其修好，以巩固边疆。雍正时期，将木兰秋猎定为制度，乾隆、嘉庆遵循不改，并沿围场边缘设哨所，禁止百姓入内。道光以后，围场管理渐疏，百姓也渐渐入内垦殖。

［北戴河］　北戴河位于河北省秦皇岛市西南15千米处。因戴河流经其西而得名。北戴河南临渤海，北靠联峰山，西起戴河口，东至鹰角石，长约10千米，宽约2千米，面积约17平方千米，是一处狭长的滨海风景区。由于地势优越，远在汉代就已是舟船聚集停泊的地方，清光绪二十四年（1898）辟为避暑区。有英、德、日、美等50多个国家在此修建别墅，至1934年已达700多栋。北戴河因地处海滨，气候温和，盛夏日平均气温仅23℃，湿润凉爽宜人。海滩平缓辽阔，沙软潮平，海水清澈，是避暑、疗养的胜地。海滨风景秀丽，西部景点有联峰山、莲花石公园、观音寺等，中部有老虎石、平水桥浴场等，自然景观千姿百态，名胜古迹引人入胜。北戴河冬无严寒，夏无酷暑，春无风沙，到了金秋时节，海阔天空，碧波万顷，蟹满鱼肥，瓜甜果香。这里，可朝看日出，暮眺晚霞，昼观大潮，夜赏明月。风景区东北的山海关、北戴河秦皇行宫遗址为全国重点文物保护单位，“天下第一关”关楼是著名的雄关。

［磬锤峰］　磬锤峰位于河北省承德市武烈河东岸，山上有一巨大石峰，立于岩石基座上，石峰上粗下细，形状如同倒立的洗衣棒锤，所以又名棒锤山。磬锤峰从台基到顶峰总高 59. 42 米，“棒锤”本身高 38. 29 米，上部直径 15. 04 米，下部直径 10. 7 米，体积 650868 立方米，重 16200 吨。峰顶矮树丛生，半腰有一株古桑，树龄估计在 3000 年左右，传为中国今存最早的桑树。此峰形成于二三百万年以前，北魏郦道元《水经注》称它“在层峦之上，孤石云举，临岸危峻”，形象地描写出磬锤峰的挺拔孤傲。

［赵州桥］　赵州桥位于河北省赵县城南 2. 5 千米处的洨河之上，因赵县古为赵州，故称赵州桥，又称安济桥。桥建于隋代，由著名工匠李春等人设计制造。赵州桥为敞肩式单孔纵向并列石拱桥，全长 64. 4 米，宽 9 米，主拱净跨 37. 02 米。主拱采用“切弧”原理，跨度大而弧度平，扩大了通水面积，又降低了桥面坡度。桥体由 28 道独立石拱纵向并列砌筑，并用勾石、收分、蜂腰、伏石“腰铁”联结加固，提高了整体牢固性。大拱两肩各建两个小拱，增强了泄洪能力，并减轻了桥身自重。桥上两侧的望柱、栏板上面雕画有龙、兽、花草等图案，精美多姿。该桥设计科学，构造合理，用材精良，为世界桥梁史上的创举，历经千年风雨仍巍然屹立，其桥身坚实、巨大、空灵、轻秀，寓秀美于雄伟之中，被列为全国重点文物保护单位。

［响堂山石窟］　响堂山石窟位于河北省邯郸市西南峰峰矿区鼓山南麓。相传，在响堂山石洞内拂动衣袖即能发出锣鼓铿锵的声音，所以名为响堂山石窟。建于北齐（550~577），工程耗时 27 年。由南、北两部分组成，两地相距约 15 千米。南北响堂共 16 座石窟，4300 余尊大小造像，还有大量刻经、题记等。北响堂石窟的规模较大，并且其毁坏程度较轻，有天公庙和八角九层大碑塔等古建筑。石窟共有 9 座，以北齐开凿的三大窟为中心。南响堂石窟依山而筑，共有 7 窟，分别为华严洞、空洞、般若洞、释迦洞、阿弥陀洞、千佛洞、力士洞。洞内佛像姿态各异，造型美观，共 3588 尊。其中以千佛洞最为华丽。石窟附近还有正殿、配殿、藏经楼、靠山阁及八角形砖塔等附属建筑。

响堂山石窟是河北省现已发现的最大的石窟，也是国务院公布的第一批国家重点文物保护单位。

［白洋淀］　白洋淀是河北省最大的淡水湖和水产生产基地，位于安新、高阳、任丘、雄县等市县境内。白洋淀由白洋淀、马棚淀等 143 个淀组成，总面积 336 平方千米，水面积可达 300 平方千米。整个水域位于大清河南支中游，是潴龙河、唐河、孝义河等河流的汇合点，是大清河缓洪滞沥重要的天然洼淀。淀区内地势低平，一般海拔 5. 5~6 米，最低 5 米，最高 9 米，岗地纵横，沟壕相通，绿洲星罗棋布，田园交错。白洋淀水域辽阔，气候宜人，景色秀丽，物产丰富。有鱼类约 35 种，盛产鲤鱼、鲫鱼及青虾、河蟹等。水生植物以苇、菱、藕著称。

九、山东省

（一）行政区划

山东省位于中国东部，渤海之滨，地理位置处于东经114°50′~122°50′，北纬34°30′~38°15′。东部山东半岛凸出于黄海和渤海之间，北与辽东半岛相对，东与朝鲜半岛、日本列岛隔海相望。陆地部分自北而南分别与河北、河南、安徽、江苏毗邻。全省陆域面积15.58万平方千米，海岸线长约3024千米，位居全国第三。山东是沂源猿人的故乡，距今6000年前的商的始祖契曾生存于此，后孔子创立儒家文化使山东驰名世界。沿海滩涂面积约3000平方千米，近海域面积达17万平方千米。现下辖16个地级市，共58个市辖区、26个县级市、52个县，664个街道、1092个镇、68个乡。简称鲁，因处于太行山之东而称山东。

［省会——济南］　济南市位于山东省中西部，北临黄河南岸，南倚泰山，处于齐鲁腹地，为副省级市。全市面积10244.45平方公里，济南古称“泺”，素有齐鲁雄都、海右名城之称，是龙山黑陶文化的发祥地。殷末建谭国，西汉始称济南。1929年正式设济南市，现已成为山东省的交通枢纽和重要工业中心。机械、冶金、纺织、食品、电子业等发展很快。1990年济南被列入中国沿海经济开放区，频创奇迹。济南相传古有72泉，为旅游胜地，有千佛山、趵突泉等著名景点，手工艺绣花、发绣等颇负盛名。

［烟台］　烟台市位于省境东北部，三面环山，北面临海。面积13745平方千米。烟台古为东方青州隅夷地，秦为胶东郡。因明初建烽火台抗倭，该地称“独烟台”，故名。1983年设烟台市。烟台市地形以低山丘陵为主。但因临海，是中国最大的远洋海产基地。工业主要有冶金、电力、化工、食品等门类。土特产有烟台大花生、苹果、大樱桃、莱阳梨、葡萄等，是世界知名的“葡萄酒城”。地下硫磺丰富。有金、铜、锌、石墨等70多种矿藏，已探明的黄金储量居全国第一位。烟台是中国对外贸易港口城市之一，也是著名的旅游基地。如蓬莱阁、秦始皇东巡三登芝罘岛的射鱼台遗址等。

［青岛］　青岛市位于山东省东部，山东半岛南部，为副省级市，三面濒海，是中国的第五大港，有“东方瑞士”之称。全市面积10654平方千米。青岛原为一渔村，昔称胶澳，明中叶为倭寇侵占。1930年设青岛市。青岛是中国北方五大老工业城市之一。工业有纺织、机械、化工、石油化工、钢铁、橡胶、卷烟等。青岛是全国闻名的游览、避暑和疗养城市。滨海有海产博物馆和海水浴场。特产有青岛啤酒和崂山矿泉

水等。

［威海］　威海市位于省境东部，山东半岛东端，三面环山，一面临海，是著名的港口城市。面积5436平方千米。殷商至春秋，这里是莱夷之地，为一小渔村，汉称石落村。明洪武年间为防倭寇侵扰设成海卫，故名。是连接山东半岛与辽东半岛的交通枢纽。地下资源丰富。境内以轻工业为支柱。威海特产有手工羊毛地毯、机织羊毛地毯、钓鱼竿、丝绸、轮胎、皮革制品闻名遐迩。农业以果业、渔业为主体，还建有刘公岛避暑胜地。

［曲阜］　位于山东省西南部。中国古代思想家、教育家孔子故里，有“东方圣城”美誉。孔子诞生于尼山，成长于阙里，设教于杏坛，出仕于鲁都，归葬于泗上。曲阜历史悠久，最初是古代东夷族部落的居住中心，大汶口文化和龙山文化的主要地区，亦是周代东方的礼乐之邦。4000多年前，曲阜即为少昊都城，殷商为奄都，周为鲁国都，汉设鲁县，隋初置曲阜市，宋时曾改曲阜为仙源县，金代复名为曲阜。这里保存着众多的文物古迹，曲阜城中有壮丽辉煌的孔庙和孔府，城东有“五帝”之一的少昊陵，城东北有周公庙，城东南尼山上有纪念孔子母亲的颜母祠等。此外，曲阜的楷木雕刻工艺品，历史悠久，颇负盛名。

［淄博］　位于山东半岛中部，南邻泰山，北依黄河。淄博是齐文化的发祥地。自公元前11世纪武王封姜太公于此，距今已有3000多年历史。淄博钟灵毓秀，孕育了齐桓公、管仲、晏婴、房玄龄、左思、王渔洋、蒲松龄等蜚声中外的杰出人物。淄博物华天宝，西周、春秋、战国时，为齐国都城，是当时东方重要的政治、经济和文化中心，列国中最繁华、规模最大的都市。历史上的繁荣昌盛，给淄博留下了无数的文物古迹。著名的有临淄古齐国都城遗址、东周殉马坑、临淄墓群、蒲松龄故居等。淄博还是著名的“陶瓷之都”“丝绸之乡”。淄博的玻璃内画工艺，是中华一绝，在一个小小的玻璃瓶中，幻化大千世界。淄博南部、西部以自然风光旖旎多姿著名。北部马踏湖湖区小吃别有风味。

（二）人口、民族

截至2022年，山东省常住人口10162.79万人。济南、青岛、淄博河谷平原，人口密度大。山东是一个多民族杂居的省份，全省共有56个民族，少数民族人口占全省人口的0.7%。少数民族中回族人口最多，约占全省少数民族人口总数的90%以上。少数民族在各市县区都有分布。

（三）历史文化

山东省是中华文化的重要发祥地之一，北辛文化、大汶口文化、龙山文化遗址都出现在山东。沂源猿人和北京猿人一样，都是华夏民族的祖先。春秋战国时期，山东以齐国和鲁国为主，独具特色的齐鲁文化在中国传统文化中占有重要地位。后世对孔子的尊崇也促进了山东的经济文化发展。

［大汶口遗址］　大汶口遗址位于泰安市大汶口镇的汶河之畔，属黄河下游地区的新石器时代文化，因 1959 年发现于山东省泰安县大汶口而得名。大汶口文化约始于公元前 4300 年，到公元前 2500 年发展成山东龙山文化。大汶口文化以农业经济为主，种植适合在黄河流域生长的耐旱作物——粟。手工业较为发达，农业生产工具有石铲、鹿角锄等，木质农具如耒、耜等。大汶口文化的陶器制作已经把具有欣赏性作为重要条件。其最高水平的代表为薄胎高柄杯。随葬猪下颌骨成为当时的风尚，猪颌骨的多少成为衡量财富占有量的标尺。随葬的獐牙钩形器则为权力和地位的象征。大汶口文化分布广，遗存丰富，反映了大汶口文化各个时代层面的真实面目。如今陈列有地穴和墓葬出土的陶器等实物。

［孔子］　孔子（前 551~前 479），名丘，字仲尼，生于鲁国。中国古代最伟大的思想家、教育家、政治家，为儒家文化的创始者。孔子对于当时“礼坏乐崩”的时代有深切的感受，自认为“斯文（即先朝的礼乐典章制度）在我”。他一生中四处奔波，推广自己的儒家学说，但他的思想没有被采纳，晚年致力于讲学。

从汉代开始，董仲舒提出独尊儒术，使儒家文化成为 2000 多年来中国社会政治、文化的基石，孔子的思想成为历代最高道德规范的理论，并在唐代以后传播到日本、韩国等周边国家，构成了所谓的儒家文化圈。历代皇家尊孔子为“大成至圣文宣王”“至圣先师”。孔子的思想对中国人的思想、行为产生了巨大的影响。孔子的理论就是使原始礼乐制度理性化、伦理化。“仁”即爱人，通过“忠恕之道”达到人与人之间的普遍和谐。

孔子也是中国历史上第一位面向民众的教师。孔子提倡“因材施教”“有教无类”，他提出教育的内容首先是怎样做一个真正的“人”，教授知识多采用启发的方式，鼓励学生谈论自己的观点，对后世的教育影响很大。

［孔府］　孔府位于曲阜市孔庙东侧，又名衍圣公府，是孔子嫡长孙的衙署。从宋代起沿用了 30 多代 900 余年。府内存有著名的孔府档案和大量文物。随着孔子后世官位的升迁和爵封的提高，孔府建筑不断扩大。至宋、明、清达到现在规模，有“天下第一家”之称。现在孔府占地约 7.5 万平方米，有楼、房、厅、堂 463 间，分前后九进院落，中、东、西三路布局。圣府大门为 3 间 5 檩悬山式建筑，匾书“圣府”二字，为明相严嵩所书。特别是收藏的各个时代的服装等珍贵的实物资料，是中国最有名的一座“公府”。

［孔庙］　孔庙是孔子后裔祭祀孔子的地方。始建于公元前 178 年，仅有“庙屋三间”，后被正式列为国家寺庙，占地面积为 9.6 万平方米。在中国，几乎每一个城市或县城都有孔庙，曲阜孔庙是其中规模最大的一座。共有厅堂殿庑 466 间，包括三殿、

一阁、一坛、三祠、两堂、两斋、十七亭、五十四门坊，前后共九进庭院，布局严谨，气势雄伟。处于孔庙中央的大成殿是孔庙的主体建筑，是中国现存较大的古建筑之一。大成殿最引人注目的是殿前的10根盘龙石柱，均以整石刻成，为深浮雕双龙戏珠。孔庙里共有碑碣3000余块，有汉、满、蒙等多种文字，在圣迹殿有明刻孔子周游列国的线刻石画120幅。同受祭祀的还有历代儒学大师等。

［孔林］　孔林位于曲阜城北门外1000米处，亦称至圣林，占地200多公顷，为孔子及其家族的墓地，也是目前世界上延时最久、面积最大的家族古墓和人造园林，有2400余年的历史。孔林建造于公元前479年。自汉代以后，历代统治者对孔林重修增修过13次，以至形成现在的规模。其总面积约2平方千米。园内有古树2万余株，古木森森，在密林深处有孔子墓及后代兴建的楼、亭、坊、殿、大小碑碣与石雕6000余块。孔林中央是孔子墓，墓门北甬道两侧有宋明刻的巨型石雕4对，即华表、文豹、角瑞、翁仲，孔子墓东为其子孔鲤之墓，南为其孙孔伋之墓。古称“三龙墓地”。清代著名戏剧家孔尚任墓在孔林东北角。整个孔林中现已有历代墓葬10余万座，碑刻4000余块。孔林为“孔氏家族的一部编年史”。古代称圣人之墓为林，故称孔林。

［李清照］　李清照（1084~1155），号易安居士，济南章丘人，我国杰出的女词人。早年跟随父亲李格非住在汴京、洛阳，受过很好的文化教育。她工诗，能文，更擅长词。其夫赵明诚是当时的金石世家。她在词的艺术水平上超过了诗和文。前期的词比较真实地反映了她的闺中生活，题材集中于写自然风光和离别相思。到南宋时期其夫去世，国破家亡，颠沛流离中，李清照的作品出现了比较明显的变化。国破家亡和个人生活的种种悲惨遭遇，使她的词作一改早年的清丽、明快风格，而充满了哀婉、凄切之音。成为南宋婉约派创始人之一。

［苏禄王墓］　苏禄王墓位于德州市东部。相传苏禄国位于菲律宾西南部，从明洪武五年（1372）开始即与中国有频繁的友好往来。明永乐三年（1405）郑和下西洋，三访苏禄国，打开双方的海上通道。永乐十五年（1417），东王巴都葛叭答剌王亲率西、峒两王连同眷属、随从约340余人漂洋过海回访中国。在京期间，三王受到明成祖热情接待。在南归途中时，东王巴都葛叭答剌病逝于山东德州，为此明成祖派礼部郎中陈世启赴德州为东王举行隆重的葬礼。东王王妃葛木宁、次子温哈剌、三子安都鲁及侍从10人留居中国，为其守墓三年。永乐十六年（1418），明朝修建了祭庙，树立了“御制东王碑”。后来，母子去世后，附葬在东王墓的东南隅。在清朝时期，东王八代孙安汝奇、温崇凯向清廷申请加入了中国籍。

［戚继光］　字元敬，号南塘，晚号孟诸，山东蓬莱人，明朝杰出将领，伟大的民族英雄、军事家。他出身将门，17岁时袭父职任登州卫指挥佥事，负责抵御山东海上的倭寇。由于浙江一带屡受倭寇侵扰，戚继光被派往沿海抗倭。他招募当地农民、矿工参军，教给他们战术，编成“戚家军”。由于纪律严明，训练严格，“戚家军”逐渐成为一支抗倭的主力，经过多年奋战，终于彻底解除了东南沿海的倭患。1567年，戚

继光率军至北方，镇守蓟州16年。在此期间，他修城筑堡，分路设防，有力地抵御了蒙古骑兵的侵扰。

戚继光为保卫国家的领土完整做出了巨大的贡献，他的治军思想和理论也卓越而超前，所撰《纪效新书》《练兵实纪》为明代著名兵书，受到历代兵家重视。此外，还有《止止堂集》留世。

[王羲之]　字逸少，号澹斋，原籍琅琊临沂（今山东临沂），后迁居山阴（今浙江绍兴），东晋伟大的书法家，被后人尊为“书圣”。他出身于一个书法世家，7岁时拜女书法家卫铄为师，后官至右军将军，会稽内史，世称王右军。王羲之对中国书法做出了巨大的贡献，他把钟繇与隶书相近的横体势转化为一种方整而稍长的体势，因而使得当时还十分拙朴的楷书，成为更接近现在的妍美的楷书。这一改变，是隶书向楷书过渡的最为重要的标志，已经孕育了唐代楷书诸大家的胚胎，也成为后世人们写楷书的基本样式。他的行书《兰亭序》被誉为“飘若惊鸿，矫若惊龙”，人称“天下第一行书”。中国书法艺术在他笔下成就最高，代表作品《兰亭序》《丧乱帖》《快雪时晴帖》《乐毅论》等。

[张择端]　字正道，一字文友，东武（今山东诸城）人，宋代著名画家。他早年曾游学汴京（今河南开封），后转学绘画，在宋徽宗时供职翰林图画院。他擅长宫室界画，尤长于舟车、市肆、桥梁、街衢、城郭，在北宋画坛上自成一家。他的代表作《清明上河图》是我国12世纪初期一幅杰出的风俗画，在北宋风俗画中具有典型的代表意义。画家以周密的观察力为基础，对北宋清明时节汴京各阶层在城郊一带的生活情景，以及汴河上的繁华景象，作了真实而详尽的描写。它集宋代各画种的高超技艺于一图，纷繁多变，于繁杂间游刃有余，实为我国古代绘画之瑰宝。此外，他还有《金明池争标图》传世，亦为艺术杰作。

[山东梆子]　山东梆子又名“高调梆子”，简称“高梆”。山东梆子剧目多为历史题材，其中以描写反抗强暴、大忠大奸、杀富济贫、除暴安良内容为主。流行于曹州府（今菏泽市）的叫“曹州梆子”，流行于济宁、泰安一带的叫“汶上梆子”。其行当则以红脸、黑脸为主要角色，唱腔慷慨激昂，动作架势夸张，吸收了山东快书、山东大鼓等的特点，体现了山东人民的艺术创造精神。

（四）气候

山东属暖温带季风气候，降水集中，光照充足，四季分明。春季少雨多风，夏季炎热多雨，秋季冷暖适中，冬季干燥寒冷。年均温为11~14℃，由南向北递减。无霜期180~220天。省境光照充足，年均日照时数2300~2900小时。年降水量500~1000毫米，降水季节分配不均，春旱多有发生。以鲁中南山地和胶东半岛为最多，达900毫米。

（五）自然资源

山东省水资源十分丰富，矿产资源储量大，质量优，分布广泛，金、硫储量居全国第一；石油、金刚石、钴等十余种矿产资源储量在全国位居第二，且大多易于开采，已开发矿产有20余种。山东的地形复杂，林业资源分布全省。生物资源主要有陆栖野生脊椎动物450种，居全国前列。各种植物3100余种。银杏、百合、文昌鱼、中华鲟等珍稀动植物约有百余种。

［金矿］　山东金矿的储量丰富，金储量占全国探明储量的30%以上，居全国首位。山东的金矿以胶东半岛为主，山东最大的金矿在招远和莱州境内，山东是中国五大黄金生产基地之一。焦家金矿区，是中国目前最大的金矿床。

［蓝宝石］　山东的蓝宝石矿产储量集中在沂蒙山地，含矿面积350~400平方千米。具有颗粒较大、纯度高、晶体完好、透明度较高等特点。质量居全国之首。山东蓝宝石的原生矿分布在昌乐五图、乔官、南郝、北岩、潍城等地，现大部分得到不同程度之开发，驰名全球的常林钻石即产于此。在蒙城还发现了罕见的与蓝宝石共生的自然银。

［莱州湾的自然资源］　莱州湾位于渤海南部，是中国渤海三大海湾之一，以生产海盐而驰名。莱州湾由于胶莱河、潍河、白浪河、弥河，特别是黄河泥沙的大量携入，海底堆积迅速，浅滩变宽，海水渐浅，湾口距离不断缩短。湾岸属淤泥质平原海岸，岸线顺直，多沙土。盛产蟹、蛤、毛虾及海盐等。莱州湾的龙口港、羊角沟港年吞吐量达上百万吨。水产、农业和航运是当地的三大支柱产业。

［蒙山的自然资源］　蒙山位于山东省中部，东蒙屏峙于平邑、费县和蒙阴三县间，又称东山。主峰龟蒙顶海拔1156米，为山东省内第二高峰。山体由太古界斜长角闪片麻岩及花岗岩组成，山势高大、雄伟，满山林木葱郁，其山峰有“72主峰，36洞天”之说。沟谷水流分向南北，南部属沂河流域，北部为大汶河、泗河流经之地，形成方格状水系。蒙山与沂山合称为沂蒙山区，为抗日战争期间重要的革命根据地之一。沂蒙山区金刚石原生矿储量丰富，约有2吨左右，居中国第一位。

［胜利油田］　胜利油田位于东营市一带，是中国20世纪50年代初自力更生发展起来的大油田，已探明的储量达95%以上。胜利油田是中国第二大油田，包括胜采、孤岛、淄博、烟台、滨州、临邑等20个产油区。现东营附近的辛店成为我国东部较大的石油工业基地。为方便石油运输，还铺有专门通向江苏的鲁宁管网。

［芫花］　芫花是瑞香科植物，又叫药鱼草、头痛花、石棉花、老鼠花、闷头花等。为落叶灌木，高30~100厘米。茎呈紫褐色，有软毛。叶对生，具有短柄，椭圆形或倒披针形。花蓝紫色，先于叶开放，花期90天左右。芫花常在春季开花，花被伞形，尖端四裂、裂片卵状椭圆形，外被绢状短毛。花蕾可治疗水肿及褚痰。芫花主要

产于中国黄河以南，茎皮为优质造纸和人造棉的原料。一般由虫媒传粉，果主为肉质，借助鸟类或风传播繁殖。

［青岛百合］　青岛百合是百合科植物，为山茶花卉产业中著名经济作物，多年生草本。高 40~85 厘米，叶片多为轮生，有 1~2 轮，还有少数为散生叶，每轮有叶 5~14 片。花单生，2~7 朵排列成总状花序。青岛百合，花朵向上开放，花瓣质地厚而有光泽，有橙黄色、橙红色和紫红色。青岛百合喜欢生长在朝阳的山坡上，其不仅可药用，有润肺、止咳、清热、利尿功效，而且花径大，观赏价值高。经济作物用途上主要用于提取芳香油。

白肩雕

［白肩雕］　白肩雕属鸟纲隼形目，又叫老雕、御雕。因有显眼的白色肩羽而得名。翅强健，嘴、趾锋利。它栖息环境多样，但多栖息在海拔 1400 米以上的山地。它可以在高空持久盘旋和翱翔，通常捕食鼠类和野兔，在密林中筑巢并繁衍后代，为典型的“一夫一妻制”动物。白肩雕已被列为中国一级保护动物。多为候鸟，其寿命可达 20~40 年。

（六）经济

山东省从 20 世纪 80 年代起经济发展进入快车道，连续多年保持全国前三名的水平。山东的农业较发达，现在是全国最大的“菜篮子”工程基地，其换季蔬菜占据了全国的大部分市场。由于山东资源丰富，依山傍海，2007 年工业生产总值占全省生产总值的 51%。优越的地理环境使全省形成了一批名牌产品，在全国树立了经济强省的形象。

［农业］　山东省农业结构调整十分成功，以种植业为主的格局已调整为农、林、牧、副、渔业并重。主要粮食作物有小麦、玉米等。花生产量居全国首位，棉花、烤烟、麻类的产量也很大。山东花生籽粒硕大，品质优良，出口量占全国一半以上。山东现在是中国蔬菜的重点产地，每年调出各种干鲜菜近百万吨。建立了日照、莱芜等大宗商品菜生产基地。胶州大白菜、章丘大葱、苍山大蒜、张裕葡萄、莱芜生姜、潍坊青萝卜均为名产。山东渔业水产发展很快，依靠沿海优势，相关加工产业形成一定规模。

烟台国际葡萄酒节

烟台国际葡萄酒节始于1992年，张裕醇酒公司建厂100周年庆典时，有国内知名葡萄酒企业的彩车参加游行，还有蓬莱市仿古乐队、海阳秧歌队、牟平宁海农民军乐队等艺术团体各具特色的器乐演奏。南山公园举办中秋花灯会，并有中外来宾中秋赏月会。节日中，开办不夜城一条街、葡萄酒城文化知识大奖赛，烟台旅游等活动，每年吸引千百万人参与，现固定为每年一次。

［工业］　山东重工业以煤炭、石油、电力、黄金等开发生产为主。轻工业以纺织、建材、电器等为支柱。其中纺织工业是全省传统的最重要的工业部门，一直是全省的创汇行业。丝织业集中在周村、青岛，织造绸缎和印花绢绸。山东还是中国北方的陶瓷基地之一。淄博陶瓷制品产量大，质量好，行销国内外。同时海尔等一批全国闻名的私营企业崛起，直接带动了山东省的经济发展。

［交通］　山东经济发展，直接带动了交通的改善，境内以济南、兖州、淄博为枢纽，有京沪线、蓝烟线、新兖线、兖石线等，京九铁路经过山东西部临清、聊城和菏泽等地。省内高速公路里程在全国居于前列，全部公路达21万多千米。主要有206国道、205国道、104国道、105国道和310国道。山东海洋航运发达，拥有青岛、烟台、龙口、日照、黄岛、石岛、威海等日吞吐量5万吨以上的大型港口和码头。内河航道1012千米，多为季节性航道。空中航线至北京、上海、深圳、珠海、香港、澳门等地的国内航线，基本构成了立体式的交通网络。

（七）旅游

山东省以齐鲁文化为代表。大汶口文化是中国早期的文化代表之一。其旅游资源的特点是以圣人圣迹、名山名泉和临海风光取胜。圣人圣迹有曲阜“三孔”、邹城“三孟”、德州苏禄王墓等。名山以泰山为五岳之首著称，崂山、千佛山也各具特色。名泉有大明湖与七十二泉，使济南获“泉城”美誉。临海风光以青岛、烟台、蓬莱、威海等都是避暑胜地为代表。现在山东旅游业蓬勃发展，开辟了济南—泰山—曲阜和青岛、蓬莱众多旅游区。

［临淄齐国故城］　齐国故城位于山东省淄博市临淄西北。公元前9世纪中叶，齐献公将国都由薄姑（山东博兴）迁到临淄，临淄作为齐国国都达638年。故城分大、小两城，小城建筑在大城的西南隅，系国君居住的宫城；外城为官吏、平民及商人居住地。两城总面积15平方千米以上，有城门13座，街道繁华，道路、排水系统等排列规整。现故城已湮没，但城墙残垣尚存，夯筑痕迹依稀可见。现已发现炼钢、铸钱、冶铁和刻骨作坊多处，齐桓公检阅兵马的桓公台及由晏婴冢、二王冢、三士冢和四王坟等150多座古墓葬组成的临淄古墓群等。

［泰山］　泰山位于山东泰安城北，古称岱山，亦名岱宗。春秋时改今名。总面积约426平方千米，主峰海拔1532.7米。泰山形成于太古代，经深度变质而形成中国最古老的地层——泰山群。泰山山势雄伟，是中国的文物宝库，受历代皇家与名人推崇，崇为“主岳独尊”“天下第一山”。泰山封禅被视为最高权力的象征，是“受命于天”的记载。周以后，秦始皇、汉武帝、唐高宗、宋真宗、清康熙乾隆等都曾到泰山祭天封禅。1987年被联合国教科文组织列入“世界首例自然与文化双遗产”。主要风景名胜点有56处，如经石峪，五盘池、十八盘、碧霞祠、黑龙潭瀑布等。摩崖刻石1000多处，随处可见如秦二世的“泰山刻石”、经石峪北齐人刻的“金刚般若波罗蜜经”、唐玄宗“纪泰山铭碑”等，均为不多见的历史文物。在泰山斗母宫东北的山峪中，大片石坪上刻着《金刚经》，原有25013余字，共29行。经1400余年的风雨剥蚀，尚存1067字，篆隶兼备，书法刚健质朴，雄奇壮观。这一书法石刻被誉为“大字鼻祖，榜书之宗”，是千年的书法杰作。登泰山可分东路与西路，交会于中天门直达岱顶。岱顶可观“旭日东升”“云海玉盘”“黄河金带”和“晚霞夕照”四大自然奇观。现登山开辟了专用公路。山脚已建成现代化索道两条，方便游客。泰山特产以赤色鳞鱼、泰山参、何首乌等最为名贵。

十八盘究竟有多少级

泰山十八盘其实是虚指，十八盘究竟有多少台阶，一直是游人关心的话题。原来，从中天门登泰山顶，前三里路平缓坦荡，当地人俗称“快活三里”。出云步桥后，开始步入盘道，这就是被誉为“天梯”的“十八盘”，登山人常有“紧十八，慢十八，不紧不慢又十八”之说。从开门到龙门坊为“慢十八盘”，台阶393级；龙门坊到升仙坊为“不紧不慢十八盘”，676级；升仙坊到南天门为“紧十八盘”，473级。整个十八盘全长仅1千米，垂直高度却有400米，盘道79盘，石阶1542级，为登泰山最艰险处。每盘每弯处处都有历代名家的遗迹、石刻，即使步行也不觉枯燥。

秦二世泰山刻石　秦二世泰山石刻现存于泰山脚下的岱庙中。原存于泰山顶碧霞祠西侧玉女池畔，也称“封泰山碑”，为秦始皇东巡刻石遗存。碑立于始皇二十八年（前219）。三面为秦始皇诏，有“登兹泰山，周览东极”之语；另一面为秦二世诏，刻于二世元年（前209），79字（宋拓本）。至元代，拓本仅存50余字，明末残存29字，后碑移至碧霞元君祠内。传世拓本以明代安国藏本最著名。清乾隆五年（1740），毁于火。嘉庆二十年（1815），泰安知县在玉女池井中寻到残石两块，仅存秦二世诏石刻10字，嵌于山顶东岳庙新筑之宝斯亭内。曾有人在石上刻曰：“零星两片石，旧越两千年。”刻笔似锥画沙，有“玉箸篆”之称，高度概括了此碑历经劫难之史。

泰山主峰—玉皇顶　玉皇顶位于泰山南天门，海拔1532.7米，是泰山的主峰，是山东省第一高峰。因顶上有玉皇庙而得名。玉皇顶东有观日亭，可观旭日东升，是泰山四大奇观之一；西有观河亭，可远眺黄河；西北有古登封台碑，历代帝王即临此登山祭天；东南平坦处为平顶峰，玉皇顶石刻众多，有“五岳独尊”“登峰造极”等大字石刻；西南孔子崖，据说孔子曾于此祭祀天地，但此说无历史根据。

［趵突泉］　趵突泉位于济南市中心西门桥南。趵突泉昼夜喷涌，声若隐雷，水涌若轮，故名。与珍珠泉、黑虎泉和五龙潭一起为济南四大泉群，是济南最大涌泉，为济南泉群之冠，有“72名泉之首”的盛誉。与大明湖、千佛山并称为济南三胜，清乾隆皇帝曾封此为“天下第一泉”。水盛时，涌水量为每秒1.87立方米，恒温18℃，现已辟为公园，泉北有初建于宋代的泺源堂，泉西为明建的观澜亭，在漱北泉相传宋代女词人李清照曾于此居住，故辟有李清照纪念馆。

［崂山］　崂山位于青岛市以东40千米处，古称牢山、崂山。其东、南两面临海，全山面积为300平方千米。奇花异木与宫观庙宇遍杂其间，是道教圣地之一，自古即有神仙窟室，灵异之府。李白有诗曰：“我昔东海上，崂山餐华霞。”全盛时有九宫、八观、七十七庵。太清宫又称下清宫、下宫，太清官又有“道教全真天下第二丛林”之称。崂山历史最久、规模最大的道观，位于崂山东南蟠桃峰下，崂山湾畔，三面环水，一面环山，环境清幽。建于西汉建元元年（前140），现存三宫殿、三清殿、三皇殿三院。三清殿前碧水一泓。还有上清宫，蒲松龄曾于崂山脚下设茶摊搜集鬼怪故事，《聊斋志异》故事多以崂山为背景，书中狐仙也多居于崂山，更增神话色彩。

［栈桥］　栈桥位于青岛市南的青岛湾中心，栈桥北端与市内最繁华的中山路相连，另一端由海岸伸入海，现已成为青岛市的象征。栈桥始建于清光绪十七年（1891），1931年由军用的铁木桥改建为钢筋混凝土结构。栈桥长为440米、宽10米，南段建有三角形防波堤和一座名为回澜阁的双层八角亭。登阁可凭窗远眺大海景色，是观海纳凉的好地方。与栈桥隔海相望的小青岛，又名“琴岛”，青岛市之名始见于此，现建长堤与陆路连接。小青岛上耸立着白色的八角式灯塔。

［孟良崮］　位于临沂市蒙阴县跺庄乡境内，属蒙山山系，相传宋朝杨家军将领孟良曾屯兵于此，故名孟良崮。解放战争时期，华东野战军曾在这里一举歼灭了国民党精锐部队整编74师，孟良崮由此而名扬海内外。孟良崮旅游区主要景点有孟良崮国家级森林公园、孟良崮战役纪念碑和孟良崮战役纪念馆。孟良崮国家级森林公园位于沂南县界湖镇，林场林草茂密，怪石林立，是景色优美的森林旅游胜地。孟良崮战役纪念碑位于孟良崮山顶，由三块状如刺刀的灰色花岗石筑成，碑面镌刻着陈毅、粟裕、刘少奇、朱德、叶剑英等老一辈无产阶级革命家的题词。孟良崮战役纪念馆位于孟良崮烈士陵园内，馆内各厅展示了战役的方方面面。纪念馆后面是烈士墓地，粟裕将军的骨灰撒放在墓地正中，其后是烈士英名塔。

［灵岩寺］　灵岩寺位于山东长清区，在济南市西南75千米处的地方。初建于东晋，兴于北魏，盛于唐、宋。灵岩寺在唐代四绝（其他三绝为湖北江陵玉泉寺、浙江天台国清寺、江苏南京栖霞寺）中处于首位。灵岩寺布局恢宏，主要建筑有千佛殿、

御书阁、大雄宝殿、钟鼓楼、辟支塔等，还有墓塔林、积翠证明龛、五花殿石柱等古迹。寺内遗有自唐宋以来的400余块碑碣，诸如唐代李邕撰书《灵岩寺颂碑》、元代日本僧人邵元撰书《息庵禅师道行碑》等。历代文人骚客，如曾巩、苏轼、苏辙、辛弃疾等都曾在灵岩寺吟咏题诗。灵岩寺内外的汉柏、朗公石、摩顶松、可公床、对松桥、一线天以及“五步三泉”“方山积翠”“明孔晴雪”“镜池春晓”等胜景，都别有一番意境。灵岩寺是全国重点文物保护单位。

［柳埠古迹］　柳埠古迹位于济南市东南柳埠村附近。四门塔建于隋朝大业七年（611），为中国现存最早的石塔。塔为单层方型石塔，塔心桩位于塔内正中，四面各有一座螺髻、盘膝而坐的佛像。塔后有参天古柏“九顶松”，树龄已有1000多岁。九顶塔位于灵鹫山西麓九塔寺内，为砖木结构，单层8角，顶有9座小塔，塔南有一间佛室，内有一佛、二僧石雕。室顶有天花藻井，壁上布满明清壁画。龙虎塔塔座有三层，上面雕有乐伎人与覆莲等。塔身四周雕有龙虎、罗汉、力士、飞天等。塔北有僧墓塔林，多为宋元时和尚墓葬，共41座。千佛崖南北长65米，有100多个大小窟龛、210余尊佛像。此处造像是我国唐代早期石刻造像艺术中保存较为完好的珍品之一。

［千佛山］　千佛山位于济南市历城区柳埠镇与四门塔隔谷相望的白虎山崖上，古称历山。相传虞耕于此，也称舜耕山，因山上千余佛窟而得此名。千佛山为唐代佛教圣地，山顶千佛崖面积达4000平方米，大小窟龛100多个，佛造像210尊，题记43则。千佛崖中部的悬崖上宝崖藏珍，有一群体造像，大小均匀，共35尊，北边大佛高2.8米，南边佛像高2.65米，四周佛像19尊。最北的石窟有造像6尊，正中大佛高2.65米。千佛岩佛像雕刻精巧，线条流畅，体态各异，体现了隋唐时期高超的石刻造像艺术水平和审美标准。千佛山上还有龙泉洞、极乐洞、一览亭等名胜，风光秀丽，被誉为“济南第一名山”。

［刘公岛甲午战争纪念地］　刘公岛甲午战争纪念地位于威海市东部的海面上，离市区约有2.1海里。北洋水师提督衙门署在刘公岛正中央，于清光绪年间（1875～1908）在危岩处兴建。刘公岛是海防重地，素有“东隅屏藩”之称。衙门署依山傍海，气势雄浑壮观。衙门署由三进庭院组成，当年北洋水师提督丁汝昌和他的副官、参将们即在这里坐镇议事。第一进院的西边设有展览室，陈列有甲午海战中英勇抗击强寇的英雄遗像和历史照片，以供游人瞻仰。水师学堂在刘公岛丁公府西

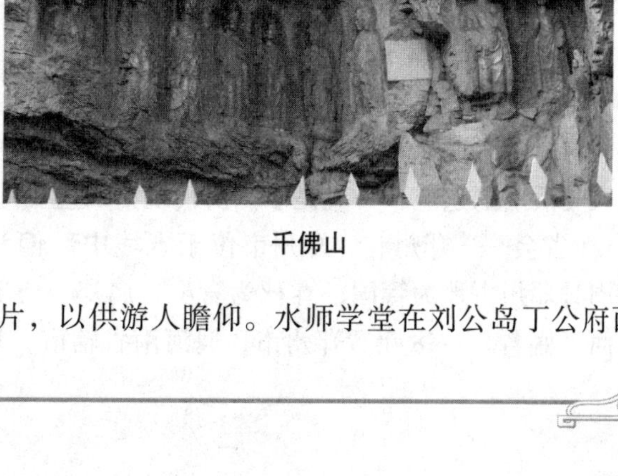

千佛山

北，与天津水师学堂、北京昆明湖水师学堂并称为北洋海军兴办的三大水师学堂。现存东西辕门、马厅、照壁、堞墙和小戏台等建筑。刘公岛甲午战争纪念地现为全国重点文物保护单位。

[中国好望角——天尽头]　“天尽头”位于胶东半岛最东端，有“中国好望角”之称，又称成山头、成山角。这里三面环海，一面接陆，群峰苍翠连绵，大海浩瀚碧蓝，峭壁巍然，巨浪飞雪。临海苍茫，犹如天之尽头，故名。据史书记载，秦始皇曾两次驾临此地，拜祀日主，求寻长生不老之药，留下了“秦桥遗迹”“秦代立石”“射鲛台”“始皇庙”及李斯手书“天尽头秦东门”等古迹。现已开辟为国际航道，临风观海，可算最佳处。

[蓬莱水城]　蓬莱水城位于山东半岛北端，蓬莱市城北丹崖山东麓，为古代传说蓬莱、方丈、瀛洲海上三仙山。蓬莱阁高居山顶，依山而建，水汽弥漫，云烟袅绕，故素有“仙境”之称。蓬莱阁创建于北宋，明清重修。北宋庆历二年（1042），为防御契丹在此设“刀鱼寨”。明洪武九年（1376）为防御倭寇侵扰，于“刀鱼寨”旧址修筑水城，称“备倭城”。水城为土、石、砖混合结构，沿丹崖绝壁构筑，蓬莱阁即坐落在水城西北角城垣之内。整个水城由小海、水门、城墙、炮台、空心台、码头、灯楼、平浪台、防波坝等部分组成，负山扼海，可攻可守，是中国现存的古代海军基地之一。由于蓬莱阁对面的长岛县海面在夏秋之际常会出现海市蜃楼奇观，此处被誉为“海上仙境”。现蓬莱阁与吕祖殿、天后殿、龙王宫、三清殿、阿弥寺、苏公祠浑然一体，组成规模庞大的古建筑楼群。

十、河南省

（一）行政区划

河南省简称豫，位于中国中东部黄河中下游，地处中原。位于东经110°21′~116°39′、北纬31°23′~36°22′，周边与山西、河北、山东、安徽、湖北、陕西等省接壤。面积16.57万平方千米，辖17个地级市、21个县级市（含1个省直辖县级市）、82个县、54个市辖区，共1791个乡镇、662个街道办事处。河南省历史悠久，50万年前就有人类活动的遗迹，一直是中国历代统治的重要地段，为中华民族发祥地之一。

[省会——郑州]　郑州市位于省境中部偏北，黄河南岸。面积7446平方千米。西周时郑州古地为管国，春秋为管邑，属郑。历史上因有“九州腹地、十省通衢”之称而享盛名。1948年置郑州市，属河南省辖市。郑州市属暖温带半湿润气候。矿藏有

煤、铝矾土、铁、耐火黏土、石棉等。工业以轻纺工业为主，被称为“纺织城”。农业生产主要有小麦、大豆、花生等，特产金银花、大枣、黄河鲤鱼等。郑州是全国主要铁路交通枢纽，京广、陇海两铁路在此交会，被誉为“中国铁路的心脏”。由于地处中原要冲，历来是群雄角逐之地，境内名胜古迹较多，著名的有商代古城、大河村遗址、少林寺、嵩山、黄河游览区等，是河南省重要的旅游胜地。

［洛阳］　历史文化名城洛阳市位于省境西部，北临黄河而始名，是中国七大古都之一。面积15492平方千米。东周、东汉、三国魏、西晋、北魏、隋、唐（武则天）、后梁、后周先后定都于此，建都时间长达934年，是中国历史上建都时间最长的城市，素有“九朝都会”之称。从五代以后逐渐衰落。1955年设洛阳市。境内主要河流有黄河、洛河、伊河、涧河、汝河等，属暖温带季风气候。洛阳市内主要矿藏有煤、黄铁、铝矾土、石灰石、石英等。工业以机械工业为主体。农业以生产小麦、棉花、苹果为主。洛阳素有“牡丹花城”之称。牡丹为洛阳市市花，自古有“洛阳牡丹甲天下”之说。每年4月20日前后还要举行牡丹花会。市内的白马寺为佛教传入中国后兴建的第一座寺院。风景游览地有王城公园、牡丹公园、白云山、花果山等，土特产有杜康名酒。

洛阳石刻艺术馆

洛阳石刻艺术馆在洛阳城南关林庙内，1981年开放。该馆专门收藏洛阳历年来出土的石刻文物，有藏品近千件，共展出石刻513件。在石刻艺术陈列室展出自东汉至明代洛阳出土的陵墓石刻、宫苑石刻和宗教石刻精品96件，辅助展品43件。其中1965年在洛阳孙旗屯出土的一对东汉天禄、辟邪，高109厘米，长166厘米，颈背部阴刻隶书“緱氏蒿聚成奴作”七字；1970年出土于隋唐东都宫城遗址的隋代石狮，高96厘米，在颈部和胸部雕成宽厚的隆起，上面规律地浅刻出图案化螺旋形毛卷：北魏皇陵前的石翁仲，高314厘米；还唐东都上阳宫的泻水蟾蜍及宋元祐七年（1092）的泗州大圣像等。在碑刻墓志陈列室中展出自东汉至明清的碑刻墓志有441方，其中90960未曾著录，是当地的珍贵史料。

［开封］　开封市位于省境东部，是中国七大古都之一，也称汴梁。面积6243平方千米。开封一名始于春秋时期，郑庄公在今城南筑仓城，取开拓封疆之意，距今已有2600余年。战国魏时称大梁。五代梁、晋、汉、周、北宋及金朝均设都于此，有“七朝古都”之称。开封地处黄河冲积扇。市内主要河流有黄河、贾鲁河、涡河、惠济河。气候湿润，属暖温带大陆性季风气候，为农业生产创造了得天独厚的条件，以生产小麦、棉花为主。开封是全省最大的硫酸、硝酸、盐酸生产中心。菊花为开封市市花，因养菊历史悠久，被称为菊城。市内的相国寺、铁塔、龙亭大殿、禹王台、山陕甘会馆，都已对外开放。

［安阳］　安阳市位于省境北部、京广铁路线上，是中国七大古都之一。距省会郑

州190千米。安阳古地在商初称北蒙，商王盘庚迁都于此后称殷，共历254年。后东晋十国时又有后赵、冉魏、前燕等相继在此立国建都，古称“五朝故都”。秦时改称安阳。安阳市地势西高东低，属暖温带大陆性季风气候。20世纪初，安阳甲骨文的发现和殷墟的发掘使安阳成为世界关注的文化中心。现在，这里有中国最早的宫殿遗址殷墟、商代关押周文王的国家监狱等。

（二）人口、民族

河南人稠地窄现象古即有之。截至2022年末，河南省常住人口9872万人。居中国第一位。河南的人口密度大，是全国人口平均密度的4倍以上。由于河南农业主要从事单一的种植业，人口过多成为其经济发展中的重要问题，20世纪80年代以来，工业的发展相对改善了这种状况。河南全省人口主要分布在平原、盆地、河流两岸的交通沿线两侧。河南省是全国少数民族杂居但并不集中的省份之一。除汉族外，还有回、蒙古、满、朝鲜、壮等55个民族，少数民族人数不多，但分布较广。

（三）历史文化

中州大地上遗存的古城廓、古陵墓、古建筑、古石刻星罗棋布，反映了河南在历史上各个时期的文化面貌，可以说是华夏民族的历史博物馆。有8000年前后的新郑裴李岗原始聚落遗址、6000年历史的渑池仰韶村文化遗址及郑州大河村文化遗址，显示了河南先民同大自然斗争的历程。殷墟文化代表了河南作为中华民族发祥地的见证，并使中国商朝开始形成文字得到证明。河南地域广阔，各民族在此杂居交融，形成了淳朴的民风民俗，是中原文化集大成地带。

［大河村遗址］　大河村遗址位于郑州市北12千米处，大河村遗址距今已约5000年，属新石器时代仰韶文化晚期。于1964年挖掘发现，面积约有30万平方米。1972~1980年郑州博物馆曾在此进行11次发掘，发现了大量墓葬、灰坑、房基等遗迹和遗物。经研究认定，这是一处包含有仰韶文化、龙山文化、商代文化三个不同历史时期的遗址，其文化层堆积深达4~7米，最引人注目的是居住房屋的留存。其中一号房基的墙壁高达1米，为目前国内该时期房基中所仅有。白衣彩陶、彩陶片上绘有各种天文图像，如太阳纹、月亮纹、日珥纹等。

［殷墟］　殷墟位于安阳市西北约2千米处。公元前14世纪商王盘庚迁都于此，称殷。总面积24平方千米，东西长约6千米，南北宽约4千米，分布着大量的文化遗址。殷墟于清光绪二十五年（1899）小屯村发现甲骨文，证实此地即为殷之故都。1928年开始科学发掘，发现宫殿建筑遗址、大型陵墓、祭祀坑、车马坑等，还出土了10万多片记载有3000年前古文字的甲骨、重832.84千克的稀世珍宝司母戊青铜大鼎

以及象牙杯等珍贵文物，现建有殷墟博物苑。殷墟是中国第一个有确址可考的古都遗址，有文字、有青铜器的中国第一古都，确立了中国最早的文字甲骨文、世界青铜器之冠“司母戊”大方鼎形玉器等历史。

［老子］　姓李，名耳，字伯阳，谥曰聃，楚国苦县（今河南鹿邑）人，春秋时期伟大的思想家，道家的创始人。他幼年牧牛耕读，聪颖勤快，曾做过周朝的守藏史，孔子曾向他请教关于礼的问题。晚年在故里陈国居住，后出关赴秦讲学，死于扶风。老子是我国思想史上影响至为深远的伟大思想家，他所撰述的《老子》（又称《道德经》）是道家的开山著作，开创了我国古代哲学思想的先河。这部著作中已经体现出了朴素的辩证法思想和唯物主义色彩，它以“道”为思想体系的核心，反对天道有知，宣扬自然无为的天道观和无神论。老子的哲学思想和由他创立的道家学派，不但对我国古代思想文化的发展做出了重要贡献，而且对我国两千多年来思想文化的发展产生了深远的影响。

［少林武术］　少林武术起源于北魏时代，一般分拳术和器械两大类。其拳术的套路结构、招式编排、演练方法有“拳打一条线、拳打一口气”之说，是中国武术史上的一朵奇葩。从唐代少林十三棍僧助秦王李世民之后，唐代给少林寺赐封田地，谕立500“僧兵”，允许僧人公开习武和破除“五戒”，使少林武术得以进一步发扬光大。

（四）气候

河南省是典型的大陆性季风气候，热量、水分、光照较充足，全省绝大部分地区年均温为13~15℃，10℃以上活动积温为4200~4900℃，无霜期190~230天，可满足一般作物的两年三熟或一年两熟的生长发育之需。伏牛山至淮河干流一线以南地区属北亚热带范围，以北属暖温带。春季干旱多风沙，冬季寒冷少雪，夏季炎热少雨，秋季温和凉爽。省内年降水量一般为600~1000毫米，自东南向西北逐渐减少。降水最长时间可达2600小时。

（五）自然资源

河南省矿产资源已发现有107种，探明储量有80多种，其中得到开发利用的有70种。全省有16种矿产储量名列全国前三位，有43种矿产储量居全国前十位。河南省栾川钼矿是世界六大钼矿之一，储量居全国第一。黄金、石油、煤炭的储量也十分丰富。河南地域广阔，属北亚热带向暖温带过渡区，气候条件差异显著，拥有丰富的动植物资源。

［钼矿］　河南的钼矿资源丰富，累计探明储量约占中国的1/3，保有量259.35万吨，目前已探明的钼矿产地数、储量和品位居中国首位。钼是银白色有光泽的金属，

钼在高温下具有高强度、高硬度、机械性能强的特点，主要用于炼钢，掺入钼的合金钢具有高强度、高韧性、突出的耐热强度和抗腐蚀性能。钼的化合物在化学和石油炼制工业上被用作催化剂，也是一种微量元素化肥。钼矿主要分布在河南豫西的栾川、卢氏、嵩县，矿石中主要钼矿为辉钼矿。钼矿开发以来，河南的豫西地区已有矿山企业近百个。

［厚朴］　厚朴属木兰科植物，又名川朴、紫油朴，是一味广泛使用的中药。厚朴为落叶乔木，高 15 米，胸径 35 厘米。叶近革质，7～9 枚集生于枝顶，叶片呈椭圆状倒卵形，尖端圆形或有短突尖。花与叶同时开放，而且单生于枝顶，白色，芳香，花被片 9～12 片，厚肉质。厚朴为原始物种之一，分布于河南、陕西等地，喜湿耐严寒，为无性繁殖。它的树皮有温中、下气、燥湿、消痰的作用，为理气常用药。

［华中山楂］　华中山楂属蔷薇科植物，落叶灌木，高约 7 米。伞房花序，花白色。花期 4 个月。果实红色。生于海拔 1000～2500 米的山坡阴处，河南的大别山、太行山森林深处，环境适宜，利于华中山楂的生长。

［金雕］　金雕雕属隼华形目，又叫鹫雕、洁白雕、红头雕等，体长约 1 米，是雕属中的最大成员，因头部和后颈部羽毛呈金黄色而得名。它上体棕褐色，下体呈褐色，翅膀下有很明显的白斑，鸟尾羽毛尖端黑色，后为灰褐色。金雕主要生活在高山草原和针叶林区。金雕寿命为鸟类中最长的，可达 60 多年。

金雕

（六）经济

河南省黄淮平原地区旱灾不断。经过 20 世纪 50 年代后期治理后，多数灾区变成了良田。现在的河南是中国的小麦、烤烟、棉麻类等重要产区。省内的经济也迅速发展起来，交通状况得到改善。

［农业］　河南农、林、牧、副、渔业发展潜力大，小麦、芝麻产量均居全国首位，粮食总产量居全国第 1 位，棉花居全国第 2 位。种植业产值占全省农业总产值的 70%左右，而且主要集中在平原地区。种植业以小麦、玉米、水稻、豆类及薯类为主，产量约占粮食作物总产量的 85%。河南是中国重要的冬小麦产区。近几年围绕农业发展起来的轻工业成为河南省的一个亮点。

［工业］　河南工业在 20 世纪 50 年代得到很好的发展。工业城市主要集中于京广

铁路和陇海铁路沿线。平顶山市已成为中国煤炭基地之一；郑州是中国纺织工业基地之一；豫西已成为中国五大黄金生产基地之一；中原油田为全国主要油田。矿产资源的综合开发使河南省工业跃居全国前列。

［交通］　河南省位居中原，自古交通相对便利。省内的长途运输以铁路运输为主，公路运输在短途运输中也占重要地位。全省铁路通车里程约4571千米，京广、陇海两大铁路干线交会于省会郑州，使郑州成为全国重要的路网性铁路枢纽。现在郑州也成为全省的航空枢纽，可直达全国各大城市。

（七）旅游

河南省自夏商以来，先后有20多个朝代在此建都，华夏文明在此源远流长，不同的时代有不同的实物见证，从上古的仰韶文化到商代殷墟，从少林古迹到近代历史，可谓泱泱大观。全省由太行山、伏牛山、桐柏山、大别山四大山系环绕。风景名胜得到了很好开发。现属于国家公布的第一批重点风景名胜区有3个，即洛阳龙门、登封嵩山、信阳鸡公山，还有30多个省级风景名胜区和自然保护区。旅游业是其经济的重要命脉之一。

［嵩山］　嵩山位于郑州登封市西北，春秋时称外方山，西汉确定为中岳。由太室山和少室山组成，东西绵延60多千米，为五岳中的中岳，属伏牛山脉。太室山山体如醉卧苍龙，故有“嵩山如卧”之称。少室山山体陡峭耸拔，形如莲花，故有“九朵莲花山”之名。嵩山最高峰为峻极峰，海拔达1491.7米。嵩山是历代帝王游览禅祭场所，法王寺为中国较早寺院之一，北魏时又成为中国禅宗发祥地，称少林寺祖庭，故儒、道、佛文化并存。知名的景点有嵩阳书院、中岳庙、嵩阳观、奉天宫、少林寺、嵩岳寺塔、永泰寺等。嵩山文化胜迹很多，有“中原名胜之乡”的称号。山上辟有嵩山国家森林公园和风景名胜区。

［红旗渠］　红旗渠位于河南省北部林州市境内。1960年始建，1969年建成。整个工程基本是人工施工，从山西省平顺县侯壁断下绝引漳河水入林县，在太行山悬崖绝壁上凿通180个隧道，架起150座渡槽，建成总长近2000千米渠道，使林县初步形成了“能灌、能排、能蓄”的水利网，解决人畜吃水困难，提供工业用电，全县形成了引、蓄、排结合的水利网。

［相国寺］　相国寺位于开封市中心，是中国著名佛教寺院之一，原为战国时魏公子无忌——信陵君的故宅。寺院始建于北齐文宣帝天保元年（550），时称建国寺。712年，唐睿宗李旦更名相国寺，并亲笔御书了“大相国寺”匾额。北宋时相国寺占地545亩，向有“大相国寺天下雄”之称，这里成为当时的宗教、文化、经济中心。明末因水淹被毁。现存相国寺的主要建筑为乾隆三十一年的遗物。相国寺内悬一口重1万余斤的巨大铜钟，高约4米，为清乾隆年间铸造。其木刻7米的千手千眼金身金面佛属

国内罕见。

［中岳庙］　中岳庙位于登封市城东4千米的嵩山太室山，原名太室祠，是历代帝王祭祀“中岳神”的地方。现占地面积10万平方米。相传始建于秦，庙址在万岁峰上。中岳庙四周群山环抱，景色秀丽。庙内古木参天，建筑精美。庙坐北向南，主要建筑为清代重修。从中华门起，经遥参亭、天中阁、配天作镇坊、崇圣门、化三门、峻极门、崧高峻极坊、中岳大殿、寝殿到御书楼，共11进。中岳大殿，又称峻极殿，是此庙的主体建筑，共45间，面积仅为420平方米。殿内神龛中塑中天王坐像，龛内外又配以侍臣、将帅等塑像。大殿后建有垂花门楼一座，其内为寝殿院、御书楼。庙中有北宋铸造的四大铁人，称为“镇库将军”，是中国现存镇库铁人中最大、保存最好、造型完好的艺术珍品。春秋两季的中岳古庙会是当地的盛会，分别在农历三月初十和十月初十开始，会期长达10天，许多民俗民风可得一见。

［嵩阳书院］　嵩阳书院位于登封市2.5千米处，嵩山南麓太室山脚下，建于北魏孝文帝太和八年（484），由原嵩阳寺改建。宋时改为太室书院，后又改为嵩阳书院，历经金、元、明、清各代重修增建，是一所历史悠久、规模宏大的官办书院，为中国古代六大书院之一。宋代理学大师程颢、程颐和司马光、范仲淹、欧阳修、朱熹等都曾于此讲学，故书院人气较盛。现存房舍都是清代晚期建筑，院内原有古柏3株，现仅存2株，距今4500年左右，汉武帝册封为大、二将军。此古柏是中国现存古老的树木之一。院外有唐天宝年间的大唐嵩阳观纪圣德感应碑，高达8米。

［嵩岳寺塔］　嵩岳寺塔位于登封市城西北5千米的山谷中，是中国现存最古老、最独特的十二角形密檐式砖佛塔。始建于北魏孝明帝正光元年（520），已有1400余年的历史。塔有15层，高40多米，周长33.72米，壁厚2.45米，塔身呈抛物线形，密檐外叠向内收达1米多宽，塔的平面为12角，精巧独特。外涂白灰，腰檐以上的砖柱均涂红色。塔刹为石雕圆柱，覆檐宝刹由宝珠、相轮、仰莲状受花等组成，高约2米，呈螺旋形，保留了印度佛塔的风格。塔心室自上而下直达顶部，分为10层。第1层呈12角形，第2层以上呈8角形。原为北魏武帝的离宫，今已毁废，仅存一墙。

［龙门石窟］　龙门石窟位于洛阳市南郊13千米处的伊阙峡谷间。凿于北魏孝文帝迁都洛阳（494），直至北宋才完成。同甘肃的敦煌石窟、山西大同的云冈石窟并称为中国古代佛教石窟艺术的三大宝库。龙门又有“伊阙”的别称，龙门石窟南北长达1千米，具有两千余座窟龛和十万余尊造像的石窟遗存。龙门石窟的宫造历时500余年，包含着北魏和盛唐两个造像的高潮阶段。保存在伊阙两山的这些像龛，绝大多数都是这两个时代的文化遗产。龙门北魏时期的大型洞窟，主要有古阳洞、莲花洞、宾阳中洞、火烧洞、石窟寺、魏字洞及普泰洞、路洞等；唐代的主要洞窟则有宾阳北洞、宾阳南洞、潜溪寺、万佛洞、敬善寺、双窑、大卢舍那像龛、惠简洞、擂鼓台三洞、看经寺、高平郡王洞、唐字洞、麻崖三佛龛、极南洞等。

［奉先寺］　奉先寺是龙门石窟中第一大窟。开凿于唐高宗初年至上元年间，历时

达25年之久。摩崖像龛南北宽30~33米，东西长38~40米。卢舍那佛高17.4米，头高4米，耳长1.9米，面容丰满秀雅，眉若新月，双目宁静含蓄，姿态庄严肃穆而又淳厚慈祥。据说是武则天的化身，充分体现了唐代丰满的人物造型特点。菩萨头戴宝冠，身佩瓔珞宝珠，端庄矜持。北壁天王，身穿甲胄，脚踏夜叉。力士蹙眉怒目，面向前方，气势逼人，是研究古代历史、艺术的珍贵实物资料。

奉先寺是龙门唐代石窟中最大的一个石窟，洞中的佛像明显体现了唐代佛像的艺术特点，面形丰肥，形态圆满、安详开阔的胸怀和典雅的外貌，完美地结合在一起。

［杜甫故里］　杜甫故里位于巩义市站街镇南瑶湾村。此地背依笔架山，前临广阔沃野，三河（黄河、伊洛、泗河）汇流，山清水秀，风景宜人。村中央有一个清静雅致的小院落，坐东面西。原有宅院长20米，宽10米，小青瓦门楼，院内坐西向东瓦房3间，硬山式灰瓦顶，室内陈列杜甫诗集珍本，杜甫生平连环画和张大千、蒋光和、齐白石、曾竹韶的诗意画以及杜甫铜像一尊。

靠山有一孔窑洞，据说杜甫就诞生在这孔窑洞中。窑洞长11米，宽2.9米，高2.7米，门额悬“杜甫诞生窑”匾额，洞口为砖砌墙壁，前7米为明代砖券，后13米系1955年仿明代砖券重修。大门外北侧临街房山墙上嵌有清代洛阳知府张汉草书“诗圣故里”碑一通。故居路口有碑楼一座，内立清代碑刻，正面楷书“唐工部杜甫故里”，碑楼北侧嵌清代石刻一通，为“唐工部杜文贞公碑记”。

1962年这里成立杜甫故里纪念馆，郭沫若亲书“杜甫诞生窑”和“杜甫故里纪念馆”。为河南省重点文物保护单位。

［宋陵］　宋陵为北宋皇帝的陵墓，分布在西村、芝田、孝义、回郭镇等处。其中所称的七帝八陵有永安陵（赵匡胤的父亲赵宏殷）、永昌陵（太祖赵匡胤）、永熙陵（太宗赵光义）、永定陵（真宗赵恒）、永昭陵（仁宗赵祯）、永厚陵（英宗赵曙）、永裕陵（神宗赵顼）、永泰陵（哲宗赵煦）。除此之外还有20多个北宋皇后，以及陪葬宗室、王公大臣如寇准、包拯等墓300多座，形成了一座庞大的陵墓群。整个陵区南北长15千米，东西宽10千米。宋陵建制基本相同，其中保存最为完整的是宋太宗的永熙陵的石刻群，共有50多件石人、石羊、石麒麟、石凤凰、石望柱、石拜台等。宋陵为全国重点文物保护单位。

［百泉］　百泉位于辉县市西北5里的苏门山南麓。百泉湖开凿于商，因湖底泉眼无数而得名。又因泉水自湖底喷涌而出，累累如贯珠，故又名珍珠泉，被人誉为“中州颐和园”“北国小西湖”。泉水甘洌，清澈见底，是河南省最大的、保护最好的古园林建筑群，历代名人在此游览、隐居，留下了无数赞美百泉的诗词歌赋。

百泉由苏门山和百泉湖组成。苏门山上绿荫茂密，山下石亭星罗棋布，有程泉、甘泉、冯泉、灵源、喷玉、涌金诸亭，这些亭都是唐代以来为了开挖泉水而建的。亭中还立有石碑，对开挖本泉之事做一记载。其中，宋代大文学家苏轼曾为涌金亭写下“苏门山涌金亭”6个大字。魏晋时期的孙登，北宋时期的邵雍、大文学家苏轼，元朝王磐，明末清初孙奇逢以及清乾隆皇帝等所留下的啸台、安乐窝、饿夫墓、三碑亭、清晖阁、孔庙、卫源庙、邵夫子祠等名人遗址都是百泉附近著名的古迹。

［洛阳博物馆］　洛阳博物馆位于新市区中州路。始建于 1973 年。1974 年 5 月 1 日正式对外开放。洛阳博物馆的陈列以河洛文化为主体，以仰韶文化、龙山文化、夏、商、两周和两汉文物为主要内容，分为原始社会、奴隶社会、封建社会等 5 个陈列室，展出文物 1700 件。其中一级品有商周时期的“母”方罍、“玉如”方彝，有组合的西周铅器和多种器形的“原始青瓷”、春秋时期的“齐侯宝盂”、战国时期的金村大鼎和“繁汤之金”剑、西汉的彩绘壶、北魏王侯的仪仗俑以及绚丽多彩的唐三彩等。

［鸡公山］　鸡公山位于信阳市以南 45 千米处，是大别山最西部的山峰，海拔 744.4 米。主峰鸡公头，远望如雄鸡屹立于群峰之巅，鸡公山由此得名。山两侧有灵华山、长岭，宛如雄鸡两翼；山的南岗呈椭圆形，似鸡腹；山侧两条沟壑，如鸡的两足。形象逼真，造化神功。山中因雨量较多，山上常为云雾笼罩，故又有“云海公园”之称。以“山明水秀，泉清林翠，气候凉爽，风景雄奇”而得名，现为我国著名的疗养胜地。

［尧山］　尧山位于河南鲁山县西部，也称伏牛山，属伏牛山系，主峰海拔 2153 米。相传因尧的后人在此祭祖，并立尧祠而得名。尧祠由花岗岩砌成，宽 19 米，高 12 米，是尧山的象征性建筑。这里群峰簇集、山形奇特、古松陡壁、野花纷呈，因未被破坏，保存了原有的风貌而被游人青睐。瀑布有黑龙潭、白龙潭、百尺潭 3 处，其中瘦瀑不以声势壮阔夺人，而以细如银线取胜。沿途有仙人桥、罗汉壁、观景台、凤凰石等 51 处自然景观。特色景观有石人、白牛城、白龙潭、金龟望月、王母桥等。

［白马寺］　白马寺位于洛阳市老城东 13 千米处，是佛教传入中国后兴建的第一座寺院，所以又被称为“中国第一古刹”。建筑面积 4 万余平方米，建筑面积 3400 平方米。初建于东汉明帝永平十一年（68）。为了纪念白马驮经，就称这所佛院为白马寺，被誉为“释源”和“祖庭”。主要建筑有五重大殿，由南向北依次为天王殿、大佛殿、大雄宝殿、接引殿和毗卢殿，两侧有门头室、云水堂、祖堂、客堂、禅堂、成丈院等，共有殿堂百余间。现在建筑为明代嘉靖年间扩建，宏伟肃穆，布局严整。此外寺内还有碑刻 40 多方，以宋、元苏易简、赵孟頫书刻为珍贵。白马寺山门东边有一座 13 层的齐云塔，高 50 米，又称释迦舍利塔。

白马寺

［王屋山］　王屋山在济源市西北 45 千米处，《禹书》中载：“山有三重，因中条形若王者之屋，状若王者之盖。”因此得名。《愚公移山》中曾提及此山。主峰上有一坛，相传为 4000 多年前的轩辕氏为祈天求雨而建，故又名天坛或天坛峰。天坛峰耸立在万山丛中，为太行山之脊，两翼为日精峰、月华峰。山间野生动植物资源丰富，主要古迹有阳台宫、清虚宫，森林植被保存完好。愚公移山虽为神话，但在王屋山南麓确有愚公村、愚公井，近代还设有愚公移山造像。

［南阳武侯祠］　南阳武侯祠位于南阳市西南约 4 千米的卧龙岗，它始建于晋代，清康熙时重建。全国目前尚存九处武侯祠，南阳武侯祠仅次于成都的武侯祠而位居第二。“千古人龙”金字匾额的山门是武侯祠的起点建筑。拾级而上，穿过镌刻有“汉昭烈皇帝三顾处”石碑坊和仙人桥，迎面就是祠院的主体建筑——大拜殿。殿内塑有诸葛孔明像，神态飘逸，俨然如生。两侧是其子诸葛瞻、其孙诸葛尚的塑像。大殿外的卷棚内匾额、对联无数，两壁间还镶嵌有历代文人名士的笔迹石刻，真、草、篆、隶各具特色。过了大殿，就是外形如伞、古朴美观的诸葛草庐，这就是诸葛亮当年隐居攻读的地方。草庐之外还有古柏亭、梁父岩、野云庵、宁远楼、伴月台、三顾堂、小虹桥、老龙洞、抱膝石等景点，被称为“卧龙十景”。这里处处清幽，景景称绝。尤其是三顾堂和关张殿中温文尔雅的诸葛亮、谦逊恭敬的刘玄德、急不可耐的张飞和神态安详的关羽塑像，惟妙惟肖，各具其妙。武侯祠既是南阳一处重要的旅游景点，也是三国旅游线上的一处旅游热点。

［关林］　关林位于洛阳城南 7 千米处关林镇，即关羽的庙堂和陵墓，古人将圣人之墓称林，故名。整个关林占地百余亩，有古柏千株，多为明清所植。建安二十四年(219)，关羽被东吴吕蒙杀死后，孙权将其首级献给了曹操，曹操敬佩关羽，将首级按王侯之礼葬于洛阳。因此正门为五开间、三门道，朱漆大门镶有 81 个金黄乳钉，这是中国帝王的尊贵品级。厅中塑有关羽头戴十二冕旒王冠、身着龙袍的坐像。关羽身旁有捧大印的儿子关平和持刀的周仓立像。在其两翼有“张飞殿”和“五虎殿”，被称为陪殿。三殿即春秋殿，厅内有关公秉烛夜读《春秋》的坐像及卧像。四周有关公战吕布、镇荆州、战长沙的彩饰画。这是我国三大武圣关帝庙之一。

十一、山西省

（一）行政区划

山西省简称晋，位于华北平原以西，黄土高原东部，西、南直抵黄河，东接太行山，故名山西。又因春秋时期大部分土地属晋国，而简称“晋”。战国初期韩、赵、魏三国分晋，故又称“三晋”。山西省位于北纬 34°36′~40°44′、东经 110°15′~114°32′。总面积 15.67 万平方千米，占全国陆地面积的 1.6%。山西东连河北省，南接河南省，西与陕西接壤，北和内蒙古自治区为邻。山西省行政区辖 11 个地级市，市辖区 26 个、县级市 11 个、县 80 个。省会太原。

［省会——太原］ 太原市位于山西省中部，地处黄土高原晋中盆地北端，东、西、北三面群山环抱，南面开阔平坦。汾河自北向南纵贯其间。太原市辖 6 区和古交市及清徐、阳曲、娄烦 3 县，面积 6959 平方千米。太原盆地平均海拔约 800 米。这里地势平坦开阔，排水良好，机械化程度高，农业发达，为城市发展提供了有利条件。西山一带煤炭、地下水资源丰富，是中国重要的能源、合金钢、重型机械和重化工基地。太钢是中国最大的优质合金钢生产基地。太原的煤化、轻工业也在迅速发展中。太原是山西省交通中心，铁路、公路四通八达。太原名胜有晋祠、天龙山石窟等。高等院校有山西大学、太原理工大学等。

［大同］ 大同市位于山西省北部，地处黄土高原东北边缘地带，大同盆地中心，介于内外长城之间，海拔 1000~2000 米。大同市三面环山，北部山区属阴山山脉，西部山区属吕梁山脉，东部山区属太行山脉。主要山峰有恒山、采凉山、雷公山、武周山、七峰山等。大同市境内河流有 100 多条，分为两大水系：一为黄河支流水系；另一为永定河水系。桑干河为大同市内最大的河流，从朔州市的怀仁县进入本市，流经大同县、阳高县后出山西境，注入永定河。另有御河、十里河、口泉河流经本市。大同素有“煤海”之称，煤田面积约 1827 平方千米，煤炭蕴藏量为 376 亿吨，可采煤层 13 层，总厚度在 40 米以上，是中国国内重要的优质燃料煤基地之一。著名的大同煤矿集团公司就坐落在这里。大同还是中国历史文化名城之一。公元 398 年，北魏在这里建都，大同成了中国北方政治、经济、文化中心，著名的云冈石窟就是这个时期开始开凿的。大同现存历史文物、名胜众多，云冈石窟、上下华严寺、悬空寺等名胜古迹中外驰名，其中云冈石窟被联合国定为世界文化遗产。

［临汾］ 临汾市位于山西省西南部，地处黄河中游，汾河之滨。东依太岳，西靠吕梁，中部沃野千里，是富饶的临汾盆地。临汾是唐尧古都，历史悠久，文化灿烂，是中华民族的发祥地之一。临汾还是山西能源化工基地的重要组成部分。现已探明的矿种有 41 种之多，其中煤、铁、石膏、石灰岩、白云岩等在全省甚至全国都具有重要的意义。煤炭资源尤为丰富，全市煤的总储量 960 亿吨，主要煤种有主焦煤、气肥煤、无烟煤等。其中乡宁主焦煤为中国三大主焦煤基地之一。铁矿是临汾市第二大矿产资源，总储量 4.2 亿吨。同时，富饶广袤的盆地为临汾农业发展提供了有利条件，临汾已成为山西省主要棉花、小麦生产基地。

［长治］ 长治市位于山西省东南部，有“据太行山之巅，地形最高，与天为党也”之说，古时又称上党。因其山大沟深，地势险要，自古以来为兵家必争之地。抗

日战争时期，中国共产党在这里创建了以太行山和太岳山为依托的抗日根据地，后来发展成为晋冀鲁豫边区，是当时华北最大的根据地。八路军总部曾长期驻扎在这里。百团大战等许多战役战斗都是在这里指挥发起的。在解放战争初期，中国人民解放军在刘伯承、邓小平同志指挥下，在这里发动了名震中外的上党战役，揭开了解放战争的序幕。长治市市区就坐落在太行山与太岳山山间的长治盆地内。

［平遥］　位于山西省中部，是我国境内现存最为完整的明清县城，它是汉族中原地区古县城的典型代表。迄今为止，城市的城墙、街道、民居、店铺、庙宇等建筑，仍然基本完好，原来的建筑格局与风貌特色大体未变。城内及近郊古建筑中的珍品，也大多保存完好。平遥称古陶地，是帝尧的封地。平遥古城原为夯土城垣，始建于西周宣王时期。明洪武年间，出于军事防御的需要，在原西周旧城垣的基础上扩建为今天的砖石城墙。古城有着极其灿烂的文化底蕴，这里的镇国寺万佛殿、双林寺、清虚观等古迹诉说着它曾经的骄傲。在中国近代金融史上扮演了重要角色的“山西票号”，也是最先出现在这里。清道光三年，全国第一家票号“日升昌”正式在平遥创立。此外，平遥牛肉是驰名神州的风味小吃。

［代县］　古称代州。位于山西省东北部，北踞北岳恒山余脉，南跨佛教圣地五台山麓。代州原为肆州，后为雁门郡。尚存西门瓮城及城墙，为明初扩修，墙体基本完整。代县历史悠久，文物古迹众多，遗存有丰厚的文化遗产。雁门关居九寨之首，天下闻名。又有边靖楼、阿育王塔、文庙、关帝庙、钟楼、将军庙、历代陵墓等文物古迹。位于代县县城十字街心的边靖楼，亦名谯楼，已有近 700 年历史。楼南面挂着两块巨匾，一书“声闻四达”，一书“雁门第一楼”。登楼北望雁门，尽览全县山川。建于隋仁寿元年的阿育王塔，俗称白塔，是我国藏式佛塔中的佳作。代州文化吐纳古今，融合胡汉之风，饮食、建筑、民俗等独具特色，民间八音会激越高亢，庙堂音乐余音缭绕，新崛起的民间绘画，声名远播。金酥梨、红辣椒是代县特产。

（二）人口、民族

截至 2022 年末，山西省常住人口 3481.35 万人。大体上盆地人口大于山区。人口密度最大的地区是太原市。其次为晋东南、晋南、晋中、忻定等盆地区。而西山地区人口密度最低，不足 100 人/平方千米。全省人口以汉族为主，汉族人口占全省总人口的 99.17%。另有回、满、蒙古、朝鲜、壮等 34 个少数民族，散居在全省各地。省内的少数民族，又以回族人口最多，占少数民族人口的 81.7%。其次为满、蒙古、朝鲜、壮、苗等民族。

（三）历史文化

山西省地处黄河中游，属黄河流域的中原文化圈。滔滔黄河至山西河曲转弯南下，环绕半个山西，记下了悠久的山西历史，也孕育了丰厚淳美的山西民俗文化。远在 100 万年以前的旧石器时代，中华民族的祖先就在这里生息繁衍。山西境内的襄汾丁村文化遗址、朔州桑干河上的峙峪遗址都是原始文化的重要见证。上古时期的优美神话和传说，如黄帝斩杀蚩尤、尧帝建都平阳、舜帝躬耕历山、大禹治水等都与山西有关。《诗经》中的“唐风”“魏风”，讽喻时政，咏叹劳作，都是来自山西土地上的劳动人民的口头创作。在长期的民俗传承中，山西民俗形成了古朴淳厚、粗犷豪放、多元交融、博采兼收的区域特征，使之成为黄河民俗文化中极富代表性的类型之一。

［丁村人遗址］　丁村人遗址在汾河中游临汾宽谷的南端，即今天山西襄汾丁村等地。丁村人属旧石器中期，在早期智人中颇具代表性。丁村人的人骨化石顶骨较薄，说明脑容量较大，进化明显。丁村人门齿很像后来的黄种人，臼齿的咬合面纹理结构介于直立人与现代人之间。从遗址可以看出，早期智人抵御恶劣自然环境的能力低下，所以大多活动在温和湿润的环境中。旧石器时代中期文化较早期文化的进步主要表现在打制石器技术的不断提高上，石器的形状比较规整，类型比较确定，种类也有增加，表明当时的生存质量较旧石器时代早期有所提高。在丁村人遗址中还出现了一定数量的鱼类和软体动物遗存，说明丁村人除以狩猎为主外，捕鱼也是重要的谋生手段。

［峙峪文化］　山西朔州桑干河上游的峙峪遗址，距今约 3 万年至 1 万年，遗址中发现了 2 万余件石器，它们大多为规整的尖状器、雕刻器等细小石器，对研究细小石器的特征、弓箭的使用等方面具有重要意义。

［霍去病］　河东平阳（今山西临汾西南）人，西汉名将。他是大将军卫青的外甥，从小随舅父习武，骑射、击刺技艺超群，智勇兼备。17 岁即为汉武帝侍中，同年随卫青出征匈奴，任票姚校尉，率领八百精骑长驱数百里，突袭匈奴后方，斩杀匈奴兵 2028 人，俘获匈奴的相国和当户，并杀死匈奴单于的祖父和季父，勇冠全军，被封为冠军侯。霍去病一生 6 次领兵出击匈奴，均大获全胜而回，歼灭匈奴 11 万多人，降服匈奴 4 万余众，开河西、酒泉之地，消除了匈奴对汉王朝的威胁，对汉朝的稳定起到了重要作用。汉武帝在京师长安为他建造了豪华的宅邸，他却说：“匈奴不灭，无以家为也。”元狩六年（前 117 年），霍去病因病去世，年仅 24 岁。

［关羽］　字云长，本字长生，河东（今山西解县）人，三国时期蜀汉大将，我国历史上最受推崇的封建时代将领。他早年与张飞跟随刘备，共同参加了剿灭黄巾起义的军事活动，并辅佐刘备成就了蜀汉大业，被封为前将军、汉寿亭侯等，在镇守荆州时被吴将吕蒙击败后亡，谥壮缪侯。关羽为人忠直仁义，知恩必报，是我国古代“忠义”的代表。同时他又勇猛善战，在历史上留传有温酒斩华雄、过五关斩六将、刮骨疗毒、水淹七军等脍炙人口的传奇故事。由于他忠义的性格和英勇的事迹，他的形象被史书、文学创作和民间传说逐步神化，不但广受普通百姓崇祀，被尊为“关公”“关夫子”，而且受到统治者的褒扬，在历朝皆有加封，先后有“关帝”“关圣”“关圣帝君”“武圣”等封号。

关羽

［武则天］　武则天（624～705）是中国历史上唯一的女皇帝，今山西文水人。武则天14岁入宫，封为才人。高宗继位后被召入宫中，封为昭仪。永徽六年（655）高宗废王皇后，改立武则天为后。武则天精明机智，而且精通文史。高宗让她协助裁决政事。从此武则天逐渐掌握了国家权力，威势日重。高宗去世，中宗李显（武则天第三子）即位，武则天临朝称制。以武代李的趋势日见明显。690年，武则天称帝，改唐为周，时年67岁。武则天从655年开始参与政事，到705年退位时止，前后长达50年。她曾鼓励农桑，削减税赋，化解战争，免减劳役，使人民休养生息，人口也有明显增加。她上承贞观之治，下启开元盛世，是中国历史上一位有作为的女皇帝。无字碑位于陕西乾县城北梁山，是按照武则天临死遗言而立的。遗言说，她的功过，由后人来评，故不刻文字。

［晋商文化］　明末清初，国家从战乱中逐步得到稳定发展。随着商业的日益发达，山西与全国各地的银钱往来日益频繁，数目也越来越庞大，钱庄、账局、镖局等不能适应商品经济发展，以经营汇兑和存款、放款三大业务的金融机构——票号，便应运而生了。平遥作为山西票号的发祥地，家数最多，时间最早，容量最大，在中国票号史上拔得头筹，创造了凝聚晋商文化之精髓的平遥票号文化，也留下了一批使用功能与建筑艺术完美统一的票号建筑精品。直到20世纪初，山西仍是中国的金融贸易中心和财富的中心。

［杨家将］　杨家将的业绩在中国历史上占有光辉的一页。杨业（928～986），又名杨继业，山西并州（今太原）人。初为北汉将军，屡立战功，被人称为“杨无敌”。北汉灭亡后，归属宋朝，担负着防御外族入侵的重任。杨业智勇双全，作战身先士卒，与士兵同甘共苦，深受士兵爱戴。杨业死后，他的儿子们继承父业，继续抗辽，其中最有名的是杨延昭。杨延昭曾跟随父亲杨业多次出兵打仗。他镇守边关20多年，英勇善战，多次打退辽军的进攻，阻止了敌军南下。杨家父子前仆后继、忠心报国的英雄事迹，在后世广为传颂，有关杨家将的小说、戏剧、传说都是根据这些历史史实演义加工而成的。杨家将的传说和故事，在人民的口头文学里，经久传诵，历千年而不衰。杨家满门忠烈，高尚的民族气节和大无畏的牺牲精神为世人所景仰。山西忻州地区的代县（古代州）就是杨家将长期驻守、抵御辽兵的地方。在代县县城东10千米的鹿蹄涧村，至今仍保留着为纪念宋代爱国将领杨业父子而修建的杨家祠堂。

［司马光］　司马光（1019～1086）是中国著名历史学家，字君实，北宋陕州夏县

（今属山西）涑水乡人。宝元元年（1038）司马光中进士。神宗时，擢翰林学士。王安石推行新法，司马光极力反对，并认为祖宗之法不可变。但其意见未被采纳。以后退居洛阳15年，全力编修《资治通鉴》，历时19年。《资治通鉴》全书294卷，上起周威烈王二十三年（前403）三家分晋，下迄五代之末，共12代，1362年，取“鉴前世之兴衰，考当今之得失”之意，是一部有极高文学与史学价值的编年巨著。元丰八年（1085），哲宗继位，司马光因是反对变法的领袖人物，而被召为门下侍郎。次年升任尚书左仆射兼门下侍郎，主持朝政。元祐元年（1086）逝世。司马光学识渊博，除编修史学巨著《资治通鉴》外，还有《温国文正司马公文集》《稽古录》《涑水记闻》等。

［狄仁杰］　字怀英，唐代并州太原（今山西太原）人，武则天时期宰相，杰出的封建社会政治家。他年轻时考试及第，出任汴州判佐，并经工部尚书阎立本推荐做了并州都督府法曹，后升任大理丞。由于他刚正廉明，执法不阿，兢兢业业，一年中判决了大量的积压案件，一时名声大振，成为朝野推崇备至的断案如神、剔奸除恶的大法官，因此被唐高宗任命为侍御史，负责审讯案件，纠劾百官。武则天统治时期，他担任过户部侍郎和宰相等职务。作为一个封建统治阶级中杰出的政治家，狄仁杰每任一职，都心系民生，政绩卓著。身居宰相之位，他尽力辅国安邦，敢于犯颜直谏，对武则天的弊政多有匡正，为保证武则天时代的社会安定和发展做出了卓越的贡献。

［罗贯中］　名本，字贯中，号湖海散人，山西太原人，也说是钱塘人，我国历史上最杰出的小说家之一。有关他的生平传说不一，或说他是施耐庵的学生，曾共同从事小说著述；或说他是元末江浙农民起义军领袖张士诚的幕僚。由于他与人寡合，终不得志，于是专心从事小说创作。现存署他名字的作品很多，有《三国演义》《隋唐两朝志传》《残唐五代史演义》《三遂平妖传》等长篇小说和杂剧《宋太祖龙虎风云会》等，其中以《三国演义》影响最大。这部历史演义小说以宏大的结构、生动的叙事，展现了东汉末年及三国时期封建统治集团之间的矛盾和斗争。作品人物众多而形象生动，情节曲折而丰富多彩，文字流利而富有韵味，是我国古代白话长篇小说的四大名著之一。

［山西人和山西醋］　公元前479年，山西一带就有醋的酿造了。以后随着生产方式和制醋工艺的逐步完善，醋在山西得到长足发展。就生产方式来看，主要有熏制、发酵两种。醋的品种各式各样。按制醋原料分，有米醋、麦醋、糖醋、果醋等；按生产工艺分，有薰醋、黄醋、淋醋、回流醋、封缸醋等；就品种来看，有老陈醋、陈醋、特醋、双醋、名特醋等。山西酿醋的地域广，品种全，并各具特色。诸醋之中，太原清徐老陈醋可谓“醋中之王”。醋在民间被广泛用作调料，逐渐形成了“无醋不成味”的风尚。山西人为什么爱吃醋？大体上有这么四种传说：一是山西省内不少地方是盐碱地，水的碱性大，吃醋可以起到酸碱中和的作用；二是山西人爱吃面条、拌凉菜，

调点醋味道好，又便于消化；三是山西盛产煤炭，所以家家户户取暖、做饭多烧煤炭，吃醋可以消减煤气；四是山西酿醋有悠久的历史，规模大，味道纯，吃醋条件“得天独厚”，吸引着一代又一代的山西人吃醋。

山西洪洞大槐树

［中国人寻根圣地］　山西洪洞县旧城北 1 千米的贾村西侧，有历史上著名的“古大槐树处”，古槐为汉代所植。由于元末明初战争连年，鲁、冀、豫、皖、苏等省出现了大片无人区、无人村，明太祖朱元璋采纳大臣建议，于明洪武三年（1370）从山西向外大批移民。至永乐十年（1416），共移民 72 次，出发地就在大槐树处。后有“要问家乡在何处，山西洪洞大槐树”民谚。因此，古大槐树成为后人寻根问祖的象征。

（四）气候

山西属温带大陆性季风气候，四季变化明显，冬季干燥寒冷，夏秋暴雨集中，春天干旱少雨。山西省水热条件地区差异大，垂直差异大于水平差异。南部运城盆地和黄河谷地热量丰富，永济年均温 13.8℃，无霜期 221.5 天，属暖温带，接近亚热带；北部右玉热量最低，年均温约 4℃，和永济相比，年均温低约 10℃，无霜期 99.3 天，属温带。省内暖温带与中温带的分界，大致沿恒山—内长城一线，此线以北极端低温在-27℃以下，冬小麦难以过冬，为春小麦区。山西历年来各地降水量悬殊，多雨年雨量为少雨年的 2~3 倍。由于降水变化大，季节分配不均，地表又缺乏植被，故旱情普遍。

（五）自然资源

山西是驰名中外的煤炭之乡，煤炭、化工资源丰富，省内煤炭储量约占全国煤炭储量的 1/3，居全国首位。矿产资源除煤炭外，铝、铁、铜、石膏、盐等储量居全国前列。此外，还有硫、铅、锌、黄金、钴、云母等矿藏。省内多为次生植被。省境东南部为落叶阔叶林和针阔叶混交林。此外以柔毛绣线菊、胡枝子、沙棘、荆条、酸枣等旱生落叶灌丛居优势。中部以中旱生落叶灌丛和针叶林为主，乔木以云杉、细叶云杉、华北落叶松、油松、白桦为主，灌丛有柔毛绣线菊、胡枝子、毛榛、黄蔷薇、沙棘、虎榛子等。北部和西北部为半干旱疏林草原，优势植物有本氏针茅、茭蒿、狗尾草等。山地有白桦、山杨、落叶松等次生林分布。野生动物资源种类甚多，有鸟类290多种，哺乳类74种。属于国家保护的动物有褐马鸡、黑鹳、大天鹅、鸳鸯、梅花鹿等。

［乌金之乡］　3亿年前，山西正好在一块靠近赤道的古大陆板块上，那时正是裸子植物鼎盛时期，炎热潮湿的气候滋长了大片的森林。随着地壳的下沉，植物遗体被泥沙掩埋，经过地下深处岩浆的烘烤和地壳的压力，形成了今天山西储量丰富的煤。省内煤储量约占全国煤炭资源总量的1/3，居全国首位。全省2/3的县内都有煤田，煤质优良，是理想的能源宝库。

［庞泉沟自然保护区］　庞泉沟自然保护区位于吕梁山主峰关帝山下，在方山和交城两县境内，是汾河最大支流文峪河的发源地。关帝山在保护区东北部，海拔2830米。山体南北走向，由于长期侵蚀作用，沟壑众多，地形复杂。草木繁荣，以华北落叶松为主，其次为云杉和油松，针阔叶混交林也有一定分布。丰富的森林资源为野生动物栖息创造了良好的条件，褐马鸡、麝、豹、狍子数量较多，梅花鹿也偶有出没。保护区内风景优美，盛夏季节气候凉爽宜人，是避暑的好地方。

［褐马鸡］　褐马鸡又叫角鸡、黑雉、褐鸡，全身羽毛浓褐色，头和颈灰黑色，两颊无羽呈鲜红色，耳后有一簇白色羽毛，朝头后伸出，似角状，故称角鸡。其尾羽发达，长而蓬松，共有22枚。褐马鸡栖息于山地林区，成群活动。白天多活动于灌草丛中，晚上则栖息在大树的枝杈上。它的食性很杂，以植物的块茎、细根、芽、嫩枝叶、种子以及昆虫、蚁卵、蠕虫等为食。在它们的繁殖期内，成双成对的褐马鸡将巢筑于茂密的树林下灌木丛间。褐马鸡产卵多枚，孵化期26~28天。2~3个月大的幼鸡就能够上树过夜了。褐马鸡身体比较笨重，通常重量在2.5~3.5千克，加之翅膀短尾羽又长，所以飞翔本领不高。但善于奔走，遇到强敌追击时，一般不扇翅飞逃，而是迅速钻入极密的灌丛里。在情况危急时，褐马鸡也会成群飞出1~3千米之外。野生褐马鸡仅分布在山西宁武、岢岚一带及河北西北部小五台山区，数量已经很少，已被列为国家一级保护动物，被国际红皮书列为濒危物种。

［山罂粟］　山罂粟属罂粟科，多年生草本，全株被粗硬毛。叶基生，长7~20厘米，羽状全裂。花顶生，橘黄色。花期6~7月。特产于山西五台山、河北、湖北、陕西、甘肃。生长于海拔1700~3000米的山坡草地。

（六）经济

山西省是中国内地工业较发达的省份，以重工业为优势，是中国最大的煤炭能源基地。现有大同、西山、汾西、晋城、潞安、阳泉等煤炭生产基地。山西每年有2/3以上煤炭产量支援全国20多个省区的经济建设。目前，中国作为世界第一大煤炭生产国和第二大煤炭出口国，有1/4的产量和一半以上的出口量来自山西。山西还是中国重要的合金钢、重型机械和重化工基地，传统工业有杏花村汾酒、清徐陈醋等。山西农业以恒山山脉为界分南北两部分：雁门关以北无霜期短。作物一年一熟，以耐干旱的莜麦、胡麻、豆类为主，也种成熟期早的玉米种类；雁门关以南地区作物两年三熟，种植冬小麦、玉米、高粱、花生和棉花等。汾河下游平原、运城盆地是山西重要的麦棉产区。畜牧业是农村重要副业，晋西北尤为普遍。优良畜种有兴县四红牛、万荣大黄牛、广灵驴等。干鲜果品中，稷山、运城、太谷的枣，汾阳核桃，永济清柿，清徐葡萄，原平梨，潞城党参等都很有名。

汾 酒

汾酒产于山西汾阳市杏花村，是中国八大名酒之一。汾酒的酿造始于南北朝时期，至今已有1500多年的历史。汾酒色泽晶莹，清香绵软，饮后余香回味无穷，久藏香味更佳。汾酒以优质高粱为原料，以特别大曲作引，加以陈酿勾兑而成，饮而不醉，醉不上头。杏花村汾酒所以古今闻名，备受称道，不仅在于它的工艺独特和水质优良，也得益于唐代著名大诗人杜牧“清明时节雨纷纷，路上行人欲断魂。借问酒家何处有？牧童遥指杏花村”的优美诗句。汾酒于1916年巴拿马万国博览会上获得一等优胜金质奖章。在近半个世纪内，数十次获国内外多项褒奖。自1953年以来，汾酒连续入选全国“八大名酒”和“十八大名酒”之列。1980年，又获国务院颁发的金质奖章。

［农业］　山西省现有耕地面积约占全省土地面积的30%，南部一年两熟，中部两年三熟，雁门关以北一年一熟，主要粮食作物是小麦，其次是玉米、高粱和各种小杂粮。经济作物以棉花为主，还有花生、豆类。畜牧业以晋西北一带为主，主要牲畜为牛、羊等。林业以关帝山、管涔山等为主，华北落叶松是主要树种。水果分布较广，稷山大枣、原平梨、清徐葡萄、汾阳核桃等都是优良品种。

山西的畜牧业以饲养大牲畜和猪羊为主。牛占大牲畜的1/2以上，多为役畜。体型高大的万荣县黄牛最有名。太原市郊和沁源、山阴等县饲养乳牛；和顺、祁县饲养改良肉牛。山西养羊有悠久的历史传统，是中国东部农业区养羊较多的省。主要分布在东、西山区。黎城大青羊是著名良种山羊。

［工业］　山西工业以采煤、电力、冶金、机械制造为主。大型煤炭企业遍布，如大同、平朔、阳泉等，地方煤矿众多。山西省电力充足，是全国拥有装机百万千瓦以上电厂较多的省份之一。山西电力在华北电网中具有举足轻重的作用，是全国向省外输电最多的省份，如今北京1/4的电力来自山西。山西作为能源化工基地，已初步形成了现代化的工业生产体系。此外，冶金、化工、建材、机械、电子、军工、医药、轻纺、塑料制品工业等，已具有了相当的规模和实力。

［交通］　山西省交通以铁路、公路为主，航空为辅的交通运输网络。纵贯山西境

内的同蒲铁路与京包、太焦、石太、京原、大秦、侯西、郸长、侯月铁路相连接，构成通往境外的交通网。铁路通车里程达 3100 多千米。公路以太原、大同、长治、临汾、侯马为中心，向周边延伸。全省公路总里程约 12 万千米，高速公路建设正在快速发展，民航线路 60 多条。

（七）旅游

山西省地貌、水文等条件复杂多样，造就了山西形态万千的自然景观。中国五岳之一的北岳恒山、四大佛教名山之首的五台山幽雅秀美以及北武当山五老峰，山色不同，形态各异。境内河川以黄河、汾河为代表。上千条河流或汹涌澎湃或涓涓细流，岸边秀峰林立，景象万千。黄河是山西、陕西两省的天然分界线，流经山西 19 个市县，流程 965 千米，壶口瀑布、大禹渡等景观闻名中外。山西又是中华民族文明的发祥地之一，历史悠久，源远流长，有“中国古代艺术博物馆”“文献之邦”的美称。人文景观丰富多彩。山西现存古代建筑数量多，文化价值高，居全国前列。云冈石窟、恒山悬空寺、应县木塔、晋祠、平遥古城、乔家大院、永乐宫等名扬天下。形态万千的自然景观和丰富多彩的人文景观共同构成了山西得天独厚、古今兼备、多姿多彩的旅游资源。

［恒山］　北岳恒山位于山西省北部和和河北省西北部的塞上地区，是海河支流桑干河与滹沱河的分水岭。恒山西起阴山，蜿蜒向东，至河北省曲阳县境，横跨晋冀两省，东西绵延 250 千米，莽莽苍苍，横亘北国塞上。恒山主峰居于山西浑源县城南，海拔 2016.1 米，山高为五岳之冠。据传，早在四千多年前，舜帝巡守四方，来到恒山，见山势险峻，峰奇壁立，遂封北岳。恒山以自然景色的雄奇秀美著称，恒山主峰分为天峰岭与翠屏岭。两峰各居东西，对峙而望。在天峰岭与翠屏岭之间，是峭壁侧立、流水奔泻的金龙峡，现已修筑起碧波荡漾的高山水库。这里曾是古往今来的绝塞天险，交通要冲。恒山作为道教圣地由来已久，传说“八仙”之一的张果老就是在恒山隐居后修炼成仙的。西汉初年，恒山建有寺庙，位于飞石窟内的主庙，始建成于北魏，后经唐、金、元历代重修，到了明清，恒山的建筑群已规模宏大，主峰四周的山水胜处、寺庙亭台多达 100 余处。恒山与山东的泰山、陕西的华山、湖南的衡山、河南的嵩山并称为“五岳”。

［晋祠］　晋祠位于太原市西南 25 千米的悬瓮山麓，晋水在这里发源。背山面水，坐西向东。晋祠始建于北魏，是为纪念周武王次子叔虞而建，后多次重建修葺。晋祠古建筑群分中、北、南三部分。中部为全寺主体，自水镜台起，依次经会仙桥、金人台、对越坊、献殿、钟鼓楼、鱼沼飞梁到圣母殿，殿前鱼沼飞梁国内独有，殿内有宋代彩塑，生动逼真，神态各异，是宋塑中的精品。北部从文昌宫起，有东岳祠、关帝庙、三清祠、唐叔祠、朝阳洞、待凤轩、三台阁、读书台和吕祖祠，建筑随地形自然

错综排列，崇楼高阁鳞次栉比。南部从胜瀛楼起，有白鹤亭、三圣祠、真趣亭、难老泉亭、水母楼和公输子祠，水榭台楼颇具江南园林风韵。祠内还有著名的周柏、隋槐，至今老枝纵横，郁郁苍苍。难老泉水出自断岩层，终年涌水，因此得名。周柏、难老泉、圣母殿中宋代彩塑侍女像并称“晋祠三绝”。

［悬空寺］　悬空寺坐落在大同市浑源县城南5千米，北岳恒山翠屏峰下金龙口西岩峭壁上。始建成于北魏晚期（约公元6世纪），金、元、明、清屡有修葺。悬空寺坐西朝东，背靠翠屏，面对恒山。全寺有殿宇楼阁40间，峭壁上凿洞穴插悬梁为基，基上立柱，嵌固在悬崖斜壁上，连成整体，支撑起悬空寺的主要建筑之教殿。中隔断崖，飞架栈道相连，造型极其惊险。悬空寺不仅建筑惊险奇特，而且位置布局、形制装饰，都是对称之中有变化，分散之中有联系，参差有致，虚实相生。远远望去，犹如一群上不着天、下不着地的层楼飞阁，镶嵌在万仞峭壁之间，惊险神奇，动人心魄。寺内共有各种铜铸、铁铸、泥塑、石雕的佛像80余尊，颇富艺术价值。

悬空寺

［善化寺］　善化寺俗称南寺，位于大同城区南部，创建于唐代开元年间，辽代毁于兵火，金初重建成，是中国现存最完整的一座辽金寺院。善化寺占地1.39万余平方米，沿中轴线依次为山门、三圣殿、大雄宝殿，西侧为普贤阁，东侧为文殊阁。山门，又称天王殿，面阔5间，进深2间，内有明塑四大天王像，造型夸张，姿态威严。三圣殿俗称过殿，面阔5间，进深4间，建成于金天会年间。殿内有金塑立像三尊，中为释迦，右为普贤，左为文殊，统称华严三圣。大雄宝殿为辽代建筑，面阔7间，进深5间，殿内正中莲台上有泥塑金身如来五尊，姿态凝重、端庄，衣纹饰物流畅自然，陪侍菩萨恭谦微谨，两侧的二十四尊天神装饰不同，神情各异，西南两壁上壁画，线条流畅，人物生动。山门、三圣殿、大雄宝殿均采用了号称尊贵的单檐庑殿顶，且层层叠高，形成了一个殿宇高大、布局严谨、主次分明的建筑群，整个寺庙显得庄严雄伟，疏朗整肃，是辽金建筑中的珍宝。

［云冈石窟］　云冈石窟位于大同市西16千米处的武周山南麓。石窟依山开凿，东西绵延1千多米。石窟开凿于北魏和平元年（公元460年），大部分完成于太和十八年（494年），后世曾多次修缮，并增建寺院。现存洞窟53座，石雕造像51000余尊，大佛最高者17米，最小者仅数厘米，是中国较大的石窟群之一，也是世界艺术宝库中的艺术珍品。云冈石窟以其石雕造像气势雄伟、内容丰富多彩闻名于世，与敦煌莫高窟、洛阳龙门石窟并称中国三大石窟。云冈石窟中的昙曜五窟是开凿最早、气魄最为

宏伟的石窟群，其第五、六窟为云冈艺术之精华，第二十窟是云冈石窟的代表作品。

［天龙山石窟］　天龙山石窟在太原市的西南23千米龙山之巅，是中国稀有的道教石窟，元太宗六年（1234）年由道士宋德芳主持开凿。龙山石窟规模不大，整个石窟造像浑厚古朴。全窟八龛，凿有老子、三清等雕像40余尊，大都保存完好。这些石雕造像风格古朴、庄重，手法凝练，衣纹简洁、典雅。窟顶雕有莲花龙凤图案，西侧及前壁有元代题记，与佛教石窟艺术风格截然不同。

［壶口瀑布］　壶口瀑布是中国黄河唯一的大瀑布，位于山西吉县西45千米处的晋陕峡谷中。黄河巨流至此突然缩为一束，从17米高处跌入只有30~50米宽的石槽里，激流澎湃，惊涛怒吼，然后巨龙一般夹在只有数十米宽的石槽里滚滚向下奔流，形成了“源出昆仑衍大流，玉关九转一壶收”的景象，故名壶口瀑布。壶口瀑布奇绝，壶口的水雾烟云，也是一大景观。瀑布倒悬倾注，水雾腾空，景色奇丽。壶口瀑布是由于地壳运动，岩层断裂，形成阶梯状断层，从而引起跌水现象。壶口瀑布仅次于贵州黄果树瀑布，为中国第二大瀑布。

［历山］　历山位于山西沁水、翼城、垣曲和阳城四县的交界处。历山属于山西南部的中条山脉，是一块面积约300余平方千米的原始山地，主峰舜王坪海拔达2358米，是华北地区南部山地的最高峰。历山是一座充满历史文化色彩的地方，此地已知的上百处山水景观，无不与舜的传说故事有着非常密切的关系。在历山腹心地区约上百平方千米的范围内，居住着固定居民，从明清以来就始终未超过数千人，而且这里的村庄与村庄之间相距很远，交通环境又十分恶劣。然而就是在这样一个特殊、原始、闭塞的地理区域之中，流传着很多有关舜与当地山水的美丽传说。在舜王坪西南方向大约30余千米处有一古井，人称舜井，即传说中舜的继母推舜落井处。井附近又有诸马山，传说是舜的出生地。与诸马山相距不远又有山称瞽冢山，传说此山则是舜的瞎眼父亲瞽瞍的坟墓之所在。历山不但保存着历史文化的奇迹，而且同样保留了自然生态的奇迹。在其数百平方千米的地域内，有茫茫无际的原始森林，有特大型的刀削斧劈般的大峡谷，有典型的更新世原土层高山草甸，有古老绮丽且深不可测的岩溶洞穴，有苍劲雄险的悬崖叠嶂，有四季长流的山涧泉瀑，还有黑鹳、林麝、猕猴、金钱豹、大鲵与鸳鸯等许多珍贵动物。

［老牛湾长城］　偏关境内有明代长城遗址约40千米。此段长城多有黄河悬崖天险屏障，故多数地段未筑墙体，只在沟口崖头筑寨据守，沿岸多建成望台设防。石城墙均沿黄河崖头的走向修筑。数百年来虽有自然或人为破坏，仅存土墙，但气势不减当年。土墙平均底宽7米，顶宽5米，残高5~7米。老牛湾长城是山西黄河边上的重要文化景观之一。

［乔家大院］　乔家大院位于山西省祁县的乔家堡村正中。大运公路自北而南从它身边通过。它始建于清乾隆二十年（1755），占地8724.8平方米，建筑面积达3870平方米，共分6个大院，19个小院，213间房屋。乔家大院是一座城堡式的建筑，集中

体现了中国清代北方民居建筑的独特风格。远望乔家大院，四周是青砖筑就的全封闭高墙，墙上筑有垛口，四周有耸立的角楼。既能有效地防盗护卫，又给人以高大的感觉。乔家大院之所以远近闻名，不仅在于它高大壮观，更重要的是因为它那精湛的建筑艺术。大院建筑布局严谨，井然有序，从大院的形式看，有四合院、穿心院、偏正套院、过庭院。尤其引人注目的是满布全院的雕刻艺术，剔透玲珑，技艺精巧，而且与民俗传统紧密相连，每一幅画就是一轴形象的民俗图，或讲述一个优美动人的故事，有着丰富的民俗意蕴。

［五台山］　五台山位于山西省五台县东北，属北岳恒山山脉，北望恒山，西望代县雁门关，地跨五台县、代县、繁峙县和河北省的阜平县，东北—西南走向，方圆250千米，由东南西北中五座环抱而立的山峰组成。五座峰顶虽高却平，故名“五台”。其中北台峰顶海拔3061.1米，是华北地区最高的山峰，素有“华北屋脊”之称。五台山是中国四大佛教名山之一，山中寺庙林立，流水潺潺，山青水绿，风光秀美。东汉永平年间，印度僧人来中国传教，到达五座峰峦环抱着台怀镇一带，就奏请汉明帝在此建寺，并认为五台山与印度灵鹫峰相似，故将五台山第一座寺庙起名大孚灵鹫寺，即今天的显通寺。此后，魏、齐、隋唐及清末屡有修建。寺院最多时曾达306座，现存塔院寺、显通寺、佛光寺等47座。五台山气候寒冷，9月积雪，盛夏凉爽，故又名清凉山。虽然它处于与北京大致相同的纬度，但气候特征却和中国东北部的大兴安岭差不多。

［平遥古城］　平遥古城位于山西省中部，是一座具有2700多年历史的文化名城。平遥古城始建于公元前827年至公元前782年间的周宣王时期，最初用以屯兵驻防，以后人口增加，城池扩建，逐渐演变为居民区。以后几经变迁，到了明清时代，平遥古城已成为商业繁荣、店铺林立的繁华城府。现在的平遥古城主体包括城墙、店铺、民居等，多为明清建筑，成为国内唯一一座明清时期的中国古代县城的原型，有“中国古建筑的荟萃和宝库”之称，文物古迹保存之多、品位之高也是国内所罕见。其中有规模宏大、气势雄伟的古城墙；有始建于北汉天会七年（963）、现存最珍贵的木结构建筑镇国寺万佛殿；有始建成于北齐武平二年（571）、被誉为“中国古代彩塑艺术宝库”、现存宋元明清彩塑2052尊的双林寺；有中国宋金时期文庙的罕见实物——文庙大成殿；有中国金融业的开山鼻祖、被誉为“天下第一号”“汇通天下”的“日升昌”票号。同时，平遥古城是中国古代民居建筑的荟萃中心之一。

1997年12月3日，平遥古城作为世界文化遗产被联合国教科文组织世界遗产委员会列入《世界遗产名录》。

［明清商业古街］　明清商业古街地处古城中心，位于平遥古城的南大街上，该街是古城文化遗产的精华之一。平遥古城以南大街为轴线，以古城最高建筑市楼为中心，形成“左祖右社”“左文右武”的对称布局，750多米长的古街上，会集大小古店铺78处。早在19世纪，平遥作为中国金融贸易中心，是最有影响的票号总部所在地，商业

非常繁荣。明清街上有票号、钱庄、当铺、中药店、绸缎庄、杂货铺以至扇子铺、灯笼铺、戏装铺等，几乎包容了当时商业的所有行当，中国金融业的开山鼻祖“日升昌”票号就诞生在这里。现在“百川通”票号旧址开设了“票号财东宅用器物陈列馆”，以展览当年富甲一方的票号财东宅用的家具、观赏床、榻、柜、凳、镜，直至书画、器皿等。平遥明清商业古街上鳞次栉比的店铺是明清商业古街的真实遗存，至今仍然热闹非凡。

［佛宫寺释迦塔］　佛宫寺释迦塔俗称应县木塔，位于山西应县境内，是辽代木结构塔。木塔建于辽清宁二年（1056），位于佛宫寺的中轴线中部。塔的平面为八角，塔身外观是五层六檐，内藏四层，实为九层，总高67.13米，底层直径30米，是世界上现存最高的古代木结构建筑。全塔未用一个铁架，全靠斗拱架把所有木结合成完整稳固的整体，为中国建筑史上一大奇迹。塔内明层都有塑像，头层释迦牟尼佛高大肃穆，三层塑四方佛，面向四方，五层塑释迦牟尼坐像于中，八大菩萨分坐四方。塔顶为八角攒尖式，立有铁刹、仰莲、复钵、相轮、火焰、仰月、宝瓶、宝珠组成刹柱，显得雄伟壮观。木塔保持了中国固有的楼阁特色，被称作“楼阁型”塔。

［永乐宫］　永乐宫元代称大纯阳万寿宫，是集元代建筑、绘画、雕塑诸艺术于一体的重要古建筑群。宫纵深230米，主要建筑均位于中轴线上，依次为宫门、龙虎殿、三清殿、纯阳殿、重阳殿。其中宫门为清代所建，其余各殿都是元代建筑。龙虎殿又称无极门，基址呈凹形，殿阔5间，进深6间。中柱上3间安门，门上悬“无极门”竖匾一方。殿内壁画以诸神为主，手持兵器，横眉怒目，反映了元代风格。三清殿，又名无极殿，为永乐宫主殿，是供“太清、玉清、上清元始天尊”的神堂。殿内壁画人物286个，为诸神朝拜道教始祖元始天尊的场面。主次分明，场面浩大，被称为“朝元图”。纯阳殿，又名混成殿，亦称吕祖殿。面阔5间，进深3间。殿内奉吕洞宾，因吕道号“纯阳子”，故名纯阳殿。殿内壁画为“纯阳显化图”，内容是吕洞宾从诞生到得道成仙普度众生的连环画故事。重阳殿，又名七真殿，殿身5开间。殿内供奉道教全真派首领王重阳及其弟子“七真人”。殿内壁画表现王重阳从诞生到得道度化“七真人”成道的神话故事。永乐宫各殿精美的元代壁画总面积1000多平方米，题材丰富，笔法高超，是中国绘画史上杰作。

［解州关帝庙］　解州关帝庙位于山西运城解州镇西关，其东南10千米的常平村是关羽故里，故解州关帝庙为武庙之祖，共占地1.8万平方米，有正庙、结义园、三义阁、君子亭等建筑。解州关帝庙为中国国内最大的宫殿式庙宇建筑。

［小西天］　小西天位于山西省隰县城西凤凰山顶。明崇祯二年（1629）东明禅师创建，距今已有300多年历史。小西天三面环山，一面临河，周围古木参天，流水潺潺，形胜景佳。小西天的主要建筑有天景殿、大雄宝殿等。大雄宝殿塑五尊主佛，造型生动，神态自若，光泽夺目，金碧辉煌，是明末彩塑中的佳作。